JN112884

完全攻略！
IELTS
英単語3500

コチェフ・アレクサンダー 著

アルク

はじめに

　本書は、IELTSに真剣に取り組む皆さまの語彙力強化をサポートするために作りました。より効果的に、効率よく、少しでも多くの語彙を習得していただけるように工夫しています。

　IELTSは、英国、オーストラリア、ニュージーランドなど「イギリス英語」を使う各国に加え、近年、北米の高等教育機関3,400校超でも認められるようになり、世界中の英語圏留学希望者にとって大きな意味をもつ試験となっています。7.0を超えるようなスコアが取れれば、皆さまの留学実現のための強力な切り札となり、受験可能な大学の範囲が広がります。他の4技能試験と同様に、多種多様なアプローチの学習が必要ですが、中でもボキャブラリーは4技能の全てに関わる重要な要素です。語彙力を強化していくと、4技能ともやりやすくなり、みるみるスコアが上がっていきます。スコアは英語力を示す正確な指標であり、ボキャブラリーに真剣に取り組んだ皆さまの努力を認める証しとなります。

　IELTSは良く作りこまれた試験です。小手先の受験テクニックではスコアアップに限界があります。コツコツ取り組んでいくことが成功への近道です。そういった理由で、本書を最低「5往復」することをおすすめします。まずは、覚えようとせず、1回は全部を読むことから始めます。その後、見出し語や例文を聞きながらシャドーイングする、類義語や反意語を学んで、「立体的な」知識を形成していく、といったイメージです。「立体的」とは、見出し語の日本語訳を覚えるだけに留まらず、派生語、類義語、反意語、よく使われる文脈を順次覚えて肉付けしていくことと言ってもよいでしょう。大変ですが、それぞれの語彙に関する詳細な知識が身につけば、相当な自信が持てるし、スコアも間違いなくついてきます。

　しっかりした語彙力が身につくと、ネイティブレベルの文章を読めるようになり、聞き取りもできるようになってきます。小説を読む、ドラマや映画を見る、大学レベルの教科書を難なく読みこなす、講義を聞くといった場面で活かせる語彙力を目指してこの書籍を使っていただきたいと願っています。留学を目指す方のみならず、高度な英語力をもって海外勤務、ビジネス、公務などの場面で活躍なさる皆さまにも積極的にお使いいただきたいと思います。

　IELTSが世界で広く活用されているのは、この試験は、世界中のどこでも通用する英語力を前提とするからです。そういった高い基準の英語力を目指す学習者の方の一助となれば幸甚に存じます。

株式会社オレンジバード
コチェフ アレクサンダー
2021年6月吉日

📄 IELTS とは

IELTS（International English Language Testing System）は、海外留学や研修で英語力を証明する必要がある際や、海外移住申請などで利用されている英語試験です。この試験ではリスニング、リーディング、ライティング、スピーキングの4技能の運用能力を測定します。スピーキングは、試験官と1対1の対面形式で行われますが、ほかの3技能は筆記試験となります。試験は、全国16都市の会場で受験することが可能になっています（2021年4月現在）。

IELTSには、大学や大学院などの受験を目的としたアカデミック・モジュールと、学業以外の研修や移住申請を目的とするジェネラル・トレーニング・モジュールの2種類があります。本書では、留学を希望する読者に向けて、「アカデミック・モジュール」を想定した内容となっています。

また、2020年よりコンピューターで受験するIELTS（CD IELTS）が本格実施されました。試験内容は従来のIELTSと変わりませんが、リスニング・リーディング・ライティングはコンピューターを使って解答します。スピーキングは、試験官との1対1の対面形式です。CD IELTSは受験できるテストセンターが限られていますが、今後拡大される予定です。コンピューターとペーパーでは、それぞれメリットが異なります。公式サイトで提供されているデモ画面で練習するなどして、自分に合った受験方法を選びましょう。
https://www.britishcouncil.jp/exam/ielts/test-dates-fees-locations/paper-computer

📄 IELTS for UKVI について

イギリスの **Highly Trusted Sponsor(HTS)** という資格を持つ教育機関に、Tier 4学生ビザを取得して留学する方は、その教育機関が指定した場合に限り **IELTS for UKVI(UK Visas and Immigration) Academic** という試験を受験する必要があります。この試験の内容は、通常のアカデミック・モジュールと同じですが、受験できる会場が限られており、専用のセキュリティー環境下で実施されています。通常のIELTSとIELTS for UKVIのどちらが必要なのかは、教育機関のウェブサイトやAdmission Officeに問い合わせて確認しましょう。

IELTS for UKVIの詳しい情報やHTSの資格を持つ教育機関については、ブリティッシュ・カウンシルのウェブサイトを参照してください。
https://www.britishcouncil.jp/exam/ielts-uk-visa-immigration

💻 **受験情報**

日本英語検定協会
https://www.eiken.or.jp/ielts/
ブリティッシュ・カウンシル
https://www.britishcouncil.jp/exam/ielts

IELTS「アカデミック・モジュール」の試験構成

	時間	内容	備考
Writing	60 分	Task 1：150 語以上 Task 2：250 語以上	解答用紙に文章を手書きする。 目安：Task 1 は約 20 分、 Task 2 は約 40 分
Reading	60 分	3 セクション 設問数 40 問	解答用紙に解答を記入。
Listening	40 分	4 セクション 設問数：40 問	解答用紙に解答を記入。 試験時間約 30 分 + 解答転記時間 10 分
Speaking	11 ～ 14 分	3 パート	1 対 1 のインタビュー形式。 Part 1：自己紹介と日常生活に関する質問 Part 2：トピックについてのスピーチ+質問 Part 3：トピックについてのディスカッション

※ライティング、リーディング、リスニングのテストは、休憩なしで続けて行われます。
※ CD IELTS の場合は、ライティング、リーディング、リスニングはタイプ入力で解答します。
※スピーキングのテストは、別日に行われる場合があります。

IELTS のスコア

　IELTS の成績は点数で表されずに、1.0 ～ 9.0 のバンドスコアで表されます。このバンドスコアは、0.5 刻みになっています。

　バンドスコアは、4 つのセクションごとのスコアとテスト全体のスコアである**オーバーオール・バンドスコア（OA）**で出されます。一般的に、大学が定める入学基準は OA 6.0 ～ 6.5 とされています。また一部の大学院では、7.0 を求める場合もあります。いずれの場合も、OA に加えて、各セクションにおける最低必要スコアを定めていることも少なくありません。例えば、「OA：6.5、ただしライティング：6.0」といったものです。OA が必要スコアに達していても、各セクションの必要スコアに達していなければ、指定の期日までに取得することを求められるでしょう。そのため、出願する教育機関・コースの必要スコアをしっかり確認し苦手対策をすることが重要です。

※バンドスコアの目安

IELTS（OA）	TOEFL iBT	英検	CEFR
4.0 ～ 5.0	42 – 71	2 級レベル	B1
5.5 ～ 6.5	72 – 94	準 1 級レベル	B2
7.0 ～ 8.0	95 – 120	1 級レベル	C1
8.5 ～ 9.0			C2

 # 本書の使い方

本書は４つのパートに分かれています。現在のレベルや目的に合わせて、好きなパート
から学習することができます。また、全ての見出し語と例文に音声がついていますので、
単語・熟語だけでなく例文も聞き取れるように練習しましょう。

Part 1 基本語彙

IELTS でよく使われる語彙、押さえておくべき基本語彙です。
IELTS を初めて受ける方や語彙に不安がある場合は、まずはこのパートから学習しましょ
う。すでに知っている単語でも、類義語・反意語を活用して、知識をさらに広げること
ができます。

Part 2 分野別語彙

IELTS で出題頻度の高い分野ごとに、重要単語や使用頻度の高い単語をまとめました。
苦手分野がすでに分かっている場合は、該当の分野を中心に学習してみましょう。

Part 3 熟語&チャレンジ語彙

覚えておきたい熟語や、スコアアップを狙える少しレベルの高い語彙です。基本的な語
彙を覚えた次のステップとして、一層のスコアアップを目指して覚えましょう。

Part 4 アウトプット語彙

ライティングやスピーキングで役に立つ語彙や表現をまとめました。
アウトプット系分野が苦手な人は、このパートで使える表現を増やしスコアアップを狙
いましょう。

ページの見方

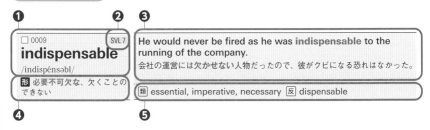

❶見出し語、発音記号：覚えるべき単語と発音記号。イギリス英語のスペル・発音を基準と
  しています。
❷ SVL：Standard Vocabulary List のレベル。該当がある場合に記しています。
❸例文・日本語訳：見出し語を使用した例文とその日本語訳。
❹品詞・日本語語義：見出し語の品詞と日本語の語義。第１語義のみ色文字になっています。
  動 名 形 副 前 接 は、それぞれ品詞を表します。
  〔法律〕のように〔 〕で記載されている箇所は、特定の分野で使われることを意味します。
❺ 類 反：類義語、反意語を表します。該当がある場合に掲載しています。

標準語彙水準 SVL12000 とは

　SVL（Standard Vocabulary List）12000 は、さまざまな英文データと選考資料をもとに選び出された 1 万 2000 語を 12 のレベルに区分した段階別学習語彙リストです。このリストは、ネイティブスピーカーの使用頻度をベースに、日本人学習者にとっての「有用性」「重要性」を考慮して単語の選定をしており、効率的に学ぶことができるように 1000 語ずつ 12 レベルに区分されています。本書では、SVL に含まれている語彙についてはそのレベルを記載しています。

音声

　全ての見出し語と例文の音声を収録しています。流れる順番は「見出し語」→「英語例文」となっています。なお、本書ではイギリス英語で収録しています。

🔊 音声のダウンロードについて

※パソコンでダウンロードする場合
以下の URL で「アルク・ダウンロードセンター」にアクセスの上、画面の指示に従って、音声ファイルをダウンロードしてください。ダウンロードセンターで本書を探す際には、商品コード（7021006）を利用すると便利です。
URL：https://www.alc.co.jp/dl/

※スマートフォンでダウンロードする場合
以下の URL から学習用アプリ「booco」をインストールの上、ホーム画面下「探す」から本書を検索し、音声ファイルをダウンロードしてください。
URL：https://www.booco.jp/

練習問題

　本書で学習した語彙を復習できる練習問題がダウンロードできます。さまざまな形式の問題を解くことで、しっかりと語彙力を身につけることができます。練習問題は以下のページにアクセスし、ダウンロードしてください。
https://www.alc.co.jp/entry/7021006

 booco アプリでは、本書を検索し「書籍情報」を開くと、PDF を閲覧できます（ブラウザが立ち上がります）。

目次

Part 1

IELTS 基本語彙

No.0001-2040

このパートでは IELTS で使用頻度の高い語彙を学びます。まずはこのパートでしっかり基本語彙を身につけて、土台作りをしましょう!

🔊 001.mp3

0001 SVL 4
reputation
/rèpjutéiʃən/
名 評判、世評

The restaurant was popular due to its excellent **reputation**.
そのレストランは評判が高いことで有名だった。

類 fame, prestige

0002 SVL 4
settlement
/sétlmənt/
名 調停、解決、決着、合意

The lawyers mediated a **settlement** between labour and management.
弁護士らは労働者と経営陣との調停を仲立ちした。

類 agreement

0003 SVL 4
gallery
/gǽləri/
名 画廊、美術館；(劇場の) 客席、観客

The **gallery** features the work of local artists.
その画廊は地元の芸術家たちの作品を取り扱う。

類 museum

0004 SVL 5
scrap
/skrǽp/
名 スクラップ、くず；切れ端

I bought this rear-view mirror for cheap from a **scrap** dealer.
このバックミラーは**スクラップ**業者から安く買った。

類 junk

0005 SVL 7
perplex
/pəpléks/
動 ～を当惑させる、混乱させる；(問題など)を複雑にする

The optical illusion **perplexed** all the observers.
その光学的錯覚は見る者皆を惑わせた。

類 confuse, puzzle

0006 SVL 6
diverse
/daivə́ːs/
形 多様な、さまざまな、種々の

The school was very **diverse**, with students from many different backgrounds.
この学校は多様性に富んでおり、さまざまな経歴をもつ学生がいた。

類 different, various

0007 SVL 7
injustice
/indʒʌ́stis/
名 不公平、不正

Social and political **injustices** still exist, even in democratic societies.
民主主義社会においても、社会的および政治的な不公平は存在している。

類 unfairness, wrong, inequality

0008 SVL 7
detach
/ditǽtʃ/
動 ～を分離する、取り外す、引き離す

The lorry driver **detached** his trailer before driving off.
トラック運転手は走り去る前にトレーラーを切り離した。

類 disengage, separate, remove, isolate

0009 SVL 7
indispensable
/indispénsəbl/
形 必要不可欠な、欠くことのできない

He would never be fired as he was **indispensable** to the running of the company.
会社の運営には欠かせない人物だったので、彼がクビになる恐れはなかった。

類 essential, imperative, necessary 反 dispensable

0010 SVL 2
stage
/stéidʒ/
名 舞台、ステージ

The actor stepped out onto the **stage** in front of the waiting audience.
その俳優は舞台に踏み出し、待ちわびている観客の前に登場した。

類 phase, step

10

□ 0011   SVL 3
indeed
/indíːd/
副 確かに、本当に；実は、実のところ

As you can tell by the smoke coming from my engine, it is **indeed** in need of repair.
エンジンが煙を噴いていることからも分かるように、間違いなく修理が必要だ。
類 certainly, in fact, really

□ 0012   SVL 5
inspiration
/inspəréiʃən/
名 ひらめき、創造的刺激；感化、刺激；着想

The author couldn't write a word due to his lack of **inspiration**.
作家はひらめきを欠いて一文字たりとも筆を進めることができなかった。
類 imagination, vision

□ 0013   SVL 7
prescribe
/priskráib/
動 (薬など)を処方する、指示する；～を規定する、指図する

Ask the doctor to **prescribe** you some medicine for your sickness.
あなたの病気のための薬を処方してもらうよう医者に頼んでみて。

□ 0014   SVL 2
raw
/rɔ́ː/
形 生の、調理していない

Raw carrots contain more nutrients than cooked carrots.
生のニンジンは調理したニンジンより栄養価が高い。
類 uncooked   **反** cooked

□ 0015   SVL 4
association
/əsòusiéiʃən/
名 つながり、連携、協力；協会、組織

The town was made famous by its **association** with a popular football player.
この町は、著名なサッカー選手とのつながりによって有名になった。
類 organisation, connection, affiliation

□ 0016   SVL 6
simultaneously
/siməltéiniəsli/
副 同時に、一斉に

The match was broadcast **simultaneously** on TV and the internet.
試合はテレビとインターネットで同時中継された。
類 currently

□ 0017   SVL 2
proof
/prúːf/
名 証拠、証拠となるもの、証明   **形** 耐える、持ちこたえる

He'd lost his receipt so had no **proof** of purchase.
彼はレシートを紛失してしまったので、購入の証拠になるものが無かった。
類 **名** confirmation, evidence, verification

□ 0018   SVL 2
balance
/bǽləns/
名 均衡、バランス、釣り合い；差額、決算

The newspaper's focus on **balance** meant they highlighted both sides of the issue.
この新聞は、問題の両面を取り上げることを通じてバランスの取れた報道に重点を置いている。
類 equilibrium, harmony, fairness

□ 0019   SVL 9
censorship
/sénsəʃip/
名 検閲、検閲制度

Government **censorship** of controversial issues was causing unrest.
議論を呼ぶ問題に関する政府の検閲は不安を引き起こしていた。
類 suppression

□ 0020   SVL 3
major
/méidʒə/
形 大きい方の；主要な   **名** 専攻科目(課程)

It wasn't a small mistake but a **major** one that needed a lot of fixing.
それは小さな間違いではなく、かなりの修正を必要とする大きなものだった。
類 **形** big, significant   **反** **形** minor

🔊 003.mp3

0021 SVL 2 **bend** /bénd/ 動 屈折する；～を曲げる、折り曲げる；～を従わせる	The ability of light to **bend** is called diffraction. 光が屈折する力のことを回折という。 類 distort, deflect
0022 SVL 2 **within** /wiðín, wiθín/ 前 ～以内に；～の内部で、～の中で	We must finalise this project **within** seven weeks after the conclusion of the contract. 契約締結後7週間以内に本プロジェクトを完遂しなければならない。 類 in the space of
0023 SVL 4 **tension** /ténʃən/ 名 緊張(関係)、緊迫	The border dispute increased **tensions** between the two nations. 国境の紛争は2カ国間の緊張を高めた。 類 pressure, strain
0024 SVL 7 **interference** /ìntəfíərəns/ 名 邪魔、妨害、干渉	The referee must stop a match if there is **interference** of play by the crowd. 群衆による競技妨害があった場合、審判は試合を止めなければならない。 類 obstacle, obstruction
0025 SVL 4 **significant** /signífikənt/ 形 重要な、重大な；大きな	The pay rise was **significant**, and he started planning to buy a new car. 昇給は大きな額だったので彼は新車の購入を検討し始めた。 類 important, major, meaningful 反 insignificant
0026 SVL 2 **priest** /príːst/ 名 司祭、神父；聖職者、僧侶	The **priest** celebrated High Mass in church. 司祭は教会で大ミサを祝った。 類 cleric, monk, preacher, clergyman
0027 SVL 8 **pirate** /páirət/ 名 海賊；著作権侵害者 動 ～の著作権を侵害する	The **pirate** stole the cargo from the ship without harming any passengers. 海賊は乗客を傷つけることなく船から積み荷を盗んだ。 類 buccaneer, bandit
0028 SVL 6 **inadequate** /inǽdikwət/ 形 不十分な、不適当な、不適格な	Dehydration is caused by **inadequate** intake of water. 脱水症状は水分摂取が不十分なことにより引き起こされる。 類 insufficient, scarce 反 adequate
0029 SVL 8 **advocate** 名/ǽdvəkət/ 動/ǽdvəkèit/ 名 (主義などの)支持者；弁護士 動 ～を主張(支持)する	He was a strong **advocate** for a more compassionate leadership style. 彼はより思いやりあるリーダーシップの流儀の強い支持者だった。 類 名 supporter, proponent, counsel 動 encourage, endorse
0030 SVL 9 **compulsion** /kəmpʌ́lʃən/ 名 強制、無理強い；衝動	Some experts believe that students learn more when they study out of choice, not **compulsion**. 学生は強制されるのではなく、進んで勉強すると知識を深められると考えている専門家もいる。 類 coercion, duress 反 consent, permission

---

☐ 0031　　　SVL 4
lifetime
/láiftàim/
名 一生、生涯；寿命；長い期間

At the funeral, they found out she had travelled to over 50 different countries in her **lifetime**.
葬儀では、彼女が生涯で50以上の国を旅したことを皆が知った。

類 life, duration

☐ 0032　　　SVL 5
concrete
/kɔ́ŋkriːt/
形 具体的な、具象の　**名** コンクリート

He demonstrated this point with a **concrete** example.
彼はこのポイントについて具体的な例を示しながら説明した。

類 **形** actual, existent, solid, specific

☐ 0033　　　SVL 8
underestimate
/ʌ̀ndəréstəmèit/
動 ～を過小評価する、見くびる

Underestimate your opponents and they may surprise and defeat you.
相手を見くびると、予想外の負けを喫することもある。

類 underrate, diminish, write off, scoff at

☐ 0034　　　SVL 4
pitch
/pítʃ/
名 (音の)高さ、調子、ピッチ

Only dogs could hear the very high **pitch** of the whistle.
犬だけが笛の甲高い音を聞くことができる。

類 frequency

☐ 0035
long-lasting
/lɔ́ŋlǽːstiŋ/
形 長続きする、長持ちする

The experience of war can leave **long-lasting** psychological effects.
戦争体験は長きにわたり心理的な影響をおよぼすことがある。

類 enduring, permanent, persistent

☐ 0036　　　SVL 4
outcome
/áutkʌ̀m/
名 結果、成り行き；成果

The accident was the inevitable **outcome** of the driver's carelessness.
事故は運転者の不注意の必然的な結果だった。

類 aftermath, consequence, effect, result

☐ 0037
defuse
/diːfjúːz/
動 (爆発物)から信管を抜く；～の危険を取り除く、緩和する

The expert slowly tried to **defuse** the terrorist's bomb.
専門家はゆっくりとテロリストの爆弾から信管を外そうとした。

類 disarm, deactivate

☐ 0038　　　SVL 9
assassination
/əsæ̀sənéiʃən/
名 暗殺(事件)

Lee Harvey Oswald was accused of the **assassination** of John F. Kennedy.
リー・ハーヴェイ・オズワルドはジョン・F・ケネディ暗殺の罪に問われた。

類 execution, hit, murder, slaying

☐ 0039　　　SVL 3
benefit
/bénəfit/
名 恩恵、利益、助けになること

One **benefit** of volunteering is the experience of helping others.
ボランティアのメリットの1つは、人の役に立つ経験ができることである。

類 advantage, merit

☐ 0040　　　SVL 5
competitive
/kəmpétətiv/
形 負けず嫌いな、競争心の強い；競争の、競合する

The **competitive** salesman works day and night to outsell all of his co-workers.
負けず嫌いなその販売員は、同僚の誰よりも多く売るために日夜働く。

類 determined, ardent　**反** apathetic, unenthusiastic

□ 0041　　　　SVL 3 **vision** /víʒən/ **名** 展望、先見；見通す力、洞察力	The fortune teller had a **vision** of his future. 占い師には彼の未来の展望が見えた。 **類** foresight, inspiration, imagination
□ 0042　　　　SVL 4 **despite** /dispáit/ **前** ～にもかかわらず	**Despite** concerns from local residents, the construction of the new road went ahead. 地元住民らが懸念していたにもかかわらず、新しい道路の建設が進められた。 **類** in spite of, notwithstanding, regardless of
□ 0043　　　　SVL 4 **shortage** /ʃɔ́ːtidʒ/ **名** 不足、欠乏；不足量	The oil **shortage** was causing huge issues with transport. 石油不足は輸送に大きな問題を引き起こしていた。 **類** lack **反** overage
□ 0044　　　　SVL 2 **computer** /kəmpjúːtə/ **名** コンピューター	My **computer** has just broken so I've lost all my work. コンピューターが壊れて、作業が全て消えてしまった。
□ 0045　　　　SVL 8 **standardise** /stǽndədàiz/ **動** ～を標準化する、基準に合わせる、統一する	All the top private schools are cooperating together to **standardise** their entrance tests. 一流の私立学校は全て、入学試験を統一しようと協力している。 **類** formalise, regularise
□ 0046　　　　SVL 5 **dissolve** /dizɔ́lv/ **動** ～を溶かす；溶ける；姿を消す、消える	To ease your stomach pain, **dissolve** this tablet in water and drink it. 胃痛を和らげるには、この錠剤を水に溶かして飲んで。 **類** disappear, break up, fade **反** appear, materialise
□ 0047　　　　SVL 5 **assemble** /əsémbl/ **動** ～を集める、招集する；～を組み立てる	Can you **assemble** a team of about six people for this project? このプロジェクト向けに6人程度のチームを組めますか？ **類** collect, gather; build, construct
□ 0048　　　　SVL 4 **confess** /kənfés/ **動** （罪）を白状する、告白する；～を告解する	The man went to church to **confess** his sins to a priest. その男は神父に罪を告解するために教会に向かった。 **類** apologise, admit **反** conceal
□ 0049　　　　SVL 6 **generate** /dʒénərèit/ **動** ～を生み出す、創出する；～を起こす	She asked the technician to **generate** a plan to fix the broken engine. 壊れたエンジンの修理計画を作るよう、彼女は技術者に頼んだ。 **類** bring, create, make, produce
□ 0050　　　　SVL 4 **essence** /ésns/ **名** 本質、真髄；(in essence) 基本的に	This book tells you the **essence** of Japanese culture. この本は日本文化の精髄について教えてくれる。

☐ 0051 　　　　SVL 7
warfare
/wɔ́:fèə/
名 戦争、戦闘行為、闘争、戦い

The general was an expert in all types of **warfare**.
その将軍はあらゆる種類の戦いにおいて秀でていた。

類 conflict, friction, war

☐ 0052 　　　　SVL 1
suit
/súːt/
動 〜に適する；都合が良い；〜に似合う

The new flexitime working schedule ideally **suits** most in-house procedures.
新しいフレックスタイムスケジュールは社内手続きの多くにぴったり適合している。

☐ 0053 　　　　SVL 8
outlaw
/áutlɔ̀:/
動 〜を非合法化する、禁止する

The new law will **outlaw** drinking under the age of 16.
新しい法律で16歳未満の飲酒は禁止になる。

類 prohibit, criminalise, illegalise, forbid

☐ 0054 　　　　SVL 4
invest
/invést/
動 (金)を投資する、支出する；(時間・労力など)を投じる

In order to be successful in business, you need to **invest** time and money.
ビジネスの成功者となるためには、時間と金を投資しなければならない。

類 devote, endow

☐ 0055 　　　　SVL 7
genre
/ʒɑ́:ŋrə/
名 (文学・芸術作品などの)ジャンル、種類、様式、分野

His favourite **genre** of books was mystery, but for movies, it was horror.
彼が好きな本のジャンルはミステリーだが、映画ではホラーが好きだった。

類 category, class

☐ 0056 　　　　SVL 9
prohibition
/pròuhəbíʃən/
名 禁止；禁止令

There is a **prohibition** of drinking alcohol on trains.
電車内での飲酒は禁止されている。

類 ban, embargo, veto

☐ 0057 　　　　SVL 5
prevention
/privénʃən/
名 防止、予防、止めること

Strict testing of new drivers is important for the **prevention** of accidents.
事故の予防には、新規免許取得者に厳しい試験を課すことが重要だ。

類 avoidance

☐ 0058 　　　　SVL 3
celebrate
/séləbrèit/
動 〜を(記念して)祝う；〜を賛美する；(儀式)を執り行う

If you pass the exam, we can **celebrate** with a big party.
試験に合格すれば、盛大なパーティーでお祝いできる。

類 commemorate

☐ 0059
human-made
/hjúːmənméid/
形 人工の、人造の；(物質などが)合成の

Cars are **human-made**, as opposed to trees, which are natural.
木が自然の産物であるのに対し、車は人工的なものである。

類 artificial; synthetic 反 natural, real

☐ 0060 　　　　SVL 6
virtual
/vɔ́:tʃuəl/
形 仮想の、バーチャルな；実質的な

He started to enjoy **virtual** reality more than the real world.
彼は現実世界より仮想現実を楽しみ始めた。

反 real

0061 SVL 4 **betray** /bitréi/ 動 ~を裏切る、~に背く；~を売り渡す、暴露する	She didn't trust the man as he'd betrayed her before. 以前彼が裏切ったため、彼女はその男を信用していなかった。 類 sell (out), give away; demonstrate, display
0062 SVL 2 **possibility** /pɔ̀səbíləti/ 名 可能性、実現性；将来性、展望	The terrorist attack increased the possibility of war between the two countries. テロリストの攻撃により、2国間で戦争が起こる可能性が高まった。 類 potential, prospect, probability, viability
0063 SVL 4 **assure** /əʃúə/ 動 (人)に保証する、請け合う	The builders assured the customer they'd be finished by winter. 冬までには完成すると、造成業者は客に請け合った。 類 ensure, guarantee
0064 SVL 8 **gender** /dʒéndə/ 名 (社会的・文化的な意味合いの)性、性別、ジェンダー	Gender equality is an important research topic for many legal scholars. ジェンダー平等は、多くの法学者にとって重要な研究課題である。
0065 SVL 2 **repair** /ripéə/ 動 ~を修理する、修繕する；を回復する 名 修理、修復	A mechanic is often needed to repair a car engine. 修理工はエンジンを修理するためによく必要とされる。 類 動 mend, overhaul 反 動 break, destruct, harm
0066 SVL 3 **adopt** /ədɔ́pt/ 動 ~を採用する、導入する；~を採択する；~を養子にする	You need to adopt a more aggressive approach to the problem. あなたはその問題に対してもっと積極的な手法を採用する必要がある。 類 accept, use; raise, foster 反 reject, renounce
0067 SVL 4 **liberal** /líbərəl/ 形 寛大な、偏見のない；自由主義の 名 自由主義者	His parents have liberal views on religion. 彼の両親は宗教に関して寛大な考え方を持っている。 類 形 progressive 反 形 conservative
0068 SVL 2 **rapid** /rǽpid/ 形 迅速な、急な	The patient made a rapid recovery, which surprised the doctors. その患者は迅速な回復を見せ、医者らを驚かせた。 類 fast, abrupt 反 slow
0069 SVL 4 **excess** /iksés/ 名 超過、過剰	An excess of salt in your diet can lead to high blood pressure. 食事での塩分取り過ぎは高血圧につながる恐れがある。 類 surplus
0070 SVL 7 **brochure** /bróuʃə, bróuʃuə/ 名 パンフレット、小冊子、カタログ、案内書	They browsed through the travel brochure to find a good destination. 良い目的地を見つけようと、彼らは旅行パンフレットに目を通した。 類 booklet, leaflet, pamphlet

□ 0071　　SVL 4	The king showed **mercy** and didn't execute the prisoners.
mercy	王は慈悲を見せ、囚人たちを処刑しなかった。
/mə́:si/	
名 慈悲、情け；恵み、救い	類 benevolence, favour, kindness

□ 0072　　SVL 2	You ought to be more **practical** about the matter.
practical	この件に関してもっと現実的にならなければならない。
/prǽktikəl/	
形 現実的な、実際的な；実用的な　名 実技試験；実習	類 形 pragmatic, useful 反 形 impractical, unrealistic

□ 0073　　SVL 3	Use this large **worm** as bait for fishing.
worm	この大きな虫は釣りの餌にしたらいいよ。
/wə́:m/	
名 虫；寄生虫	

□ 0074　　SVL 4	The **extraordinary** story of his escape was made into a book.
extraordinary	彼の脱出にまつわる驚くべき話は書籍化された。
/ikstrɔ́:dənəri/	
形 異常な、驚くべき；並外れた、ずばぬけた	類 abnormal, exceptional, uncommon, unusual, peculiar, odd

□ 0075　　SVL 2	The charity managed to **raise** over £2 million for their cause.
raise	チャリティーでは大義のためにどうにか200万ポンド以上を集めた。
/réiz/	
動 ～を集める；～を上げる；増やす、高める	類 grow, lift

□ 0076　　SVL 3	The army **advanced** quickly through the countryside to the town.
advance	陸軍は田園を素早く通過して町にたどり着いた。
/ədvá:ns/	
動 ～を前進(進歩)させる；前進(進歩)する　名 前進	類 動 progress, approach 反 動 retreat, downgrade

□ 0077　　SVL 8	One problem of being a **celebrity** is strangers coming and talking to you.
celebrity	セレブであることの問題の1つは、見知らぬ人が近寄ってきて話し掛けてくることだ。
/səlébrəti/	
名 著名人、有名人；名声	類 star, figure, icon, personality

□ 0078　　SVL 3	The French army was **defeated** by the much more powerful German army.
defeat	フランス陸軍は、はるかに強力なドイツ陸軍に敗れた。
/difí:t/	
動 (敵)を負かす、打ち負かす、～に勝つ	類 beat, conquer, overwhelm, overcome

□ 0079　　SVL 6	The **clash** of cultures was causing conflict in the country.
clash	文化の衝突は国内で対立を引き起こしていた。
/klǽʃ/	
名 衝突、激突 動 衝突する、ぶつかり合う	類 名 conflict, skirmish 動 collide, conflict

□ 0080　　SVL 4	Please be **brief** as I only have 10 minutes before I need to leave.
brief	出発するまで10分しかないので、手短にお願いします。
/brí:f/	
形 簡潔な、手短な；短い　名 要約、概要	類 形 compact, concise 名 abstract, summary

☐ 0081　　　SVL 2 **address** /ədrés/ **動** 〜に対処する；〜で演説を する　**名** 住所；演説	We need to **address** his issues face-to-face instead of over the phone. 私たちは電話ではなく対面で彼の問題に取り組む必要がある。 **類** **動** tackle, respond　**名** location, directions; speech
☐ 0082　　　SVL 4 **unlikely** /ʌnláikli/ **形** ありそうにない、可能性が 低い	She's not very punctual, so it's **unlikely** she'll arrive before 8:00. 彼女は全然時間を守らないから、8時前に着くことはないと思うよ。 **類** improbable
☐ 0083　　　SVL 8 **meaningful** /míːniŋfəl/ **形** 意義のある、有意義な；意 味深長な	She had been drifting through life and was looking for something **meaningful**. 彼女は人生をさまよい、意義のあることを探していた。 **類** important, significant
☐ 0084　　　SVL 4 **accord** /əkɔ́ːd/ **名** 一致、合意、協定、条約	The results were in **accord** with the theory. 結果は理論と合致していた。 **類** harmony, agreement, treaty, consensus
☐ 0085　　　SVL 9 **dubious** /djúːbiəs/ **形** 疑わしい、怪しい；疑わし く思う、疑って	The bad restaurant had a **dubious** number of positive reviews. その悪いレストランには怪しげな数の高評価レビューがついていた。 **類** questionable, sceptical, suspicious, unreliable
☐ 0086　　　SVL 6 **infectious** /infékʃəs/ **形**（振る舞いなどが）伝染しや すい；（病気が）感染（伝染）性の	His smile was **infectious** and soon everybody felt much better. 彼の笑顔につられて笑っていたら、すぐに皆の気分は良くなった。 **類** contagious
☐ 0087　　　SVL 9 **ravage** /rǽvidʒ/ **動** 〜を荒廃させる、ひどく破 壊する　**名** 破壊(行為)	The forest and wildlife were **ravaged** by the fire. 火事により森林と野生生物は甚大な被害を受けた。 **類** **動** destroy, devastate, ruin
☐ 0088　　　SVL 8 **smuggle** /smʌ́gl/ **動** 〜を密輸する；〜を密入国 させる	They were caught at the airport trying to **smuggle** illegal drugs into the country. 彼らはこの国に違法薬物を密輸しようとして空港で逮捕された。
☐ 0089　　　SVL 2 **distance** /dístəns/ **名** 距離、隔たり	The **distance** between London and Berlin is greater than that between London and Paris. ロンドンとベルリンとの距離は、ロンドンとパリより遠い。 **類** length
☐ 0090　　　SVL 4 **flee** /flíː/ **動**（危険などから）逃げる、逃 れる	The people had to **flee** from the approaching tsunami. 人々は迫り来る津波から逃げなければならなかった。 **類** escape, run away, run off

□ 0091　SVL 2 **tool** /túːl/ **名** 道具、工具；商売道具、手段	A spanner is an essential **tool** for changing a tyre. スパナは、タイヤ交換に必須の道具です。 **類** instrument, device, gadget
□ 0092　SVL 5 **hedge** /hédʒ/ **名** 生け垣、垣根；防御策 **動** 言葉を濁す、はぐらかす	The gardener pruned the **hedge** so it didn't cover the pavement. 歩道をふさがないように庭師は生け垣を刈り込んだ。 **類 名** barricade, barrier, fence **動** enclose
□ 0093　SVL 8 **equity** /ékwəti/ **名** 株、株式；公正、公平	He made a huge profit from selling his **equity** in the company. 彼は会社の株式を売却して巨額の利益を得た。 **類** stock, share, justice
□ 0094　SVL 8 **turmoil** /tɔ́ːmɔil/ **名** 騒動、騒ぎ、混乱	His internal **turmoil** started taking a physical toll. 彼の心の乱れは肉体的影響として表れ始めた。 **類** anxiety, confusion, disturbance, turbulence, unrest
□ 0095　SVL 7 **temporarily** /témpərərəli/ **副** 一時的に、少しの間、つかの間	During a fire, the lift will **temporarily** be out of order. 火災の際にはエレベーターは一時的に使用できなくなる。 **類** provisionally **反** permanently
□ 0096　SVL 4 **construct** /kənstrʌ́kt/ **動** ～を建設する、組み立てる；～を構成する	The government decided to **construct** a monument to the survivors. 政府は遺族のために記念碑を建設することを決定した。 **類** assemble, erect, invent, found
□ 0097　SVL 4 **precise** /prisáis/ **形** 正確な、ぴったりな；詳細な；精密な	The scientist's solution needed **precise** quantities of chemicals. その科学者のやり方には正確な分量の薬品が必要だった。 **類** accurate, exact, proper
□ 0098　SVL 2 **explain** /ikspléin/ **動** ～を説明する、明らかにする	The teacher attempted to **explain** the word in a simpler way. 先生はもっと簡単な方法でその言葉を説明しようとした。 **類** clarify, illustrate, attribute **反** confuse
□ 0099　SVL 2 **concert** /kɔ́nsət/ **名** コンサート、演奏会；(in concert with)～と協力して	They attended the **concert** and really enjoyed the music. 彼らはコンサートに行って、音楽を心から楽しんだ。
□ 0100　SVL 3 **environment** /inváiərənmənt/ **名** 環境、周囲の状況	The increase in the number of factories had started to damage the **environment**. 工場の数が増加して環境が破壊され始めた。 **類** surroundings, background

□ 0101 SVL 4 **attraction** /ətrǽkʃən/ 名 呼び物、名所;魅力、引き付ける力	London is a great **attraction** for tourists for several reasons. ロンドンはさまざまな理由から観光客にとって大いに魅力ある場所である。

□ 0102 SVL 8 **anatomy** /ənǽtəmi/ 名 解剖、解剖学;(人体・動植物の)解剖学的構造	Doctors have to study the human **anatomy** in great detail. 医者は人体解剖学について詳細に学ばなければならない。 類 analysis, biology

□ 0103 **quantify** /kwɔ́ntəfài/ 動 ～を数値化する、定量化する;～の量を量る	It's always difficult to **quantify** how many people lose their lives in wars. 戦争でどれだけの人が死亡したかを数値化するのは難しい。

□ 0104 SVL 6 **interpretation** /intə:prətéiʃən/ 名 解釈、理解;通訳;役作り	The critic's **interpretation** of the painting was vastly different from the artist's intention. 批評家によるその絵画の解釈は、芸術家の意図とはかけ離れたものだった。 類 clarification, explanation, rendition

□ 0105 SVL 2 **rate** /réit/ 名 率、度合い、割合、比率	Due to harsh economic conditions, the unemployment **rate** has increased. 厳しい経済状況により失業率は上昇した。 類 grade

□ 0106 SVL 4 **shelter** /ʃéltə/ 名 避難所、隠れ場所;保護施設	As a tornado was coming, they desperately sought some **shelter**. 竜巻が近づいていたので、彼らは必死に避難先を探した。 類 sanctuary

□ 0107 SVL 3 **recommend** /rèkəménd/ 動 ～を薦める;～を推奨する	The teacher **recommended** a textbook to help her students revise. 先生は生徒たちに、復習に役立つ教科書を1冊薦めた。 類 commend

□ 0108 SVL 2 **weigh** /wéi/ 動 ～の重さを量る;(weigh out)～を量り分ける	The butcher **weighed** out 500 grams of beef for his customer. 肉屋はお客のために牛肉500gを量り分けた。

□ 0109 SVL 9 **sanctuary** /sǽŋktʃuəri/ 名 避難、保護;聖域;禁猟区	Hundreds of refugees sought **sanctuary** in neighbouring countries. 何百人もの難民が近隣諸国に保護を求めた。 類 haven, shelter

□ 0110 SVL 2 **familiar** /fəmíljə/ 形 なじみのある、よく目(耳)にする;よく知っている	I believe I've seen her before because her face seems **familiar**. 彼女の顔には見覚えがあるので、きっと以前に会ったことのある人だと思う。 類 knowledgeable, usual

□ 0111　　　　SVL 5 **embarrass** /ɪmbǽrəs/ 動 ～を気まずくさせる、～に恥ずかしい思いをさせる	Her younger brother told everyone about the incident to **embarrass** her. 彼女の弟は、彼女に恥をかかせてやろうと、その出来事について皆に教えた。 類 annoy, shame, upset
□ 0112 **unspoilt** /ʌnspɔ́ɪlt/ 形 自然な姿の、手つかずの	The increasing tourist industry has ruined this once **unspoilt** coastline. 観光産業の拡大により、かつては手つかずだったこの海岸線が荒廃した。
□ 0113　　　　SVL 8 **practitioner** /præktíʃənə/ 名 開業医、開業者、専門家；実践者、熟練者	In the UK, when people have a health problem, they see their general **practitioner**. イギリスの人々は、健康に問題があると一般開業医に診てもらう。 類 guru
□ 0114　　　　SVL 3 **tend** /ténd/ 動 世話をする；～の手入れをする	He needed to find someone who would **tend** to his tortoise before departing for Mozambique. モザンビークに向け出発するに先立ち、彼はカメの面倒を見てくれる人を見つけなくてはならなかった。 類 look after, lean
□ 0115　　　　SVL 5 **consistent** /kənsístənt/ 形 首尾一貫した、不変の、堅実な	He was **consistent** in that he always came third in class tests. 学級試験でいつも3位だったという点で彼は一貫していた。 類 coherent, persistent, steady
□ 0116　　　　SVL 5 **serendipity** /sèrəndípəti/ 名 セレンディピティ、めぐり合わせ、奇遇	Many ground breaking discoveries are a mere **serendipity**. 画期的な発見の多くは、単なるセレンディピティである。 類 fortune, break, coincidence
□ 0117　　　　SVL 8 **majestic** /mədʒéstik/ 形 堂々とした、威厳のある、荘厳な、雄大な	The pretty Swiss village was surrounded by **majestic** mountain scenery. その美しいスイスの村は荘厳な山岳風景に囲まれていた。 類 grandiose, heroic, magnificent, stately
□ 0118　　　　SVL 4 **draft** /drɑ́:ft/ 名 草稿、草案、下書き 動 草案を書く、下書きを書く	The final **draft** of your essay is due next Friday. あなたの小論文の最終原稿の締め切りは来週の金曜です。 類 outline, blueprint, compose
□ 0119 **laden** /léidn/ 形 荷を積み込んだ、いっぱい載せた、どっさり積み込んだ	The cart was **laden** with goods for the market. その荷車は市場に出す品物をどっさり積んでいた。 類 burdened
□ 0120　　　　SVL 5 **implement** 動/ímpləmènt/ 名/ímpləmənt/ 動 (政策・契約など)を実行する、履行する 名 道具、用具	The country decided to **implement** the new education curriculum school by school. 国は新しい教育カリキュラムを学校ごとに実施することを決定した。 類 動 administer, apply, enforce, execute

□ 0121 SVL 2	The **crowd** slowly left at the end of the rally.
crowd	群衆は大会が終わり徐々に帰り出した。
/kráud/	
名 群衆、人混み	類 assembly

□ 0122 SVL 3	The scientists **observed** and recorded the gorillas' actions.
observe	学者たちはゴリラの行動を観察し記録した。
/əbzə́:v/	
動 ～を観察する、観測する；～に気付く、～を分かる	類 follow, note, obey, discern

□ 0123 SVL 3	The poem had excellent **composition** and was very meaningful.
composition	その詩は構成が素晴らしく、訴えるものがあった。
/kɔ̀mpəzíʃən/	
名 構成、構造；作品、作文	類 arrangement, configuration, pattern; piece, work

□ 0124 SVL 3	Such an action is an **offence** to all the people in this world.
offence	このような行動は世界中の人々を憤慨させるものである。
/əféns/	
名 憤慨させるもの；攻撃、襲撃；違反行為	類 attack 反 defence

□ 0125 SVL 3	Smog was cited as a major factor contributing to **global** warming.
global	地球温暖化をもたらす主な要因の1つにスモッグが挙げられていた。
/glóubəl/	
形 世界的な、地球規模の；全体的な、包括的な	類 universal, worldwide

□ 0126 SVL 8	The bank robbers had several **hostages** to deter the police from coming in.
hostage	銀行強盗たちは警察に突入を思いとどまらせるため数人の人質を置いていた。
/hɔ́stidʒ/	
名 人質	類 captive, prisoner

□ 0127 SVL 6	Only authorised **personnel** have access to the computer system.
personnel	権限のある職員だけがコンピューターシステムにアクセスできる。
/pə̀:sənél/	
名 全職員、社員；人事課、人事部	類 staff

□ 0128 SVL 4	To teach at this university, it is **desirable** that you have a master's degree.
desirable	本学で教える者は、修士号を保有していることが望ましい。
/dizáiərəbl/	
形 好ましい、望ましい	類 advisable, advantageous, preferable 反 undesirable, inadvisable

□ 0129 SVL 3	The two friends soon **settled** their dispute.
settle	2人の友人はすぐに口論に決着をつけた。
/sétl/	
動 ～を解決する、～に決着をつける；移住する；落ち着く	類 solve, resolve; colonise

□ 0130 SVL 2	Napoleon is known as one of the greatest **leaders** in history.
leader	ナポレオンは歴史上最も優れた指導者の1人として知られている。
/líːdə/	
名 リーダー、指導者；先頭に立つ人、首位の者	類 captain, foreman, head, master

□ 0131　　SVL 2 **spread** /spréd/ **動** まん延する、〜を広げる；広がる、普及する	The flu spread throughout the school as students passed it to one another. インフルエンザは生徒から生徒へと感染し学校中に広がった。 類 sprawl
□ 0132　　SVL 2 **praise** /préiz/ **動** 〜を称賛する；（神）を賛美する **名** 称賛；神への賛美	It is important to praise students when they do well. 生徒が良い成績をおさめたときは彼らを褒めることが大切だ。 類 動 applaud, honour 名 applause, compliment 反 動 criticise
□ 0133 **competency** /kɔ́mpətənsi/ **名** 能力、適性	Engineering students are required to show competency in mathematics and physics. 工学部の学生は数学と物理の能力を示さなければならない。 類 capability
□ 0134　　SVL 5 **perish** /périʃ/ **動** 死ぬ、滅びる；消滅する	All the flowers in the back garden will perish when the snow comes. 裏庭の花は全て、雪が降ると枯れてしまうだろう。 類 die, pass away
□ 0135　　SVL 4 **urgent** /ɔ́:dʒənt/ **形** （物事が）緊急の、差し迫った	After the crash, many people were in urgent need of medical attention. 事故の後、多数の人々が直ちに治療を必要としていた。 類 acute, critical, dire, immediate
□ 0136　　SVL 2 **figure** /fígə/ **名** （重要な）人物、名士；図表；数字 **動** 〜と判断する	Newton was an important figure in both maths and science. 数学と科学のいずれにおいても、ニュートンは重要な人物だった。 類 名 icon, illustration, outline, celebrity
□ 0137　　SVL 3 **pale** /péil/ **形** （人が）顔色の悪い、（顔色などが）青白い	She used a lot of sunblock lotion due to her pale skin. 彼女は肌が青白いので日焼け止めローションをたっぷり使った。
□ 0138　　SVL 8 **novice** /nɔ́vis/ **名** 初心者、初学者、未経験者	She needed an instructor as she was a complete novice skier. スキーは完全に初心者だったので、彼女にはインストラクターが必要だった。 類 apprentice, beginner, rookie
□ 0139　　SVL 7 **haul** /hɔ́:l/ **動** （重いもの）を引きずる、輸送する **名** 盗品の山；道のり	This truck can haul two tons of garbage. このトラックは2トンのごみを運ぶことができる。 類 動 carry, drag, lug
□ 0140　　SVL 4 **relatively** /rélətivli/ **副** 比較的、割合に	The company's meetings were relatively informal and everyone was free to speak. その会社の会議は比較的形式張らず、みんな自由に発言できた。 反 absolutely, somewhat

□ 0141　　　SVL 9 **verge** /və́:dʒ/ 名 限界、境界、端、縁	The divorce led him to the **verge** of a nervous breakdown. 離婚により彼はノイローゼ寸前に達しつつあった。 類 edge, brink
□ 0142　　　SVL 4 **literary** /lítərəri/ 形 文学の、文学的な；書き言葉の；文学に通じた	It was the first book published in her long **literary** career. それは彼女の長い文芸活動の中でも最初に出版された本だった。
□ 0143　　　SVL 3 **slight** /sláit/ 形 わずかな、少しの	He felt a little unwell and had a **slight** fever of 37.2 degrees. 彼は少し具合が悪く37.2度の微熱があった。
□ 0144　　　SVL 3 **neglect** /niglékt/ 動 ～をほったらかす；～するのを怠る　名 放置；育児放棄	The property had been **neglected** and required many repairs. その物件は放置されていたのでいろいろと修繕が必要だった。 類 動 disregard, ignore; forget, overlook, omit
□ 0145　　　SVL 7 **adaptation** /ædəptéiʃən/ 名 (新しい環境への) 適応、順応；脚色、翻案	The **adaptation** of the local population to the changing environment was a success. 地元住民を環境の変化に適応させることに成功した。 類 adjustment
□ 0146　　　SVL 4 **estimate** /éstəmèit/ 動 ～を見積もる、概算する	If you aren't sure how many people are coming, just **estimate** the number of plates. 何人来るのか分からなければ、お皿の数をちょっと概算で出してみて。 類 calculate
□ 0147　　　SVL 3 **document** /dɔ́kjumənt/ 名 文書、証書；記録、資料	Please make a copy of this **document** for everyone attending the meeting. 会議の出席者全員のために、この文書をコピーしてください。 類 blank, form, certificate
□ 0148　　　SVL 8 **imbalance** /imbǽləns/ 名 不均衡、不安定、アンバランス	There was a huge economic **imbalance** between the North and South. 南北間には巨大な経済的不均衡があった。 類 inequality, asymmetry
□ 0149　　　SVL 6 **equip** /ikwíp/ 動 ～を装備する、～に備え付ける	The hunter **equipped** himself with a gun and headed for the jungle. 狩人は銃を装備して、ジャングルに向かった。 類 fit, prepare, furnish
□ 0150　　　SVL 8 **adaptable** /ədǽptəbl/ 形 適応できる；順応性のある、順応できる	Successful businesses are highly **adaptable** to economic change. 成功している企業は経済の変化に高度に適応できる。

☐ 0151 　　　　SVL 4 **concentration** /kɔ̀nsəntréiʃən/ 名 集中、専念；終結；濃度	He lost his **concentration** and had to read the page again. 彼は集中力がなくなったので、そのページをもう一度読まなければならなかった。 類 focus
☐ 0152 　　　　SVL 4 **expose** /ikspóuz/ 動 (悪事など)を暴露する、暴く；〜をさらす、露出する	The journalist's articles **exposed** the politician's lies. そのジャーナリストの記事は政治家のうそを暴いた。 類 uncover, unmask, disclose
☐ 0153 　　　　SVL 4 **adjust** /ədʒʌ́st/ 動 〜を調節する、適合させる	If you **adjust** the temperature a little, the experiment will be a lot more successful. 温度を少し調整すれば実験はずっとうまくいくだろう。 類 adapt, fix, modify, conform, acclimatise
☐ 0154 　　　　SVL 8 **exploitation** /èksplɔitéiʃən/ 名 (営利目的での)開発、開拓；搾取	The **exploitation** of the rainforest in Brazil has caused trouble for the local tribes. ブラジルの熱帯雨林の開発は地元の部族を悩ませている。 類 abuse
☐ 0155 　　　　SVL 3 **arrow** /ǽrou/ 名 矢、矢印	The **arrow** flew straight and hit the target. 矢は真っすぐに飛んで的に当たった。
☐ 0156 　　　　SVL 7 **metropolitan** /mètrəpɔ́litən/ 形 大都市の、首都圏の、都会の	This town grew to be one of the largest **metropolitan** areas in the country. この街は、国内最大の都市圏の1つに成長した。 類 urban
☐ 0157 　　　　SVL 2 **demand** /dimά:nd/ 名 要求、需要　動 〜を要求する、請求する	The **demand** for gloves and rubber boots increased a lot over winter. 冬の間に手袋とゴム長靴の需要がぐんと増えた。 類 動 require
☐ 0158 　　　　SVL 4 **retain** /ritéin/ 動 〜を保持する、維持する	The shareholders lost their battle to **retain** control of the company after the takeover. 株主は、買収後の会社の主導権を維持する闘いに敗れた。 類 keep, withhold
☐ 0159 　　　　SVL 6 **representation** /rèprizentéiʃən/ 名 表現、描写、記述	A snake swallowing its tail is a **representation** of infinity. 自らの尾を飲み込むヘビは無限性を表現している。
☐ 0160 　　　　SVL 8 **landowner** /lǽndòunə/ 名 地主、土地所有者	A single **landowner** possesses all the fields and farms around this area. その地主は1人でこの地域の畑と農場を全て所有している。 類 landlord

□ 0161　SVL 8 **dedication** /dèdikéiʃən/ **名** 献身、専念、熱心さ	To be successful at anything requires hard work and **dedication**. どのようなことにおいても、成功を収めるには努力と献身が必要である。 **類** devotion
□ 0162　SVL 5 **imply** /implái/ **動** ～を暗に意味する、～をほのめかす；含意する	What does the professor **imply** by quoting Hamlet? ハムレットの引用により、教授が示唆することは何か？ **類** hint, indicate, suggest
□ 0163　SVL 6 **cooperate** /kouɔ́pərèit/ **動** 協力する、共同する	If everyone **cooperates**, we'll complete this task much more quickly. 全員が協力すれば、この課題をもっとずっと早く終わらせられる。 **類** collaborate, unite, interact
□ 0164　SVL 5 **genuine** /dʒénjuin/ **形** 本物の、偽物でない；正直な、誠実な	Do you already know the answer or are you asking a **genuine** question? 答えをすでに知っているのですか、それとも純粋に質問しているのですか？ **類** authentic, real, legitimate　**反** false
□ 0165　SVL 3 **function** /fʌ́ŋkʃən/ **動** 機能する、働く　**名** 機能、働き；儀式	After the accident, he could **function** but his ability was severely diminished. 事故後、彼はなんとか動くことができたが、能力面ではかなりの減退を余儀なくされていた。 **類 動** perform, operate　**名** capacity, task, duty, affair
□ 0166　SVL 4 **fasten** /fǽːsn/ **動** ～をしっかり留める；(窓・門など)をしっかり閉める	Please **fasten** your seat belts prior to the plane taking off. 飛行機が離陸する前にシートベルトをお締めください。 **類** attach, fix
□ 0167　SVL 6 **alley** /ǽli/ **名** 裏通り、路地、小道	There was a narrow **alley** behind the rows of houses. 立ち並ぶ家の背後には狭い路地があった。 **類** passageway, back street
□ 0168　SVL 4 **revenge** /rivéndʒ/ **名** 復讐(ふくしゅう)、報復　**動** ～に報復(仕返し)する	She broke his pen in **revenge** for tripping her up. 転ばされた仕返しに、彼女は彼のペンを折ってやった。 **類** retaliation, vengeance
□ 0169　SVL 4 **starve** /stáːv/ **動** 飢える、飢え死にする	They hadn't had any food for weeks and were starting to **starve**. 彼らは何週間も食料がなかったため飢え始めていた。
□ 0170　SVL 8 **compile** /kəmpáil/ **動** ～を収集する、集める；～を編集する、編さんする	Can you **compile** all the information on the German media company and put it on my desk? ドイツのメディア企業に関する情報を全て集めて、私のデスクに置いてくれますか？ **類** collect; edit

◀» 018.mp3

□ 0171　　SVL 3	The dating website has over 100,000 people **seeking** partners.
seek	その出会い系サイトにはパートナーを探し求める10万人以上が登録している。
/síːk/	
動 ～を捜す、探し求める、見つけようとする	類 look for

□ 0172　　SVL 6	The **probability** of someone winning the lottery must be about a million to one.
probability	宝くじに当選する確率はかなり低い。
/prɔ̀bəbíləti/	
名 見込み、可能性；確率	類 likelihood, feasibility, possibility, odd

□ 0173　　SVL 8	The army was forced to **intervene** as the levels of unrest drastically rose.
intervene	不穏な気配が一気に高まり、軍が介入せざるを得なくなった。
/ìntəvíːn/	
動 干渉する、介入する；介在する	類 intermediate, mediate

□ 0174　　SVL 2	The car stopped on the motorway as it had run out of **fuel**.
fuel	燃料切れのため、車は高速道路上で止まってしまった。
/fjúːəl, fjúəl/	
名 燃料；食物 動 ～を悪化させる；～に燃料を供給する	類 名 energy, power 動 charge, energise

□ 0175　　SVL 4	His **anxiety** was the reason for his poor performance in the test.
anxiety	不安のせいで彼の試験の成績は振るわなかった。
/æŋzáiəti/	
名 不安、心配、懸念；悩み	類 agitation, concern, unease, worry, turmoil, fear

□ 0176　　SVL 7	Do not disturb your neighbours and **refrain** from playing loud music after 10:00 p.m.
refrain	ご近所の迷惑にならないように。それから、夜10時以降に大音量で音楽をかけるのは控えてください。
/rifréin/	
動 （行動などを）控える、慎む 名 （詩・歌詞の）リフレイン	

□ 0177　　SVL 2	He offered no **further** information, and she felt uncomfortable asking for more.
further	彼はそこまでの情報しか提供してくれず、これ以上望むのは気まずいと彼女は感じた。
/fə́ːðə/	
形 その上の、一層の 副 より先へ；（程度が）さらに；加えて	類 形 more 副 farther, additionally, moreover

□ 0178　　SVL 4	The company's financial difficulties have deterred **potential** investors.
potential	その会社の財務上の困窮は、潜在的な投資者たちを思いとどまらせた。
/pəténʃəl/	
形 可能性のある、潜在的な 名 将来性、潜在能力	類 形 implicit, possible 名 capability, possibility

□ 0179　　SVL 5	Moses believed that, by the power of God, it was his **destiny** to lead his people to safety.
destiny	神の力により、民を安全な地へ導くことが自分の宿命であると、モーゼは信じていた。
/déstəni/	
名 運命、宿命	類 fate

□ 0180　　SVL 3	The wedding **ceremony** will be held next summer.
ceremony	結婚式は来年の夏に執り行われます。
/sérəməni/	
名 儀式、式典；儀礼、礼儀	類 rite

☐ 0181 SVL 7 **straightforward** /strèitfɔ́:wəd/ 形 簡単な、分かりやすい、端的な；明快な	The instructions were **straightforward** and couldn't be easily misunderstood. 説明書は明快で誤解されることはない。 ─────────────── 類 plain 反 complicated
☐ 0182 SVL 8 **notably** /nóutəbli/ 副 とりわけ、特に、著しく	The apartment did not match his requirements, **notably** the location. そのアパートは彼の要望、とりわけ立地に関する要望に一致しなかった。 ─────────────── 類 especially, remarkably, specifically, exceptionally
☐ 0183 SVL 2 **assist** /əsíst/ 動 〜を助ける、手伝う	Part of her duties as an intern was to **assist** the manager. 彼女のインターンとしての任務の1つは、上司を手伝うことだった。 ─────────────── 類 help, facilitate
☐ 0184 SVL 4 **journalism** /dʒɔ́:nəlìzm/ 名 ジャーナリズム、ニュース報道	The newspaper had a reputation for excellent **journalism** and had won many awards. その新聞は優れたジャーナリズムに定評があり、多くの賞を受けていた。
☐ 0185 SVL 4 **finding** /fáindiŋ/ 名 発見物；(調査などの)結果、成果	Recent **findings** suggest exercise may reduce cancer risk. 最近の研究結果は、運動ががんのリスクを減らし得ることを示している。 ─────────────── 類 discovery
☐ 0186 SVL 5 **cape** /kéip/ 名 岬	They sailed around **Cape** Horn to get around the world. 彼らは世界中を巡るためにホーン岬を回って航海した。
☐ 0187 SVL 3 **goods** /gúdz/ 名 商品、物品；貨物	The **goods** ordered online will be delivered by Friday. オンラインで注文した商品は金曜日までに到着する。 ─────────────── 類 merchandise
☐ 0188 SVL 5 **discharge** /distʃɑ́:dʒ/ 動 〜を退院させる、放免する；〜を解任する；〜を放出する	They **discharged** the patient from hospital when he was deemed to be healthy enough. 患者が十分健康になったと見なした時点で彼らは患者を退院させた。 ─────────────── 類 vent
☐ 0189 **occupancy** /ɔ́kjupənsi/ 名 (土地などの)占有、居住；占有期間	I paid £50 a night for the single **occupancy** of a double room. ダブルルームの1人での使用に1泊50ポンド支払った。 ─────────────── 類 habitation, possession, residency
☐ 0190 SVL 3 **security** /sikjúərəti/ 名 セキュリティー、安全性、安全確保；警備組織	He was worried about the hotel's **security** so put his money in the safe. 彼はホテルの安全面が不安だったのでお金を金庫に入れた。 ─────────────── 類 defence, guard, protection 反 insecurity, danger

□ 0191　SVL 7
duration
/djuəréiʃən/

名 継続期間、存続期間

The **duration** of his course is three years.
彼の講座の期間は３年間です。

類 span, lifetime

□ 0192　SVL 3
basis
/béisis/

名 基礎、根拠、原則、基準

An understanding of maths is the **basis** of all the sciences.
数学を理解することは、あらゆる科学の基本である。

類 base, foundation; premise, rationale, theory

□ 0193　SVL 5
outlet
/áutlet, áutlit/

名 はけ口、出口、発散手段；販売店

Playing in the park is a good **outlet** for children to release their energy.
公園で遊ぶことは、子どもにとってエネルギー発散の良い手段である。

類 exit, channel

□ 0194　SVL 8
redundant
/ridʌ́ndənt/

形 解雇された、不要とされた；余分な、不要な

Several people at the company were made **redundant** when the department closed.
社内で数人が部署の閉鎖により解雇された。

類 excess, extra, spare

□ 0195　SVL 2
successful
/səksésfəl/

形 成功した、うまくいった、上出来の

He happily retired after a very **successful** career in business.
彼はビジネスのキャリアで大きな成功を収めた後、満足して引退した。

□ 0196　SVL 7
navigate
/nǽvigèit/

動 （飛行機などを）操縦する、操舵（そうだ）する、運転する

The pilot **navigated** the ship through the rocks to reach the port.
水先案内人は港に着くまで岩礁を縫うように船を操った。

類 pilot, steer

□ 0197　SVL 8
degradation
/dègrədéiʃən/

名 退廃、劣化、衰退

There had been so much **degradation** over the years that the town was essentially in ruins.
この数年間あまりに崩壊が進んだため町は実質的に廃墟と化した。

類 deterioration

□ 0198　SVL 7
utensil
/juténsəl, ju:ténsəl/

名 （家庭の）用具、用品、器具

The cook's kitchen was full of various **utensils**.
その調理師の台所にはさまざまな調理器具があふれていた。

類 device, instrument

□ 0199　SVL 2
admire
/ədmáiə/

動 ～を称賛する、感嘆する、賛美する

She was **admired** by many of her students because of her teaching skills.
彼女は優れた指導技術で多くの学生から尊敬されていた。

類 appreciate, respect

□ 0200　SVL 6
reflective
/rifléktiv/

形 反射する、反映する；思慮深い、熟考する

Cyclists should wear **reflective** clothes at night so they can be seen.
自転車に乗る人は他から見えやすいように夜は反射素材の服を着るべきだ。

類 indicative; thoughtful, meditative

□ 0201	SVL 6	I need your signature to authorise this credit card payment.
authorise		このクレジットカードの支払いを承認するにはあなたのサインが必要です。
/ɔ́:θəràiz/		
動 ～を認可する、許可する； ～に権限を与える		類 empower, legitimise, entitle

□ 0202	SVL 2	Many prisoners continue their education while in prison.
prisoner		多くの囚人が獄中でも教育を受け続ける。
/prízənə/		
名 囚人、拘留された人；捕虜、拘束された人		類 captive, hostage

□ 0203	SVL 7	She presumed from the man's accent that he was from Scotland.
presume		なまりから男はスコットランド出身だろうと彼女は推測した。
/prizjú:m/		
動 ～を推定する、～と考える、～と仮定する		類 assume, imagine, speculate, suppose

□ 0204	SVL 3	The combination of speaking and listening is essential in a conversation.
combination		会話においては話すことと聞くこととの組み合わせが不可欠である。
/kɔ̀mbinéiʃən/		
名 組み合わせ、結合体；連合、団結		類 mix

□ 0205	SVL 3	On the back of this book is a brief description of the story.
description		その本の裏表紙には物語の簡単な説明が書いてあった。
/diskrípʃən/		
名 記述、描写；説明書		類 depiction, explanation, report, portrait, definition

□ 0206	SVL 7	The university's intake was falling each year due to a lack of student interest in the courses.
intake		そのコースに興味がある学生が不足し、その大学の新入学生数は毎年減少していた。
/íntèik/		
名 受け入れ数、入学者数；摂取量；（ガスなどの）取り入れ口		類 input

□ 0207	SVL 5	Her room was in such a disorder that it took 10 minutes to find her mobile phone.
disorder		彼女の部屋はひどく散らかっていて、携帯電話を捜すのに10分もかかった。
/disɔ́:də/		
名 無秩序、混乱、乱雑		

□ 0208	SVL 7	This cloth has a smooth texture.
texture		この布は滑らかな手触りをしている。
/tékstʃə/		
名 手触り、肌触り；食感、口当たり		類 pattern, structure

□ 0209		The couple wanted to avoid a divorce that was expensive and protracted.
protracted		夫婦は費用と時間がかかる離婚は避けたいと思っていた。
/prətræktid/		
形 長引く、引き伸ばされた		類 lengthy, prolonged

□ 0210	SVL 8	She recounted the incident to me.
recount		彼女は私にその出来事を詳しく話してくれた。
/rikáunt/		
動 （経験・出来事など）を詳しく話す、物語る		類 describe, report

□ 0211　　　　SVL 4
splendid
/spléndid/

形 素晴らしい、見事な；華麗な、壮麗な

I came up with a **splendid** idea.
私は素晴らしい考えを思い付いた。

類 awesome, brilliant, glorious, magnificent

□ 0212　　　　SVL 3
evidence
/évidəns/

名 証拠、根拠

The prosecutor showed enough **evidence** to prove the defendant guilty.
検察は被告人を有罪とするのに十分な証拠を提示した。

類 proof

□ 0213　　　　SVL 4
bother
/bɔ́ðə/

動 心配する、気に掛ける；わざわざ〜する

He isn't worth **bothering** about.
彼に気を使うだけ損ですよ。

類 annoy, bug, irritate, disturb

□ 0214　　　　SVL 7
spontaneous
/spɒntéiniəs/

形 自然に起こる、自発的な

The audience burst into **spontaneous** applause after the excellent performance.
素晴らしいパフォーマンスに、どこからともなく観客たちの拍手が沸き起こった。

類 involuntary　反 forced

□ 0215　　　　SVL 6
disturbance
/distɔ́:bəns/

名 騒ぎ、騒動；妨害、障害

Everyone's attention became focused on the **disturbance** in the street.
通りでの騒ぎに皆が注目した。

類 turmoil, uproar　反 calm, peace

□ 0216　　　　SVL 5
alliance
/əláiəns/

名 同盟、協定、提携、協力

The group is an **alliance** of all the major airlines.
その団体は主要航空会社全てが同盟を結んだものである。

類 affiliation

□ 0217　　　　SVL 4
corporation
/kɔ̀:pəréiʃən/

名 会社、企業、法人

The three companies decided to join together to form a **corporation**.
その3社は共同で会社を設立することにした。

類 company, enterprise

□ 0218　　　　SVL 6
violation
/vàiəléiʃən/

名 違反、違反行為

Troops crossed the border in **violation** of international law.
部隊は国際法に違反して国境を越えた。

類 breach, disobedience

□ 0219　　　　SVL 7
interaction
/ìntərǽkʃən/

名 相互作用；交流、対話、意思の疎通

It's key for parents to monitor their children's **interaction** with strangers on the internet.
わが子と他人とのインターネット上のやりとりを監視するのは親にとって重要なことである。

類 communication

□ 0220　　　　SVL 9
conversely
/kɔ́nvə:sli/

副 反対に、逆に、対照的に

The school cafeteria ran out of potatoes, while **conversely**, there was plenty of rice.
学食では芋がなくなり、反対に米は大量にあった。

類 contrarily, on the contrary, to the contrary

🔊)) 023.mp3

□ 0221　　　　　SVL 4 **primary** /práiməri/ 形 初等の、初等教育の；主要な；初期の	My daughter finally finished nursery school and started **primary** school. 娘がついに幼稚園を終えて小学校に入りました。 類 foremost, key, principal, elementary
□ 0222　　　　　SVL 9 **oversee** /òuvəsí:/ 動 ～を監督する、監視する	A new manager was hired to **oversee** the construction of the building. ビルの建設を監督するために新しいマネージャーが雇われた。 類 supervise, watch over, administer, control
□ 0223　　　　　SVL 5 **mixture** /míkstʃə/ 名 混合物、調合薬；入り交じったもの	The **mixture** of flour and water made a paste. 小麦粉と水を混ぜたものはペーストになった。 類 blend, mix
□ 0224　　　　　SVL 3 **issue** /íʃu:/ 動 ～を交付する；(声明)を出す；を発行する 名 問題点	The police officer didn't **issue** a ticket for speeding, but merely gave a warning. 警官はスピード違反の切符を交付することなく、ただ注意しただけだった。 類 動 publish 名 matter, problem, topic
□ 0225　　　　　SVL 2 **century** /séntʃəri/ 名 世紀、100年	He remains in good health even though he was born nearly a **century** ago. 彼は1世紀近く前に生まれたにもかかわらず健康を維持している。
□ 0226　　　　　SVL 8 **frantic** /fræntik/ 形 取り乱した、気でも狂わんばかりの、死にもの狂いの	He made a **frantic** dash for the bus as it was about to leave. 発車寸前のバスに向け、彼は死にもの狂いで駆け出した。 類 agitated, distracted, hysterical
□ 0227　　　　　SVL 6 **rubbish** /rʌ́biʃ/ 名 ごみ、くず、がらくた	His bins were full, so it was time to throw out the **rubbish**. 彼のごみ箱はいっぱいだったからそろそろごみを処分するときだった。 類 garbage
□ 0228　　　　　SVL 8 **consolidate** /kənsɔ́lədèit/ 動 ～を統合する、合併する；(権力など)を強固にする	He attempted to **consolidate** all his loans into one monthly payment. 彼は借金の全てを単一の月払いにまとめようとした。 類 centralise, unite, enhance, strengthen, unify
□ 0229　　　　　SVL 2 **limit** /límit/ 動 ～を制限する、限定する、規制する 名 制限、許容量	His parents decided to **limit** his spending after he bought several games. 彼がゲームをいくつも買ったあと、両親は彼の出費を制限することにした。 類 動 contain, restrict, confine 名 boundary
□ 0230　　　　　SVL 4 **latter** /lǽtə/ 名 (the latter) 後者 形 (the latter)後者の；後半の	My favourite drinks are tea and juice, but I especially enjoy the **latter** on a hot summer day. 好きな飲み物はお茶とジュースで、暑い夏の日などは特に後者が好きですね。 反 former

□ 0231　　　SVL 8 **analogue** /ǽnəlɔ̀g/ 名 アナログ	The majority of television changed from **analogue** to digital in the 2000s. テレビの大半は2000年代に**アナログ**からデジタルに切り替わった。 反 digital
□ 0232　　　SVL 2 **proper** /prɔ́pə/ 形 適切な；きちんとした、礼儀にかなった；完全な	Wearing a suit might be **proper** in some situations but overly formal at other times. スーツの着用は状況によっては**適切**だが、フォーマルになりすぎる場合もある。 類 correct, precise, decent
□ 0233　　　SVL 4 **interior** /intíəriə/ 名 内部、屋内 形 内部の、内側の	The **interior** of his car had been damaged by the dog. 彼の車の**内部**は犬のせいで破損していた。 反 exterior
□ 0234　　　SVL 2 **flood** /flʌd/ 動 ～を水浸しにする、～を氾濫させる 名 洪水、氾濫	The constant rain meant the riverbanks were about to **flood**. 降り続く雨により、堤防は氾濫寸前であった。 類 overflow, torrent
□ 0235　　　SVL 9 **obsession** /əbséʃən/ 名 強迫観念、妄想、執着；(考えなどに)取りつかれること	He overcame his **obsession** with gambling. 彼はギャンブルへの**執着**を克服した。 類 compulsion, enthusiasm, passion, preoccupation
□ 0236　　　SVL 4 **admission** /ədmíʃən/ 名 入場料、入会金；入学、入会；許可	**Admission** to the fair was only £2. お祭りの**入場料**はたったの2ポンドだった。 類 acknowledgement, confession, entry, ticket
□ 0237　　　SVL 2 **swallow** /swɔ́lou/ 動 ～を飲み込む；うのみにする 名 飲み込むこと；ツバメ	She couldn't **swallow** the chunk of meat and started to choke. 彼女は肉の塊を**飲み込め**ず、息を詰まらせた。 類 動 down, ingest
□ 0238　　　SVL 5 **opponent** /əpóunənt/ 名 対戦相手、対抗者、敵；反対者、敵対者	The team's next **opponent** had gone unbeaten this season. チームの次の**対戦相手**は、今シーズン無敗のところだった。 類 antagonist, enemy, rival
□ 0239　　　SVL 3 **unit** /júːnit/ 名 設備、装置、ユニット	Renting a storage **unit** can be costly, especially if you have a lot of spare furniture. 余分な家具がたくさんあるならとりわけ、収納**設備**を借りるのに費用がかかるだろう。
□ 0240 **rephrase** /rìːfréiz/ 動 ～を(別の表現で)言い換える	He was asked to **rephrase** his question for clarity. より明確に質問を言い換えるよう彼は促された。 類 paraphrase

□ 0241 SVL 5	During the war, food became **scarce** and expensive.
scarce	戦時中は食糧が**不足**し高騰した。
/skéəs/	
形 (金・食料などが)**不十分な、**乏しい、少ない	類 inadequate 反 abundant

□ 0242 SVL 3	He sent the email to his boss and waited for her to **respond**.
respond	彼は上司にメールを送って、**返事**をしてくれるのを待っていた。
/rispánd/	
動 応じる；返答する	類 address

□ 0243 SVL 5	Large countries often try to bring smaller ones into their **spheres** of influence.
sphere	大国はしばしば小さな国を勢力圏に取り込もうとする。
/sfíə/	
名 範囲、領域；球、球形	類 range, scope, realm

□ 0244 SVL 5	In the United States, the **Senate** acts as a judge for crimes committed by the president.
senate	アメリカでは、上院は大統領が犯した罪の審判者としての役割を果たす。
/sénit/	
名 上院；評議会、理事会	

□ 0245	His music CDs were organised **chronologically** from when they were released.
chronologically	彼が持っている音楽CDはリリース時期によって**年代順**に整理されていた。
/krɔ̀nəlɔ́dʒikəli/	
副 年代順に(では)	

□ 0246 SVL 2	To beat the traffic, he took a **route** around the city centre.
route	渋滞を避けるために、彼は街中を回り込む**ルート**を通った。
/rúːt/	
名 道、道筋、ルート	類 road, approach, path

□ 0247 SVL 4	A **breakdown** in communication meant that a lot of key tasks weren't done.
breakdown	コミュニケーションの断絶は、主な任務の多くが終わっていないことを意味した。
/bréikdàun/	
名 決裂、崩壊；内訳、分析	類 dissection, analysis

□ 0248 SVL 7	The police **allege** that the man committed fraud, but they have given no proof.
allege	警察はその男が詐欺を働いたと主張するが、証拠は何も提示しなかった。
/əlédʒ/	
動 (根拠はないが)〜を主張する、断言する	類 assert, claim, purport, affirm

□ 0249 SVL 5	After the warning sign was put up, the **frequency** of accidents went down.
frequency	警告標識が設置されてから、事故の頻度は減少した。
/fríːkwənsi/	
名 頻度、回数；頻発；周波数	類 prevalence

□ 0250 SVL 6	It is said that the company **exploits** its employees.
exploit	その会社は従業員を食い物にすると言われている。
動/iksplɔ́it/ 名/éksplɔit/	
動 〜を利用する、搾取する	
名 偉業、功績	類 動 use, abuse, apply, employ, utilise

🔊 026.mp3

Part 1 IELTS基本語彙

□ 0251　SVL 4 **enthusiastic** /inθjùːziǽstik/ 形 やる気のある、熱心な	She woke up **enthusiastic** and ready to start her new job. 彼女はやる気満々で起き、新しい仕事を始める準備ができていた。 類 avid, eager, excited, keen　反 unenthusiastic
□ 0252　SVL 6 **insight** /ínsàit/ 名 洞察、理解；洞察力、見識	Sarah's experience in machine learning brought valuable **insights** to our work on the new project. サラの機械学習における経験は、新しいプロジェクトの作業に有益な考察をもたらした。 類 observation, wisdom
□ 0253　SVL 4 **priority** /praióːrəti/ 名 優先事項；優先すること、優先権	The parents decided that education was their **priority** for their children. 子どもたちには教育が最優先だと両親は心に決めた。 類 precedence
□ 0254 **upcoming** /ʌ́pkʌ̀miŋ/ 形 間近に迫った、来るべき、近日公開の	Construction is still behind schedule for the **upcoming** Olympic Games. 来るオリンピック大会に向けての建設はいまだに予定より遅れている。 類 approaching, forthcoming
□ 0255　SVL 6 **storage** /stóːridʒ/ 名 貯蔵、保管；（コンピューターの）ストレージ、記憶装置	The lack of data **storage** is an issue for many large social media companies. データストレージ不足は、大手ソーシャルメディア企業の多くにとって課題である。 類 warehouse
□ 0256　SVL 3 **reaction** /riǽkʃən/ 名 反応、反響	Their initial **reaction** to the news was negative. ニュースに対する彼らの最初の反応は否定的だった。 類 response
□ 0257 **consistently** /kənsístəntli/ 副 一貫して、堅実に、いつも、絶えず	LeBron James **consistently** scores over 30 points per game. レブロン・ジェームズはいつも1試合あたり30点以上をたたき出す。 類 always
□ 0258　SVL 2 **adventure** /ədvéntʃə/ 名 冒険(心)、危険を冒すこと；珍しい体験	Hiking through the Amazon rainforest was an **adventure** I'll never forget. アマゾン熱帯雨林をハイキングしたことは、一生忘れることのない冒険だった。 類 experience, journey
□ 0259　SVL 9 **lavish** /lǽviʃ/ 形 豪華な、ぜいたくな	The period drama featured **lavish** costumes and spectacular sets. その時代劇は豪華な衣装と壮大なセットを売りにしていた。 類 deluxe, luxurious, plush, opulent
□ 0260　SVL 8 **disrupt** /disrʌ́pt/ 動 (交通など)を中断させる、混乱させる、不通にする	The snow **disrupted** all public transport for the entire day. 雪によって全ての公共交通機関が一日中不通となった。 類 break up, disturb, mess (up)

35

□ 0261　　　　SVL 4

token

/tóukən/

名 しるし、証拠；記念品

They presented their employees with a small gift as a **token** of their thanks.

彼らは感謝のしるしとして従業員にささやかな贈り物を渡した。

□ 0262　　　　SVL 4

universal

/jùːnəvə́ːsəl/

形 全世界の、万人に通じる；普遍的な、一般的な

It was an excellent symphony and was met with **universal** acclaim.

それは素晴らしい交響曲で世界的な称賛を受けていた。

類 global, worldwide

□ 0263　　　　SVL 3

failure

/féiljə/

名 失敗、不成功；失敗者、不合格者

He considered himself a **failure** because he could not pass the test after seven attempts.

7回挑戦しても試験に受からなかったので、彼は自分が駄目人間なのだと思った。

類 delinquency, collapse, crash

□ 0264　　　　SVL 6

attendance

/əténdəns/

名 参加者、参加者数；出席、参加

The **attendance** for his final match was nearly 80,000 people.

彼の引退試合の動員数は8万人近かった。

類 participation

□ 0265　　　　SVL 6

dwelling

/dwéliŋ/

名 住宅、住居、すみか

Ben's engineering skills helped him convert the old barn into a spacious **dwelling**.

ベンのエンジニアリングスキルは、古い納屋を広々とした住居に改造するのに役立った。

類 home, house, residence

□ 0266　　　　SVL 9

automate

/ɔ́ːtəmèit/

動 ～を自動化する、オートメーション化する

The owners have decided to invest in machines to **automate** production.

オーナーらは生産を自動化するため機械に投資することを決定した。

□ 0267　　　　SVL 5

exclude

/iksklúːd/

動 ～を排除する、除く、締め出す

Please don't **exclude** me from the meeting next time, I want to take part.

次の会議から私を外さないでください、私も参加したいです。

類 shut out　反 include

□ 0268　　　　SVL 4

cheat

/tʃíːt/

動 不正をする、いかさまをする；浮気をする；～をだます

Instead of studying hard, he decided to **cheat** on the test by copying from another student.

彼は一生懸命勉強するのではなく、試験でカンニングして誰かの答えを写そうと決めた。

□ 0269　　　　SVL 8

considerate

/kənsídərət/

形 思いやりのある、理解のある、思いやる

Being **considerate** to people is the first step in building lasting relationships.

人を思いやることが、長続きする人間関係を築く最初のステップだ。

類 kind, thoughtful

□ 0270　　　　SVL 2

cycle

/sáikl/

名 周期、循環、一巡

Learning about the plant's life **cycle** helped the gardener have more success.

植物の生命循環について学習したことで、園芸家は一層成功を収めることができた。

☐ 0271　SVL 3
feature
/fíːtʃə/
名 特徴、特色；特集記事、特集番組　動 〜を大々的に扱う

Her sense of humour was the key **feature** John liked about her.
彼女のユーモア感覚こそ、ジョンが引き付けられた重要な特徴だった。

類 名 characteristic, trait, highlight

☐ 0272　SVL 2
perform
/pəfɔ́ːm/
動 上演する、演奏する；作動する；〜を遂行する

A large number of musicians are set to **perform** at the music festival.
音楽祭では多数のミュージシャンが演奏することになっています。

類 carry out; execute, fulfil, function, commit

☐ 0273　SVL 8
analogy
/ənǽlədʒi/
名 類似、類似性、共通点；類推、推論

The professor drew an **analogy** between the brain and a powerful computer.
教授は脳と高機能なコンピューターの類似を論じた。

類 comparison, metaphor

☐ 0274　SVL 4
criticism
/krítəsizm/
名 （〜に対する）非難、批判；批評、評論

One **criticism** of communist states is their poor economic performance.
共産主義国に対する批判の1つに、それらの国における経済活動の低迷がある。

類 review

☐ 0275　SVL 5
typically
/típikəli/
副 たいてい、概して、典型的に

Most modern inventions **typically** involve minor improvements to existing designs.
近代の発明の多くにはたいてい、既存の設計への小さな改良が含まれる。

☐ 0276　SVL 2
painting
/péintiŋ/
名 （絵の具で描いた）絵、絵画；塗装、ペンキ塗り

The **painting** was displayed in the art gallery for all to see.
その絵は誰でも見られるよう画廊に飾られていた。

類 picture, canvas

☐ 0277　SVL 3
consider
/kənsídə/
動 〜をよく考える、熟考する；〜を…であると見なす

Please **consider** all the facts before making a decision.
決定を下す前にあらゆる事実を考慮してください。

類 reckon, contemplate, deliberate; regard

☐ 0278　SVL 5
specifically
/spisífikəli/
副 特別に、特に、とりわけ

In medieval times, there was knight armour designed **specifically** for female warriors.
中世では、女性戦士向けに特別にデザインされたよろいがあった。

類 especially, notably, particularly

☐ 0279　SVL 5
derive
/diráiv/
動 〜に由来する；（利益・満足感など）を引き出す、見いだす

A lot of English words originally **derive** from Latin.
多くの英単語が元々ラテン語に由来している。

類 deduce, evolve, inherit

☐ 0280　SVL 5
conceal
/kənsíːl/
動 〜を隠す；（事実・感情など）を秘密にする

The safe containing his valuables was **concealed** behind a painting.
彼の貴重品を入れた金庫は、絵の後ろに隠されていた。

類 bury, hide

□ 0281
relate to
~に関連する、関係がある

Some adults find it very difficult to **relate to** young children.
幼い子どもと関わるのがとても難しいと感じる大人もいる。

□ 0282　SVL 4
portion
/pɔ́:ʃən/
名 (物・量の) 部分；(料理の) 盛り、一人前；割り当て

She wasn't hungry, so she only had a small **portion** of her dinner.
彼女はおなかが空いていなかったため、夕飯のごく一部しか食べなかった。

類 part, piece; serving; share, allotment, quota, fraction, segment

---

□ 0283　SVL 5
consult
/kənsʌ́lt/
動 意見を求める、相談する、診察してもらう

You need to **consult** with a doctor about your recurring back pain.
そのしつこい背中の痛みは医者に診てもらわなければならない。

□ 0284　SVL 5
worldwide
/wə́:ldwáid/
副 世界中に、世界的に　形 世界的な、世界規模の

Louis Vuitton is a brand that is famous **worldwide**.
ルイ・ヴィトンは世界的に有名なブランドだ。

類 形 global, international, universal　反 形 local, regional

□ 0285　SVL 5
clue
/klú:/
名 手掛かり、糸口、ヒント
動 ~に手掛かりを与える

They found an important **clue** to the cause of the disease.
彼らはその病気の原因を解明するための重要な手掛かりを見つけた。

類 名 cue, hint, indication

□ 0286　SVL 9
lethal
/lí:θəl/
形 致死の、死をもたらす、命取りの

The snake should be avoided as its venom is **lethal** to humans.
そのヘビは人間に対して致死性の毒を持っているので避けるべきだ。

類 deadly, fatal, mortal

□ 0287　SVL 3
bold
/bóuld/
形 大胆な、勇敢な；際立った、目立つ

Instead of being shy, be **bold** and attack the problem head on.
恥ずかしがっていないで、思い切って問題に正面から立ち向かいなさい。

類 audacious, daring, conspicuous　反 cowardly, shy, timid

□ 0288　SVL 3
pretend
/priténd/
動 ~のふりをする、~を装う；~であると言い張る

The boy **pretended** not to hear his mother so he could avoid doing homework.
少年は宿題をしなくて済むように母親の声が聞こえていないふりをした。

類 act, fake, pose

□ 0289　SVL 5
abundant
/əbʌ́ndənt/
形 (物が) 豊富にある、有り余るほどの

Snow is **abundant** in the French Alps during the winter months.
冬季のフレンチアルプスには雪が豊富にある。

類 plentiful　反 scarce

□ 0290　SVL 8
designate
/dézignèit/
動 ~を任命する、指定する

The director was allowed to **designate** her successor.
監督には後継者を指名する権限があった。

類 appoint, assign, name, nominate

□ 0291 **pliable** /pláiəbl/ 形 曲げやすい、柔軟な；影響されやすい	The wood had to be thrown away as it had become too soft and **pliable** from the rain. 雨で柔らかく曲がりやすくなってしまったので、その木は捨てなければならなかった。 類 bendy, flexible
□ 0292　　　　SVL 4 **declare** /dikléə/ 動 ～を宣言する、布告する	The presidential candidate **declared** that he had won to the excited crowd. 大統領候補は歓喜に満ちた群衆に向かって勝利を宣言した。 類 state, announce, proclaim, assert, insist, affirm
□ 0293　　　　SVL 6 **motivate** /móutəvèit/ 動 ～に動機を与える、やる気を起こさせる	The staff had very low morale and needed the manager to **motivate** them. スタッフの士気は低く、支配人は彼らを鼓舞する必要があった。 類 drive, inspire
□ 0294　　　　SVL 2 **belong** /bilɔ́ŋ/ 動 (belong to) ～ に属する、～のものである；帰属している	The sculptures that were discovered **belong** to the Palaeolithic era. 発見された彫刻は旧石器時代のものである。
□ 0295　　　　SVL 7 **bulletin** /búlitən, búlətən/ 名 公報、公示；会報、紀要	Our research centre issues an annual **bulletin** that includes all papers published during the year. 我々の研究所は、年刊で紀要を発行し、そこにその年発表となった論文の全てを載せている。 類 journal, magazine, periodical
□ 0296　　　　SVL 7 **commend** /kəménd/ 動 ～を褒める、称賛する、推薦する	The firefighter was **commended** for his incredible bravery during the fire. その消防士は火事の際の非常に勇敢な行動について称賛された。 類 applaud, compliment, recommend
□ 0297 **lay out** ～を広げる、提示する；～を設計する、レイアウトする	The project manager **laid out** all the choices to the clients. プロジェクトマネジャーは全ての選択肢をクライアントに提示した。 類 arrange, design, present
□ 0298　　　　SVL 8 **unreliable** /ʌnriláiəbl/ 形 信頼できない、頼りにならない、当てにならない	He never got promoted because he was **unreliable**. 彼は頼りにならないので昇進することはなかった。 類 dubious, unstable 反 reliable, accurate
□ 0299　　　　SVL 6 **applaud** /əplɔ́ːd/ 動 ～に拍手を送る、～を称賛する	Everyone **applauded** the orchestra when the concert finished. コンサートが終わると、皆がオーケストラに拍手を送った。 類 acclaim, hail, praise, congratulate
□ 0300　　　　SVL 4 **mend** /ménd/ 動 ～を直す、修繕する、修理する	He unsuccessfully tried to **mend** his trousers by himself. 彼はズボンを自分で直そうとして失敗した。 類 fix, repair

🔊 031.mp3

☐ 0301 　　　　　SVL 4 **efficiency** /ifíʃənsi, əfíʃənsi/ 名 効率、能率	Fuel **efficiency** can be increased by removing excess weight from the car. 車の超過重量を取り除けば燃料効率は向上する。
☐ 0302 　　　　　SVL 5 **flexible** /fléksəbl/ 形 (計画・考えなどが)柔軟な；(物が)曲げやすい	As she had recently become a mother, she needed more **flexible** working hours. 母親になったばかりだったので、より融通の利く労働時間が彼女には必要だった。 類 changeable, elastic, pliable
☐ 0303 　　　　　SVL 5 **acute** /əkjúːt/ 形 鋭い、鋭敏な；強烈な	He needed to go to the dentist due to sudden and **acute** pain. 彼は突然鋭い痛みに襲われたので歯医者に行く必要があった。 類 sharp, urgent, profound, intense
☐ 0304 　　　　　SVL 2 **degree** /digríː/ 名 程度、度合い、範囲	I can't put into words the **degree** to which I hate the snow. 私がどれほど雪が嫌いかは言葉にできない。 類 extent
☐ 0305 　　　　　SVL 3 **expert** /ékspəːt/ 名 専門家、権威	He had studied the insects for 50 years and was considered the foremost **expert** on them. 彼は昆虫を50年間研究しており、最も重要な専門家と見なされていた。 類 specialist, master 反 amateur
☐ 0306 **live on** 動 ～を食べて生きる、常食とする；(金額)で暮らしていく	People in poverty often have to **live on** cheap food lacking in nutritional value. 貧困層の人々はしばしば栄養価に欠ける安い食物だけでの暮らしを余儀なくされている。
☐ 0307 　　　　　SVL 6 **mainland** /méinlənd/ 名 大陸、本土	A ferry transports people and goods from the island to the **mainland**. フェリーは島から本土に人と物品を輸送する。
☐ 0308 　　　　　SVL 4 **session** /séʃən/ 名 セッション；集まり、会合	If you lift heavier weights every training **session**, your strength will improve. トレーニング・セッションの度により重いウエートを上げると一層強くなる。
☐ 0309 **underscore** /ʌndəskɔ́ː/ 動 ～を強調する、明白にする；下線を引く 名 下線	The increase in carbon emissions on a global scale only **underscores** the need for radical measures. 炭素排出量の全世界的増加は、抜本的な対策の必要性を強調するばかりだ。 類 underline, emphasise, stress
☐ 0310 **peculiar** /pikjúːljə/ 形 奇妙な、妙な、独特な、特有の	There was a **peculiar** odour in the kitchen they couldn't locate. 台所にはどこからともなく変な臭いが漂っていた。 類 extraordinary, odd, uncommon, unusual, particular

🔊 032.mp3

Part **1** IELTS基本語彙

☐ 0311　SVL 4 **convince** /kənvíns/ **動** ～に確信させる、納得させる、～を…するよう説得する	The salesman tried to **convince** her to buy it, but she was still unsure. セールスマンは彼女に買うよう説得しようとしたが、彼女はまだ迷っていた。 **類** convert, persuade, talk into, induce
☐ 0312　SVL 5 **highlight** /háilàit/ **動** ～に注目させる、～を強調する **名** (催しなどの)呼び物	Instead of glossing over the issues, you need to **highlight** them in the report. 報告書では、問題点をうやむやにするのではなく、そこに焦点を当てなければならない。 **類** **動** feature **名** climax
☐ 0313　SVL 3 **average** /ǽvəridʒ/ **形** 平均の、平均した；標準の **名** 平均；標準	What is the **average** age of the participants in this workshop? このワークショップの参加者の平均年齢は何歳ですか？ **類** intermediate, moderate, mean
☐ 0314　SVL 3 **instant** /ínstənt/ **形** 即時の、今すぐの；インスタントの	The movie was an **instant** success after it was released. その映画は封切り後すぐに成功を収めた。 **類** immediate
☐ 0315　SVL 5 **random** /rǽndəm/ **形** 無作為の、任意の	Police conducted **random** breath tests to catch drunk drivers. 警察は飲酒運転者を捕まえるために無作為で呼気検査を実施した。 **類** arbitrary
☐ 0316　SVL 4 **visible** /vízəbl/ **形** 目に見える、可視の	The plane was barely **visible** to the crowd as it entered the clouds. 飛行機は雲の中に入ると群衆からはほとんど見えなくなった。 **類** visual **反** invisible
☐ 0317　SVL 5 **evolution** /ìːvəlúːʃən/ **名** 進化、発展、発達	The golfer's **evolution** from amateur to world No. 1 was astonishing. そのゴルファーがアマチュアから世界1位になるまでの進化は驚異的であった。 **類** development **反** devolution
☐ 0318　SVL 9 **elemental** /èləméntl/ **形** 基本的な、根源的な；(自然の力のように)すさまじい	Janet is fluent in French and has an **elemental** understanding of Italian. ジャネットはフランス語が堪能で、イタリア語の基本的な知識もある。 **類** basic, elementary, essential, fundamental
☐ 0319　SVL 7 **preferable** /préfərəbl/ **形** 好ましい、望ましい、ましである	The students decided that completing the exercises at home was **preferable** than at school. 生徒たちは、練習問題の残りは学校ではなく家でやる方が望ましいと決めた。 **類** desirable
☐ 0320　SVL 3 **skill** /skíl/ **名** 熟練、技量、腕前；技能	Being a pilot requires incredible **skill**. パイロットになるにはとてつもない技量が求められる。 **類** technique, expertise

41

□ 0321 　　　　SVL 8	The leaders have **endorsed** a new marketing strategy.
endorse	リーダーたちは新しいマーケティング戦略を承認した。
/indɔ́ːs/	
動 (行動・計画) を是認する、公に支持する；を推奨する	類 advocate, back, support

□ 0322 　　　　SVL 1	He was saved from almost **certain** death from drowning.
certain	彼は溺れてほぼ確実に死ぬというところを救助された。
/sɔ́ːtn/	
形 確実な、疑う余地のない；確信した	類 sure, positive, confident 反 uncertain

□ 0323 　　　　SVL 2	He could **hardly** wait for Christmas Day.
hardly	彼はクリスマスの日を待ちきれなかった。
/hɑ́ːdli/	
副 ほとんど～ない、とても～ない	類 barely, rarely

□ 0324 　　　　SVL 5	If you really want to enjoy a movie, you need to be able to **suspend** disbelief.
suspend	映画を本当に楽しみたいのなら、不信を停止できるようになることが必要だ。
/səspénd/	
動 ～を一時停止する、中断する；保留する	類 hang

□ 0325 　　　　SVL 9	Gambling is so **addictive** that I would spend every day in the casino.
addictive	賭け事は中毒性が強いから、私なんか毎日カジノに入り浸っちゃうだろうね。
/ədíktiv/	
形 依存性の、中毒性の；熱中しやすい	類 habit-forming

□ 0326 　　　　SVL 5	She always travels first class **regardless** of the cost.
regardless	彼女は費用にかかわらずいつもファーストクラスで旅行する。
/rigɑ́ːdlis/	
副 それにもかかわらず；～に関係なく、かかわらず	類 despite

□ 0327 　　　　SVL 4	She ran the orphanage by herself, often at great personal **sacrifice**.
sacrifice	彼女はたびたび大きな自己犠牲を払いながら、その児童養護施設を経営した。
/sǽkrifàis, sǽkrəfàis/	
名 犠牲、犠牲的行為；いけにえ 動 ～を犠牲にする	類 名 offering, victim

□ 0328 　　　　SVL 4	Manufacturing **output** has gradually increased in recent years.
output	ここ数年、工業生産高は徐々に増えている。
/áutpùt/	
名 生産高、産出量；出力、アウトプット	類 production, yield, fruit, product

□ 0329 　　　　SVL 5	The **warrior** fought many battles with bravery and honour.
warrior	戦士は勇気と名誉をもって幾多の戦闘を戦った。
/wɔ́riə/	
名 戦士、武人、兵士	類 fighter, soldier

□ 0330 　　　　SVL 1	Throw the dart at the **centre** of the circle to score maximum points.
centre	ポイントを最大限手に入れるには、ダーツを円の中心に投げるべきである。
/séntə/	
名 焦点、中心；施設 動 ～を中心に置く、集中させる	類 名 core, midpoint, focus 反 名 periphery, outside, fringe

---

☐ 0331 　　　　SVL 6
profound
/prəfáund/
形 強い、重大な；難解な、深遠な；学識豊かな

The advent of mobile technology had a **profound** impact on communication.
モバイルテクノロジーの出現は、コミュニケーションに多大なる影響を与えた。

類 acute, deep

☐ 0332 　　　　SVL 6
offender
/əféndə/
名 違反者、犯罪者

Repeat **offenders** are often given harsher sentences.
再犯者はより厳しい判決を言い渡されることが多い。

類 criminal, culprit, lawbreaker

☐ 0333 　　　　SVL 2
custom
/kʌ́stəm/
名 習慣、習わし **形** あつらえの、オーダーメイドの

The region has unique manners and **customs**.
その地方には独特な風俗習慣がある。

類 名 habit, practice, convention

☐ 0334 　　　　SVL 7
outfit
/áutfit/
名 服装一式、衣装、洋服

He bought an expensive new **outfit** for the wedding.
彼は結婚式のために新しく高価な服装一式を購入した。

類 dress, garb, attire, clothes

☐ 0335 　　　　SVL 3
access
/ǽkses/
動 ～に接続する、アクセスする **名** 接近手段；接触の機会

A username and password are required to **access** the website.
ウェブサイトにアクセスするにはユーザー名とパスワードが必要です。

類 reach, obtain, read, penetrate

☐ 0336 　　　　SVL 2
blame
/bléim/
動 ～を非難する、責める；～のせいにする **名** 非難、責任

You shouldn't **blame** him because you created this problem yourself.
自分自身でこの問題を引き起こしたのだから、あなたは彼を責めるべきではない。

類 動 assail, attack, denounce, criticise, accuse **名** fault, guilt

---

☐ 0337 　　　　SVL 3
foundation
/faundéiʃən/
名 基礎、基盤；財団、基金；創立

His studies in maths and physics gave him a solid **foundation** for theoretical physics.
数学と物理の研究によって、彼は理論物理学の強固な礎となる知識を得た。

類 basis; establishment, institution

☐ 0338 　　　　SVL 5
oblige
/əbláidʒ/
動 ～を義務付ける、強いる

Doctors are **obliged** by law to keep their patients' medical records confidential.
法律により医者には患者の診療記録の機密保持が義務付けられている。

類 coerce, compel, press

☐ 0339 　　　　SVL 9
persevere
/pə̀:səvíə/
動 努力し続ける、頑張り通す、やり抜く

The marathon runner **persevered** through the increasing pain.
そのマラソン選手は増してくる痛みに耐えた。

類 carry on, persist

☐ 0340 　　　　SVL 2
protect
/prətékt/
動 ～を保護する、（危険などから）守る

Parents attempt to **protect** their children from the dangers of the world.
親たちは子どもを外界の危険から守ろうとする。

類 cover, defend, keep, secure, safeguard

🔊 035.mp3

☐ 0341　　　　SVL 8 **testimony** /téstəməni/ **名** 証言、言明；証拠	The witness's **testimony** was enough for a guilty verdict. 目撃者の証言は有罪の評決を下すのに十分だった。
☐ 0342　　　　SVL 3 **alcohol** /ǽlkəhɔ̀ːl/ **名** アルコール、酒精；アルコール飲料、酒	Does this beverage contain **alcohol**? この飲み物にはアルコールが含まれていますか。 **類** ethanol, spirits; booze
☐ 0343　　　　SVL 4 **adapt** /ədǽpt/ **動** （状況に）適応する、合わせて変わる；～を適応させる	Many species **adapt** to their environment over time. 種の多くは時間の経過とともに周囲の環境に適応する。 **類** adjust, modify, convert, acclimatise
☐ 0344　　　　SVL 3 **device** /diváis/ **名** 装置、デバイス	A mobile phone is a **device** used to make calls anywhere at any time. 携帯電話はいつでもどこでも電話できるデバイスである。 **類** instrument, tool, utensil, appliance
☐ 0345　　　　SVL 9 **coherence** /kouhíərəns/ **名** 一貫性、理路整然さ	His essay was messy and lacked any **coherence**. 彼の小論文はめちゃくちゃで一貫性に欠けていた。 **類** consistency
☐ 0346　　　　SVL 2 **imagine** /imǽdʒin/ **動** ～を想像する、思い描く；～と思い込む；～と推測する	Close your eyes and **imagine** you are in a field on a sunny day. 目を閉じて、晴れた日に野原にたたずんでいると想像しましょう。 **類** conceive, presume
☐ 0347　　　　SVL 3 **specific** /spisífik/ **形** 具体的な、詳細な、明確な	Please don't be general with your criticism, but be **specific**. 大まかにではなく具体的に批判するようにしてください。 **類** precise, explicit, particular
☐ 0348　　　　SVL 3 **responsibility** /rispɔ̀nsəbíləti/ **名** 責任、責務；職務、義務	Ultimately, the manager takes full **responsibility** for a team's performance. 結局のところ、監督はチームの成績に対して全ての責任を負うものである。 **類** liability, obligation
☐ 0349　　　　SVL 4 **postal** /póustl/ **形** 郵便の、郵便局の	The postie's new **postal** route had almost twice as many deliveries. その郵便配達員の新しい郵送経路にはこれまでの2倍近い配送量があった。
☐ 0350　　　　SVL 9 **discourse** /dískɔːs/ **名** 議論、論議；（～に関する）講演、論説	The presidential candidates engaged in serious political **discourse** at the debate. 大統領候補は、論戦で深刻な政治談議へと引き込んだ。 **類** conversation; lecture, speech

---

□ 0351　　　　SVL 4
actively
/ǽktivli/
副 活発に、活動的に、積極的に

Renewable energy was **actively** promoted by the government.
再生可能エネルギーは政府によって積極的に推進されていた。

類 energetically, busily

□ 0352　　　　SVL 10
advocacy
/ǽdvəkəsi/
名 支持、擁護；弁護

In addition to actual support for orphans, **advocacy** work is a crucial part of the portfolio of our organisation.
孤児への実際の支援に加え、彼らの権利を擁護する活動は、我々の組織の事業において不可欠な部分である。

□ 0353　　　　SVL 8
inequality
/ìnikwɔ́ləti/
名 不平等、不均衡；不等(式)、不等号

Inequality between men and women in the workplace still exists.
職場での男女間の不平等はいまだにある。

類 unfairness, injustice, imbalance, disparity　**反** equality, fairness

---

□ 0354　　　　SVL 5
uncertainty
/ʌ̀nsə́:tnti/
名 不確実、不確定

There was some **uncertainty** about whether the festival would go ahead because of the weather.
天候のせいでお祭りを進めるかどうかやや不確実であった。

反 certainty

□ 0355　　　　SVL 8
sensuous
/sénsjuəs/
形 快い、感覚を喜ばせる；感覚に訴える

She loved the **sensuous** feeling of the luxury hotel's sheets.
彼女は高級ホテルのベッドシーツの気持ち良い感触が大好きである。

□ 0356　　　　SVL 7
indulge
/indʌ́ldʒ/
動 ～を甘やかす、欲するままにする；～にふける、溺れる

She was trying to be healthy and not **indulge** in desserts.
彼女はデザートを食べ過ぎない健康的な生活をしようとしていた。

類 spoil, surrender

□ 0357　　　　SVL 5
incredible
/inkrédəbl/
形 信じられないほどの、驚くべき；信用できない

It was **incredible** that he could climb Mount Everest at 75 years old.
彼が75歳でエベレストに登れたのは、驚くべきことだった。

□ 0358　　　　SVL 6
continental
/kɔ̀ntinéntl/
形 大陸の、ヨーロッパ大陸(風)の

This hotel serves a **continental** breakfast — a light breakfast of pastries and fruit.
このホテルは、ヨーロッパ風の、菓子パンと果物という軽めの朝食を提供する。

□ 0359　　　　SVL 7
appliance
/əpláiəns/
名 電化製品、電気器具

The dishwasher was the most used **appliance** in their kitchen.
彼らの台所で最もよく使われる電化製品は食器洗浄機だった。

類 device, gadget, instrument

□ 0360　　　　SVL 8
assault
/əsɔ́:lt/
名 襲撃、猛攻、攻撃　**動** ～を攻撃する、襲う

The European Commission has mounted a legal **assault** on monopolies in Big Tech.
欧州委員会はビッグ・テックの市場独占に対する法的攻撃を開始した。

類 attack, charge, strike

🔊 037.mp3

☐ 0361　　SVL 6 **patent** /péitnt/ 名 特許権；特許状　動 〜の特 許を取る、特許権を得る	The inventor failed to get a **patent** for his invention and never made a penny from it. その発明家は自身の発明に特許を取れず、そこから一銭の収益も上げられなかった。 〜〜〜〜〜〜〜〜〜〜〜〜〜〜〜〜〜〜〜〜 類 copyright
☐ 0362　　SVL 2 **false** /fɔ́:ls/ 形 偽りの、うits；誤った、 間違った；模造の	He didn't trust the interviewer, so he gave him a **false** name and email address. 彼は質問者を信用できなかったため、うits名前とEメールアドレスを教えた。 〜〜〜〜〜〜〜〜〜〜〜〜〜〜〜〜〜〜〜〜 類 incorrect, untrue　反 correct, true
☐ 0363　　SVL 5 **prominent** /prɔ́mənənt/ 形 重要な、著名な；目立つ、 人目を引く	There is a six-month waiting list to attend the most **prominent** school in the city. 市内で最もよく知られている学校に通うには、6カ月の待機リストがある。 〜〜〜〜〜〜〜〜〜〜〜〜〜〜〜〜〜〜〜〜 類 famous, outstanding, noticeable, striking
☐ 0364　　SVL 5 **strive** /stráiv/ 動 奮闘する、努力する、励む	Professional athletes **strive** to be the best in their sport. プロのスポーツ選手は自身の競技で1番になるよう努力する。 〜〜〜〜〜〜〜〜〜〜〜〜〜〜〜〜〜〜〜〜 類 endeavour, hustle, labour, toil
☐ 0365　　SVL 6 **divine** /diváin/ 形 神の、神性の、神からの	At that time, many saw the famine as **divine** will. 当時は、多くの者はその飢饉（ききん）を神の意志と受け取った。 〜〜〜〜〜〜〜〜〜〜〜〜〜〜〜〜〜〜〜〜 類 blessed, holy, sacred
☐ 0366　　SVL 8 **vegetarian** /vèdʒətéəriən/ 名 菜食主義者、ベジタリアン 形 菜食主義の	My sister became a **vegetarian** because she opposes cruelty to animals. 妹は動物虐待に反対であるため菜食主義者になった。 〜〜〜〜〜〜〜〜〜〜〜〜〜〜〜〜〜〜〜〜 類 vegan
☐ 0367　　SVL 2 **express** /iksprés/ 動 〜を表す、表現する、表明 する	She was so shy she found it difficult to **express** her feelings. 彼女はとても内気で感情を表現しづらかった。 〜〜〜〜〜〜〜〜〜〜〜〜〜〜〜〜〜〜〜〜 類 state, voice, denote, formulate
☐ 0368　　SVL 3 **expression** /ikspréʃən/ 名 表現、表示	Freedom of **expression** is guaranteed by the constitutions of most developed countries. 表現の自由は、ほとんどの先進国の憲法で保障されている。 〜〜〜〜〜〜〜〜〜〜〜〜〜〜〜〜〜〜〜〜 類 formulation, phrasing
☐ 0369　　SVL 8 **ineffective** /ìniféktiv/ 形 効果のない、無駄な	Martial arts training is **ineffective** when your enemy has a gun. 武道の訓練は、敵が銃を持っている場合効果がない。 〜〜〜〜〜〜〜〜〜〜〜〜〜〜〜〜〜〜〜〜 類 counterproductive　反 effective
☐ 0370　　SVL 2 **local** /lóukəl/ 形 その土地の、地元の；偏狭 な　名 地元の人	Instead of purchasing items on the internet you should help **local** businesses. インターネットで物を購入するのではなく、地元企業を応援するべきだ。 〜〜〜〜〜〜〜〜〜〜〜〜〜〜〜〜〜〜〜〜 類 regional, domestic, indigenous, native

□ 0371　SVL 9 **reunion** /ríːjúːnjən/ **名** 同窓会、再会の集い	They had to rent several rooms at the hotel for the family **reunion**. 彼らは親族会のためにホテルの部屋をいくつか借りなければならなかった。 **類** homecoming
□ 0372　SVL 4 **constant** /kɒ́nstənt/ **形** 絶え間なく続く、不断の； 一定の、不変の	She has been in **constant** pain ever since the car accident. 彼女は交通事故にあって以来、常に痛みがあった。 **類** steady, ceaseless, continuing, permanent, frequent, persistent
□ 0373　SVL 4 **parallel** /pǽrəlèl/ **副** (〜と)並行して　**形** 平行し た、並行の；類似した	The motorway ran **parallel** with the railway all the way to Manchester. 高速道路はマンチェスターまでずっと線路と並行して伸びていた。 **類** **形** comparable, corresponding, resemblant, similar
□ 0374　SVL 8 **aspiration** /æ̀spəréiʃən/ **名** 野心、願望、熱望、大志	Her **aspiration** to be prime minister had been with her since she was a child. 彼女は子どもの頃からずっと総理大臣になりたいという強い願望を抱いていた。 **類** ambition, determination, intention　**反** apathy, indifference
□ 0375　SVL 4 **corporate** /kɔ́ːpərət/ **形** 法人の、企業の	She quickly rose up the **corporate** ladder until she was manager of the section. 彼女は企業の出世コースをかけ抜け、やがて部門長になった。
□ 0376 **emergent** /imɔ́ːdʒənt/ **形** 新興の、新生の；緊急の、 突発的な	Bitcoin is still an **emergent** currency. ビットコインはまだ新興の通貨である。 **類** urgent
□ 0377　SVL 4 **perceive** /pəsíːv/ **動** 〜に気付く；〜を理解する、 見なす	They couldn't **perceive** any differences between the twins. 彼らはその双子になんの違いも見つけられなかった。 **類** feel, sense, discern
□ 0378　SVL 6 **beneficial** /bènəfíʃəl/ **形** 有益な、有利な、役に立つ	Stricter environmental laws will lead to cleaner air and so will be **beneficial** to the entire country. より厳格な環境法によって空気がきれいになるので国全体にとって有益となる。 **類** advantageous, helpful, profitable
□ 0379　SVL 2 **design** /dizáin/ **動** 〜を設計する、デザインす る　**名** 設計図、デザイン	The architect was hired to **design** the new home. その建築家は新しい家を設計するために雇用された。 **類** **動** arrange, lay out, plan　**名** arrangement, blueprint
□ 0380　SVL 4 **container** /kəntéinə/ **名** 容器、入れ物	The shipping **container** arrived at the port early Monday morning. 輸送コンテナは月曜日の早朝に港に到着した。

■))） 039.mp3

□ 0381　　SVL 4 **instance** /ínstəns/ 名 例、実例、例証；場合	These delays are just another **instance** of bureaucratic inefficiency. こういう遅延はお役所仕事の効率の悪さを示すほんの一例だ。 類 case, example

□ 0382　　SVL 4 **surrender** /səréndə/ 動 降伏する、自首する	The soldiers **surrendered** to the overwhelming opposing force. 兵士らは圧倒的な対抗勢力に降伏した。 類 indulge, concede

□ 0383　　SVL 4 **enormous** /inɔ́:məs/ 形 巨大な、非常に大きな、大量の	The tower was **enormous** and could be seen from anywhere in the city. そのタワーは巨大で街のどこからでも見えた。 類 huge, tremendous, immense, gigantic

□ 0384　　SVL 5 **expansion** /ikspǽnʃən/ 名 拡大、拡張；拡充、成長	The available land behind the house allowed for **expansion** of the building. 家の裏に使える土地があったおかげで建物を拡張できた。 類 growth, augmentation, enlargement 反 decline, lessening

□ 0385　　SVL 4 **critical** /krítikəl/ 形 決定的な、重要な；批判的な	It is very **critical** for us to start the project immediately. そのプロジェクトを即刻スタートさせることが我々にとって極めて重大なことです。 類 crucial, vital, urgent

□ 0386　　SVL 4 **boundary** /báundəri/ 名 境界(線)；限界、限度	The Danube forms the **boundary** between Bulgaria and Romania. ドナウ川は、ブルガリアとルーマニアの国境を形成する。 類 border, edge; limit, frontier

□ 0387　　SVL 9 **denote** /dinóut/ 動 ～を表す、意味する；～を示す	On a map, the height of the landscape is **denoted** by contour lines. 地図上では土地の高さを等高線で表す。 類 express, indicate, mean, signify

□ 0388　　SVL 7 **factual** /fǽktʃuəl/ 形 事実の、事実に基づく	Instead of conjecture and rumour, I need **factual** answers. 臆測やうわさでなく、私には事実に基づく答えが必要だ。

□ 0389　　SVL 9 **purify** /pjúərəfài/ 動 ～を浄化する	The campers needed to **purify** the water before drinking it. キャンパーたちは水をきれいにしてから飲まなければならなかった。 類 cleanse, distil

□ 0390　　SVL 5 **abundance** /əbʌ́ndəns/ 名 豊富、多数、大量	The farm had an excellent harvest with an **abundance** of produce. その農場は収穫高が多く農産物が豊富だった。 類 plenty

🔊 040.mp3

□ 0391　　　SVL 8
notify
/nóutəfài/

動 ～に知らせる、通知する

He was **notified** of the delivery as soon as the package had arrived.
小包が到着すると同時に、彼は配送の通知を受けた。

類 inform, tell

□ 0392　　　SVL 4
compound
形/kɔ́mpaund/ 動/kəmpáund/

形 複合の　動 ～を組み合わす

An ant has a **compound** body that contains three separate segments.
アリの体は複数の部分で構成され、3つの異なる節から成る。

□ 0393　　　SVL 2
struggle
/strʌ́gl/

名 苦闘、努力；もがき

For much of humanity, each day is a **struggle** to survive.
多くの人間は毎日生き延びるのに必死である。

類 effort, endeavour

□ 0394　　　SVL 4
combine
/kəmbáin/

動 ～を結合させる、混ぜ合わせる、結び付ける

You need to **combine** the two chemicals to start the reaction.
反応を引き起こすには2つの化学物質を組み合わせる必要がある。

類 connect, fuse, blend, integrate, incorporate

□ 0395　　　SVL 2
propose
/prəpóuz/

動 ～を提案する、～を提唱する；～するつもりである

The advertising department **proposed** a new campaign for the product, but the CEO turned it down.
広告部門がその商品の新しいキャンペーンを提案したが、CEOは却下した。

類 offer, suggest

□ 0396　　　SVL 6
infinite
/ínfənət/

形 無限の、果てしない、計り知れないほどの

The list of prime numbers is theoretically **infinite**.
理論的には素数のリストは無限である。

類 endless, unlimited

□ 0397　　　SVL 2
occasion
/əkéiʒən/

名 行事、儀式；機会、好機；(特定の)時

Christmas was a very special **occasion** for all the family.
クリスマスは家族みんなにとってとびきり特別な行事だった。

類 chance, opportunity; moment, time

□ 0398　　　SVL 2
main
/méin/

形 主な、主要な、重要な

The **main** aim of the pamphlet was to inform readers about the dangers of water pollution.
パンフレットの主な目的は、読み手に水質汚染の危険性を伝えることだった。

類 central, dominant

□ 0399　　　SVL 8
pier
/píə/

名 桟橋、埠頭(ふとう)、防波堤；橋脚

Several fishermen had set up at the end of the **pier**.
釣り人が数人、埠頭の先端に陣取っていた。

類 quay, wharf

□ 0400　　　SVL 3
chairperson
/tʃéəpə̀ːsn/

名 議長、委員長、司会者；会長

The **chairperson** of the conference opened with a short speech.
会議の議長は短いスピーチで開会した。

類 chair

🔊 041.mp3

☐ 0401　SVL 5
accidental
/æksədéntl/
形 思いがけない、偶然の；不慮の

The life insurance policy will cover you for **accidental** death.
この生命保険証券は事故死も保障してくれる。

類 casual, incidental　反 planned, intentional, deliberate

☐ 0402　SVL 4
source
/sɔ́:s/
名 源、源泉、原因；典拠

His difficult childhood was the **source** of a lot of his emotional issues.
つらかった幼少時代が彼の抱えるさまざまな感情的問題の原因だった。

類 cause, origin

☐ 0403　SVL 3
considerable
/kənsídərəbl/
形 重要な、考慮すべき；（数などが）かなりの、相当の

The health risk from consuming raw meat is **considerable**.
生肉を食べることによる健康リスクは重大である。

類 big, large, sizable, substantial

☐ 0404　SVL 8
illiterate
/ilítərət/
形 読み書きのできない；（特定の分野について）無知な

Most people in Britain were **illiterate** until 18th century.
イギリスの人口のほとんどは、18世紀まで読み書きができなかった。

類 ignorant, uneducated

☐ 0405　SVL 3
interrupt
/ìntərʌ́pt/
動 （話など）の腰を折る、邪魔をする；（眺めなど）を遮る

It's considered rude to **interrupt** people when they are talking.
人の話を遮るのは無礼なこととされている。

類 intrude

☐ 0406　SVL 6
reproduction
/rì:prədʌ́kʃən/
名 繁殖、増殖；複製、復元

Radiation treatment can slow down the **reproduction** of cancer cells.
放射線治療はガン細胞の増殖を低下させることができる。

類 clone, copy, duplicate, replica

☐ 0407　SVL 4
striking
/stráikiŋ/
形 著しい、目立つ、印象的な；ストライキ中の

The **striking** beauty of the lake remains one of my fondest childhood memories.
湖のびっくりする美しさは子ども時代の大好きな思い出の1つとして残る。

類 marked, dramatic, prominent, remarkable

☐ 0408　SVL 3
underground
/ʌ́ndəgràund/
名 地下、地下鉄

When a person dies, their coffin is buried 6 feet **underground**.
人が死ぬと、ひつぎは地下6フィートのところに埋められる。

類 metro, tube

☐ 0409　SVL 4
editor
/édətə/
名 編集者、編集長

The newspaper **editor** angrily told the journalist that he had to rewrite the article.
新聞編集長はジャーナリストに対し記事を書き直すよう怒りながら言った。

☐ 0410　SVL 3
punishment
/pʌ́niʃmənt/
名 （…したことに対する）罰、処罰

Some people believe the death penalty is an appropriate **punishment** for murder.
殺人に対する罰としては死刑が適切だと考える人たちもいる。

類 penalty

0411 SVL 4 **exhibit** /igzíbit/ 動 ～を示す、表す；～を展示する、公開する	Integrity is an important quality for an employee to **exhibit** to their manager. 誠実さは従業員が上司に示さなければならない重要な資質である。 類 show, display
0412 SVL 5 **preference** /préfərəns/ 名 好むこと、好きな物；優先（権）、先取（権）	She had a **preference** for comfortable clothes over stylish ones. 彼女の好みはスタイリッシュな服よりも着心地の良い服だった。 類 choice, fondness, alternative
0413 SVL 5 **disturb** /distə́:b/ 動 ～を邪魔する、妨げる、乱す	Take care not to **disturb** your father as he needs to sleep. お父さんは寝なければならないから起こさないように気を付けて。 類 bother, distract, unsettle, upset, disrupt
0414 SVL 6 **countless** /káuntlis/ 形 無数の、数え切れないほどの	The development of vaccines has saved **countless** lives. ワクチンの開発は無数の命を救った。 類 innumerable, myriad, uncountable, multiple
0415 SVL 3 **threaten** /θrétn/ 動 ～を脅す、～すると脅す	Aggressive national governments **threaten** world peace. 好戦的な国家は世界平和を脅かす。
0416 SVL 8 **breakthrough** /bréikθrù:/ 名 躍進、進歩、大発見；突破	The new research results could be a major **breakthrough** in curing cancer. 新たな研究結果はがん治療を大きく進展させる可能性がある。 類 advance, improvement 反 setback
0417 SVL 6 **banish** /bǽniʃ/ 動 ～を追放する、流刑にする	The king **banished** the outlaws to a distant island. 王はその無法者たちを離島への流刑に処した。 類 deport, exile, relegate
0418 SVL 5 **sacred** /séikrid/ 形 神聖な、聖なる；尊重されるべき	The area was **sacred** to the local tribe. その地域の部族にとって、そこは神聖な場所だった。 類 holy, untouchable, divine
0419 SVL 2 **plain** /pléin/ 形 簡素な、質素な；明らかな；分かりやすい	It was a **plain** cake without any candles or other decoration. それはロウソクや飾りなどが一切ないシンプルなケーキだった。 類 simple, clear, obvious, straightforward
0420 SVL 2 **broad** /brɔ́:d/ 形 満面の；広い、広大な；広義の	His face lit up with a **broad** smile. 満面の笑みで彼の顔が明るくなった。 類 wide, expansive; general 反 narrow

0421 SVL 2 **approach** /əpróutʃ/ 名 取り組み方；接近 動 ～に取り組む；～に近づく	You need the correct **approach** to the problem to be successful. 成功するには問題への正しい対処法が必要である。 類 名 path, route, manner, method, tactics 動 advance, near
0422 SVL 8 **arbitrary** /ɑ́:bətrèri/ 形 専制的な、専横な；(個人の) 裁量による、恣意(しい)的な	The school rules seemed **arbitrary** and inflexible and annoyed the students. 校則は専制的かつ硬直的で、生徒をいらいらさせていた。 類 absolute, random, tyrannical
0423 SVL 6 **intervention** /ìntəvénʃən/ 名 介入、干渉	Military **intervention** will only aggravate the tense situation even further. 軍事介入は緊張状態をさらに悪化させるだけである。
0424 SVL 3 **tune** /tjú:n, tʃú:n/ 名 曲、楽曲；旋律	The busker played a short little **tune** on his flute. 大道芸人はフルートでちょっとした短い曲を吹いた。 類 melody
0425 SVL 5 **deprive** /dipráiv/ 動 ～から奪う、取り上げる、～に与えない	On this diet, you don't need to **deprive** yourself of your favourite foods. この食事療法では、好きな食べ物を我慢する必要はありません。 類 divest, rob, strip
0426 SVL 3 **fortune** /fɔ́:tʃən/ 名 富、幸運；運、運勢	It was her good **fortune** that she spotted the £10 in the bin before throwing it out. 捨ててしまう前にごみ箱に紛れ込んでいた10ポンド札に気付いたのは、彼女にとって幸運なことだった。 類 wealth, luck, chance, fate
0427 SVL 7 **uphold** /ʌphóuld/ 動 (法律・主義など)を支持する、擁護する	For police officers to **uphold** the law, regular citizens must be law-abiding as well. 警察官に法を守らせたいなら、一般市民も順法性がなければならない。 類 動 defend, justify, maintain, support
0428 SVL 5 **predict** /pridíkt/ 動 ～を予測する、予言する、予報する	Earthquakes are extremely difficult to **predict** but aren't completely random. 地震は予測することが大変困難であるが、完全に不規則なわけではない。 類 forecast
0429 SVL 6 **odour** /óudə/ 名 におい、臭気；評判、人気	The dog still has a strong **odour** after being sprayed by the skunk last week. 先週スカンクにおならをかけられて、犬はまだ強いにおいを放っていた。 類 air, aroma, atmosphere, flavour, smell, scent
0430 SVL 2 **include** /inklú:d/ 動 ～を含める、入れる；～を含む、包含する	Last time, you forgot to invite my brother, so please **include** him this time. 前回は弟を招待するのをお忘れだったので、今回は彼も人数に入れておいてください。 類 encompass, entail, enclose, contain 反 exclude

🔊 044.mp3

☐ 0431　　SVL 2 **create** /kriéit/ **動** (新しいもの) を創造する、生み出す、創作する	I need you to **create** a new website for us in the next two months. あなたには2カ月以内に新しいウェブサイトを作っていただきたい。 **類** invent, produce, generate, found
☐ 0432　　SVL 9 **empower** /impáuə/ **動** ～に権限を与える、権利を持たせる；～に力を与える	The regulations **empower** police officers to stop and search anyone deemed suspicious. その規則は、疑わしい者なら誰でも停止させ捜査する権限を警察官に与える。 **類** authorise, allow, enable, permit
☐ 0433　　SVL 6 **symbolic** /simbɔ́lik/ **形** 象徴的な、象徴の；記号の	A cross worn around the neck is **symbolic** of Christianity. 首に掛けた十字架はキリスト教を象徴している。 **類** allegorical, figurative **反** nonsymbolic, actual, literal
☐ 0434　　SVL 4 **assert** /əsɔ́:t/ **動** ～を断言する、主張する；～を擁護する、行使する	The accused continued to **assert** their innocence on the stand. 被疑者は証言台で無罪を主張し続けた。 **類** claim, declare, insist, maintain, plead, argue
☐ 0435　　SVL 3 **invent** /invént/ **動** ～を発明する、作り出す、考案する、創案する	The Wright brothers **invented** the first successful motor-operated airplane. ライト兄弟が初めてのうまく飛ぶ動力飛行機を発明した。 **類** create, fabricate, construct
☐ 0436　　SVL 4 **acceptable** /ækséptəbl/ **形** 受け入れられる、受諾し得る、容認できる	Time-wasting is not **acceptable** behaviour in the workplace. 職場で時間を無駄にすることは容認できない行為である。 **類** adequate, decent, passable **反** unacceptable
☐ 0437　　SVL 2 **valuable** /væljuəbl/ **形** (金銭的に) 価値のある、価値が高い；貴重な、有益な	The gem was kept in a vault, as it was very **valuable**. その宝石はとても価値のあるものなので、金庫室に保管されていた。 **類** expensive, precious, priceless
☐ 0438　　SVL 8 **biased** /báiəst/ **形** 偏見のある、偏った、先入観にとらわれた	Tabloid newspapers are always **biased** towards one political party. タブロイド紙は往々にして1つの政党に偏向している **類** prejudiced **反** unbiased, reasonable
☐ 0439　　SVL 4 **prospect** /prɔ́spekt/ **名** 有望な人、有力候補者；可能性、見込み；見晴らし	The football club took on the young player as he was an excellent **prospect** for the future. サッカークラブは将来非常に有望な人だということでその若い選手を獲得した。 **類** outlook, perspective; view, possibility, expectation
☐ 0440　　SVL 7 **clinical** /klínikəl/ **形** 臨床の、臨床的な	The drug has undergone extensive **clinical** trials. その薬は徹底的な臨床試験を経ている。

☐ 0441　　　SVL 8 **terrifying** /térəfàiiŋ/ 形 恐ろしい、ぞっとさせるような	Horror movies can be **terrifying** for young children and cause them nightmares. ホラー映画は幼い子どもにとって怖く、悪夢を見る原因になりうる。 ──── 類 alarming, dire, scary, shocking
☐ 0442　　　SVL 2 **favour** /féivə/ 名 親切な行為、お願い；賛成 動 〜に賛成する	Could you do me a **favour** and put all these glasses away? お願いなのですが、これらのグラスを全部片付けていただけますか。 ──── 類 名 bias, kindness, mercy
☐ 0443　　　SVL 4 **incident** /ínsədənt/ 名 出来事、事件；(国家間の) 紛争、不和	There was a terrible **incident** at the local factory and three people lost their lives. 地場の工場でひどい事故があり、3名が命を落とした。 ──── 類 event, occurrence, phenomenon
☐ 0444　　　SVL 2 **aware** /əwéə/ 形 気付いて；知って、分かって	They became **aware** that the temperature in the room was rising. 彼らは部屋の温度が上昇していることに気付いた。 ──── 類 cognizant, conscious
☐ 0445　　　SVL 3 **surround** /səráund/ 動 〜を囲む、取り巻く	The farmer built a large fence to **surround** his fields. 農民は自分の農地を囲うように大掛かりな柵を造った。 ──── 類 circle, enclose, wrap
☐ 0446　　　SVL 3 **technology** /teknɔ́lədʒi/ 名 技術；科学技術、工業技術	**Technology** such as email has made it possible to communicate more easily. 電子メールなどの技術によってより簡単に連絡がとれるようになった。
☐ 0447　　　SVL 2 **afterwards** /ɑ́:ftəwəds/ 副 その後	He ate dinner with his parents and met his friends **afterwards**. 彼は両親と夕食を食べ、その後に友人たちと会った。 ──── 類 later, thereafter
☐ 0448 **endogenous** /endɔ́dʒənəs/ 形 内在の、内因性の、内生の、 内部から生じる	Insulin is an **endogenous** hormone, while exogenous factors are needed for the production of vitamin D. インスリンは内因性ホルモンだが、ビタミンDの生成には外生要因が必要である。 ──── 類 internal　反 exogenous
☐ 0449　　　SVL 5 **circular** /sɔ́:kjulə/ 形 (形が)丸い、円形の；(軌道 などが)周回する、巡回する	Wash the car using **circular** motions for the best effect. 車を最も効果的に洗うには、円を描きながらやるといい。 ──── 類 round
☐ 0450　　　SVL 7 **intrude** /intrú:d/ 動 邪魔をする、侵害する；押 し入る、侵入する	Journalists shouldn't **intrude** into people's private lives. ジャーナリストは人々の私生活を侵害するべきではない。 ──── 類 interfere, invade, interrupt

☐ 0451　　SVL 3 **identify** /aidéntifài/ 動 (原因・問題など) を特定する；〜を同定する	She was unable to **identify** the disturbing sound coming from the forest. 彼女は森から聞こえる気掛かりな音が何なのかを突き止めることができなかった。 類 distinguish, spot
☐ 0452　　SVL 4 **resource** /rizɔ́:s, risɔ́:s/ 名 資源、財産；手段	The government has decided to allocate more **resources** to the development of new vaccines. 政府は、より多くの資源を新たなワクチン開発に割り当てる決断をした。
☐ 0453　　SVL 3 **dismiss** /dismís/ 動 (考えなど) を退ける、捨てる；(人) を解雇する、解任する	The commissioner **dismissed** all objections to the new budget. 委員長は新予算に対する反対意見を全て棄却した。
☐ 0454　　SVL 6 **tremendous** /triméndəs, trəméndəs/ 形 すさまじい、とてつもない、途方もない、膨大な	He'd lost a **tremendous** amount of weight from his new exercise regime. 新しいエクササイズ手法を取り入れて彼は大幅に体重を減らした。 類 colossal, enormous, huge, massive, vast
☐ 0455 **privatisation** /pràivətaiʃən/ 名 民営化	The **privatisation** of the post office allowed the government to spend funds elsewhere. 郵政民営化により政府は資金を他のところに使えるようになった。
☐ 0456　　SVL 2 **lack** /lǽk/ 名 不足、欠乏、欠如　動 〜を欠く、〜に不足する	The company's failure was attributed to its **lack** of ambition. その会社の失敗は野心の欠如によるものだった。 類 名 shortage, absence
☐ 0457　　SVL 3 **delight** /diláit/ 名 大喜び、歓喜　動 〜を喜ばせる、大喜びさせる	The dog's tail wagged in **delight** as it received a treat. ご褒美をもらって、犬はうれしさにしっぽを振った。 類 contentment, happiness, joy, pleasure
☐ 0458　　SVL 3 **desire** /dizáiə/ 名 願望、欲望、願い　動 〜を強く望む、〜を欲しがる	His **desire** to win the race was so strong that there was no way he would lose. そのレースに勝ちたいという彼の願望はとても強かったので、負けるわけがなかった。 類 名 craving, passion, yearning, appetite　動 covet, crave, want
☐ 0459　　SVL 6 **explosive** /iksplóusiv/ 名 爆発物、爆弾、爆薬　形 爆発性の；かっとなりやすい	The construction company set the **explosive** to create a new tunnel in the hill. 建設会社は丘に新しいトンネルを造るために爆発物を設置した。
☐ 0460　　SVL 9 **devoid** /divɔ́id/ 形 欠いている、全くない、欠如した	His cold eyes were **devoid** of any emotion. 彼の冷たい目は一切の感情を欠いていた。 類 barren, lacking

□ 0461 SVL 4	Her fame meant she couldn't go outside without being recognised.
fame /féim/ 名 名声、高名、有名であること	有名人であるせいで、彼女は人目につかずに外出することができなかった。
	類 reputation

□ 0462 SVL 5	Our team needs to win the next game to qualify for the playoffs.
qualify /kwɔ́ləfài/ 動 資格を持っている；〜の資格を得る；適格となる	我々のチームがプレーオフ進出の資格を得るには次の試合に勝たねばならない。
	類 enable, legitimise, validate

□ 0463 SVL 6	The main banquet hall of the hotel can accommodate up to 400 people.
accommodate /əkɔ́mədèit/ 動（建物などが）〜を収容できる；〜を適応させる	そのホテルの主宴会場は400名まで収容できる。
	類 fit, hold, shelter, welcome, acclimatise

□ 0464 SVL 6	Animals in a zoo have lost their capability to live in the wild.
capability /kèipəbíləti/ 名 能力	動物園にいる動物は野生で生きる能力を失ってしまっている。
	類 expertise, competence, competency, potential, qualification

□ 0465 SVL 5	His years of military service entitled him to a war pension.
entitle /intáitl/ 動 〜に権利を与える、資格を与える	兵役に従事したことにより、彼は戦争年金の受給資格を得た。
	類 authorise

□ 0466 SVL 7	The answer to the question was comprehensive and hit all the key points.
comprehensive /kɔ̀mprihénsiv/ 形 包括的な、広範囲の、総合的な	この問題への解答は包括的で、要点を全て捉えていた。
	類 exhaustive, inclusive, thorough

□ 0467 SVL 6	Many Americans have struggled with the history of slavery in their country.
slavery /sléivəri/ 名 奴隷制度、奴隷所有；奴隷であること	多くのアメリカ人が自国における奴隷制度の歴史と戦ってきた。
	類 enslavement

□ 0468 SVL 2	He was such a strong character that he dominated every meeting.
character /kǽriktə/ 名 性格、個性；特色、雰囲気；役柄	彼の個性はあまりに強烈なので、どの会議でも目立っていた。
	類 attribute, characteristic, personality, individual, identity

□ 0469 SVL 3	Everyone liked her due to her friendly and bright personality.
personality /pə̀:sənǽləti/ 名 性格、人格；人間的魅力；有名人、著名人	人懐こくて明るい性格により、彼女は皆に好かれていた。
	類 character; celebrity

□ 0470 SVL 2	Her grandmother's ring was worth more to her than the cost of its materials.
worth /wɔ́:θ/ 形 〜の価値がある、値打ちがある；〜に値する	彼女の祖母の指輪は、彼女にとってはその材料費よりも価値があった。

☐ 0471　　SVL 9
adversity
/ædvə́:səti/

名 逆境、困難、苦境

She had overcome real **adversity** to become the owner of her own cafe.
彼女は厳しい逆境に打ち勝って独立しカフェのオーナーとなった。

類 difficulty, hardship

☐ 0472　　SVL 2
nervous
/nə́:vəs/

形 不安な、緊張した；神経質な

She couldn't relax as she was incredibly **nervous** about the exams the next morning.
彼女は翌朝の試験がひどく不安だったので落ち着かなかった。

☐ 0473　　SVL 3
explore
/iksplɔ́:/

動 ～を探検する；～について探求する

They made no attempt to **explore** the land due to the aggressive wildlife.
攻撃的な野生動物がいるため、彼らは陸地を探検しようとはしなかった。

☐ 0474　　SVL 5
horizontal
/hɔ̀rizɔ́ntl/

形 水平の、横の；水平線の、地平線の；対等な、同等の

The wind was so strong that the rain appeared to be **horizontal**.
風があまりにも強かったため、雨は真横に降っているようだった。

反 vertical

☐ 0475　　SVL 4
scratch
/skrǽtʃ/

動 ～を引っかく、引っかいて傷つける；～をかく

The cat **scratched** him with its claws.
その猫は爪で彼を引っかいた。

☐ 0476　　SVL 5
accordingly
/əkɔ́:diŋli/

副 それに応じて、それ相応に

The driver saw the road signs to slow down and adjusted his speed **accordingly**.
運転手は減速の道路標識を見て、それに応じてスピードを調整した。

類 consequently, hence, therefore

☐ 0477　　SVL 3
target
/tá:git/

名 目標；的、対象 **動** 標的にする

The sales **target** for the month was easily met by the skilled employees.
今月の販売目標は、熟達した従業員たちによって簡単に達成された。

類 **名** goal, purpose

☐ 0478　　SVL 2
aim
/éim/

名 目標、目的；狙い **動** 目指す；狙いを定める

The company's **aim** was to dominate the electronics market within 10 years.
その会社の目標は10年以内にエレクトロニクス市場を支配することだった。

類 **名** ambition, end, goal, objective, intent, purpose

☐ 0479　　SVL 2
invitation
/ìnvətéiʃən/

名 招待、案内；招待状、案内状

She accepted an **invitation** to the academic conference.
彼女はその学会への招待に応じた。

☐ 0480　　SVL 3
split
/splít/

動 ～を分裂させる、分割する

After the war, the previously unified country was **split** into two separate nations.
戦争後、それまでの統一国家は2つの異なる国に分断された。

類 break

🔊 049.mp3

□ 0481 **surplus** SVL 7 /sə́:pləs/ 名 余剰；余剰金、黒字 形 余分の、余剰の	Trade **surplus** has been one of the main drivers of the Japanese economy since the 1950s. 1950年代以降、日本経済をけん引してきたのは貿易黒字だった。 類 extra, excess, leftover
□ 0482 **meantime** SVL 3 /míːntàim/ 名 その間、合間 副 その間は、その間に	My computer is not working. In the **meantime**, can I borrow yours? 私のコンピューターが動きません。直るまでの間にあなたのを貸してもらえますか？ 類 meanwhile
□ 0483 **underlying** SVL 8 /ʌ̀ndəláiiŋ, ʌ́ndəlàiiŋ/ 形 根底にある；表面下にある、下にある	Smoking may have been the **underlying** cause of his bad health. 喫煙が彼の体調不良の根本原因だった可能性がある。 類 primal, basic 反 secondary
□ 0484 **revolt** SVL 9 /rivóult/ 名 （政権に対する）反乱、暴動 動 反乱(暴動)を起こす	The king's guards quickly crushed the peasants' **revolt**. 王の衛兵たちは農民の反乱をすぐに鎮めた。 類 名 mutiny, rebellion 動 rebel
□ 0485 **fleet** SVL 6 /flíːt/ 名 艦隊、船団；編隊	A **fleet** of fishing vessels left early in the morning. 漁船団が朝早く出発した。
□ 0486 **accompany** SVL 3 /əkʌ́mpəni/ 動 ～に同行する、～と一緒に行く；（事物）と同時に生じる	The CEO was **accompanied** by his personal assistant during the business trip. 出張の間、CEOには個人秘書が同行していた。 類 go with, attend, follow
□ 0487 **contaminate** SVL 8 /kəntǽmənèit/ 動 ～を汚す、汚染する	There was a concern that the factory's release of chemicals would **contaminate** the river. 工場から化学物質が放出されて川を汚染する懸念があった。 類 poison, pollute 反 purify
□ 0488 **chase** SVL 3 /tʃéis/ 動 ～を追い掛ける、追い回す；～を追放する、～を追い込む	The actor's fans were **chasing** him along the street. その俳優のファンたちは、通りで彼を追い掛けていた。 類 follow, pursue, track
□ 0489 **per** SVL 3 /pə, pə́ː/ 前 ～につき、～ごとに、～当たり	The car sped up to 60 miles **per** hour. 車は毎時60マイルまで速度を上げた。 類 by, in, through, via, with
□ 0490 **knowledge** SVL 2 /nɑ́lidʒ/ 名 知識、学識；認識、承知	The professor's **knowledge** of linguistics exceeded all others. その教授の言語学の知識は他の皆に勝っていた。 類 awareness, wisdom

58

🔊 050.mp3

0491 SVL 5 **omit** /oumít, əmít/ 動 ～を除外する、削除する；～するのを怠る、～し忘れる	The football player was angry because his name was **omitted** from the teamsheet. 自分の名前がメンバー表から除外されていたので、そのサッカー選手は腹を立てた。 類 forget, neglect
0492 SVL 2 **purse** /pə́ːs/ 名 財布、小銭入れ；ハンドバッグ	The girl put her **purse** in her handbag. その女の子はハンドバッグの中に財布をしまった。 類 pouch, wallet
0493 SVL 5 **sue** /sjúː/ 動 ～を訴える、告訴する	She **sued** her company for unfair dismissal. 彼女は不当解雇について会社を告訴した。 類 accuse, prosecute
0494 SVL 5 **reservation** /rèzəvéiʃən/ 名 予約、指定；疑い、懸念	They made a **reservation** at the restaurant for six people at 8:00 pm. 彼らは午後8時に6人でレストランの予約を取った。 類 doubt, scepticism
0495 SVL 3 **delay** /diléi/ 名 遅れ、遅延 動 ～を延期する、延ばす；～を遅らせる	Due to the **delay**, I missed my connecting flight. 遅れのせいで私は乗り継ぎ便を逃した。 類 名 wait, procrastination 動 lag
0496 SVL 5 **assembly** /əsémbli/ 名 会合、集会；出席者、人々	Every Wednesday, all students and teachers attend the **assembly** in the gym. 毎週水曜日、生徒と先生は全員、体育館での集会に出席する。 類 gathering, meeting, crowd, convention, congregation
0497 SVL 3 **guilty** /gílti/ 形 有罪の、罪を犯した；罪悪感のある、後ろめたい	The man was found **guilty** of tax evasion. その男は脱税で有罪となった。 類 sinful 反 innocent
0498 SVL 8 **dramatise** /drǽmətàiz/ 動 ～を誇張して伝える；～を劇にする、戯曲化する	Don't believe everything he says as he likes to **dramatise** things. 彼は物事を大げさに伝えたがるので、彼の言うことは何でもかんでも信じてはいけない。
0499 SVL 2 **actor** /ǽktə/ 名 俳優、役者	He had been an **actor** in various plays and movies. 彼はさまざまな演劇や映画で役者を務めてきた。 類 performer, player
0500 SVL 7 **distorted** /distɔ́ːtid/ 形 ゆがんだ、ねじれた	The ice on the window gave us a **distorted** view of the lake. 窓についた氷のせいで、湖のゆがんだ景色が見えた。

Part 1 IELTS基本語彙

☐ 0501　　　SVL 5 **theme** /θíːm/ 名 テーマ、主題、題目	The movie's **theme** is the conflict between love and duty. この映画のテーマは義理と人情の板挟みである。 類 subject, topic, motive
☐ 0502　　　SVL 7 **subsequently** /sʌ́bsikwəntli/ 副 その後；続いて、次に	Although Mr Ashcroft **subsequently** became the CFO of the company, during his early years, he was in sales. アシュクロフト氏は後に会社の最高財務責任者となったが、最初は営業畑だった。 類 after, later, thereafter
☐ 0503　　　SVL 4 **publication** /pʌ̀blikéiʃən/ 名 出版、刊行；出版物；公表	The editor is overseeing the **publication** of a new magazine for university students. その編集者は大学生向けの新しい雑誌の出版を監督している。 類 announcement, disclosure, issuance
☐ 0504　　　SVL 8 **likelihood** /láiklihùd/ 名 見込み、可能性	The latest pay dispute greatly increased the **likelihood** of a strike. 最近の賃金闘争はストライキの可能性を大いに高めた。 類 probability
☐ 0505　　　SVL 7 **oppression** /əpréʃən/ 名 圧迫、抑圧、迫害、弾圧	The citizens held a demonstration after years of **oppression** by the dictator. 長年続いた独裁者からの迫害の後、市民らはデモを行った。 類 despondence
☐ 0506　　　SVL 5 **obligation** /ɔ̀bləɡéiʃən/ 名 (法・社会上の) 義務、責務、責任	A police officer has the moral **obligation** to protect the citizens. 警官には、市民を守るという道義上の責務がある。 類 burden, commitment, responsibility
☐ 0507　　　SVL 4 **envy** /énvi/ 名 羨望 (せんぼう)、ねたみ、嫉妬 動 ～をうらやむ	Her siblings looked with **envy** at her presents. 彼女がもらったプレゼントに、きょうだいたちは羨望のまなざしを向けた。 類 名 jealousy
☐ 0508　　　SVL 6 **abrupt** /əbrʌ́pt/ 形 突然の、不意の；ぶっきらぼうな、愛想のない	The car came to an **abrupt** stop at the lights. 車は信号で突然止まった。 類 immediate, rapid, unexpected 反 gradual; friendly, polite
☐ 0509 **sophisticate** /səfístəkèit/ 名 洗練された人、あか抜けた人、教養人	He was educated, well-read, a **sophisticate**. 彼は教養があり、博識で、洗練された人物だった。
☐ 0510　　　SVL 2 **customer** /kʌ́stəmə/ 名 顧客、客、取引先	The **customer** came back to the shop to ask for a refund. お客は店に戻ってきて払い戻しを求めた。 類 client, guest, patron

| □ 0511 SVL 6 **equation** /ikwéiʒən, ikwéiʃən/ 名 方程式、等式；等しくすること、同一視 | He didn't enjoy maths class as there were too many difficult **equations** to solve. 解くのが難しい方程式が多過ぎて、彼は数学の授業を楽しめなかった。 |

| □ 0512 SVL 3 **grant** /grǽ:nt/ 動 (嘆願など)を承認する；(権利など)を与える 名 交付金 | The bank **granted** the loan to our company. その銀行はわが社への融資を承認してくれた。 類 動 acknowledge, allow, award 名 entitlement, reward |

| □ 0513 SVL 6 **thankfully** /θǽŋkfəli/ 副 ありがたいことに、幸いなことに；感謝して | **Thankfully**, I was able to pay off my student loan soon after graduation. 幸いなことに、私は卒業後すぐに学資ローンを返済し終えることができた。 類 fortunately, pleasingly 反 unfortunately, regrettably |

| □ 0514 SVL 6 **incapable** /inkéipəbl/ 形 ～できない；無能な、能力のない | His leg injury made him **incapable** of walking, so he needed a wheelchair. 彼は脚を負傷して歩けなくなり、車いすが必要になった。 類 inapt, incompetent 反 capable, able |

| □ 0515 SVL 7 **intensive** /inténsiv/ 形 集中的な、徹底的な、激しい | **Intensive** care is usually given to the seriously ill. 集中治療は通常、重病患者に行う。 |

| □ 0516 SVL 2 **beyond** /bijónd/ 前 ～の向こうに、～を越えた所に；～を超えて | The area **beyond** the fence is dangerous because of the wild animals that live there. フェンスの向こう側の区画は、野生動物が生息しているので危険です。 類 over, past |

| □ 0517 SVL 2 **clearly** /klíəli/ 副 明らかに、はっきりと；分かりやすく、明確に | The manager **clearly** had not heard about the accident. 明らかにマネジャーは事故のことを知らなかった。 類 certainly, definitely, undoubtedly, obviously |

| □ 0518 SVL 9 **recur** /rikə́:/ 動 (悪いことが)再び起こる、再発する | Elevate your legs again if the swelling in your knee **recurs**. 膝の腫れが再発したらまた足を挙上してください。 類 persist, reappear |

| □ 0519 SVL 7 **displace** /displéis/ 動 ～を立ちのかせる、強制退去させる；～に取って変わる | The building of the new power plant will **displace** hundreds of residents in this town. 新しい発電所の建設は、町から数百人の住民を立ちのかせることになるだろう。 類 replace, move, remove |

| □ 0520 SVL 3 **attach** /ətǽtʃ/ 動 ～を添付する；～を張り付ける、取り付ける | Can you **attach** this file to the email before you send it? メールを送信する前にこのファイルを添付できますか？ 類 affix, adhere, fasten |

□ 0521 SVL 4 **grasp** /grǽsp/ 動 ～を理解する；～をつかむ、握る 名 つかむこと；理解	No matter the teacher's explanation, the student couldn't **grasp** the key ideas. 教師がどう説明しても、その生徒は要点を理解できなかった。 類 動 understand, grip, comprehend 名 comprehension
□ 0522 SVL 5 **cathedral** /kəθíːdrəl/ 名 大聖堂、司教座聖堂	The wedding ceremony will be held at St Paul's **Cathedral** this weekend. 今週末セントポール大聖堂で結婚式が行われる。
□ 0523 SVL 3 **research** /rísəːtʃ, ríːsəːtʃ/ 名 研究、調査	The laboratory was doing important **research** towards a cure for cancer. その研究所はがん治療に向けて重要な研究を行っていた。 類 enquiry, investigation
□ 0524 SVL 8 **supervisor** /súːpəvàizə/ 名 指導教官；監督者、管理者	Academic **supervisors** play an important role in the development of young researchers. 指導教官は、若い研究者の成長に重要な役割を果たす。 類 manager, superintendent
□ 0525 SVL 8 **propel** /prəpél/ 動 ～を推進する、前進させる；～を一方向へ動かす、押し出す	Paddles are used to **propel** canoes and kayaks. カヌーやカヤックを進ませるのにはパドルが使われている。 類 drive, push, thrust
□ 0526 SVL 8 **shellfish** /ʃélfiʃ/ 名 貝類；甲殻類	She had an allergy to **shellfish**, so she avoided most seafood. 彼女は甲殻類にアレルギーがあって魚介類はほとんど食べないようにしていた。
□ 0527 SVL 9 **notorious** /nəutɔ́ːriəs/ 形 悪名高い	He was a **notorious** outlaw and everyone tried to avoid him. 彼は悪名高い無法者で、皆が彼を避けようとした。 類 infamous
□ 0528 **gamekeeper** /géimkìːpə/ 名 （特に個人の）狩猟場の管理人	A **gamekeeper** takes care of animals used for hunting. 猟場番人は、狩猟で用いられる動物の世話をする。
□ 0529 SVL 5 **forbid** /fəbíd/ 動 ～を禁じる、妨げる、差し止める	The parents **forbid** their children to play near the building site. 両親は子どもたちにその建築現場の近くで遊ぶことを禁じた。 類 ban, bar, outlaw, prohibit
□ 0530 SVL 8 **allocate** /ǽləkèit/ 動 ～を割り当てる、充当する、配分する	They had to **allocate** the funds to several different departments while trying to keep everyone happy. 彼らは、みんなを満足させつつ、いくつかの異なる部門に資金を割り当てなければならなかった。 類 allot, assign, distribute, dispense

---

□ 0531　　　　SVL 4
minimum
/mínimǝm, mínǝmǝm/
形 最小限の、最低限の　**名** 最低限、最小限度

His **minimum** effort was the reason for his terrible grades.
彼が最小限しか努力しなかったことがひどい成績の原因である。

類 fewest, lowest, smallest　反 maximum

□ 0532　　　　SVL 8
discontent
/dìskǝntént/
名 不平、不満

The strike was the result of **discontent** among workers.
そのストライキは、労働者の不満によるものだった。

類 dissatisfaction　反 content, satisfaction

□ 0533
ambience
/ǽmbiǝns/
名 (場の)雰囲気、環境

She decorated her flat to create a warm and cosy **ambience**.
彼女は暖かく居心地がよい雰囲気になるようにアパートを装飾した。

類 atmosphere, mood

□ 0534　　　　SVL 3
disappointment
/dìsǝpóintmǝnt/
名 失望、落胆

Jane could see her mother's **disappointment** when her mother learned that she had failed the exam.
試験に落ちたことを知って母親が落胆しているのが、ジェーンには分かった。

□ 0535　　　　SVL 9
subscribe
/sǝbskráib/
動 (新聞などを)予約購読する；同意する

The unemployed man decided to **subscribe** to the monthly job newsletter.
無職の男は、月刊求人誌を購読することにした。

類 sign; agree, consent

□ 0536　　　　SVL 8
millennium
/miléniǝm/
名 1000年(間)、千年紀；(新しい)千年紀の始まり

As the year 1999 came to an end, everyone looked forward to the new **millennium**.
1999年の暮れが近づき、皆が新しい千年紀の訪れを楽しみにしていた。

□ 0537　　　　SVL 11
quintessential
/kwìntǝsénʃǝl/
形 典型的な、本質的な

With his expensive suit and $2,000 shoes, Mike was the **quintessential** successful lawyer.
高級スーツに2000ドルの靴を履いたマイクは絵に描いたようなやり手弁護士であった。

類 typical, classic, exemplary

□ 0538　　　　SVL 2
decision
/disíʒǝn/
名 決定、結論；決断力

He asks his advisors for advice but ultimately makes the final **decision** himself.
彼は相談相手に助言を求めるが、結局は最終結論を下す。

類 judgement　反 indecision

□ 0539　　　　SVL 7
souvenir
/sù:vǝníǝ/
名 (〜の)記念品、土産、形見、思い出の品

He bought some chocolate at the airport, as a **souvenir** for his wife.
妻への土産に、彼は空港でチョコレートを少し買った。

類 keepsake, memento, gift

□ 0540　　　　SVL 2
vocabulary
/vǝkǽbjulǝri/
名 語彙、用語数

It's important for children to expand their **vocabulary** through reading.
子どもは読書を通じて語彙を増やすことが大切である。

☐ 0541　　　　SVL 6 **endeavour** /indévə/ 動 (〜しようと) 努める　名 試み、企て、努力	A company must always **endeavour** to satisfy its customers. 会社というのは、常に顧客を満足させるように努力しなければならない。 類 動 struggle, strive, attempt　名 effort, activity
☐ 0542　　　　SVL 5 **contemporary** /kəntémpərəri/ 形 現代の；同時代の、同時代に起こる	**Contemporary** medicine is more effective than medicine from 50 years ago. 現代の医薬は50年前の医薬より効果が高い。 類 modern, present, current; simultaneous
☐ 0543　　　　SVL 7 **lapse** /lǽps/ 名 (集中・記憶などの) 中断；過失　動 失効する	A single **lapse** in concentration lost him the match. 一瞬の気の緩みが彼の敗戦を招いた。 類 名 error, fumble, screw-up, elapse
☐ 0544　　　　SVL 4 **pavement** /péivmənt/ 名 歩道；舗装道路	The car drove onto the **pavement** to avoid the squirrel on the road. その車は道路上のリスを避けるため歩道に乗り上げた。 類 sidewalk
☐ 0545　　　　SVL 4 **enable** /inéibl/ 動 〜をできるようにする、可能にする	This scholarship programme will **enable** underprivileged children to receive higher education. この奨学金制度により、恵まれない子どもたちが高等教育を受けられるようになる。 類 allow
☐ 0546　　　　SVL 4 **capable** /kéipəbl/ 形 能力がある、できる；有能な、才能のある	I'm **capable** of finishing all the tasks in a week. 私は1週間で全ての仕事を終えることができる。 類 able; competent, qualified　反 inexperienced, unskilled
☐ 0547　　　　SVL 5 **regulate** /régjulèit/ 動 〜を調節する；〜を規制する、〜を取り締まる	Mammals sweat to **regulate** their body temperature. 哺乳類は体温を調節するために汗をかく。 類 control, check
☐ 0548　　　　SVL 7 **distort** /distɔ́:t/ 動 〜をゆがめる、ねじ曲げる、歪曲(わいきょく)する	Please don't **distort** the truth, we need to know what happened. 真実をねじ曲げないでください、何が起きたのか知る必要があります。 類 bend, misrepresent, slant, deform
☐ 0549　　　　SVL 8 **toxic** /tɔ́ksik/ 形 有毒な、毒性のある	Too much **toxic** waste is being dumped into rivers. あまりに多くの有毒廃棄物が河川に捨てられている。 類 poisonous
☐ 0550　　　　SVL 2 **traffic** /trǽfik/ 名 往来、交通量；運送	The **traffic** was particularly bad at rush hour. 交通状況はラッシュ時には特にひどかった。

□ 0551　SVL 3 **contact** /kɔ́ntækt/ 名 連絡、接触、付き合い 動 連絡する	Please keep in **contact** with me via email or phone. メールか電話で私と連絡を取り合ってください。 類 名 connection, communication
□ 0552　SVL 4 **intent** /intént/ 名 意図、目的	Their **intent** was to help, but they actually made the problem worse. 彼らの意図は手助けすることだったが、実際には問題を悪化させてしまった。 類 aim, goal, objective
□ 0553　SVL 4 **marvellous** /mɑ́ːvələs/ 形 素晴らしい、とても良い、見事な；驚くべき、不思議な	He won the race easily due to his **marvellous** performance. 彼は驚異的なパフォーマンスによりレースを楽に制した。 類 amazing, astonishing, miraculous
□ 0554　SVL 9 **scrutiny** /skrúːtəni/ 名 監視、じろじろ見ること、綿密な調査	The committee came under the **scrutiny** of the authorities. 委員会は当局の監視下に置かれた。 類 examination, inspection
□ 0555　SVL 6 **embarrassed** /imbǽrəst/ 形 恥ずかしい、きまりが悪い、ばつが悪い、当惑した	I felt **embarrassed** when I tripped over the pavement in front of the bus stop. バス停の前で歩道につまずいてしまい、恥ずかしい思いをした。 類 abashed
□ 0556　SVL 4 **alternative** /ɔːltə́ːnətiv/ 名 代案、代替物；選択肢 形 代わりの、代替の	Nuclear energy is one possible **alternative** to fossil fuels. 原子力エネルギーは化石燃料の考えられる代替手段の1つである。 類 名 option, preference
□ 0557　SVL 2 **support** /səpɔ́ːt/ 動 ～を支える；～を支持する、～に賛同する	Most skyscrapers require steel beams to **support** the incredible weight. 超高層ビルの多くは、とてつもない重さを支える鉄骨が必要だ。 類 back, uphold, sustain, endorse
□ 0558　SVL 9 **obstruct** /əbstrʌ́kt/ 動 ～を遮る、～を妨害する、通れないようにする	A large amount of trees **obstructed** the view of the mountain. たくさんの木々が山の眺望を遮っていた。 類 block, clog, hinder, jam
□ 0559　SVL 2 **common** /kɔ́mən/ 形 普通の、ありふれた；共通の；一般の	It is **common** for new mothers to feel some stress after childbirth. 新米ママが出産後にいくらかストレスを感じるのは普通のことだ。 類 ordinary, ubiquitous, usual 反 rare, uncommon, unusual
□ 0560　SVL 8 **crusade** /kruːséid/ 名 擁護運動、改革運動	They went on a **crusade** around the world to spread their religion. 彼らは自らの宗教を広めるために世界中で改革運動を行った。 類 campaign, movement, push

☐ 0561　　SVL 2 **energy** /énədʒi/ 名 エネルギー、力	Solar **energy** has the potential to aid the decrease in the rate of global warming. 太陽エネルギーは地球温暖化のペースを遅らせる可能性がある。 類 fuel, force
☐ 0562　　SVL 5 **fluent** /flúːənt/ 形 （言語に）堪能な；（動作などが）滑らかな	She was **fluent** in nearly 10 languages. 彼女は10近い言語を流ちょうに操った。 類 articulate, eloquent
☐ 0563　　SVL 2 **finally** /fáinəli/ 副 ついに、やっと；最後に	He **finally** passed his driving test on the fifth attempt. 5回目の試みで彼はついに運転免許試験に合格した。 類 eventually
☐ 0564　　SVL 3 **visual** /víʒuəl/ 形 視覚の、視覚的な；目に見える	The viral infection had no obvious **visual** symptoms, such as a rash. ウイルス感染は、発疹など見て分かるはっきりとした症状はなかった。 類 visible
☐ 0565　　SVL 3 **domestic** /dəméstik/ 形 国内の、自国の；家庭の	To get to the meeting quickly, they took a **domestic** flight from London to Manchester. 会議に急いで到着できるよう、ロンドンからマンチェスターまで国内線で飛んだ。 類 local, internal 反 foreign
☐ 0566　　SVL 4 **involve** /invólv/ 動 （物事・状況が）〜を伴う、含む；〜を巻き込む	Staying with little children usually **involves** waiting patiently. 小さな子どもたちと一緒に居るというのは普通辛抱強く待つということを伴う。 類 affect, engage, absorb
☐ 0567　　SVL 6 **eliminate** /ilímənèit/ 動 〜を除く、外す；〜をふるい落とす	There were three candidates for the position, so they needed to **eliminate** two of them. その職には3人志願者がいたので、2人をふるい落とす必要があった。 類 exclude
☐ 0568 **genetically** /dʒənétikəli/ 副 遺伝子学的に、遺伝子学上	Some apples have been **genetically** modified to be a certain size and shape. りんごの中には、一定の大きさと形になるように遺伝的に改変されたものもある。 類 hereditary, inborn
☐ 0569　　SVL 6 **cluster** /klʌ́stə/ 名 集団、一団；（花などの）房 動 集まる、群がる	A **cluster** of small children stood around the ice-cream van. アイスクリームの移動屋台の周りに小さな子どもたちの集団がいた。 類 group; bunch, array
☐ 0570　　SVL 3 **treasure** /tréʒə/ 名 宝物、財宝 動 （物など）を大切にする、大事にしまう	The pirates buried their **treasure** on the desert island. 海賊たちは財宝を無人島に埋めた。 類 名 gem, jewel

0571 SVL 4 **institute** /ínstətjùːt/ 名 学会、協会；研究所	She is studying at a very famous art **institute**. 彼女は非常に有名な美術学校で勉強している。
0572 SVL 2 **opposite** /ɔ́pəsit/ 形 正反対の、逆の；反対側の 名 反対の人、逆のもの	The politicians had **opposite** views on the issue. その問題について政治家たちの意見は対立していた。 類 形 contradictory, inverse 名 contrary, inverse
0573 SVL 7 **reinforce** /rìːinfɔ́ːs/ 動 ～を補強する、強化する	They needed to **reinforce** the crumbling walls and ceiling in the old house. 彼らは古い家の崩れかけた壁と天井を補強しなければならない。 類 strengthen
0574 SVL 5 **despise** /dispáiz/ 動 ～をひどく嫌う、見下す、軽蔑する	The young boy **despised** all vegetables and wouldn't eat them. その少年は野菜がどれも大嫌いで、食べようとしなかった。 類 detest, hate, scorn
0575 **institutionalise** /ìnstətjúːʃənəlàiz/ 動 ～を制度化する、慣習化する；～を施設に入れる	Club activities in secondary education are virtually **institutionalised** in some countries. 中等教育におけるクラブ活動は国によっては事実上制度化されている。
0576 SVL 11 **predatory** /prédətəri/ 形 略奪する、人を食い物にする；（動物が）捕食性の、肉食の	A new law was passed in an effort to root out **predatory** lending. 略奪的な貸し付けを根絶すべく、新しい法律が可決された。 類 aggressive, violent; carnivorous
0577 SVL 5 **outlook** /áutlùk/ 名 見解、態度；見通し、展望	The majority of Western societies are liberal in their **outlook**. 物の見方という点で、西洋社会の大部分はリベラルである。 類 perspective, standpoint, viewpoint, prospect, aspect
0578 SVL 6 **boost** /búːst/ 動 ～を増やす、回復する 名 増大；上昇、増加	The company's revenue was **boosted** by an online sale. その会社の収益はオンライン販売によって増えた。 類 動 accelerate, augment, enlarge, raise, enhance
0579 SVL 8 **distraction** /distrǽkʃən/ 名 気晴らし、娯楽；気を散らすもの、集中できないこと	Television is a welcome **distraction** after hours of study. 何時間も勉強した後の気晴らしに、テレビはありがたいものだ。 類 diversion
0580 SVL 6 **attribute** 名/ǽtrəbjùːt/ 動/ətríbjuːt/ 名 特質、属性、特性 動 ～を帰する、（原因の）せいにする	Her greatest **attribute** was her perseverance. 彼女の最大の特性は忍耐力だった。 類 名 characteristic, peculiarity 動 accredit, explain

☐ 0581　　　　SVL 5 **passionate** /pǽʃənət/ 形 情熱的な、熱烈な；官能的な、情熱的な	The protestor gave a **passionate** speech against the war. 抗議活動家は戦争に反対する熱いスピーチを行った。 類 ardent, fervent, intense
☐ 0582　　　　SVL 4 **pronounce** /prənáuns/ 動 ～を発音する；～を宣告する、言い渡す	It was an obscure name, and most people couldn't **pronounce** it correctly. あまり見ない名前だったので、ほとんどの人は正しく発音できなかった。 類 say, utter, verbalise
☐ 0583　　　　SVL 11 **obnoxious** /əbnɔ́kʃəs/ 形 反抗的な、とても嫌な、醜悪な、不愉快な	Jimmy was summoned to the headmaster's office owing to his **obnoxious** behaviour. ジミーは反抗的な振る舞いをしたため、校長室に呼び出された。 類 horrendous, nasty, offensive 反 agreeable, likable
☐ 0584　　　　SVL 4 **satisfied** /sǽtisfàid/ 形 満足した、満ち足りた；納得した、確信した	I was **satisfied** that the project was completed on time and without any problems. プロジェクトが問題なく期限通りに完成したことに私は満足した。 類 fulfilled, content 反 dissatisfied
☐ 0585　　　　SVL 8 **dispense** /dispéns/ 動 ～を分配する、施す；(薬)を調合する	They **dispense** free food to people in need. 彼らは困っている人たちに無料の食事を配っている。 類 allocate, distribute, administer
☐ 0586　　　　SVL 3 **intention** /inténʃən/ 名 意図、意向、意思	At 65, he was still full of energy and had no **intention** of retiring. 彼は65歳にしてエネルギーにあふれていて、引退する意思はなかった。 類 ambition, aspiration, goal, purpose
☐ 0587　　　　SVL 4 **miserable** /mízərəbl/ 形 惨めな、哀れな、不幸な、情けない	The hikers were cold, wet and **miserable** after the terrible storm. そのひどい嵐の後、ハイカーたちはぬれて凍え、惨めな状況だった。 類 pathetic, sad, tragic, gloomy
☐ 0588　　　　SVL 4 **vice** /váis/ 名 悪徳、不道徳、悪行、悪癖	Occasionally buying a lottery ticket was his only **vice**. 悪行といえばせいぜい宝くじを時々買う程度だった。 類 名 corruption, immorality, sin
☐ 0589　　　　SVL 7 **specimen** /spésəmin/ 名 実例、見本；検体	For the exam, they needed a **specimen** of the candidate's handwriting. 試験に向けて、志願者の筆跡の見本が必要だった。 類 sample
☐ 0590　　　　SVL 3 **individual** /ìndəvídʒuəl/ 名 個人、個体 形 個々の；個人的な	The success was a team effort, not just one **individual**'s efforts. この成功はチームの努力であり、誰か1人の力によるものではない。 類 名 human, person, character 形 personal, singular, subjective

□ 0591 　　　　SVL 5 **dispose** /dispóuz/ **動** ～を処理する、処分する、片付ける	He **disposed** of the old newspapers in the bin. 彼は古い新聞をごみ箱に捨てた。 **類** arrange, organise, discard
□ 0592 　　　　SVL 7 **dictate** /diktéit/ **動** ～を指示する、命令する；～を決定づける	After a battle, the side that has won can **dictate** the terms of the surrender. 戦いのあと、勝った方が降伏の条件を決定できる。 **類** command, mandate, ordain, order
□ 0593 　　　　SVL 8 **adhere** /ædhíə/ **動** （規則などに）固執する、忠実に従う；付着する、粘着する	The monk **adhered** to the strict laws of the monastery. その僧侶は修道院の厳しいおきてに忠実に従っていた。 **類** cling, stick, attach
□ 0594 　　　　SVL 7 **turnover** /tə́ːnòuvə/ **名** 離職率；転覆、急転	The staff **turnover** at the restaurant was very high due to bad working conditions. そこのレストランでは労働条件が悪いためスタッフの離職率が非常に高かった。 **類** rotation, turn
□ 0595 　　　　SVL 4 **extend** /iksténd/ **動** ～を延ばす、延長する、拡張する	He had done well, so the company **extended** his contract by another year. 彼は好成績を挙げたので会社は契約を1年延長した。 **類** prolong
□ 0596 　　　　SVL 8 **repel** /ripél/ **動** ～に反発する、～と混ざり合わない；～を撃退する	Magnets can both attract and **repel** other magnets. 磁石は他の磁石を引き付けることもはね返すこともある。 **類** fend off, resist, beat off
□ 0597 　　　　SVL 3 **academic** /ækədémik/ **形** 学問的な、学究的な；学校の、大学の；机上の	Formal sciences are seen as more **academic** than the arts. 形式科学は芸術より学究的であるとみられている。 **類** educational, scholastic
□ 0598 　　　　SVL 3 **review** /rivjúː/ **名** 調査、検査、再検討；批評	After his excellent performance **review**, he received a rise. 彼は優れた勤務評定を受けて昇給した。 **類** criticism
□ 0599 　　　　SVL 4 **glory** /glɔ́ːri/ **名** 栄光、名誉；称賛；荘厳（そうごん）	The priest prayed to the **glory** of God. 司祭は神の栄光に祈りをささげた。 **類** brilliance, honour, nobility
□ 0600 **procrastination** /prəkræstənéiʃən/ **名** 先延ばし、先送り、遅延	She had a problem with **procrastination** and could never concentrate on homework. 彼女は物事を先延ばしにする癖があり、いつも宿題に集中できなかった。 **類** delay

🔊 061.mp3

□ 0601　　SVL 5 **withdraw** /wiðdrɔ́ː, wiθdrɔ́ː/ 動 参加を取りやめる；～を取り消す；～を撤退させる	Due to injury, the athlete had to **withdraw** from the race. 負傷により、そのスポーツ選手はレースから退かなければならなかった。 類 retreat, evacuate
□ 0602　　SVL 5 **onward** /ɔ́nwəd/ 形 前方への　副 前方へ	I had to change trains at Paddington station for my **onward** journey. 旅を先に進めるためにパディントン駅で電車を乗り換えなければならなかった。 類 forward
□ 0603　　SVL 3 **careless** /kéəlis/ 形 不注意な、油断した、不用心な、軽率な	It was **careless** of Paul to go out without locking his front door. ポールは不注意にも玄関のドアに鍵をかけずに出掛けてしまった。 類 incautious, rash 反 alert, cautious
□ 0604　　SVL 2 **action** /ǽkʃən/ 名 行動、活動；行為；動作	The residents called for **action** on prevention of poaching. 住民たちは密猟防止に関する活動を呼び掛けた。 類 measure, initiative, activity
□ 0605　　SVL 4 **recall** /rikɔ́ːl/ 動 ～を思い起こす、思い出す；～を回収する	They hadn't met in a long time, and Jake couldn't **recall** Paul's surname. 長いこと会っていなかったから、ジェイクはポールの名字を思い出せなかった。 類 remember
□ 0606　　SVL 2 **state** /stéit/ 名 状態、事情、ありさま	Due to the famine, the mayor declared a **state** of emergency. 飢饉(ききん)のため、市長は緊急事態を宣言した。 類 condition, situation, status, commonwealth, aspect
□ 0607　　SVL 6 **collective** /kəléktiv/ 形 集められた、集合的な、総体の	Science in public education is a **collective** subject that generally includes physics, chemistry and biology. 公教育における科学は一般的に物理学、化学、生物学を含めた集合的な科目である。 類 common, mutual, public 反 exclusive, individual
□ 0608　　SVL 6 **deliberately** /dilíbərətli/ 副 故意に、わざと	She thought it was accidental, but he had **deliberately** dropped his pen to talk to her. 彼女は彼が誤ってペンを落としたと思ったが、彼女と話すためにわざと落としたのだった。 類 on purpose, intentionally 反 accidentally
□ 0609　　SVL 4 **shield** /ʃíːld/ 名 盾、シールド；防御物、防御機能	In paintings, the goddess often carries a **shield**. 絵画の中では、この女神はよく盾を携えている。 類 defence, guard, protection 反 uncover
□ 0610　　SVL 4 **pioneer** /pàiəníə/ 名 先駆者；開拓者 動 (分野など)を切り開く	The eco-friendly hotel chain was known for being a **pioneer** in green practices. その環境配慮型ホテルチェーンは、環境保護を考えた取り組みの先駆者として知られていた。 類 名 frontiersman, pathfinder, trailblazer

70

☐ 0611　　　SVL 4 **vary** /véəri/ **動** 変化する、変わる；さまざまである	Prices do **vary**, so it's well worth shopping around before you buy. 価格は変わるので、買う前にあちこちお店を見て回る価値はある。 類 differ
☐ 0612　　　SVL 6 **torture** /tɔ́:tʃə/ **動** ～を拷問にかける；～をひどく苦しめる	Soldiers are **tortured** for information when captured in war. 兵士は戦争で捕虜になると、情報を聞き出すために拷問される。 類 horror, torment
☐ 0613　　　SVL 2 **measure** /méʒə/ **動** ～を測る、～の寸法を採る **名** 手段；測定、計量	He used a ruler to **measure** the length of the paper. 彼は紙の長さを測るのに定規を使った。 類 **動** scale　**名** action, quantity
☐ 0614　　　SVL 5 **regional** /rí:dʒənl/ **形** 地方の、地域の；局地的な	In England, there are many **regional** dialects that are difficult to understand. イングランドには、理解の難しい地域ごとの方言が数多くある。 類 local
☐ 0615　　　SVL 4 **accurate** /ǽkjurət/ **形** 正確な、誤りのない；精密な	His advice was **accurate** most of the time. 彼のアドバイスは、たいていの場合的確だった。 類 exact, correct, reliable, precise, authentic　反 inaccurate
☐ 0616　　　SVL 6 **tackle** /tǽkl/ **動** ～に立ち向かう、取り組む	There are many attempts to **tackle** the problem of racism in football. サッカー界での人種差別問題に対処するためさまざまな策が講じられている。 類 deal with, address
☐ 0617　　　SVL 3 **unexpected** /ʌ̀nikspéktid/ **形** 予期しない、思いがけない	His death at 21 years old was completely **unexpected**. 彼の21歳での死は全くの予想外だった。 類 abrupt, sudden, unforeseen
☐ 0618　　　SVL 1 **practise** /prǽktis/ **動** ～を練習する；～を実行する　**名** 実践；習慣；訓練	I feel immense satisfaction every time I **practise** karate. 空手の練習をするたびに、計り知れない満足感を覚える。 類 **名** trial; habit, custom; training　反 **名** theory
☐ 0619　　　SVL 3 **temper** /témpə/ **名** 怒りっぽい気質、気性；かんしゃく、短気	His father had a **temper** that often scared him. 怒りっぽい父親に彼はしょっちゅうおびえていた。 類 mood, disposition
☐ 0620　　　SVL 5 **consent** /kənsént/ **動** 同意する、承諾する　**名** 同意、承諾	He gave **consent** so the company could share his information. 会社が彼の情報を共有することに彼は同意した。 類 **動** agree, comply, subscribe　**名** warrant

☐ 0621　　　　SVL 7 **premier** /prémjə, prémiə/ 形 最高の、最大の、最も重要な	Cambridge is one of the UK's **premier** universities. ケンブリッジはイギリスを代表する大学の1つである。 類 earliest, first, initial
☐ 0622 **decompose** /dìːkəmpóuz/ 動 ~を腐敗させる、分解する	The body started to **decompose** after being in the ground for two months. 遺体は地中に埋められてから2カ月がたち、腐敗し始めていた。 類 break down, decay
☐ 0623　　　　SVL 5 **brutal** /brúːtl/ 形 残忍な、無慈悲な、野蛮な	The democratic groups suffered **brutal** repression after the coup. 政変後、民主主義勢力は激しい弾圧を受けた。 類 cruel, harsh, rough
☐ 0624　　　　SVL 4 **achievement** /ətʃíːvmənt/ 名 業績、功績；達成、成功	Newton's greatest **achievement** was his theory of gravity. ニュートン最大の功績は重力論である。 類 acquirement, performance, triumph
☐ 0625　　　　SVL 5 **motive** /móutiv/ 名 動機、誘因；（芸術作品の）モチーフ、主題	The police couldn't understand the man's **motive** for killing her. 殺害に至る男の動機を警察は理解できなかった。 類 reason, subject, theme
☐ 0626　　　　SVL 4 **immense** /iméns/ 形 広大な、計り知れない；素晴らしい	The challenge before him was **immense**, and he would inevitably fail. 彼の前に立ちはだかるものはあまりにも大きく、失敗は避けようがなかった。 類 huge, massive, enormous
☐ 0627　　　　SVL 4 **unite** /juːnáit/ 動 団結する、一体となる	All the factory's workers decided to **unite** in a protest against the company. 工場の従業員は全員、会社への抗議で団結することにした。 類 join, cooperate, consolidate, connect
☐ 0628　　　　SVL 2 **apply** /əplái/ 動 申し込む、出願する；適用される、適合する	You need to **apply** to many jobs to increase your chance of getting one. 職に就く可能性を増やすには、多くの仕事に応募する必要がある。 類 count, work, implement, exploit
☐ 0629　　　　SVL 5 **solitude** /sɔ́litjùːd/ 名 独りで居ること、独居、孤独	He felt uncomfortable around people after being in **solitude** on an island for six months. 彼は島に6カ月間独りで居たあと、人と一緒にいると居心地が悪く感じるようになった。 類 aloneness, isolation, seclusion
☐ 0630　　　　SVL 3 **suspect** /sʌ́spekt/ 名 容疑者、被疑者	The prime **suspect** in the crime was a tall man with green eyes. この犯罪の最重要容疑者は背が高く、緑色の目をした男だった。

🔊 064.mp3

Part 1 I E L T S 基本語彙

□ 0631　　　　SVL 4
mode
/móud/
名 稼働方式、モード；方法、様式；心の状態

Please switch the camera from manual **mode** into automatic mode.
カメラを手動モードから自動モードに切り替えてください。

類 manner, style, fashion

□ 0632　　　　SVL 7
overview
/óuvəvjùː/
名 概要、概観、概略、要約

The first page gives a general **overview** of the textbook's contents.
最初のページは教科書の内容の概要を提供する。

類 outline, summary

□ 0633　　　　SVL 7
mortality
/mɔːtǽləti/
名 死亡率、死亡数

The child **mortality** rate is much higher in poor countries.
子どもの死亡率は貧困国でより高くなっている。

類 death rate, mortality rate　反 immortality

□ 0634　　　　SVL 8
disregard
/dìsrigɑːd/
動 ～を無視する、～に注意を払わない

The judge told the jury to **disregard** the last comment because it was inaccurate.
裁判官は、最後の意見は不適切であるため無視するよう陪審員に言った。

類 neglect, ignore, overlook

□ 0635　　　　SVL 6
speculation
/spèkjuléiʃən/
名 推測、臆測

There is **speculation** in the press that he will be sacked as England coach.
マスコミでは、彼がイングランド監督を解雇されるという臆測が広まっている。

類 conjecture

□ 0636　　　　SVL 5
confuse
/kənfjúːz/
動 ～を混同する、間違える；～惑わせる、まごつかせる

From a distance, it was easy to **confuse** her for her sister.
遠くからだと彼女は妹と間違われやすかった。

類 baffle, bewilder, perplex, confound　反 simplify, decode

□ 0637　　　　SVL 7
temperate
/témpərət/
形 温暖な、温帯の；節度のある、穏やかな

Great Britain has a **temperate** climate with wide seasonal changes.
イギリスには幅広い季節の変化を伴った温暖な気候がある。

類 gentle, mild, moderate

□ 0638　　　　SVL 3
feather
/féðə/
名 (1枚の)羽根、羽毛
動 (矢)に矢羽根を付ける

The bird lost a few **feathers** when it hit the window, so it couldn't fly as well.
その鳥は窓にぶつかったときに羽を数本失ったため、以前のようにうまく飛ぶことができなかった。

□ 0639　　　　SVL 3
assistance
/əsístəns/
名 援助、助力、支援

During the recession, the restaurant applied to the bank for financial **assistance**.
不景気のとき、そのレストランは銀行に資金援助を申請した。

類 help, support

□ 0640　　　　SVL 6
unreasonable
/ʌnríːzənəbl/
形 不合理な、理不尽な、不当な；無分別な

His boss was being **unreasonable** for making everyone work on Christmas Day.
彼の上司はクリスマスの日に理不尽にも全員を働かせた。

類 illogical, irrational, weak　反 reasonable

73

0641 SVL 3
reflect
/riflékt/
動 ～を反映する；～を反射する；～を映し出す

It is important for media to **reflect** the cultural diversity of a country.
メディアは、その国の文化的多様性を反映することが重要である。

0642 SVL 4
delicate
/délikət/
形 繊細な、もろい、壊れやすい

The ice sculpture was incredibly **delicate** and had to be handled carefully.
氷の彫刻は非常に繊細で、慎重に取り扱わなければならなかった。

類 weak, fragile, subtle, exquisite 反 robust

0643 SVL 8
immerse
/imə́:s/
動 ～に浸る、没頭する；～を沈める、つける

When living abroad, it's important to **immerse** yourself in the culture.
外国に住むときは、そこの文化にどっぷり漬かることが大切だ。

類 absorb, engage; submerge

0644 SVL 2
likely
/láikli/
形 ありそうな、起こりそうな；ふさわしい、期待できる

Due to the increasing crime rate, it was **likely** that prisons would soon be full.
犯罪率の上昇により、まもなく刑務所が満杯になりそうだった。

類 possible, probable, potentially 反 unlikely

0645 SVL 9
inventory
/ínvəntri/
名 目録、一覧表、在庫表
動 ～を一覧表にする

The **inventory** showed that the store was severely understocked.
店の在庫が非常に薄くなっていることを在庫表は示していた。

類 stock, supply

0646 SVL 2
absent
/ǽbsənt/
形 欠席して、不在の；欠けている

The class was half empty due to several students being **absent**.
数人の生徒が欠席したためクラスは半分が空席だった。

類 off, unavailable 反 present, available

0647 SVL 5
combat
/kɔ́mbæt/
名 戦闘、戦い；闘争 動 ～と戦う；～と戦闘する

The soldiers were in **combat** with the rebel forces for months.
この兵士たちは何カ月も反乱軍と戦闘していた。

類 battle, clash, fight

0648 SVL 9
unveil
/ʌnvéil/
動 ～を初公開する、発表する；ベールを取る

The company **unveils** a new product every summer.
その会社は毎年夏に新製品を発表する。

類 disclose

0649 SVL 5
anticipate
/æntísəpèit/
動 ～を予測する、予想する；～を楽しみにして待つ

They **anticipated** trouble at the football match so more security was hired.
彼らはサッカーの試合で問題が起きると予測し、警備を増員した。

類 assume, await, expect

0650 SVL 5
modify
/mɔ́dəfài/
動 ～を修正する；(要求・程度など)を緩和する

They **modified** the computer programme to speed up our work.
彼らは私たちの作業をスピードアップするためにコンピュータープログラムを修正した。

類 alter, change, revise, adjust, adapt

☐ 0651　　　　SVL 4 **remarkable** /rimá:kəbl/ 形 注目に値する、著しい、目立った	He was already playing again after a **remarkable** recovery from his injury. けがから目覚ましい回復を遂げ、彼はもう試合に復帰していた。 類 notable, outstanding, phenomenal, striking
☐ 0652　　　　SVL 3 **sigh** /sái/ 名 ため息　動 ため息をつく	There was an audible **sigh** of relief when we heard that nobody was hurt. 誰にもけががなかったとの知らせに、安堵（あんど）のため息が漏れ聞こえた。 類 gasp, moan, whisper
☐ 0653 **tend to** ～する傾向がある、～しがちである	Women **tend to** live longer than men. 女性は男性より長く生きる傾向にある。
☐ 0654　　　　SVL 5 **cautious** /kɔ́:ʃəs/ 形 注意深い、慎重な	After the accident, she was **cautious** when riding her horse again. 事故後、彼女はまた乗馬するのに慎重だった。 類 prudent, alert, careful　反 incautious, reckless
☐ 0655　　　　SVL 5 **distress** /distrés/ 名 苦悩、悲しみ、心の痛み	Nothing could ease his **distress** from the accident. 事故による彼の苦悩を和らげられるものはなかった。 類 sorrow, agony
☐ 0656　　　　SVL 4 **consideration** /kənsìdəréiʃən/ 名 熟考、考慮；考慮すべき事柄、検討事項	Buying a house requires time and **consideration**. 家の購入には時間をかけてじっくり検討することが必要である。 類 deliberation
☐ 0657　　　　SVL 9 **duplicate** 名/djú:plikət/ 動/djú:pləkèit/ 名 複写物　動 ～を複製する	He had lost his key, but his friend had a **duplicate**. 彼は鍵をなくしたが、友達が複製を持っていた。 類 名 reproduction 動 copy, imitate, replicate, reproduce
☐ 0658　　　　SVL 4 **commission** /kəmíʃən/ 名 歩合、手数料；委員会 動 ～に依頼する、委託する	Customers knew that they would get excellent service because the salespeople were paid on **commission**. 販売員の給与は歩合なので、顧客たちは一流のサービスを受けられると知っていた。 類 名 committee, panel 動 delegate, authorise
☐ 0659　　　　SVL 5 **bureau** /bjúərou/ 名 事務所、事務局、案内所	He went to the travel **bureau** to exchange some money for his holiday. 彼は休暇に向けて両替するために旅行案内所へ行った。
☐ 0660　　　　SVL 3 **entirely** /intáiəli/ 副 もっぱら、すっかり、完全に、ひたすら	My current job is **entirely** related to sales. 私の現在の仕事はもっぱら営業に関わることである。 類 fully, thoroughly, overall, completely 反 partially, partly

🔊 067.mp3

☐ 0661　SVL 2 **lawyer** /lɔ́:jə, lɔ́iə/ **名** 弁護士、法律家；法律学者	His **lawyer** advised him to plead guilty due to the overwhelming evidence. 動かぬ証拠を前に、弁護士は彼に罪を認めるよう進言した。 **類** attorney, counsellor
☐ 0662　SVL 6 **overwhelm** /òuvəwélm/ **動** ～を圧倒する、～を打ちのめす	At the end of the presentation, the audience began to **overwhelm** the speaker with questions. プレゼンテーションの最後に、聴衆は話者を質問で圧倒し始めた。 **類** defeat, overpower
☐ 0663　SVL 4 **decade** /dékeid, dikéid/ **名** 10年間、10年	The '90s was an important **decade** due to the development of the internet. 90年代はインターネットが発展したため重要な10年である。
☐ 0664　SVL 2 **record** /rékɔ:d/ **名** 登録、記録	The current world **record** has not been broken in 15 years. 現在の世界記録は15年も破られていない。
☐ 0665　SVL 2 **dislike** /disláik/ **動** ～が嫌いである、好きではない	I **dislike** him because he tells a lot of lies. 彼はたくさんうそをつくので私は嫌いだ。 **類** hate **反** like
☐ 0666　SVL 7 **insane** /inséin/ **形** 正気でない、異常な、狂気じみた、頭をおかしくさせる	The boy nearly drove everyone **insane** with the toy drum. 少年のおもちゃの太鼓のせいで危うく皆が気が狂いそうだった。 **類** crazy, mad, psychotic, unbalanced
☐ 0667　SVL 1 **grow** /gróu/ **動** 成長する；大きくなる、増える；(事業などが)発展する	The farmer was excited to see the plants **grow** so much in a week. 1週間で植物が大きく育ったことに農民は興奮した。 **類** expand, increase, mature, raise; develop
☐ 0668　SVL 2 **purpose** /pɔ́:pəs/ **名** 目的、目標；使命、意義	His **purpose** in life was to help others, so he became a doctor. 人生の目標が他者を助けることだったので、彼は医者になった。 **類** aim, intention, objective, target
☐ 0669　SVL 4 **obviously** /ɔ́bviəsli/ **副** 明らかに、目に見えて、言うまでもなく	Plenty of sleep and eating well are **obviously** important for good health. 十分な睡眠と食事は言うまでもなく健康のために大事なことである。 **類** apparently, clearly
☐ 0670　SVL 5 **vow** /váu/ **名** 誓約、誓い；誓願	The monk took a **vow** of silence to show his piety. 修道士は信心を示すため沈黙の誓いを立てた。

☐ 0671　　　　SVL 8 **merge** /mə́:dʒ/ **動** 合併する、統合される；融合する；合流する	The city **merged** with a neighbouring town. その市は隣接する町と合併した。 **類** amalgamate, incorporate
☐ 0672　　　　SVL 5 **alert** /əlɔ́:t/ **名** 警報、警戒態勢　**動** 〜へ警告する、〜に警戒させる	The base went on high **alert** as an attack was imminent. 攻撃が差し迫り、基地は厳戒態勢となった。 **類** **名** alarm, caution, warning
☐ 0673　　　　SVL 6 **dialogue** /dáiəlɔ̀g/ **名** (作品中の)対話、会話；対談、会談	The movie had some very witty **dialogue** from the main character. 映画の中では主人公の非常に機知に富んだ会話があった。 **類** conversation, discussion, exchange, talk
☐ 0674　　　　SVL 6 **ownership** /óunəʃip/ **名** 所有権、所有者であること	The **ownership** of the house has been held by many different people over the last century. 過去1世紀の間に、その家の所有権は人から人へ次々に移った。 **類** holding, possession
☐ 0675　　　　SVL 2 **standard** /stǽndəd/ **形** 標準の、標準的な　**名** 標準、水準	He decided to buy the **standard** insurance package without any of the extras. 彼は割増料金のない標準的な保険パッケージを購入することにした。 **類** **名** norm, criterion **反** **形** nonstandard
☐ 0676 **up-to-date** /ʌ́ptədéit/ **形** 最新の、最新式の；現代的な、当世風の	It is important to keep your software **up-to-date** to prevent problems. トラブルを防ぐには、プログラムを常に最新化しておくことが重要です。 **類** current, timely, modern **反** old-fashioned, outdated
☐ 0677　　　　SVL 5 **allowance** /əláuəns/ **名** 手当、割り当て；許可、容認	My company gives me 30 days holiday **allowance** a year. 会社は私に年間30日の休日手当を与えている。 **類** allotment, cut, quota
☐ 0678　　　　SVL 4 **debt** /dét/ **名** 負債、借金	When she lost her job, she couldn't pay her bills and her **debt** slowly rose. 彼女は職を失ったとき、請求書の支払いができず借金が緩やかに増えた。
☐ 0679　　　　SVL 6 **exceptional** /iksépʃənl/ **形** 非常に優れた、優秀な；例外的な、特別な	Lionel Messi is an **exceptional** footballer. リオネル・メッシは非常に優れたサッカー選手だ。 **類** atypical, extraordinary
☐ 0680　　　　SVL 2 **gain** /géin/ **動** 〜を得る、手に入れる；〜を増やす	He had nothing to **gain** by staying at that company and so he left. その会社に居ても何も得るものはなく、彼は会社を去った。 **類** **動** achieve, acquire, obtain, earn, capture, attain

□ 0681 SVL 3 **display** /displéi/ 動 ～を展示する、陳列する、見せる	He decided to **display** the trophy on a shelf in the living room so everyone could see it. 彼は、みんなが見られるようリビングルームの棚にトロフィーを飾ることにした。 類 show, adorn, exhibit, betray, reveal
□ 0682 **embarkation** /èmbɑːkéiʃən/ 名 搭乗、積み込み	The flight's passengers waited patiently at the gate for **embarkation**. そのフライトの乗客たちは、ゲート前で辛抱強く搭乗を待っていた。
□ 0683 SVL 8 **comply** /kəmplái/ 動 従う、応じる、従って行動する、沿う	Failure to **comply** with company policies was the reason for his termination. 彼の契約打ち切りは社内規定に従わなかったことが理由だった。 類 conform, obey, consent
□ 0684 SVL 2 **foreign** /fɔ́rən/ 形 無縁の、なじみのない；外国の；対外的な	He was a stranger to the country, and everything seemed **foreign** to him. 彼はその国に初めて来たので、何もかもが異質に感じられた。 類 alien 反 domestic
□ 0685 SVL 2 **experience** /ikspíəriəns/ 名 経験、体験	Going to a poorer country was an important **experience** that changed their lives. はるかに貧しい国に行ったことは、彼らの人生を変える大事な経験だった。 類 adventure
□ 0686 SVL 2 **owe** /óu/ 動 (金) を借りている、(人) に借りがある	She **owed** a significant amount to the bank from several loans. 彼女はいくつかのローンのため銀行に多額の金を借りていた。
□ 0687 SVL 1 **discover** /diskʌ́və/ 動 ～を発見する；～を見つける；～だと分かる	Scientists are working hard to **discover** a cure for cancer. 科学者たちはがんの治療法を発見するために努力している。 類 detect, reveal 反 conceal, miss
□ 0688 SVL 7 **thereafter** /ðèərɑ́ːftə/ 副 その後、それ以降	He was born in France, but soon **thereafter** the family moved to Spain. 彼はフランスで生まれたが、その後まもなく家族でスペインに移り住んだ。 類 afterwards, later, subsequently
□ 0689 SVL 4 **circumstance** /sɔ́ːkəmstəns/ 名 事情、状況、境遇；出来事	They were peaceful men who were forced by **circumstance** to become soldiers. 彼らは平和的な男たちであったが、事情によりやむをえず兵士になった。 類 situation, conditions, context
□ 0690 SVL 6 **perspective** /pəspéktiv/ 名 観点、視点、展望；総体的な見方	He couldn't find a solution and needed a fresh **perspective** from a colleague. 彼は解決策が見つけられず、同僚の新鮮な視点を必要とした。 類 angle, outlook, standpoint, viewpoint, prospect, aspect

---

☐ 0691　　SVL 5
stain
/stéin/
名 染み、汚れ；汚点　動 〜を汚す、〜に染みを付ける

The wine **stain** couldn't be removed even by the strongest detergents.
そのワインの染みは一番強力な洗剤を使っても落ちなかった。

類 名 blemish, smudge

☐ 0692　　SVL 8
implication
/ìmplikéiʃən/
名 暗示、含み；影響、結果

He said little, but the **implication** was that he was not satisfied.
彼は多くを語らなかったが、満足していなかったことは言外に感じ取れた。

類 connotation

☐ 0693　　SVL 4
medium
/míːdiəm/
名 (情報などの)媒介物、媒体；手段、方法

The radio is still considered a viable advertising **medium** even in the 21st century.
21世紀でも、ラジオはなお通用する広告媒体と見なされている。

類 channel, means

☐ 0694　　SVL 5
prevail
/privéil/
動 勝つ、勝る；普及する、広がる

Your persistence and determination will help you to **prevail** during this challenging time.
あなたの粘り強さと決断力は、この困難な時期に打ち勝つのに役立つであろう。

類 last, survive; conquer, win

☐ 0695　　SVL 4
profitable
/prɔ́fitəbl/
形 利益になる、もうかる；ためになる、有益な

Language education is very **profitable**, so there is a lot of competition.
言語教育にはうまみがあるので、競争が激しい。

類 beneficial, fruitful, lucrative　反 unprofitable

☐ 0696　　SVL 9
dioxide
/daiɔ́ksaid/
名 二酸化物

Trees absorb carbon **dioxide** and produce oxygen.
木は二酸化炭素を吸収して酸素を生成する。

☐ 0697　　SVL 3
payment
/péimənt/
名 支払い、納入；支払金(額)；報酬

The store gave a 10 percent discount for **payments** made in cash.
その店では現金での支払いだと1割引きにしてもらえた。

類 compensation, consideration, pay, expenditure

☐ 0698
incremental
/ìnkrəméntəl/
形 少しずつ増加する、増大する

Consistent **incremental** gains when training are better than large unsustainable ones.
トレーニングは、大きく持続性のない前進よりも着実に漸進的に進歩する方がよい。

類 gradual, phased

☐ 0699　　SVL 8
questionnaire
/kwèstʃənéə/
名 アンケート調査、質問票

Please answer all the questions on this **questionnaire**.
アンケート上の全ての質問にお答えください。

類 survey

☐ 0700　　SVL 3
pump
/pʌ́mp/
動 〜をポンプで送り込む(くみ出す)　名 ポンプ、揚水器

He **pumped** up his bicycle tyre after it went flat.
彼はぺちゃんこになっていた自転車のタイヤに空気を入れた。

類 動 drain, push

☐ 0701　　　SVL 8 **artisan** /áːtizæn/ 名 熟練工、職人、工匠	Due to his years of training in pottery, he was considered a skilled **artisan**. 彼は、陶芸における長年の訓練により熟練した職人と見なされていた。 --- 類 craftsman, artist
☐ 0702　　　SVL 8 **durable** /djúərəbl/ 形 耐久性のある、丈夫な、長持ちする	These boots are known to be **durable** in all weather conditions. このブーツはあらゆる天候に耐えられることで知られている。 --- 類 enduring, unbreakable 反 breakable, fragile
☐ 0703　　　SVL 8 **disposable** /dispóuzəbl/ 形 使い捨ての	I refuse **disposable** bags from the supermarket and carry my own instead. 私はスーパーの使い捨て袋を断って、代わりにマイバッグを持参している。 --- 類 throwaway, single-use 反 indisposable
☐ 0704　　　SVL 6 **dedicate** /dédikèit/ 動 〜を献呈する；〜をささげる、専念する	They **dedicated** the new library to the university president who had died the previous year. 彼らは新設の図書館を、昨年亡くなった前大学総長にささげた。 --- 類 devote
☐ 0705　　　SVL 8 **query** /kwíəri/ 名 質問、疑問	The committee had a number of **queries** about the finances of several politicians. 政府は数名の政治家の財源についてたくさんの疑問を投げ掛けた。 --- 類 objection, question
☐ 0706　　　SVL 4 **remark** /rimáːk/ 名 意見、所見、発言、見解 動 〜と言う、述べる	Her rude **remark** about their family made everyone uncomfortable. 家族についての彼女の無礼な物言いに皆が居心地悪い思いをした。 --- 類 名 comment, note
☐ 0707　　　SVL 2 **public** /pʌ́blik/ 形 公立の；公共の 名 一般大衆、民衆；世間、社会	The **public** library could be attended by all residents for free. その公立図書館は住民なら誰でも無料で利用できた。 --- 類 形 civil, national, open 反 形 private
☐ 0708　　　SVL 7 **beware** /biwéə/ 動 用心する、注意する、気を付ける	When communicating online, **beware** of sharing any personal information. オンラインでのコミュニケーションにおいて、いかなる個人情報でも共有することには慎重になりましょう。 --- 類 mind
☐ 0709　　　SVL 6 **controversy** /kɔ́ntrəvə̀ːsi, kəntrɔ́vəsi/ 名 論争、議論、論戦	Due to rumours of fraud, there was **controversy** over the election. 不正行為のうわさがあったため、選挙を巡って論争が起きた。 --- 類 dispute, debate
☐ 0710　　　SVL 4 **endure** /indjúə/ 動 〜に耐える、〜を我慢する	He had to **endure** the heat and mosquitos to get through the jungle. ジャングルを抜けるには、彼は暑さと蚊に耐えなければならなかった。 --- 類 bear, undergo, persist

□ 0711　　　SVL 8 **aspire** /əspáiə/ 動 憧れる、熱望する、野心を抱く	For people to do great things, it helps if they have the achievements of role models to aspire to. 人が偉大なことを成し遂げるには、目指すべきロールモデルの功績が助けになる。 類 aim, plan
□ 0712　　　SVL 8 **reformation** /rèfəméiʃən/ 名 改良、改善、改革	The demonstrations resulted in the reformation of the tax laws. デモは税法の改良につながった。 類 reconstruction, remodelling,
□ 0713　　　SVL 7 **commonwealth** /kɔ́mənwèlθ/ 名 連邦、団体；英連邦 (the C-)	The Commonwealth is made up of countries that used to be a part of the British Empire. イギリス連邦は、かつて大英帝国の一部だった国々で構成されている。 類 country, nation, state
□ 0714　　　SVL 5 **participate** /pɑːtísəpèit/ 動 参加する、加わる、関与する	She needed a new challenge and chose to participate in the upcoming marathon. 彼女は新しい挑戦を必要としていたので、近々開催予定のマラソンに参加することを選んだ。 類 engage, partake, take part
□ 0715　　　SVL 10 **relativity** /rèlətívəti/ 名 相対性、相関性	The theory of relativity originated with Albert Einstein. 相対性理論の創始者はアルベルト・アインシュタインである。
□ 0716　　　SVL 4 **generous** /dʒénərəs/ 形 気前の良い、惜しみない、物惜しみしない	Their generous boss often bought them lunch. 彼らのボスは気前が良く、よく部下に昼食をおごっていた。 類 charitable, unselfish
□ 0717　　　SVL 6 **initiative** /iníʃətiv, iníʃiətiv/ 名 (解決・達成のための) 構想、取り組み；自発性、主導権	Their initiative to start a recycling programme means that the beach is much cleaner today. リサイクルの仕組みを作るという彼らの構想により、ずっときれいになった今の砂浜がある。 類 action, drive, leadership
□ 0718　　　SVL 4 **restore** /ristɔ́ː/ 動 ～を戻す、回復させる；返却する	Order was restored by the police asking protestors to leave. 警察が抗議者に立ち去るよう要請したことで秩序が回復した。 類 return, renew
□ 0719　　　SVL 8 **overlap** 動/òuvəlǽp/ 名/óuvəlæ̀p/ 動 ～と重なる、～を一部覆う 名 (面積などの) 重複分	Tiles on the roof overlap one another to help keep out rain. 屋根の瓦は雨を浸入させないために重なり合っている。 類 動 lap, overlay, overlie
□ 0720 **plenty of** たくさんの～、十分な～	To make good pasta, you need to boil it in water with plenty of salt. パスタをうまく作るには、十分な塩を入れたお湯でゆでなければならない。

☐ 0721　　　　　SVL 2 **length** /léŋkθ/ **名** (距離・寸法の)長さ、全長、縦	The **length** of her hair was down to her waist. 彼女の髪の長さは腰まである。 **類** distance, extent, reach, range
☐ 0722 **correlate** /kɔ́rəlèit/ **動** ～を相互に関連させる、関連づける；相互関係を示す	Research suggests that brain size is often **correlated** with cognitive ability. 研究によると、脳のサイズはしばしば認知能力と相関していることが示されている。 **類** associate
☐ 0723　　　　　SVL 3 **surface** /sə́:fis/ **名** 面、表面	The **surfaces** of most of the planets in the solar system are uninhabitable. 太陽系の大半の惑星の表面は居住不可能である。 **類** face
☐ 0724　　　　　SVL 4 **prosperity** /prɔspérəti/ **名** 繁盛、(金銭的)成功、繁栄	It is common to wish people happiness and **prosperity** for the new year. 新年に向けて人々の幸福と繁栄を祈るのは一般的なことだ。 **類** wealth　**反** failure, hardship
☐ 0725　　　　　SVL 2 **precious** /préʃəs/ **形** 貴重な、高価な；大切な、かけがえのない	The museum was full of rare and **precious** artefacts. 博物館は希少で高価な工芸品でいっぱいだった。 **類** valuable, beloved
☐ 0726　　　　　SVL 5 **detect** /ditékt/ **動** ～を感知する、探知する、検知する	The smoke alarm **detected** smoke from the broken oven and started to beep. 煙探知機は、壊れたオーブンからの煙を感知して鳴り始めた。 **類** discover, find
☐ 0727 **extant** /ikstǽnt/ **形** 現存の、現存する	Even though the artist burned a lot of his work, many of his poems are still **extant**. その芸術家は自身の作品の多くを燃やしてしまったが、彼の詩はまだ多数現存している。 **類** existing
☐ 0728　　　　　SVL 4 **enclose** /inklóuz/ **動** (封筒などに)～を入れる；～を取り囲む；～を添付する	He **enclosed** the letter in a manila envelope. 彼は手紙を茶封筒に入れた。 **類** hedge, include, surround
☐ 0729　　　　　SVL 6 **salute** /səlú:t/ **動** ～に敬礼する、敬意を表する　**名** 敬礼、あいさつ	The soldier **saluted** his superior officer. 兵士は上官に敬礼した。 **類 動** greet, honour, hail
☐ 0730　　　　　SVL 4 **site** /sáit/ **名** 場所、現場；予定地	The **site** of the new library is to be next to the old one. 新しい図書館の場所は古い図書館の隣になる。 **類** place, position

□ 0731　SVL 2 **dozen** /dʌ́zn/ 名 ダース、12個、12人	A **dozen** tables were sent, but only 10 arrived. 12台のテーブルが発送されたが10台しか届かなかった。
□ 0732　SVL 8 **infancy** /ínfənsi/ 名 初期段階；幼少、幼児	During the dot-com industry's **infancy**, many companies didn't survive long. ドットコム産業の黎明(れいめい)期には、長続きしない会社が多かった。 類 babyhood, childhood
□ 0733　SVL 6 **resent** /rizént/ 動 ～に憤慨する、腹を立てる	She liked her work but **resented** having to work late. 彼女は仕事は好きだったが、遅くまで働かなければならないことに腹を立てていた。
□ 0734　SVL 3 **response** /rispɔ́ns/ 名 反響、反応；応答、返答	The initial **response** by reviewers to his new novel was positive. 彼の新しい小説に対する評論家らの最初の反応は肯定的であった。 類 reaction, reply
□ 0735　SVL 8 **problematic** /prɔ̀bləmǽtik/ 形 解決しがたい、問題のある；扱いにくい	The business partners have different visions for the company, which may become **problematic** in the future. ビジネスパートナーらは会社に対し異なる展望があり、それが将来問題になるかもしれない。 類 hard, dodgy, questionable
□ 0736　SVL 6 **perch** /pə́ːtʃ/ 動 (鳥が)止まる；(高い位置に)ある 名 (鳥の)止まり木	The bird **perched** on the branch above the man. 鳥は男の頭上にある枝に止まった。 類 roost
□ 0737　SVL 2 **completely** /kəmplíːtli/ 副 完全に、すっかり、まったく	The ground was **completely** covered by snow, so he drove carefully. 地面が完全に雪で覆われていたので、彼は慎重に運転した。 類 totally, entirely, perfectly, utterly 反 incompletely, partially
□ 0738　SVL 3 **creative** /kriéitiv/ 形 創造力のある、独創的な	She was a **creative** person, always coming up with new ideas for stories. 彼女は独創的な人で、常に物語の新しいアイデアが浮かんでいた。 類 innovative, imaginative, ingenious
□ 0739　SVL 4 **caution** /kɔ́ːʃən/ 名 注意、用心、慎重さ 動 ～に警告する、忠告する	You should exercise extreme **caution** when driving in icy conditions. 凍結状況での運転には細心の注意を払わねばならない。 類 名 alertness, care, carefulness, alert, precaution
□ 0740　SVL 7 **nominate** /nɔ́mənèit/ 動 ～を指名する、推薦する	The shareholders can each **nominate** one person for the director position. 株主らは各自、取締役の座に就く人を1人指名できる。 類 appoint, designate

□ 0741　SVL 6
sophisticated
/səfístəkèitid/
形 精巧な、高度な；都会的な、洗練された

The vault had a **sophisticated** lock that couldn't be broken into.
金庫室の鍵は精巧だったので破ることはできなかった。

類 advanced, cosmopolitan, complex, intricate　反 unsophisticated

□ 0742　SVL 4
constantly
/kɔ́nstəntli/
副 絶えず、頻繁に、繰り返し

His mother is **constantly** telling him to tidy his bedroom.
彼の母は、寝室を整頓しなさいといつも彼に言っている。

類 regularly, commonly　反 infrequently, rarely, seldom

□ 0743　SVL 9
tact
/tækt/
名 如才なさ、要領の良さ、機転、配慮

He showed incredible **tact** while dealing with difficult customers.
難しい客の相手をする際に彼は驚くほど如才なかった。

類 diplomacy, thoughtfulness

□ 0744　SVL 4
sorrow
/sɔ́rou/
名 深い悲しみ、悲哀、悲痛

The widow's **sorrow** was evident during the funeral.
その未亡人の悲しみは葬式の間じゅう見て取れた。

類 sadness, grief, distress

□ 0745　SVL 6
disapproval
/dìsəprúːvəl/
名 非難、不満、承知しないこと

I put out my cigarette after seeing the look of **disapproval** on my mother's face.
母が非難の表情を見せたので私はたばこを消した。

類 dislike, displeasure　反 approval

□ 0746　SVL 3
background
/bǽkgràund/
名 生い立ち、経歴、学歴；背景、事情

His Asian **background** granted him many advantages when travelling to China.
アジア人という生い立ちは、中国へ旅行した際、彼にとっていろいろ都合が良かった。

類 history, environment, context　反 foreground

□ 0747　SVL 2
solid
/sɔ́lid/
名 固体、固形物　形 固形の；頑丈な

When a liquid reaches its freezing point, it becomes a **solid**.
液体は氷点に達すると固体になる。

類 形 rigid

□ 0748　SVL 7
embark
/imbáːk/
動 （船・飛行機に）乗る；着手する、乗り出す

The ship was about to **embark** on its journey around the world.
その船は世界一周旅行に乗り出すところだった。

類 launch, sail

□ 0749　SVL 2
force
/fɔ́ːs/
動 ～に（無理に）…させる、強いる　名 暴力、影響力；軍隊

You can **force** him out of your house if he won't leave when you ask.
頼んでも彼が君の家から出て行こうとしないなら、無理やりにでも追い出してしまえばいいよ。

類 動 make, press, compel　名 energy, power

□ 0750　SVL 3
handy
/hǽndi/
形 便利な、使いやすい；手近にある、すぐに行ける

The explorer's survival experience would come in **handy** in the jungle.
その冒険家のサバイバル体験は、ジャングルでは役に立つだろう。

類 convenient, useful

🔊 076.mp3

☐ 0751　　　SVL 3 **insist** /insíst/ 動 ～だと強く要求する、～だと譲らない；～を主張する	The teacher **insisted** that her students complete their homework on time. 教師は、宿題を期限通りに終わらせるよう生徒たちに強く求めた。 類 claim, declare, assert
☐ 0752　　　SVL 9 **radiant** /réidiənt/ 形 輝いている、明るい、晴れ晴れとした	Always **radiant** and with a positive attitude, Jack is the ultimate teacher. 常に晴れやかでポジティブな態度のジャックは、究極の教師である。 類 beaming, glowing
☐ 0753　　　SVL 9 **assimilate** /əsíməlèit/ 動 ～を同化させる；(知識など)を吸収する；同化する	The government wanted immigrants to **assimilate** quickly to the new culture. 政府は移民が早く新しい文化に同化することを望んだ。 類 absorb, incorporate
☐ 0754　　　SVL 5 **crucial** /krú:ʃəl/ 形 決定的な、極めて重要な	It is **crucial** that you tell the police everything that you saw. 見たことを全て警察に話すことが極めて重要である。 類 essential, critical
☐ 0755　　　SVL 8 **internal** /intə́:nl/ 形 内部の、体内の；内在的な；国内の	The surgeon had to open the patient's chest as she suspected **internal** bleeding. 内出血の疑いがあるため、外科医は患者を開胸した。 類 inner, domestic, endogenous 反 external
☐ 0756　　　SVL 3 **rarely** /réəli/ 副 めったに～ない	She loves sleeping late and **rarely** gets up before 9:00 a.m. 彼女は遅くまで寝るのが好きで、午前9時前に起きることはほとんどない。 類 seldom, hardly 反 frequently
☐ 0757　　　SVL 4 **shift** /ʃíft/ 名 (交代制の)勤務時間；変化、転換	He was working the night **shift** so only got to bed as the sun was rising. 彼は夜間勤務のため、日が昇る頃にようやく就寝できた。
☐ 0758　　　SVL 2 **human** /hjú:mən/ 形 人間の、人的な；人間的な、人間らしい	There were several **human** species that walked the earth, but now there is only one. かつて地球上を何種類もの人類が歩いていたが、今では1種類しかいない。 類 hominid 反 inhuman
☐ 0759　　　SVL 9 **constituency** /kənstítjuənsi/ 名 選挙区；有権者	He was elected to represent the Portsmouth **constituency** because of his popular policies. 彼の政策は支持を集めていたので、ポーツマス選挙区の代表として選出された。
☐ 0760　　　SVL 3 **refuse** /rifjú:z/ 動 ～を断る、拒絶する、拒否する	Many governments **refuse** to negotiate with terrorists. ほとんどの政府はテロリストとの交渉を拒否する。 類 decline, deny 反 accept

□ 0761　SVL 9 **spiral** /spáiərəl/ 形 らせん状の；悪循環	There was a beautiful **spiral** staircase that went up to the attic. 美しいらせん階段があり、屋根裏まで続いていた。
□ 0762　SVL 6 **valid** /vǽlid/ 形 有効な、効力のある；妥当な、根拠のある	The coupon for a free lunch was **valid** until the end of the month. ランチの無料クーポンは今月末まで有効だった。 反 void, invalid, legitimate
□ 0763　SVL 4 **venture** /véntʃə/ 名 冒険的事業；冒険的企て 動 危険を冒して～する	The disastrous business **venture** cost him all his savings. ベンチャービジネスの大失敗で彼は貯金の全てを失った。 類 動 gamble, jeopardise, risk
□ 0764　SVL 9 **diffuse** 動/difjúːz/ 形/difjúːs/ 動 (気体など)を拡散する、広める　形 拡散した、普及した	The fan helped to **diffuse** cool air around the room. 扇風機が冷たい空気を室内に行き渡らせる補助になっていた。 類 形 diluted, scattered
□ 0765　SVL 6 **ethics** /éθiks/ 名 倫理、道義、道徳；倫理学	The politician was accused of violating professional **ethics** by accepting gifts. 贈り物を受け取ったことで、その政治家は職業倫理違反の非難を受けた。 類 ethos, morality, conscience
□ 0766　SVL 5 **imaginative** /imǽdʒənətiv/ 形 想像力に富んだ、創作力のある；想像の、想像による	The **imaginative** author had created a fantasy world that was full of wonder. その想像力豊かな作家は驚嘆に満ちた空想世界を作り上げた。 類 creative, ingenious, innovative
□ 0767　SVL 9 **salvation** /sælvéiʃən/ 名 救助、救済手段；(キリスト教における)救済、救い	Jogging every morning has been my personal **salvation** from stress 毎朝のジョギングはストレスからの個人的な救済(手段)となっている。 類 deliverance, rescue
□ 0768　SVL 8 **expire** /ikspáiə/ 動 (期限などが)切れる、満了する	The milk won't **expire** for another week so it's good to drink. 牛乳はあと1週間賞味期限が切れることはないから飲んでも大丈夫。 類 terminate, run out
□ 0769　SVL 10 **articulate** /ɑːtíkjulət/ 形 明確に述べる、考えを言葉ではっきり表す	He was an excellent debater because he was very **articulate**. 彼は極めて明瞭に表現できるので優れた討論者だった。 類 fluent
□ 0770　SVL 7 **coincide** /kòuinsáid/ 動 一致する、合致する；同時に起こる	The opinions of the politicians roughly **coincide** with those of the population. 政治家の意見は住民とおおよそ一致している。 類 coexist, concur

□ 0771　SVL 6
intermediate
/ìntəmíːdiət/
形 中級の、中間　名 中間にあるもの、仲介者

Some of the questions used vocabulary that was too complicated for **intermediate** students.
設問の中には中級の生徒には難解過ぎる言葉を使ったものもあった。

類 形 average, medium, moderate

□ 0772　SVL 9
awesome
/ɔ́ːsəm/
形 荘厳な、息を飲むような；すごい、素晴らしい

The pyramids of Giza are a truly **awesome** sight.
ギザのピラミッドは実に息を飲むような光景だ。

類 amazing, astounding, fabulous, wonderful, splendid

□ 0773
conformist
/kənfɔ́ːmist/
名 (慣習・規則などに) 順応する人、従う人

The ultimate **conformist**, she always obeyed the rules.
彼女は究極の体制順応主義者で、常にルールに従っていた。

反 dissenter

□ 0774　SVL 6
distinctive
/distíŋktiv/
形 独特の、特徴的な、明確に区別できる

He knew it was her behind him because of her **distinctive** laugh.
独特の笑い方によって、後ろにいるのが彼女だと分かった。

類 unique, different

□ 0775　SVL 4
collapse
/kəlǽps/
名 崩壊、破綻　動 崩壊する、崩れる；破綻する

A sudden economic **collapse** meant that millions of people lost their jobs.
経済の突然の崩壊は、何百万もの人が失業することを意味した。

類 名 failure　動 crumple, implode

□ 0776　SVL 6
conception
/kənsépʃən/
名 概念、認識；着想、構想

The royal family have no **conception** of what life is like for regular people.
王族は、一般人の生活がどんなものか認識していない。

類 notion, perception; idea　反 fact, reality

□ 0777　SVL 8
statute
/stǽtʃuːt/
名 制定法、法令、法規

Local councils are required by **statute** to provide care homes for the elderly.
法律により、高齢者にケアホームを提供することが地方自治体に義務付けられている。

類 act, constitution, law, ordinance

□ 0778　SVL 5
cope
/kóup/
動 うまく処理する、対処する、

Finding a way to relax can help you **cope** with the stress and worries of daily life.
リラックスする方法を見つけることで、日常のストレスや心配事に対処できるようになる。

類 deal with, manage, get along

□ 0779　SVL 2
progress
名/próugres/ 動/prəgrés/
名 進歩、向上；前進　動 進歩する；前進する

The central bank made **progress** in controlling inflation by adjusting interest rates.
中央銀行は金利の調整によるインフレーションの操作において進歩を成し遂げた。

類 名 advancement

□ 0780　SVL 7
brisk
/brísk/
形 (動きが) きびきびした、てきぱきした、元気のいい

His heart was racing after the **brisk** walk with his dog.
愛犬と元気よく散歩した後、彼の鼓動が激しくなっていた。

類 active, energetic, lively, snappy

☐ 0781 　　　　　SVL 3 **cancel** /kǽnsəl/ **動** ～を中止する、キャンセルする、取り消す	You will get a full refund if you **cancel** your order within 24 hours. 24時間以内にご注文を取り消された場合、全額払い戻しを受けられます。 ―――――――――― **類** abort
☐ 0782 　　　　　SVL 9 **momentum** /mouméntəm, məméntəm/ **名** 勢い、弾み	The team started to lose **momentum** after an impressive start to the season. そのチームは、今シーズン見事なスタートを切ったあと勢いをなくし始めた。 ―――――――――― **類** boost, encouragement, incentive, impulse
☐ 0783 　　　　　SVL 7 **forthcoming** /fɔ̀ːθkʌ́miŋ/ **形** 間近に迫った、やがて来る、まさに現れようとしている	Who do you think will win the **forthcoming** presidential election? 間近に迫った大統領選挙で勝つのは誰だと思いますか。 ―――――――――― **類** upcoming
☐ 0784 　　　　　SVL 4 **accomplish** /əkʌ́mpliʃ, əkɔ́mpliʃ/ **動** （目標、計画など）を遂行する、達成する	They had too few hours to **accomplish** the task effectively. その仕事を効率的に遂行するには彼らには時間がなさすぎた。 ―――――――――― **類** achieve, execute
☐ 0785 　　　　　SVL 5 **routine** /ruːtíːn/ **名** 日課、いつもしている仕事、お決まりの手順	It's important to have some exercise in your daily **routine**. 日課に少し運動を取り入れることが大切だ。
☐ 0786 　　　　　SVL 7 **tribute** /tríbjuːt/ **名** 称賛、敬意、感謝	The team wore black armbands in **tribute** to those who had passed away. チームは死者への敬意を表す黒いアームバンドを着用した。 ―――――――――― **類** accolade, homage
☐ 0787 　　　　　SVL 3 **casual** /kǽʒuəl/ **形** 略式の、カジュアルな；さりげない；偶然の	Is the dress code tonight formal or **casual**? 今夜のドレスコードは正装ですか、それとも普段着ですか？ ―――――――――― **類** everyday, informal, accidental, occasional　**反** formal
☐ 0788 　　　　　SVL 2 **permit** 動/pəmít/ 名/pə́ːmit/ **動** ～を許可する；～を可能にする　**名** 許可証	The authorities are not likely to **permit** the construction of a casino in this part of town. 当局が街のこの区域でカジノの建設を許可する可能性は低い。 ―――――――――― **類 動** allow, empower, enable, let, tolerate
☐ 0789 　　　　　SVL 9 **deduction** /didʌ́kʃən/ **名** 推論、演繹（えんえき）法；控除、差し引き	Sherlock Holmes was famous for solving mysteries using **deduction**. シャーロック・ホームズは演繹的推論で謎解きをすることで知られていた。 ―――――――――― **類** conclusion, reduction, subtraction
☐ 0790 　　　　　SVL 6 **accuracy** /ǽkjurəsi/ **名** 正確さ、的確さ、精密さ、精度	Swiss watches are known to have the best **accuracy**. スイス製の腕時計はその最高の正確さで知られている。 ―――――――――― **類** preciseness, veracity　**反** inaccuracy, imprecision

☐ 0791　　SVL 3 **essential** /isénʃəl/ 形 必須の、絶対必要な、不可欠な	To pass the course it is **essential** to attend all classes and complete all homework. 課程を修了するには、全ての授業に出席し、宿題を全部完成させることが必須である。 類 necessary, indispensable, elemental, crucial, fundamental
☐ 0792　　SVL 6 **ingredient** /ingríːdiənt/ 名 材料、原料；要素、資質	He went to the shops to fetch the **ingredients** for the recipe. そのレシピの材料を手に入れるため彼は買い物に行った。 類 component, element, factor
☐ 0793　　SVL 4 **triumph** /tráiəmf/ 名 大成功、功績、大勝利、勝利	This year's festival was a **triumph** with a record attendance. 今年の祭典は記録的な動員となり大成功だった。 類 accomplishment, achievement, success, victory
☐ 0794　　SVL 5 **continuous** /kəntínjuəs/ 形 継続的な、絶え間ない、連続的な	If you lift weights every day you will see **continuous** muscle growth. 毎日ウェイトを上げていれば継続的な筋肉の成長を感じるだろう。 類 incessant, running 反 discontinuous, periodic
☐ 0795　　SVL 7 **distract** /distrǽkt/ 動 (人・注意など)をそらす、散らす、紛らす	He tried to **distract** his mother by shouting so his brother could sneak out of the house. 彼は叫ぶことで母親の気を散らして、兄が家からこっそり抜け出せるようにした。 反 attract
☐ 0796　　SVL 3 **structure** /strʌ́ktʃə/ 名 構造、作り、仕組み	The company has a complex organisational **structure** with many levels of management. その会社の組織構造は複雑で、管理者のレベルは何層にも及んでいる。 類 texture, construction, framework
☐ 0797　　SVL 3 **ideal** /aidíəl/ 形 理想的な、最適な；想像上の 名 理想	He was an **ideal** student, always punctual and reliable with homework. 彼は、いつも時間に正確で宿題も忘れてこないという理想的な生徒だった。 類 形 optimal 名 goal
☐ 0798　　SVL 6 **initiate** /iníʃièit/ 動 〜を新たに始める、〜に着手する；〜に初歩を教える	Due to all the troubles, the university **initiated** a programme of reform. 一連の問題により、大学側は改革計画を開始した。 類 begin, launch, start
☐ 0799　　SVL 7 **selective** /səléktiv/ 形 入念に選択する、慎重に選ぶ；えり抜きの、選別の	The basketball coach was very **selective** with his team, accepting only tall and capable players. そのバスケットボールチームのコーチはチームに関して非常に選抜が厳しく、背も能力も高い者しか受け入れなかった。 類 particular, picky
☐ 0800　　SVL 3 **seldom** /séldəm/ 副 めったに〜ない	He lived far away and therefore **seldom** saw his family. 彼は遠くに住んでいたため家族にはほとんど会えなかった。 類 rarely 反 often

☐ 0801　　　　SVL 5 **esteem** /istíːm/ 名 高い評価、尊敬	The manager was held in high **esteem** by all employees, so morale was high. マネジャーは従業員全員から高く評価されていたので、士気は高かった。 類 respect, honour, prestige
☐ 0802　　　　SVL 3 **suppose** /səpóuz/ 動 ～だと思う；～と仮定する、推定する	He **supposed** his application had been lost by some incompetent bureaucrat. 彼は、無能な役人が自分の申請書を紛失したのではないかと考えた。 類 assume, presume
☐ 0803　　　　SVL 5 **troop** /trúːp/ 名 群れ、隊、一団；軍隊	A small **troop** of scouts went on a hiking trip to Ben Nevis. 少人数のスカウトの一団がベン・ネビス山を目指してハイキングに出掛けた。 類 company
☐ 0804　　　　SVL 7 **occurrence** /əkʌ́rəns/ 名 出来事 、事件；発生、（資源などの）産出	Quarrels between the brothers are common **occurrences**. 彼らの兄弟げんかはよくある事だ。 類 incident, existence
☐ 0805　　　　SVL 2 **similar** /símələ/ 形 類似した、似た、同様の、同じような	The twins looked **similar** but they were not identical. その双子はよく似ていたが、全く同じというわけではなかった。 類 comparable, parallel
☐ 0806　　　　SVL 4 **inspire** /inspáiə/ 動 （人に）～を動機付ける、触発する；～に着想を与える	Her charitable actions **inspired** all around her to do better. 彼女の慈悲深い行動は、より良い行いをしようと周りの皆を触発した。 類 enlighten, impress, motivate, evoke
☐ 0807　　　　SVL 2 **positive** /pázətiv/ 形 肯定的な、有意義な；積極的な、前向きな	The student's work experience was definitely more **positive** than negative. その学生が得た就労経験は間違いなくマイナス面よりプラス面が大きいものだった。 類 favourable, certain, sure, 反 negative
☐ 0808　　　　SVL 4 **substance** /sʌ́bstəns/ 名 物質、物；本質	Controlled **substances** can be bought only with a special permit. 規制物質を購入するには特別な許可が必要だ。 類 material
☐ 0809　　　　SVL 3 **underneath** /ʌ̀ndəníːθ/ 前 ～ の 下 に、～ の 真 下 に 副 下に、下側に；根底に	She sat **underneath** the tree enjoying the coolness of the shade. 彼女は木の下に腰を下ろし、木陰の涼を楽しんだ。 類 below, beneath, under
☐ 0810　　　　SVL 3 **frame** /fréim/ 名 体格、骨格；額縁 動 ～を縁取る；～にぬれぎぬを着せる	His slight **frame** isn't ideal for playing rugby. 細身の体格なので、彼はラグビーをするのに向いていない。 類 名 border, physique 動 fabricate

☐ 0811　　　　SVL 3 **avenue** /ǽvənjùː/ **名** 大通り、並木道	The **avenue** was lined with cherry blossom trees on both sides. 大通りの両側は桜並木に縁取られていた。 ――――――――――――――――――――― 類 boulevard, road
☐ 0812　　　　SVL 2 **text** /tékst/ **名** 本文、原文；文献	The article had 10 pages of **text** that needed correcting. その記事は文章10ページにわたって修正が必要だった。
☐ 0813　　　　SVL 4 **alien** /éiljən, éiliən/ **形** なじみのない；外国の **名** 宇宙人、〔法律〕外国人	Working in quiet surroundings was **alien** to his nature. 静かな環境で働くことは彼の性に合わなかった。 ――――――――――――――――――――― 類 **形** foreign **名** foreigner, nonnative, outsider, stranger
☐ 0814　　　　SVL 11 **disparity** /dispǽrəti/ **名** 不均等、不等、差異	There is an increasing **disparity** between the richest and poorest. 最も富める者と最も貧しき者との格差はますます広がっている。 ――――――――――――――――――――― 類 inequality
☐ 0815　　　　SVL 5 **initially** /iníʃəli/ **副** 初めのうちは；最初に、初めに、冒頭に	We **initially** looked for a flat in the city centre, but we settled for one in the suburbs. 当初は市街中心部でアパートを探していたが、郊外の物件に落ち着いた。 ――――――――――――――――――――― 類 originally, primarily
☐ 0816　　　　SVL 4 **weave** /wíːv/ **動** (じゅうたんなど)を織る、(籠など)を編む	Spiders can **weave** webs that are almost invisible but incredibly strong. クモは、全く目立たないのに驚くほど強靱(きょうじん)な巣を作ることができる。 ――――――――――――――――――――― 類 intertwine, lace
☐ 0817　　　　SVL 5 **exposure** /ikspóuʒə/ **名** (日光・危険などに)さらされること；露出、暴露	The polar explorers hadn't survived due to **exposure** to the freezing cold. 極地探検家らは、凍えるような寒さにさらされたため生き残れなかった。 ――――――――――――――――――――― 類 disclosure 反 concealment
☐ 0818　　　　SVL 7 **emergence** /imə́ːdʒəns/ **名** 出現、発生；創発	The TV show saw the **emergence** of several talented actors. そのテレビ番組では新たな才能ある俳優たちの出現を目撃した。 ――――――――――――――――――――― 類 appearance 反 disappearance
☐ 0819　　　　SVL 4 **upright** /ʌ́pràit/ **形** 直立した、真っすぐな；垂直の	When a flight is landing, seats should be in an **upright** position. 飛行機が着陸する際には、座席は真っすぐ立った位置にないといけない。 ――――――――――――――――――――― 類 vertical 反 horizontal
☐ 0820　　　　SVL 5 **destructive** /distrʌ́ktiv/ **形** 破壊的な	The **destructive** power of the atomic bomb concerned all nations. 核爆弾の破壊力は、あらゆる国が懸念した。 ――――――――――――――――――――― 反 constructive

■))) 083.mp3

□ 0821　　　　SVL 5 **utterly** /ˈʌtəli/ 副 完全に、全く、すっかり	At the end of the marathon, the runners were **utterly** exhausted. マラソンの終わりには、ランナーたちは完全に疲れ切っていた。 類 completely, totally
□ 0822　　　　SVL 5 **capitalism** /ˈkæpətəlìzm/ 名 資本主義	A negative effect of **capitalism** is that it exploits workers. 資本主義の弊害は、労働者の搾取である。 反 communism
□ 0823　　　　SVL 2 **planet** /ˈplænit/ 名 惑星；地球、世界	Earth is the third **planet** from the sun. 地球は太陽から3番目の惑星である。 類 globe
□ 0824　　　　SVL 6 **circulation** /sɜːkjuléiʃən/ 名 血流、血行；循環、流れ	His feet were always cold due to his poor **circulation**. 血行が悪いせいで彼の足はいつも冷たかった。
□ 0825　　　　SVL 3 **opportunity** /ɔ̀pətjúːnəti/ 名 機会、好機、チャンス；地位向上の機会	He was thankful for the **opportunities** the new job granted him. 新しい仕事がもたらしてくれた機会に彼は感謝した。 類 chance, occasion
□ 0826　　　　SVL 9 **seduce** /sidjúːs/ 動 ～を誘惑する、惑わす、引き寄せる	She accused him of trying to **seduce** her daughter. 彼女は自分の娘を誘惑しようとしたことで彼を責めた。 類 allure, lure, tempt
□ 0827　　　　SVL 6 **utility** /juːtíləti/ 名 公共事業、公共料金；有用性、実用性	The area's **utilities** were heavily damaged by the earthquake. その地区の公共設備は地震で甚大な被害を受けた。 類 service, usefulness
□ 0828　　　　SVL 4 **harsh** /hɑːʃ/ 形 (言動などが) 厳しい、容赦ない；(気候などが) 過酷な	The examiner's feedback was unusually **harsh** and criticised some very minor mistakes. 審査官のフィードバックは例になく辛辣(しんらつ)で、ささいな間違いをあげつらうものだった。 類 brutal, severe, rough
□ 0829 **subtract** /səbtrǽkt/ 動 ～を引く、～を取り去る	Instead of adding the amount, he needed to **subtract** it. 彼はその値を足すのではなく、引く必要があった。
□ 0830　　　　SVL 6 **reliable** /riláiəbl/ 形 信頼できる、頼りになる、当てにできる	He was a **reliable** employee, and his boss often asked for his help. 彼は信頼できる従業員で、上司からよく助けを求められた。 類 dependable, accurate　反 unreliable

□ 0831 SVL 4	It was quickly **apparent** that they hadn't listened to the instructions.
apparent	彼らが指示を聞いていなかったことはすぐ明らかになった。
/əpǽrənt/	
形 明らかな、明白な；見かけの、うわべの	類 evident, clear, obvious, manifest

□ 0832 SVL 8	There have been school **closures** because so many children have the flu.
closure	あまりにたくさんの子どもたちがインフルエンザにかかっているので、学校は閉鎖されている。
/klóuʒə/	
名 閉鎖、閉店、封鎖；閉じるもの	類 stoppage, termination

□ 0833	The nature and wildlife of the countryside was being destroyed by **urbanisation**.
urbanisation	田園地方の自然や野生物は都市化によって破壊され続けていた。
/ə̀:bənaizéiʃən/	
名 都市化、市街化	類 citification

□ 0834 SVL 7	The design for the new racing car was **functional**, but the aesthetic was poor.
functional	新しいレーシングカーのデザインは実用的ではあったが、美的感覚を欠いていた。
/fʌ́ŋkʃənl/	
形 機能的な、実用的な；機能上の、職務上の	類 serviceable, usable

□ 0835 SVL 4	They had a **fundamental** disagreement that couldn't be solved, and they parted ways.
fundamental	彼らの間には解決不可能なほど基本的な意見の食い違いがあり、袂(たもと)を分かつこととなった。
/fʌ̀ndəméntl/	
形 基本の、基本的な、根本的な	類 basic, essential, elemental

□ 0836 SVL 3	There were several **witnesses** to the crime.
witness	その犯罪には複数の目撃者がいた。
/wítnis/	
名 目撃者；証人	

□ 0837	The small village is on the hill at an **elevation** of 1,000 metres above sea level.
elevation	その小さな村は海抜1000メートルの高度にある高台に位置する。
/èləvéiʃən/	
名 高度、高さ、海抜	類 height, altitude

□ 0838 SVL 9	The children were **captivated** by the old lady's stories.
captivate	子どもたちは老女の話に夢中になった。
/kǽptəvèit/	
動 ～を魅了する、うっとりさせる、とりこにする	類 allure, charm, fascinate, enchant

□ 0839 SVL 2	He didn't **expect** to get a good score because he hadn't studied much.
expect	彼はそれほど勉強しなかったから良い点を取るとは予想していなかった。
/ikspékt/	
動 ～を予期する、予想する	類 anticipate

□ 0840 SVL 2	As spring arrived, the snow started to **melt**.
melt	春が来て雪が解け始めた。
/mélt/	
動 溶ける、溶解する；液体になる	

🔊 085.mp3

□ 0841　SVL 2 **native** /néitiv/ 形 出生地の、故郷の；土着の、固有の；生まれつきの	He wasn't a **native** speaker of English but he was still very proficient. 彼は母語としての英語話者ではなかったが、それでも非常に堪能であった。 類 born, indigenous, local
□ 0842　SVL 5 **isolated** /áisəlèitid/ 形 （建物・場所などが）孤立した、隔離された、遠く離れた	The tribe was on an **isolated** island and had never had contact with the outside world. その民族は孤島におり、外界と一切接触を持ったことがなかった。 類 secluded, remote
□ 0843　SVL 7 **identical** /aidéntikəl/ 形 （あらゆる点で）そっくりの、一致した、同じ	The brothers weren't twins but were almost **identical**. その兄弟は双子ではなかったが、ほぼ完全にそっくりだった。 類 equal, indistinguishable, same
□ 0844　SVL 9 **layoff** /léiɔ̀f/ 名 一時解雇、レイオフ	The company hit hard times, and there were several **layoffs** of key staff. その会社は難局を迎え、主要スタッフが何人か一時解雇された。
□ 0845　SVL 4 **manual** /mǽnjuəl/ 形 肉体を使う、体力の必要な；手動の 名 手引き書、説明書	He preferred **manual** labour, which is why he became a welder after school. 彼は肉体労働を好み、それが理由で学校を出てから溶接工となった。 反 形 automatic
□ 0846　SVL 4 **emergency** /imə́:dʒənsi/ 名 緊急事態、非常事態	The pandemic reached a level where a national **emergency** was called. パンデミックは国家緊急事態が出されるレベルに達した。 類 crisis
□ 0847　SVL 7 **textile** /tékstail/ 名 織物、布地	A **textile** mill was built to produce clothing products. 衣服製品を生産するために織物工場が建設された。 類 fabric
□ 0848　SVL 6 **participant** /pɑːtísəpənt/ 名 参加者、出場者、関係者、当事者	The doctor was an active **participant** in the discussion on drug legalisation. その医者は薬物合法化についての討論に積極的に参加していた。 類 member, party
□ 0849　SVL 3 **attitude** /ǽtitjùːd/ 名 態度、心構え、姿勢；考え方、意見	We can win this match if we play with a positive **attitude**. 前向きな姿勢で対戦すれば、私たちはこの試合に勝てる。 類 behaviour, conduct, demeanour, posture
□ 0850　SVL 4 **external** /ikstə́ːnl/ 形 外面の、外側の	The **external** layer of skin, called the epidermis, is the largest breathing organ in the human body. 皮膚の最外層は表皮と呼ばれ、人体で最大の呼吸器官である。 類 exterior, exogenous, extrinsic, outer 反 internal

086.mp3

0851 mainstream SVL 7
/méinstrì:m/
名（意見などの）主流、主潮、大勢
The original fans no longer liked the band since they had become more **mainstream**.
メインストリーム寄りになってしまったバンドを、当初からのファンはもはや好きになれなかった。

0852 flourish SVL 5
/flʌ́riʃ/
動 元気にやっている；繁盛する、栄える
Instead of being shy at her new school, she had **flourished** and made many new friends.
彼女は新しい学校に気後れすることなく活発に振る舞い、たくさんの友達ができた。
類 thrive, prosper

0853 mobilise SVL 9
/móubəlàiz/
動 ～を動員する；～を結集する
During times of war, the country will **mobilise** all of its armed forces.
戦時下では、国は全ての軍隊を動員する。
類 muster, rally

0854 reasonable SVL 2
/rí:zənəbl/
形 合理的な、道理にかなった、正当性のある
It's **reasonable** to expect people to arrive on time for an interview.
面接に時間通りに来るのを期待するのは当然である。
類 rational, logical 反 unreasonable

0855 contain SVL 2
/kəntéin/
動 ～を阻止する、抑制する；～を含む、～が入っている
If we don't **contain** the pest problem, it will soon become unmanageable.
害虫の問題を封じ込めないと、そのうち手に負えなくなる。
類 control, limit; include, comprise

0856 unrest SVL 9
/ʌ̀nrést/
名 不安、不穏、不満；動揺
Political **unrest** in Hong Kong led to months of demonstrations and riots.
香港の政情不安は何カ月にもおよぶデモや暴動につながった。
類 turmoil 反 calm, ease, peace

0857 difficulty SVL 2
/dífikəlti/
名 困難、難しさ
The detour was only a minor **difficulty** for commuters as it took only an extra five minutes.
迂回（うかい）には5分しか余分にかからなかったから、通勤者らはそれほど苦労せずに済んだ。
類 hardship, adversity, dilemma 反 ease

0858 conscience SVL 4
/kɔ́nʃəns/
名 道義心、良心、善悪の判断力
The doctor's **conscience** would not allow him to refuse treatment to any patient.
道義心のため、その医者はどのような患者に対しても治療を拒否することができなかった。
類 ethics, morality

0859 compensate SVL 7
/kɔ́mpənsèit/
動 ～を補う、埋め合わせる、補償する
It's important to drink more water in summer to **compensate** for dehydration.
夏には脱水を補うために水を多く飲むことが大事だ。
類 refund, reimburse

0860 diplomatic SVL 5
/dìpləmǽtik/
形 外交の、外交に関する；駆け引きのうまい
Diplomatic relations between the two countries improved with the new government.
両国間の外交関係は、新政府によって改善した。
類 politic, tactful, polite, thoughtful

Part 1 IELTS基本語彙

☐ 0861　　SVL 2 **rough** /rʌ́f/ 形 でこぼこした、起伏の多い；きめの粗い	The car wasn't built for these **rough** road conditions. その車はこのようなでこぼこの路面状態向けには造られていなかった。 類 harsh, coarse, brutal 反 smooth
☐ 0862　　SVL 3 **affect** /əfékt/ 動 ～に影響を与える、響く；～を感動させる、動揺させる	Deforestation adversely **affects** climate change. 森林伐採は気候変動に悪影響を及ぼす。 類 impact, influence; impress, move, touch, involve
☐ 0863　　SVL 7 **royalty** /rɔ́iəlti/ 名 王族、皇族；印税、著作権料	In recent times, it has become acceptable for **royalty** to marry commoners. 最近では王族と一般人との結婚が受け入れられるようになった。 類 gentry, nobility
☐ 0864　　SVL 7 **tiresome** /táiəsəm/ 形 面倒な、厄介な、煩わしい、いらいらさせる	The children were **tiresome** and never stopped moving or talking. その子どもたちは煩わしく、ずっと動き回ったりしゃべったりしていた。 類 boring, dull, weary
☐ 0865　　SVL 2 **programme** /próugræm/ 名 番組；計画 動 (機械など)をプログラムする	The TV **programme** was on from 9 p.m. every Sunday evening. そのテレビ番組は毎週日曜日の夜9時から放送されていた。 類 名 agenda, calendar, schedule
☐ 0866　　SVL 8 **subordinate** 形/səbɔ́:dənət/ 動/səbɔ́:dənèit/ 形 下位の 動 ～を下に見る	In many societies around the world, women are forced to be **subordinate** to men. 世界中の社会の多くでは、女性は男性に従属させられている。
☐ 0867　　SVL 4 **wisdom** /wízdəm/ 名 知恵、英知；賢明さ、分別	My grandfather gained a lot of **wisdom** through his experiences and travels throughout his life. 祖父は生涯にわたり旅と経験を通して膨大な知恵を身に付けた。 類 insight, sageness, knowledge
☐ 0868　　SVL 3 **connect** /kənékt/ 動 ～をつなぐ、結ぶ；～を関連付ける；～を接続する	The internet helps people to **connect** with each other all around the world. インターネットは世界中の人びとを互いに結び付きやすくしている。 類 link, associate, unite, combine 反 detach, isolate, separate
☐ 0869　　SVL 8 **materialise** /mətíəriəlàiz/ 動 現実のものとなる、具体化する；不意に出現する	The negative economic predictions failed to **materialise**. マイナスの経済予測は現実とならなかった。 類 actualise, embody, emerge, arise
☐ 0870　　SVL 2 **wealth** /wélθ/ 名 財産、富；富んだ状態	The majority of his **wealth** was stored in a bank vault. 彼の財産の大半は銀行の金庫室に保管されていた。 類 fortune, prosperity, plenty

□ 0871　　　SVL 4 **handful** /hǽndfùl/ 名 ひとつかみ、一握り、少数	He grabbed a **handful** of raisins and started to consume them. 彼は一握りのレーズンをつかみ取り、食べ始めた。 類 few
□ 0872　　　SVL 5 **reflection** /riflékʃən/ 名 （映った）影、姿；反射、反映	She adjusted her hair, using the **reflection** in the puddle. 彼女は水たまりに映った姿を見て髪を直した。
□ 0873　　　SVL 6 **accumulate** /əkjúːmjulèit/ 動 たまる、積もる；～を積み重ねる、蓄積する	Dirt **accumulates** around the house if it is not cleaned regularly. 定期的に掃除をしなければ、家中に土ぼこりがたまっていく。 類 collect
□ 0874　　　SVL 3 **lord** /lɔ́ːd/ 名 貴族（の男性）、…卿；統治者、首長、君主	Many **lords** attended the funeral of the famous musician. 多くの貴族がその有名な音楽家の葬儀に参列した。 類 baron, tycoon
□ 0875　　　SVL 6 **flexibility** /flèksəbíləti/ 名 柔軟性、しなやかさ；融通性、順応性	She was employed due to her **flexibility** as she was available to work 24/7. 彼女は、どんな曜日のどんな時間でも働けるという柔軟性を買われて採用された。 類 resilience, elasticity
□ 0876　　　SVL 3 **remind** /rimáind/ 動 ～に思い出させる；～に教える、指摘する	She was told that her eyes and hair **reminded** people of her mother. あなたの目と髪を見るとお母さまを思い出す、と彼女は人から言われた。
□ 0877　　　SVL 9 **secular** /sékjulə/ 形 世俗的な、現世的な	The town was becoming more **secular** now that the religions were losing popularity. この町はますます世俗的になっていたため、宗教は人気を失っていた。 反 spiritual
□ 0878 **relocate** /rìːloukéit/ 動 移転する；～を移転させる	We had to **relocate** after my father was transferred to another office. 父が別の事業所に転勤となり、私たちは転居しなければならなくなった。 類 move
□ 0879　　　SVL 6 **evolve** /ivɔ́lv/ 動 ～を進化させる、徐々に発展させる	It took millions of years for humans to **evolve** to their current form. 人間が現在の形に進化するまで数百万年を要した。 類 develop, advance
□ 0880　　　SVL 8 **devastate** /dévəstèit/ 動 ～を壊滅させる、荒廃させる；～を打ちのめす	A trade war could **devastate** the economies of developing countries. 貿易戦争は発展途上国の経済を壊滅させる恐れがある。 類 ravage, ruin, wreck

☐ 0881　　　SVL 4 **expand** /ikspǽnd/ **動**（規模・数量など）を拡大する；～を広げる、伸ばす	He had **expanded** his plumbing business to service the entire county. 彼は、郡全体にサービスを提供するため配管事業を拡大した。 **類** enlarge, grow, broaden **反** contract
☐ 0882　　　SVL 7 **halve** /hάːv/ **動** ～を2等分する；～を半減する（させる）	The two boys decided to **halve** the apple between them. 2人の少年はりんごを半分ずつ分けることに決めた。
☐ 0883　　　SVL 2 **neat** /níːt/ **形** きちんとした、こぎれいな；きれい好きな	His room was always **neat** and tidy. 彼の部屋はいつもきちんと整頓されていた。 **類** groomed, orderly, refined
☐ 0884　　　SVL 5 **dispute** /dispjúːt/ **名** 論議、論争、紛争 **動** ～を議論する、～について論争する	The **dispute** between the company and its employees was tense. 会社と従業員の間の争議は緊迫していた。 **類 名** controversy **動** challenge, contest, question, argue
☐ 0885　　　SVL 7 **preside** /prizáid/ **動** 取り仕切る、主宰する、司会を務める	The chairperson **presided** over the committee meeting. 議長は委員会の会議を統括した。 **類** administer, govern, supervise
☐ 0886　　　SVL 4 **eventually** /ivéntʃuəli/ **副** 最終的に、結局	He's very late but I'm pretty sure he will **eventually** arrive. 彼はすごく遅れているけれど、間違いなく最終的には到着すると思う。 **類** finally
☐ 0887　　　SVL 3 **various** /vέəriəs/ **形** いろいろな、さまざまな、多種の	The wide selection of candles came in **various** scents. キャンドルの豊富なセレクションはさまざまな香りがあった。 **類** diverse
☐ 0888　　　SVL 9 **torrent** /tɔ́rənt/ **名** 急流、激流	The stream became a raging **torrent** after the heavy rainfall. 激しい降雨の後、小川はたけり狂う激流となった。 **類** cascade, flood
☐ 0889　　　SVL 5 **register** /rédʒistə/ **名** 登録簿、出席簿、名簿	The teacher called the school **register** in the morning and found one student absent. 教師は朝出席簿を読み上げ、1人の生徒が欠席していることに気付いた。
☐ 0890　　　SVL 4 **evident** /évədənt/ **形** 明白な、明らかな	It was **evident** from her guilty expression that she was lying about her whereabouts last night. 彼女の後ろめたそうな表情から、昨夜の居場所についてうそをついているのが明らかだった。 **類** apparent, obvious, manifest

☐ 0891　　SVL 2 **stick** /stík/ **動** ～をくっつける、張り付く； ～を突き刺す　**名** 杖、棒	His words **stuck** in my mind for decades. 彼の言葉は何十年も私の頭から離れなかった。 　 **類 動** adhere, cling　**名** pole
☐ 0892　　SVL 6 **congratulate** /kəngrǽtʃulèit/ **動** ～にお祝いを言う、～を祝 福する、たたえる	Thousands of people waited at the airport to **congratulate** the team on their victory. チームの勝利を祝福しようと、何千人もの人々が空港で待っていた。 **類** applaud, compliment, honour
☐ 0893　　SVL 8 **yearn** /jə́:n/ **動** 切望する、渇望する、憧れ る	She hadn't seen her husband for months and **yearned** for him to come home. 彼女は夫と何カ月も会っておらず、彼の帰宅を待ちわびていた。 **類** hunger, long
☐ 0894 **spontaneously** /spɔntéiniəsli/ **副** 自発的に、自然発生的に	Hearing the old song on the radio, he **spontaneously** started to sing. 古い歌がラジオから聞こえてきて、彼は思わず歌い始めた。 **類** automatically
☐ 0895　　SVL 8 **reconstruction** /rì:kənstrʌ́kʃən/ **名** 復興、再建、改築、再現	Full **reconstruction** of the building was needed after the damage caused by the storm. そのビルは嵐による被害を受けて全面的な再建が必要だった。 **類** remodelling, revamping, reformation
☐ 0896　　SVL 4 **justify** /dʒʌ́stəfài/ **動** ～を正当化する、弁明する； ～を説明する	The manager asked his employee to **justify** receiving a pay rise. マネジャーは従業員に昇給を受ける正当性を説明するよう求めた。 **類** uphold
☐ 0897　　SVL 4 **logical** /lɔ́dʒikəl/ **形** 理にかなった、妥当の；論 理的な、筋が通った	If you are constantly exhausted, the **logical** thing to do is get more sleep. 疲れがとれない場合、理にかなった行動はより多くの睡眠をとることだ。 **類** rational, reasonable, sensible, sound, coherent
☐ 0898　　SVL 7 **tolerance** /tɔ́lərəns/ **名** 忍耐力、我慢強さ；寛容、 寛大	Her **tolerance** to heat was much greater after living in Thailand for several years. 彼女はタイに数年住んでから、暑さにより耐えられるようになった。 **類** patience, endurance　**反** intolerance, impatience
☐ 0899　　SVL 4 **division** /divíʒən/ **名** 分割、分裂；境界線；部、 課	**Division** of labour propelled economic growth during the Industrial Revolution. 産業革命期には、分業が経済成長を後押しした。 **類** separation
☐ 0900　　SVL 3 **rhythm** /ríðm/ **名** リズム、調子；規則的な反 復	The doctor found some abnormal heart **rhythms** during my annual health check. 年次の健康診断時、医師は心拍リズムの異常を発見した。 **類** pulse

□ 0901　　　SVL 8 **tilt** /tílt/ 名 傾き、傾斜　動 〜を傾ける、斜めにする	In 1990, the Leaning Tower of Pisa had a **tilt** of over 5 degrees. 1990年には、ピサの斜塔に5度以上の傾斜があった。 類 angle, incline, lean	

□ 0902　　　SVL 4 **seize** /síːz/ 動 〜を差し押さえる；〜をつかむ；〜を強奪する	The customs officer **seized** the illegal goods at the dock. 税関職員は埠頭(ふとう)で違法な物品を押収した。 類 take

□ 0903　　　SVL 3 **frighten** /fráitn/ 動 〜を怖がらせる、ぎょっとさせる、おびえさせる	His high cholesterol level **frightened** him into changing his diet. 高いコレステロール値に恐れをなして、彼は食事の改善に乗り出した。 類 scare, terrify

□ 0904　　　SVL 4 **multiply** /mʌ́ltəplài/ 動 〜を増やす、増加させる；〜に乗ずる、掛ける	Eating junk food **multiplies** the risks to our health. ジャンクフードを食べると健康リスクが増加する。 類 increase, breed, accelerate, enlarge, magnify

□ 0905　　　SVL 5 **hastily** /héistili/ 副 急いで、慌てて、早まって	We **hastily** tried to come up with a new plan. 私たちは急きょ新しいプランを作ろうした。 類 hurriedly, precipitously, rashly　反 hesitatingly, deliberately

□ 0906　　　SVL 4 **indicate** /índikèit/ 動 〜を表す、ほのめかす；〜を指摘する；〜を指し示す	If you are going to change the project, you need to **indicate** that to me beforehand. 計画を変える場合は、私に前もってそのことを伝える必要があります。 類 denote, infer, imply

□ 0907　　　SVL 3 **sympathy** /símpəθi/ 名 同情、思いやり；共感、共鳴	She received **sympathy** from her co-workers when they heard she'd lost her job. 仕事を失ったことを聞いた同僚たちからの同情の声を彼女は受け取った。 類 compassion, empathy　反 apathy

□ 0908　　　SVL 6 **realm** /rélm/ 名 領域、範囲、分野、部門	The **realm** of the gods cannot be witnessed by humans. 神の領域を人間は目にすることはできない。 類 sphere, domain

□ 0909　　　SVL 8 **unify** /júːnifài/ 動 〜を1つにする、まとめる、統合する	The two nations wanted to **unify** into one large country. その2国は合併して1つの大国になりたがっていた。 類 consolidate, unite, concentrate

□ 0910　　　SVL 4 **emperor** /émpərə/ 名 皇帝、天皇	Naruhito became the **emperor** of Japan on the 1st of May, 2019. 徳仁殿下は2019年5月1日に日本の天皇となった。

□ 0911　SVL 4
occasionally
/əkéiʒənəli/
副 時折、時々；たまに

We are both quite busy but **occasionally** meet for coffee.
私たちは互いにとても忙しいが、時々会ってコーヒーを飲む。

類 sometimes, now and then

□ 0912　SVL 4
cave
/kéiv/
名 洞穴、洞窟　動 ～に洞穴を掘る

The explorer found ancient paintings in the **cave**.
探検家は洞窟で古代の絵を発見した。

□ 0913　SVL 3
extremely
/ikstrí:mli/
副 極度に、極めて

He hadn't slept for 30 hours and was **extremely** tired.
彼は30時間寝ておらず極度に疲れていた。

類 exceedingly, very

□ 0914　SVL 4
impulse
/ímpʌls/
名 衝動、出来心、一時の感情

His first **impulse** was to send an angry reply, but he reconsidered.
彼は最初怒りの返信を送りたい衝動に駆られたが、思い直した。

類 boost, momentum, motivation, stimulus

□ 0915　SVL 8
implicit
/implísit/
形 無言の、暗黙の；潜在する

They interpreted the opposition's comments as an **implicit** criticism of the government.
彼らは野党の意見を政府への暗黙の批判と解釈した。

類 potential　反 explicit

□ 0916　SVL 3
weapon
/wépən/
名 兵器、武器；攻撃手段

The police still haven't found the murder **weapon**.
警察はまだ殺人の凶器を見つけていない。

□ 0917　SVL 5
protective
/prətéktiv/
形 保護する、防護用の；擁護する

Ski resorts insist that people wear **protective** helmets when skiing out of bounds.
スキーリゾートでは区域外でスキーをするときには防護ヘルメットを装着するよう人々に要求する。

類 defensive

□ 0918　SVL 7
donate
/dounéit/
動 ～を寄付する、寄贈する；～を提供する

He would like to **donate** money to Cancer Research UK.
彼は王立がん研究基金にお金を寄付したいと思っている。

類 endow

□ 0919　SVL 4
trail
/tréil/
名 小道；通った跡、足跡

The **trail** up the mountain was covered in mud because of the rain.
山へと続く小道は雨のため泥で覆われていた。

□ 0920　SVL 7
optimism
/ɔ́ptəmizm/
名 楽観性、楽観主義

Despite the market crash, his **optimism** for the company's future remained high.
市場の崩壊にもかかわらず、彼は会社の将来について依然として楽観的だった。

反 pessimism

■» 093.mp3

□ 0921　SVL 8 **ambiguity** /æmbigjúːəti/ 名 不明確さ、曖昧さ；曖昧な表現	The **ambiguity** slowly disappeared as more details emerged. 詳細が明らかになるにつれて曖昧さが徐々に消えていった。 類 nebulosity, opacity 反 clarity, certainty
□ 0922　SVL 3 **excitement** /iksáitmənt/ 名 興奮すること、熱狂すること；興奮させるもの、刺激	The clown caused the children to scream with **excitement**. 子どもはピエロに興奮してきゃあきゃあ声を上げた。
□ 0923　SVL 5 **awareness** /əwéənis/ 名 意識、認識；気付き、自覚	We must increase public **awareness** of wage discrimination. 賃金差別に関する社会の認識を高めなければならない。 類 attention, cognizance, knowledge
□ 0924　SVL 9 **astray** /əstréi/ 副 道に迷って、道を誤って	The misleading sign led the tourist group **astray**. 誤解を招く標識のせいで旅行者のグループは道に迷った。 類 awry
□ 0925　SVL 4 **yield** /jíːld/ 名 総産出量、総生産量 動 〜をもたらす、実らせる	Modern methods of plant cultivation produce higher **yields**. 現代の植物栽培方法は収穫量が高い。 類 名 output, production, product 動 concede
□ 0926　SVL 8 **speculate** /spékjulèit/ 動 臆測する、推測する	Her co-workers started to **speculate** on the reasons for her resignation. 同僚たちは、彼女の辞職の理由を推測しだした。 類 guess, presume
□ 0927　SVL 9 **incoherent** /ìnkouhíərənt, ìnkəhíərənt/ 形 一貫性のない、支離滅裂な	When he is nervous, he mumbles and his words become **incoherent**. 彼は緊張するとぼそぼそ話すようになり、言っていることが支離滅裂になる。 類 choppy, disconnected
□ 0928　SVL 7 **imprisonment** /impríznmənt/ 名 （刑務所への）投獄、収監、禁錮	He was released from jail after 10 years of **imprisonment**. 彼は10年間の投獄生活を終えて釈放された。 類 confinement, incarceration
□ 0929　SVL 5 **halt** /hɔ́ːlt, hɔ́lt/ 名 停止、収支、停滞 動 （乗り物などが）停止する、止まる	The police officer demanded that all traffic **halt**. 警察官は全ての交通の停止を命じた。 類 freeze, pause, stop
□ 0930　SVL 8 **collide** /kəláid/ 動 ぶつかる、衝突する	In a billion years, the two stars will eventually **collide**. 10億年もすれば、その2つの星はやがて衝突する。 類 clash, crash, hit, smash

102

□ 0931
the likes of

~のようなもの（人）

It was a magnificent mansion, **the likes of** which she had never seen before.
それは彼女がかつて見たこともないような、壮大なお屋敷であった。

□ 0932　　　SVL 6
utilise
/júːtəlàiz/
動 ~を利用する、活用する、役立たせる

Many students are unable to **utilise** the skills they learn at school.
多くの生徒は学校で学んだ技術を生かすことができない。

類 exploit

□ 0933　　　SVL 4
obtain
/əbtéin/
動 ~を得る、手に入れる、獲得する

The book collector looked for years but couldn't **obtain** the precious novel he wanted.
その蔵書家は何年も探したが欲しい貴重な小説を手に入れることはできなかった。

類 acquire, attain, earn, gain, access, inherit, capture

□ 0934　　　SVL 6
stability
/stəbíləti/
名 安定性、不変性；（精神の）落ち着き

These walls ensure the **stability** of the building.
これらの壁が建物の安定性を確かなものにしている。

類 steadiness

□ 0935　　　SVL 7
contradiction
/kɔ̀ntrədíkʃən/
名 矛盾、矛盾点；反論、反対

It is a **contradiction** to not want to visit a restaurant that you have recommended.
自分が薦めたレストランを訪れたくないというのは矛盾している。

類 inconsistency, paradox

□ 0936　　　SVL 7
menace
/ménis, ménəs/
名 厄介者；脅威　**動** ~を脅かす、~に脅威を与える

He regularly drove too fast and was a **menace** in the local village.
彼はしょっちゅう暴走運転をしていて、その田舎の村では厄介者だった。

類 名 threat, danger, hazard; nuisance

□ 0937　　　SVL 2
friendship
/fréndʃip/
名 交友関係、交際；友情、友愛

Their **friendship** has lasted since they were in school, almost 50 years now.
彼らの友情は学生時代から続き、今や50年近いものだった。

類 brotherhood, intimacy

□ 0938　　　SVL 7
editorial
/èdətɔ́ːriəl/
名 社説、論説　**形** 社説の；編集の

I read the **editorial** in the Guardian newspaper.
ガーディアン紙の社説を読みました。

類 名 column

□ 0939　　　SVL 2
immediately
/imíːdiətli/
副 直ちに、すぐに；直接に、じかに

I need you to send me that report **immediately** or we may lose the contract.
くだんの報告書を直ちにお送りいただく必要があり、そうでなければ我々の契約は失われることになります。

類 instantly, promptly

□ 0940　　　SVL 3
authority
/ɔːθɔ́ːrəti/
名 権限、職権；権威；許可

The headmaster wasn't used to having his **authority** challenged.
校長は自身の権限に異議が唱えられることに慣れていなかった。

類 master, influence

🔊 095.mp3

□ 0941   SVL 5
objective
/əbdʒéktiv/
名 目標、目的　形 客観的な、公平な

The prime minister's **objective** was to improve the economy within two years.
総理大臣の目標は2年以内に経済を向上させることだった。

類 名 aim, goal, intent, purpose　形 experiential

□ 0942   SVL 3
strict
/stríkt/
形 厳格な、厳しい；厳密な、正確な

The parents were cautious and gave their children a **strict** curfew.
彼らの両親は用心深く、子どもには厳しい門限を決めた。

類 rigid

□ 0943   SVL 4
frontier
/frʌ́ntiə/
名 国境、境界；未開拓地、新分野

Every year, many illegal immigrants attempt to cross the **frontier** between Mexico and the US.
毎年多くの違法移民がメキシコとアメリカの国境を越えようとする。

類 boundary

□ 0944   SVL 4
initial
/iníʃəl/
形 初めの、最初の；語頭の
名 頭文字

The **initial** draft of the novel was actually very different from the final version.
この小説の初稿は最終版とは実はかなり異なるものだった。

類 first, original, premier

□ 0945   SVL 8
mediate
/míːdièit/
動 (紛争・論争など)を調停する、仲裁する

The former prime minister has agreed to **mediate** the peace talks.
元総理は和平交渉を仲介することに同意した。

類 intervene

□ 0946   SVL 4
procedure
/prəsíːdʒə/
名 手術、処置；手順、順序

A biopsy is usually a minor surgical **procedure**.
生体組織検査は通常軽微な外科的処置である。

類 operation, proceeding, process

□ 0947   SVL 7
domain
/dəméin/
名 領域、分野；領土、領地

These issues are within the **domain** of preventive medicine.
これらの問題は予防医学の分野に含まれる。

類 area, discipline, field, realm

□ 0948   SVL 3
reform
/rifɔ́ːm/
名 改善、改革、刷新

Years of disappointing exam results led to the **reform** of the education system.
何年もの期待はずれの試験結果が教育制度の改革につながった。

類 change, modification, remodelling

□ 0949   SVL 9
enlargement
/inlɑ́ːdʒmənt/
名 拡大、拡張；拡大したもの

EU **enlargement** has been a difficult and time-consuming process.
EUの拡大は困難かつ時間を要する道のりであった。

類 expansion

□ 0950   SVL 2
lift
/líft/
動 ～を高める；～を上げる
名 持ち上げること；昇降機

The campers' spirits were **lifted** by the warm weather and comfortable tents.
天気は暖かくテントは快適で、キャンパーたちの気分は高揚していた。

類 動 elevate, raise, rise

☐ 0951　　SVL 6
asset
/ǽset/
名 資産、財産、有用なもの；価値あるもの

The company's main **asset** was the valuable real estate in the city centre.
その会社の主な資産は市内にある高価な不動産であった。

☐ 0952　　SVL 2
peaceful
/píːsfəl/
形 平和的な；平穏な、穏やかな；平和を好む

It was a **peaceful** demonstration with no violence.
暴力のない、平和なデモだった。

類 pacific, nonviolent; tranquil, serene

☐ 0953　　SVL 6
supplement
動/sʌ́pləmènt/ 名/sʌ́pləmənt/
動 ～を補足する　名 補足

A lot of people these days **supplement** their income with part-time work.
現在多くの人がパートタイムの仕事で収入を補っている。

類 complement

☐ 0954　　SVL 5
inquire
/inkwáiə/
動 尋ねる、聞く、質問する

She called her friend to **inquire** about her health.
彼女は友達に電話して健康状態について尋ねた。

類 ask, interrogate, investigate

☐ 0955　　SVL 3
roughly
/rʌ́fli/
副 おおよそ、大体のところ；乱暴に、雑に

The number of men and women at the club is **roughly** the same.
クラブ内の男女の数は大体同じくらいです。

類 approximately

☐ 0956　　SVL 4
context
/kɔ́ntekst/
名 (文章の) 前後関係、文脈；(事柄の) 背景、状況

Without any **context**, conversations you overhear can be confusing.
前後関係が分からないと、たまたま耳にする会話はややこしいことがある。

類 background, situation, circumstance

☐ 0957
outdated
/àutdéitid/
形 時代遅れの、旧式な、最新でない

His computer was **outdated** and wouldn't run the new software.
彼のコンピューターは旧式で、その新しいソフトウェアを実行できなかった。

類 obsolete, out-of-date

☐ 0958　　SVL 2
nearly
/níəli/
副 ほとんど、もう少しで～するところで；密接に、親密に

After consuming most of the ice cream, the tub was **nearly** empty.
アイスクリームをほとんど食べてしまったので、容器はほぼ空だった。

類 almost; closely

☐ 0959　　SVL 5
exterior
/ikstíəriə/
形 外部の、外側の　名 外面、外部

The **exterior** walls of the building needed repairing after the storm.
そのビルの外壁は、嵐のあと修復が必要だった。

類 external, outer　反 interior

☐ 0960　　SVL 4
marine
/məríːn/
形 海洋の；船舶の；海軍の　名 海兵隊員；全船舶

When oil spills into the ocean, **marine** life is endangered.
油が海に流出すると、海洋生物は危険にさらされる。

類 aquatic, oceanic

□ 0961 SVL 2 **profit** /prɔ́fit/ **名** 利益、もうけ、利潤；益、得	The owners of the company split the **profits** of the bumper year between them. 会社のオーナーたちは当たり年の利益を分け合った。 **類** earnings, gain, income **反** loss
□ 0962 SVL 3 **sum** /sʌ́m/ **名** 金額；合計、総計	He managed to save a tidy **sum** for his retirement. 彼は引退後のためにかなりの金額を残すことができた。
□ 0963 SVL 2 **waste** /wéist/ **動** ～を浪費する、無駄にする **名** 浪費、消耗；廃棄物	It's important not to **waste** the limited time you have during holidays. 休暇中の限られた時間を無駄にしないことが大切である。
□ 0964 SVL 2 **host** /hóust/ **名** (客を招く) 主人；(寄生種の) 宿主 **動** ～を主催する	The **host** of the party asked everyone to be quiet so he could make a speech. パーティーの主催者は、スピーチをするので静かにしてくれるよう皆に頼んだ。 **反** **名** guest
□ 0965 SVL 9 **oversight** /óuvəsàit/ **名** (気付くべきことの) 見落とし、過失；監視、監督	The information was left out due to an **oversight** by Human Resources. 人事の見落としにより、その情報は抜けていました。 **類** error, overlooking; supervision
□ 0966 SVL 2 **detail** /díːteil/ **名** 詳細、細部	Instead of telling me the big picture, give me some of the finer **details**. 全体像を教える代わりに細密な詳細を教えてください。
□ 0967 SVL 7 **collision** /kəlíʒən/ **名** 衝突、対立	The police were called due to a **collision** occurring at the roundabout. 環状交差路で衝突が発生したため警察が呼ばれた。
□ 0968 SVL 9 **flaw** /flɔ́ː/ **名** 不備、欠陥；ひび、傷	A design **flaw** caused the engine to explode when first used. 設計上の欠陥によりエンジンを最初に使用するときに爆発が発生した。 **類** defect, fault
□ 0969 SVL 5 **enlarge** /inlɑ́ːdʒ/ **動** (写真) を引き伸ばす；～を大きくする、拡張する	The photo was too small for the poster, so they **enlarged** it. その写真はポスターには小さすぎたので拡大した。 **類** accelerate, increase, multiply, swell, boost, expand
□ 0970 SVL 8 **cosmopolitan** /kɔ̀zməpɔ́lətn/ **形** 国際的な、世界主義的な	It was a **cosmopolitan** restaurant that offered interesting dishes made with global ingredients. そこは国際色豊かなレストランで、世界中の食材を使って面白い料理を提供していた。 **類** smart, sophisticated, worldly

🔊 098.mp3

0971 SVL 5
literally
/lítərəli/
副 文字通りに、逐語的に；実際、本当に

After falling in the trout farm lake, I **literally** smelled of fish for days.
マス養殖池に落っこちてから何日もの間、私の体からはもろに魚の臭いがしていた。
類 plainly

0972 SVL 8
dilemma
/dailémə/
名 ジレンマ、板挟み

The parents faced a moral **dilemma** whether to call the police on their own child.
わが子のことを警察に通報するべきかどうか、両親は道徳的なジレンマの中にあった。
類 difficulty, predicament

0973 SVL 3
appoint
/əpóint/
動 ～を任命する、指名する；～を指定する、決める

The president is allowed to **appoint** judges whenever there is a vacancy.
大統領は、欠員が出た場合に判事を任命することができる。
類 designate, name, assign, nominate

0974 SVL 7
tricky
/tríki/
形 扱いにくい、こつの要る；難儀な

The test was a little **tricky**, and he worried he might not have passed.
試験は少々厄介だったので彼は合格しなかったのではないかと心配した。

0975
impoverish
/impóvəriʃ/
動 ～を貧乏にする、貧しくする

The recession will **impoverish** this town because many small businesses will collapse.
不景気により多くの小企業が倒産してしまうため、この町は貧しくなるだろう。
類 bankrupt, ruin 反 enrich, richen

0976 SVL 5
condemn
/kəndém/
動 ～を非難する、責める；～を有罪とする

You shouldn't **condemn** him before hearing all the evidence.
全ての証拠を聞くまで彼を非難すべきではない。
類 denounce, accuse 反 approve, endorse

0977 SVL 9
obligatory
/əblígətəri/
形 強制的な、義務的な；必須の

Attendance at the monthly company meetings was **obligatory**.
月例会議への出席は義務だった。
類 compulsory, mandatory 反 voluntary

0978 SVL 2
spot
/spót/
動 ～を見つける、～に気付く

She managed to **spot** the car approaching from the distance.
彼女は遠くから近づいてきている車に気付くことができた。
類 find, identify, locate

0979 SVL 4
undoubtedly
/ʌndáutidli/
副 疑いもなく、間違いなく、確かに

Mozart's compositions are **undoubtedly** amongst the world's greatest.
モーツァルトによる数々の作品は間違いなく世界最高峰の一角を占めている。
類 clearly

0980 SVL 1
sharp
/ʃáːp/
形 鋭利な、切れ味がいい；頭の切れる 副 (時間などが)ちょうどに

Sushi chefs always keep their knives **sharp**.
寿司職人はいつも包丁を切れ味鋭く保っている。
類 形 edged, keen, acute 反 形 dull, flat

Part 1 IELTS基本語彙

107

□ 0981 **SVL 5** **devote** /divóut/ **動** (金・手間など)をつぎ込む、ささげる	She will **devote** all of her time to the charity's most important projects. 彼女は全ての時間を、そのチャリティーの最も重要なプロジェクトに注ぐだろう。 **類** dedicate
□ 0982 **SVL 4** **urge** /ɔ́:dʒ/ **動** ~に…するよう強く勧める、促す、勧告する	The doctor strongly **urged** his patient to give up smoking. 医者は患者にたばこをやめるよう強く促した。 **類** encourage, press, prompt
□ 0983 **SVL 2** **badly** /bǽdli/ **副** ひどく、すごく；下手に、悪く	He **badly** misunderstood the lesson and failed the subsequent exam. 彼は授業を全く理解できず、その後の試験に落ちた。
□ 0984 **SVL 7** **monotonous** /mənɔ́tənəs/ **形** 単調な、変化のない、一本調子の	He has a **monotonous** tone when speaking. 彼は抑揚のない話し方をする。 **類** dull, boring **反** variable, interesting
□ 0985 **SVL 3** **brand** /brǽnd/ **名** 銘柄、商標 **動** ~に烙印(らくいん)を押す、汚名を着せる	The advertising campaign helped the company's **brand** awareness. 広告キャンペーンによって会社のブランド認知が向上した。 **類** trade name
□ 0986 **flammable** /flǽməbl/ **形** 引火性の、可燃性の	Take care near fire as the gas canister is highly **flammable**. ガス缶は引火性が高いので火の近くでは注意してください。 **類** burnable, ignitable
□ 0987 **SVL 2** **load** /lóud/ **名** 積み荷；積載量、荷高 **動** ~に積む、積載する	The truck's **load** was aid for the famine-stricken areas. そのトラックの積み荷は、飢饉(ききん)に見舞われた地域への救援物資だった。 **類** burden, freight, weight
□ 0988 **SVL 8** **quota** /kwóutə/ **名** ノルマ、持ち分；割当量	If he sold over his **quota** of cars for the month, he would get a bonus. もし車販売台数が月間ノルマを上回れば彼はボーナスを受け取れるだろう。 **類** allotment, allowance, portion, share
□ 0989 **SVL 2** **basic** /béisik/ **名** 基本、基礎 **形** 基本的な、根本的な；不可欠の	You need to understand the **basics** before you attempt the more complex problems. より複雑な問題に挑むには基本を理解する必要がある。 **類** **形** elementary, rudimentary; essential, fundamental, elemental
□ 0990 **SVL 7** **elastic** /ilǽstik/ **名** ゴムひも、伸縮性の素材 **形** 伸縮性の、ゴム製の	His socks kept falling down as the **elastic** had broken. ゴムがだめになっていたので彼の靴下はずり落ち続けた。 **類** **形** flexible, resilient

□ 0991   SVL 8
coherent
/kouhíərənt/

形 理路整然とした、首尾一貫した、まとまった

His argument was **coherent** and therefore easily understood by all.
彼の主張は理路整然としていたため、全員がよく理解できた。

類 logical, rational, consistent 反 incoherent, inconsistent

□ 0992   SVL 6
warrant
/wɔ́rənt/

名 令状、召喚状、証明書
動 ～だと保証する

The magistrate issued a **warrant** for her arrest.
治安判事は彼女の逮捕状を出した。

類 名 authorisation, consent, permission 動 approve

□ 0993   SVL 4
capacity
/kəpǽsəti/

名 収容力、容量；能力、性能

The **capacity** of the warehouse was close to being filled.
倉庫の容量は満杯に近かった。

類 function, ability

□ 0994   SVL 5
fertile
/fə́:tail/

形 (土地が) 肥沃 (ひよく) な、豊かな；生殖能力のある

The land was **fertile** enough to grow crops to feed the whole village.
その土地は肥沃で、村全体を養うのに十分な作物が作れるほどであった。

類 rich, productive 反 infertile

□ 0995   SVL 3
challenge
/tʃǽlindʒ/

名 課題、困難；挑戦 動 ～を問う、～に異議を唱える

I need a new **challenge** since finishing my degree.
学位課程を修了するので、新しい課題が必要だ。

類 名 problem 動 dispute, compete, defy, argue

□ 0996   SVL 3
author
/ɔ́:θə/

名 著者、作家、作者

The **author** of the novel was thrilled about the reception of his new book.
その小説の作者は自身の新作への反応に興奮した。

類 writer, creator

□ 0997   SVL 6
inevitably
/inévətəbli/

副 必然的に、必ず；当然ながら

The human body **inevitably** stores excess sugar in the form of visceral fat.
人体とは過剰な糖分を内臓脂肪としていや応なく貯蔵してしまうものである。

類 necessarily, unavoidably

□ 0998   SVL 2
teenager
/tí:nèidʒə/

名 ティーンエージャー、10代の若者

Although he was only a **teenager**, he undoubtedly was the best player of the year.
彼は年齢こそティーンエージャーにすぎなかったが、疑いなく今年のベストプレーヤーだった。

□ 0999   SVL 2
warn
/wɔ́:n/

動 ～に注意する、警告する

The student **warned** his noisy friend that the teacher was about to enter the classroom.
その生徒は、先生が間もなく教室に入ってくるところだと騒がしい友人に注意した。

□ 1000   SVL 2
former
/fɔ́:mə/

形 以前の、かつての；(the former) 前者の、前の

It was rare for a **former** prime minister to criticise a current one.
元総理が現職を批判するのは異例のことだった。

類 old 反 present, latter

🔊》 101.mp3

□ 1001　　SVL 5 **astonish** /əstɑ́niʃ/ **動** 〜を驚かせる、びっくりさせる	The quality and variety of coins **astonished** the collector. 硬貨の品質と種類がコレクターを驚かせた。 〔類〕 amaze, shock, surprise
□ 1002　　SVL 8 **colonise** /kɔ́lənàiz/ **動** 〜に入植する、〜を植民地化する	He believes that humans need to **colonise** Mars in order to survive. 人類が生き延びるには火星に入植しなくてはならないと彼は本気で思っている。 〔類〕 populate, settle
□ 1003　　SVL 9 **hover** /hɔ́və/ **動** （空中に）停止する；(人が不安げに）うろつく	The hummingbird **hovered** in the air with its high-speed wings. ハチドリはその高速の翼で空中に静止した。 〔類〕 drift, float, hang
□ 1004　　SVL 4 **hesitate** /hézətèit/ **動** ためらう、ちゅうちょする、決心がつかない	If the plane fails any checks, please don't **hesitate** to ground it. 機体のチェック結果に何らかの不備がある場合は、ためらうことなく離陸不可としてください。 〔類〕 falter
□ 1005　　SVL 5 **dip** /díp/ **名** 一時的な下落、低下	He had to wait for the website to load as there was a **dip** in his internet connection speed. インターネット接続のスピードが低下したため、彼はウェブサイトがロードされるまで待たなければならなかった。
□ 1006　　SVL 1 **amongst** /əmʌ́ŋst/ **前** 〜の中に、間に、〜に囲まれて	He lived **amongst** the local population to learn their customs. 地元住民の慣習を学ぶために彼は住民の中で生活した。 〔類〕 amid, amidst
□ 1007　　SVL 5 **publicity** /pʌblísəti/ **名** 世間の評判、注目；広報、宣伝	In 1995, the OJ Simpson murder case attracted a lot of **publicity**. 1995年にO・J・シンプソンの起こした殺人事件は大きな注目を集めた。 〔類〕 commercial, promotion 〔反〕 privacy
□ 1008　　SVL 3 **attractive** /ətrǽktiv/ **形** 魅力的な、（人を）引き付ける	Many young girls used to find the band **attractive**. 多くの若い女の子がそのバンドを魅力的だと感じていた。 〔類〕 appealing, alluring, captivating
□ 1009　　SVL 6 **ultimately** /ʌ́ltəmətli/ **副** 最終的に、最後には、究極的には	A poor diet will **ultimately** lead to illness. 質の悪い食生活は最終的には病気につながる。
□ 1010　　SVL 2 **imagination** /imæ̀dʒənéiʃən/ **名** 想像、空想、想像力；想像の産物	It was beyond his **imagination** that she would grant him his wish. 彼女が彼の願いをかなえてくれるとは、彼にとっては想像だにしないことだった。 〔類〕 creativity, fantasy, originality, vision

110

☐ 1011　　SVL 7
superstition
/sùːpəstíʃən/

名 迷信、迷信的行為

Black cats being unlucky is a famous old **superstition**.
黒猫が縁起が悪いというのは有名な古い迷信だ。

類 myth

☐ 1012　　SVL 3
democratic
/dèməkrǽtik/

形 民主主義の、民主政治の、民主的な

Democratic people believe that every member of a group should have a say in decisions.
民主的な人々は、集団の一人一人が決定に対して発言権があるべきと考えている。

反 undemocratic

☐ 1013　　SVL 7
linear
/líniə/

形 直線の、線の、線状の

The game was too **linear** from start to finish; none of the player's choices mattered.
そのゲームは最初から最後まであまりに直線的で、プレーヤーの選択は関係なかった。

☐ 1014　　SVL 7
invalid
/invǽlid/

形 無効の；根拠薄弱な

Once your licence has expired, it will be **invalid**.
免許は有効期限を過ぎると無効になるだろう。

類 null　**反** valid

☐ 1015　　SVL 2
suggest
/sədʒést/

動 ～を示唆する；～を提案する、推薦する

The luxurious atmosphere **suggested** by the high price of the hotel was nowhere to be found.
ホテルの高い価格が示唆していた高級な雰囲気はどこにもなかった。

類 imply, hint, propose

☐ 1016
causality
/kɔːzǽləti/

名 因果関係、因果律；原因

This document aims to show **causality** between government spending and economic growth.
この文書は政府支出と経済成長との因果関係を示すことが目的である。

類 factor

☐ 1017　　SVL 2
handle
/hǽndl/

動（うまく）～に対処する；操作する　**名** 取っ手；手掛かり

Be careful how you **handle** this knife because it's very sharp.
このナイフはとても鋭いから、取り扱いには十分注意して。

類 **動** manoeuvre, operate, deal, manage　**名** grip

☐ 1018　　SVL 5
imaginary
/imǽdʒəneri/

形 想像上の、仮想の、架空の

The characters in the novel are mostly **imaginary**.
この小説の登場人物たちはほとんどが架空である。

類 fictitious　**反** actual, real

☐ 1019　　SVL 3
signature
/sígnətʃə/

名 署名、サイン；特徴、トレードマーク

A **signature** is required when making purchases with a credit card.
クレジットカードで買い物をするときは署名が必要です。

類 autograph

☐ 1020　　SVL 8
addict
/ǽdikt/

名 熱狂的ファン、愛好者；中毒者、依存症の人

My son is a video game **addict** — he'd be on it all day if we let him.
うちの子はテレビゲーム中毒で、私たちが許せば一日中ゲームをやりかねないんですよ。

□ 1021　　　　SVL 5 **corridor** /kɔ́ridɔ̀:/ 图 (学校などの両側にドアがある)廊下	The students spilled out from their classrooms into the **corridor**. 生徒たちは教室から廊下にあふれ出した。 類 hallway, passageway
□ 1022　　　　SVL 5 **strengthen** /stréŋkθən/ 動 〜を強くする、増強する、補強する	Urgent repairs were needed to **strengthen** the bridge as cracks formed. 橋に亀裂が発生したので、補強するための緊急の修理が必要だった。 類 reinforce, consolidate, enhance　反 weaken
□ 1023　　　　SVL 8 **discriminate** /diskrímənèit/ 動 見分ける、識別する；差別する	The art expert could **discriminate** between a genuine painting and a fake. その美術専門家は絵画の真作と贋作(がんさく)を見分けることができた。 類 distinguish, differentiate, separate, segregate
□ 1024　　　　SVL 2 **culture** /kʌ́ltʃə/ 图 文化、精神文明	Her fashion sense was inspired by Indian **culture**. 彼女のファッションセンスはインド文化の影響を受けたものだった。 類 civilisation
□ 1025　　　　SVL 5 **restrict** /ristríkt/ 動 〜を制限する、限定する	A decision was made to **restrict** the number of students per class to 20. 1クラスあたりの生徒数を20人までに制限することが決定された。 類 cap, limit, confine
□ 1026　　　　SVL 5 **productive** /prədʌ́ktiv/ 形 実りの多い、効果的な；生産的な、生産性の高い	He had a **productive** Sunday and completed all his chores around the house. 彼は実り多い日曜日を過ごし、雑用を全て片付けた。 類 fertile, constructive
□ 1027　　　　SVL 6 **rally** /rǽli/ 图 集会、大会、結集　動 〜を集める	Ten thousand people attended a **rally** against nuclear weapons in the centre of town. 1万人が市街地で行われた核兵器反対集会に参加した。 類 動 mobilise
□ 1028　　　　SVL 4 **occasional** /əkéiʒənəl/ 形 たまの、時折の	During the **occasional** breaks from his studies, he often did some stretching. 彼は勉強していて時折休憩をする間に、しょっちゅうストレッチをした。 類 casual, odd
□ 1029　　　　SVL 5 **eternal** /itə́:nl/ 形 永遠の、永久の、不滅の、不変の	Some cosmological models point to an **eternal** universe. 一部の宇宙論モデルは永遠の宇宙を示している。 類 everlasting, immortal, permanent
□ 1030　　　　SVL 7 **concession** /kənséʃən/ 图 割引；譲歩；権利	There is a **concession** of 10 percent for senior citizens at the cinema on Thursdays. 高齢者は木曜日に映画館で10パーセントの割引を受けられる。 類 compromise

□ 1031　　SVL 2 **peak** /píːk/ 動 頂点に達する　名 最高点、頂点；山頂	The share price for his company **peaked** in the morning but fell throughout the day. 彼の会社の株価は午前中に最高点に達したが、その後一日中下がり続けた。
	類 名 apex, mountain, height

□ 1032　　SVL 3 **found** /fáund/ 動 ～を設立する、創設する；～を(…に)基づいて展開させる	The institution was **founded** with a voluntary contribution. その施設は有志の寄付によって設立された。
	類 establish, construct; begin, create

□ 1033　　SVL 7 **subsidiary** /səbsídiəri/ 名 子会社　形 付随する、従属する	Many big companies have offshore **subsidiaries** for tax purposes. 多くの大企業は税金対策のために国外に子会社を所有している。
	類 形 secondary, supplementary

□ 1034　　SVL 2 **prison** /prízn/ 名 刑務所、監獄、懲役、禁錮	He had been sent to **prison** for 10 years due to the robbery. その強盗の罪で彼は刑務所に10年収監されていた。
	類 jail

□ 1035　　SVL 5 **technically** /téknikəli/ 副 厳密には、原則的には；技術的に、専門的に	The tomato is commonly thought of as being a vegetable, but **technically** it's a fruit. トマトは一般的には野菜と考えられているが、厳密には果物の一種である。

□ 1036　　SVL 5 **mischief** /místʃif, místʃiːf/ 名 いたずら、悪さ、悪ふざけ	The little boys were looking for **mischief** and needed to be watched. その男の子たちはいたずらを仕掛ける機会をうかがっていたので監視しておく必要があった。
	類 playfulness, prank

□ 1037　　SVL 3 **performance** /pəfɔ́ːməns/ 名 業績、成績；演奏、演技；(機械などの)性能	The chart showed the company's **performance** over the last 10 years. その表には過去10年間の会社の業績が示されていた。
	類 accomplishment, achievement, execution, fulfilment

□ 1038　　SVL 4 **notion** /nóuʃən/ 名 概念、観念、理解；気持ち	She's secretive and her family only have a vague **notion** of what she does for a living. 秘密主義の彼女がどんな仕事で食べているのか、家族はおぼろげな理解しか持ち合わせていなかった。
	類 concept, view, conception, belief

□ 1039 **increment** /ínkrəmənt/ 名 増加、増額、昇給額	The contract included a salary **increment** every year. 契約には毎年の給与増額が盛り込まれていた。
	類 addition, gain, increase

□ 1040　　SVL 3 **trunk** /tráŋk/ 名 幹	The canoe was specially made from one big tree **trunk**. そのカヌーは1本の大きな木の幹から特別に作られていた。

□ 1041 SVL 4 **possession** /pəzéʃən/ 名 所持、所有；所有物、財産	His late grandfather's war medal was his most valued **possession**. 亡き祖父の従軍記章は、彼にとって最も価値のある所有物だった。 類 occupancy, ownership
□ 1042 SVL 7 **expenditure** /ikspéndɪtʃə/ 名 支出、経費	The main **expenditure** for the company was rent and employees' salaries. その会社の主な支出は家賃と従業員の給与である。 類 payment
□ 1043 SVL 7 **conspiracy** /kənspírəsi/ 名 陰謀、共謀、謀略	The **conspiracy** theory that the earth is flat is gaining popularity these days. 地球が平らであるという陰謀説は最近人気が出てきている。 類 intrigue, machination
□ 1044 SVL 2 **manage** /mǽnidʒ/ 動 ～を経営する、～を管理する；～を何とかやり遂げる	He had **managed** the employees in the company for over 10 years. 彼は10年以上にわたって会社の従業員を統率してきた。 類 administer, handle, supervise, cope, manoeuvre
□ 1045 SVL 3 **crush** /krʌʃ/ 動 ～を押しつぶす、踏みつぶす；～を砕く 名 混雑、圧搾	The people at the front were **crushed** as the crowd dangerously pushed forward. 前の方にいる人たちは、群衆が危険なほど前に進んだため押しつぶされた。 類 動 mash, pulp, press
□ 1046 SVL 7 **accordance** /əkɔ́:dns/ 名 一致、合致；(in accordance with)～に従って	In **accordance** with the new law, he refrained from smoking inside the bar. 新しい法律に従い、彼はバーの中でたばこを吸うのは遠慮しておいた。 類 agreement
□ 1047 SVL 1 **matter** /mǽtə/ 名 事柄、案件；事態 動 重要である	The police will take care of this **matter** from now. 以後は警察が本件の処理にあたります。 類 名 affair, issue; things
□ 1048 SVL 4 **charity** /tʃǽrəti/ 名 慈善団体；慈善(行為)、施し	Oxfam is a **charity** organisation that raises money to help those in poverty. オックスファムは貧困に苦しむ人々の救済のために資金を集める慈善団体である。 類 donation, compassion
□ 1049 SVL 3 **improvement** /imprú:vmənt/ 名 改良、改善；改修、修繕	There was so much **improvement** in the river's water quality that people could swim in it. 川の水質が大きく改善され、人々が泳げるほどになった。 類 advancement, enhancement, refinement, breakthrough
□ 1050 SVL 2 **fortunate** /fɔ́:tʃənət/ 形 幸運な、運の良い；縁起の良い、幸先の良い	She was extremely **fortunate** that the falling rock missed her. その落石に当たらずに済んだ彼女はとても運が良かった。 類 happy, lucky

☐ 1051　　　　　　SVL 6 **compliment** 名/kɔ́mpləmənt/ 動/kɔ́mpləmènt/ **名** 褒め言葉、賛辞　**動** ～を褒 める、お世辞を言う	She was incredibly happy due to the **compliment** she received about her work. 彼女は仕事を称賛されて喜びに浸っていた。 類 **名** accolade, commendation, praise　**動** command, congratulate
☐ 1052　　　　　　SVL 4 **component** /kəmpóunənt/ **名** 構成要素、部品；成分	They couldn't finish construction because of a key missing **component**. 主要な構成部品が欠けているため彼らは組み立てを完成できなかった。 類 element, ingredient
☐ 1053　　　　　　SVL 5 **neutral** /njú:trəl/ **形** 中立的な、中立の；目立た ない、控えめの	The debate's host attempts to be **neutral** in all matters, favouring neither side. 討論会の司会者はいずれの立場も支持せずにあらゆる事柄で中立であろうとしている。
☐ 1054　　　　　　SVL 2 **row** /róu/ **名** (横に真っすぐな)列、並び； (座席の)列	People are standing in a **row** waiting for the gate to open. 人々は1列に並んで開門を待っている。 類 line　反 column
☐ 1055　　　　　　SVL 9 **discord** /dískɔ:d/ **名** 不和、不一致	There was **discord** amongst the committee on how they should allot their funds. 資金をどう割り振るべきかについて委員会内で不和が生じた。 類 conflict, disharmony
☐ 1056　　　　　　SVL 5 **optimistic** /ɔ̀ptəmístik/ **形** 楽観した；楽観的な、のん きな	We studied really hard, so I'm fairly **optimistic** about our chances of success. 我々は本当に熱心に研究したので、成功の見込みについて私はかなり楽観している。 反 pessimistic
☐ 1057　　　　　　SVL 2 **stream** /strí:m/ **名** 小川、細流；流れ	The river turned into a **stream** as the weeks of drought went on. 何週間にもわたって干ばつが続いたため、川が小川になった。
☐ 1058　　　　　　SVL 2 **professional** /prəféʃənl/ **形** プロの；専門職の；熟練し た　**名** 知的職業人、専門家	As he now received regular payment, he was a fully fledged **professional** golfer. 今では定期的に収入を得るようになり、彼はひとかどのプロゴルファーとなった。 類 experienced; qualified　反 amateur
☐ 1059　　　　　　SVL 4 **ignorance** /ígnərəns/ **名** 無知、知らないこと；知識 の欠如	**Ignorance** of the rules does not excuse someone for breaking them. ルールを知らないことは、誰かがルールを破っていいという言い訳にはならない。 類 inexperience
☐ 1060　　　　　　SVL 4 **machinery** /məʃí:nəri/ **名** (大型の)機械類；機械部分、 駆動部	The engineer started the complex **machinery** that made up the engine. 技術者は、エンジンを構成する複雑な機械を始動した。 類 apparatus, equipment

■》 107.mp3

□ 1061   SVL 2
judge
/dʒʌ́dʒ/
名 裁判官；審判 動 ～を判断する；～を審査する；～を裁く

The judge presided over the court efficiently all day.
その裁判官は一日中能率的に法廷を統括していた。

類 名 referee, umpire 動 arbitrate, determine

□ 1062   SVL 3
negative
/néɡətiv/
形 悪い；悲観的な；否定の、陰性の 名 否定、悪い面

The increased tensions had a negative effect on trade between the two countries.
緊張が増すことで、2国間の貿易には悪影響が出た。

類 adverse 反 positive

□ 1063   SVL 4
associate
動 /əsóuʃièit/ 名 /əsóuʃiət/
動 ～を連想する、結び付ける；～を関係させる 名 仲間、同僚

Many people in this country associate cherry blossoms with spring.
この国の多くの人々は春から桜を連想する。

類 動 connect, correlate, link, ally 名 fellow, mate, colleague

□ 1064   SVL 4
resolution
/rèzəljúːʃən/
名 決定、決議；解決、解明

The resolution to increase funding was carried at the previous meeting.
資金を増加させる決議は前回の会議でなされた。

類 decision

□ 1065   SVL 5
offensive
/əfénsiv/
形 不快にする、嫌な；怒らせる；〔スポーツ〕攻撃側の

The room needed to be cleaned as there was an offensive smell.
不快な臭いがしていたので、部屋を掃除する必要があった。

類 disgusting, foul, obnoxious 反 inoffensive, defensive

□ 1066   SVL 9
detain
/ditéin/
動 ～を留置する、勾留する；～を引き留める、手間取らせる

The police detained the man to give them time to gather evidence.
証拠集めの時間を稼ぐため警察は男を勾留した。

類 apprehend, restrain

□ 1067
acclimatise
/əkláimətàiz/
動 （気候などに）順応する、慣れる

He trained in the Scottish mountains to acclimatise to the cold conditions.
彼は低温に慣れるためにスコットランドの山で訓練した。

類 accommodate, adapt, adjust 反 misadjust

□ 1068   SVL 7
broaden
/brɔ́ːdn/
動 ～を広げる、深める

Travelling helps people to broaden their knowledge of the world.
旅行することで人は世界についての知識を広められる。

類 enlarge, expand, widen 反 narrow, constrict, diminish

□ 1069   SVL 6
provoke
/prəvóuk/
動 ～を引き起こす、かき立てる；～を挑発する、刺激する

The advertisement provoked complaints from animal rights groups.
その広告は動物権利団体から不満を引き起こした。

類 arouse, excite, stimulate, stir

□ 1070   SVL 3
require
/rikwáiə/
動 ～を要する、必要とする；～を要求する

His leg injury was serious and required an operation.
彼の脚のけがは重傷で手術が必要だった。

類 need, demand

☐ 1071　　　　　SVL 2
fear
/fíə/

名 恐怖（心）；（神への）畏敬
動 ～を恐れる、～を怖がる

His **fear** of the dark meant he never left the house after sunset.
暗闇への恐怖のあまり、彼は日没後には決して家を出なかった。

類 名 anxiety, worry

☐ 1072　　　　　SVL 4
impressive
/imprésiv/

形 感動的な、素晴らしい、印象的な；目覚ましい

His **impressive** level of comprehension of game theory is what got him this job on Wall Street.
ゲーム理論への感動的なほどの理解が評価され、彼はウォール街での仕事が決まった。

類 touching

☐ 1073　　　　　SVL 3
avoid
/əvɔ́id/

動 ～を避ける、回避する、予防する

Jack was trying to **avoid** Sharon as she was still angry with him.
シャロンがいまだに自分のことを怒っていたので、ジャックは彼女を避けたがっていた。

類 evade, get around, prevent

☐ 1074
set out

動 出発する；取り掛かる、着手する

The climbers **set out** to reach the peak but were forced to turn around due to bad weather.
登山者らは山頂を目指して出発したが、悪天候によって引き返すことを余儀なくされた。

☐ 1075　　　　　SVL 5
dominant
/dɔ́mənənt/

形 支配的な、優勢な、主要な；〔遺伝学〕顕性の

The US have always been the **dominant** force in basketball.
米国は常にバスケットボール界の主要な勢力である。

類 chief, cardinal, leading, prior, main 反 inferior, minor, weak

---

☐ 1076　　　　　SVL 2
deal
/di:l/

名 取引、契約 動 ～を分配する

Getting 50 percent off is a good **deal** when buying a car.
車を買うときに5割引きというのは良い取引だ。

類 名 contract, transaction 動 handle

☐ 1077
consumerism
/kənsjú:mərìzm/

名 大量消費主義；消費者運動

Some people tend to fall victim to **consumerism** more than others.
他の人に比べて大量消費主義の犠牲になりやすい人もいる。

類 capitalism

☐ 1078　　　　　SVL 9
racism
/réisizm/

名 人種差別、人種差別主義

Racism continues to exist in many parts of the world.
人種差別は世界の大部分に依然として存在する。

類 apartheid, discrimination 反 fairness, assimilationism

☐ 1079
modernity
/mɔdə́:nəti/

名 現代性、近代性

Electric cars are a symbol of high technology and **modernity**.
電気自動車は高度な技術と現代性の象徴である。

類 novelty 反 antiquity, obsoleteness

☐ 1080　　　　　SVL 7
concise
/kənsáis/

形 簡潔な

In an interview, it's important to give clear and **concise** answers.
面談においては明白かつ簡潔な返答をすることが大切である。

類 brief, compact

1081 SVL 6	The pictures were similar, but there were **subtle** differences.
subtle	それらの絵は似ていたが微妙な違いがあった。
/sʌ́tl/	
形 かすかな、微妙な、捉えがたい	類 delicate 反 obvious

1082 SVL 3	He was a **senior** citizen and thus qualified for a state pension.
senior	彼は高齢者だったので国民年金を受給する資格があった。
/síːnjə/	
形 年上の、年長の；上級の、先輩の	類 older 反 junior

1083 SVL 5	The team only had **moderate** success last year and finished in the middle of the table.
moderate	チームは昨年そこそこの成績しか出せず、順位表の中ほどでシーズンを終えた。
形/mɔ́dərət/ 動/mɔ́dərèit/	
形 適度な、並みの；穏やかな 動 ～を抑える；～を司会する	類 形 average, gentle, modest 反 形 extreme, immoderate

1084 SVL 9	The tennis champion became too **complacent** after winning several matches.
complacent	そのテニスチャンピオンは数試合勝ったところですっかり満足してしまった。
/kəmpléisnt/	
形 自己満足した、悦に入った	類 big-headed, proud, self-satisfied

1085 SVL 7	The off-road vehicle was built to **withstand** all conditions.
withstand	そのオフロード車はどのような状況にも耐えられるように作られた。
/wiðstǽnd, wiθstǽnd/	
動 ～に耐える、抵抗する、逆らう	類 defy, fight, resist

1086 SVL 3	The new model of car will eventually **replace** all the old ones.
replace	車の新しいモデルは最終的に全て古いモデルに取って代わるだろう。
/ripléis/	
動 ～に取って代わる、～の代わりをする；～と取り換える	類 displace

1087 SVL 3	Although she was **wealthy**, she lived in a modest house.
wealthy	彼女は裕福だったが質素な家に住んでいた。
/wélθi/	
形 富裕な、裕福な、金持ちの	類 rich, affluent

1088 SVL 2	There was a fatal **error**, so the computer had to be rebooted.
error	コンピューターは深刻なエラーがあったので再起動する必要があった。
/érə/	
名 誤り、間違い、エラー	類 mistake, lapse, oversight

1089 SVL 7	Governments should **simplify** tax systems as they can be extremely confusing.
simplify	政府は極めて複雑な税制を簡素化すべきである。
/símpləfài/	
動 ～を易しくする、簡単にする、簡素化する	類 streamline 反 complicate

1090 SVL 4	The **construction** company was very busy due to a large increase in demand.
construction	その建設会社は需要が大幅に増えたことによってとても忙しかった。
/kənstrʌ́kʃən/	
名 建設、建造、建築様式、構造；建造物	類 building, structure 反 deconstruction

□ 1091 SVL 2 **intend** /inténd/ 動 〜するつもりである、〜を意図する	I **intend** to track down the thief and report his whereabouts to the police. 泥棒を見つけ出して、所在を警察に報告するつもりです。 類 aim, mean, plan
□ 1092 SVL 2 **earn** /ə́:n/ 動 （金）を得る、稼ぐ；（名声など）を獲得する	Every month, he **earned** enough money to easily pay his rent. 彼は毎月十分稼いでいたので苦もなく家賃を払えた。 類 acquire, attain, gain obtain, procure
□ 1093 SVL 8 **luminous** /lú:mənəs/ 形 （暗い中で）光を発する；蛍光色の	The **luminous** dial on his digital watch showed 10 minutes past 7. 彼のデジタル腕時計の発光文字盤は7時10分を指していた。 類 bright, dazzling, shiny
□ 1094 SVL 3 **data** /déitə, dǽtə/ 名 データ、資料	The experiment provided a lot of **data** that needed to be analysed. 実験により分析が必要な大量のデータが提供された。
□ 1095 SVL 4 **convention** /kənvénʃən/ 名 しきたり、慣習；総会、代表者会議	It's a **convention** not to speak loudly in public. 公共の場で大声で話さないことは常識である。 類 custom, rule, tradition; assembly, council
□ 1096 SVL 4 **definite** /défənit/ 形 明確な、確実な、明白な	To find the **definite** answer, look it up in the textbook. 明確な答えを探すには教科書を調べなさい。 類 explicit, absolute 反 vague, indefinite
□ 1097 SVL 9 **manoeuvre** /mənú:və/ 動 〜を操作する、操る 名 操作、動き；策略、策謀	There were so many ships on the river they had little room to **manoeuvre**. 川面にはあまりにも船が多く、操る余地はほとんどなかった。 類 動 handle, manage, manipulate, negotiate
□ 1098 SVL 7 **latitude** /lǽtətjù:d/ 名 緯度	The position of the boat is **latitude** 30 degrees north. ボートは北緯30度の位置にある。
□ 1099 SVL 7 **forsake** /fəséik/ 動 〜を見捨てる、見放す、断念する、やめる	To save money, they decided to **forsake** their plans to buy a large house. お金をためるために、彼らは大きな家を買う計画を断念することにした。 類 abandon, desert
□ 1100 SVL 2 **separate** 形/sépərət/ 動/sépərèit/ 形 分かれた；別々の 動 〜を隔てる；〜を分ける	It's essential that raw meat is kept **separate** from cooked meat. 生肉と調理済みの肉を分けておくことが重要である。 類 動 discriminate, differentiate, divide, segregate

□ 1101　SVL 3
establish
/istǽbliʃ/
動 〜を設立する、創立する、制定する

The government was keen to **establish** the new curriculum in all schools.
政府は全ての学校に新しい教育課程を定めることに力を入れていた。

類 set up, found, prove

□ 1102　SVL 6
scenario
/sináːriòu/
名 筋書き、予想される事態；（芝居などの）脚本

Considering the worst-case **scenario** is a good way to minimise risk.
最悪のシナリオを想定することは、リスクの最小化を図る良い方法である。

□ 1103　SVL 6
crisp
/krísp/
形 （布地・空気などが）ぱりっとした　**名** ポテトチップス

He had ironed all his shirts so they were **crisp** and clean.
彼はシャツを全てアイロンがけしたのでぱりっときれいになった。

□ 1104　SVL 6
corruption
/kərʌ́pʃən/
名 汚職、買収；堕落、（道徳的な）腐敗

There are always accusations of **corruption** when an election does not have the expected outcome.
選挙結果が予想通りでない時には必ず買収の告発が起きる。

類 decadence, vice

□ 1105　SVL 6
flutter
/flʌ́tə/
動 （翼など）をはためかせる；羽ばたく　**名** はためき；動揺

Hummingbirds **flutter** their wings so quickly that a person can barely see them.
ハチドリは非常に素早く翼を羽ばたかせるため、人間の目にはほとんど見えない。

類 **動** dart, flicker

□ 1106　SVL 6
savage
/sǽvidʒ/
形 どう猛な、凶暴な、残酷な　**名** 残忍な人、残酷な人

The **savage** dog had attacked several people.
そのどう猛な犬は何度か人に襲いかかったことがあった。

類 **形** barbarian, wild, cruel

□ 1107　SVL 4
instruct
/instrʌ́kt/
動 〜に教える、指導する；〜に指示する

The school needs a new teacher to **instruct** the students in French.
学校は生徒にフランス語を教える新しい教師を探している。

類 educate, teach, train, command

□ 1108　SVL 9
apathy
/ǽpəθi/
名 無関心、無感動、無気力

She was prone to **apathy** and never had an opinion on anything.
彼女は何につけても無関心で、物事に対する意見というものがなかった。

類 indifference, insensitivity

□ 1109　SVL 7
gigantic
/dʒaigǽntik/
形 巨大な、膨大な

The building project was a **gigantic** task for the small construction company.
小さな建設会社にとってその建設プロジェクトは巨大な仕事だった。

類 enormous, huge, massive, monstrous

□ 1110　SVL 10
methodical
/məθɔ́dikəl/
形 秩序だった、順序だった、きちんとした

She is slow but **methodical** in her work, rarely making mistakes.
彼女はのんびりしているが仕事はきちょうめんで、ミスはほとんどしない。

類 orderly　**反** unmethodical

□ 1111　　SVL 7 **vertical** /və́:tikəl/ 形 垂直の、縦方向の、直立した	He was an amazing climber and ascended the almost **vertical** cliff. 彼は驚くべき登山者で、ほとんど垂直の崖を登った。 類 upright　反 horizontal

□ 1112　　SVL 4 **locate** /loukéit/ 動 ～の位置を特定する、～に位置する；～を(…に)設ける	The GPS tag allowed them to **locate** the car very quickly. GPSタグのおかげであっという間に車の位置を特定できた。 類 pinpoint; situate, site, spot

□ 1113　　SVL 3 **relation** /riléiʃən/ 名 関係、間柄；関連、結び付き	Doctor-patient **relations** must be based on trust and respect. 患者と医師の間の関係は、信用と敬意に基づく。

□ 1114　　SVL 5 **violate** /váiəlèit/ 動 (法律など)に違反する、(規則など)を破る、～に背く	The revolutionary findings appeared to **violate** the laws of physics. その画期的な発見は物理法則に反するものと思われた。 類 breach, break, infringe, offend

□ 1115　　SVL 4 **thorough** /θə́rə/ 形 完璧な、徹底的な、完全な；きちょうめんな	He gave his thesis a **thorough** read prior to submitting it. 彼は論文を提出する前に徹底的に読み直した。 類 comprehensive

□ 1116　　SVL 7 **cling** /klíŋ/ 動 くっつく、張り付く、しがみつく	The dog **clung** to his leg when he finally came home. 彼がやっと帰宅した時、犬は彼の足にしがみついた。 類 adhere, stick

□ 1117　　SVL 9 **embody** /imbɔ́di/ 動 (考えなど)を表現する、具体化する	His colourful paintings **embody** the essence of summer. 彼の色彩豊かな絵画は夏の雰囲気を具象化している。 類 manifest, realise, materialise

□ 1118　　SVL 5 **unpleasant** /ʌnplézənt/ 形 不快な、不愉快な、嫌な	The bins hadn't been emptied for a fortnight and had an **unpleasant** odour. ごみ箱は2週間中身がそのままだったので不快な臭いがした。 反 pleasant

□ 1119　　SVL 2 **mood** /mú:d/ 名 気分、気持ち；不機嫌、いら立ち；(作品などの)雰囲気	He woke up in a good **mood** and decided to go for a run. 彼は良い気分で目覚め、走りに行くことにした。 類 spirit, temper, ambience

□ 1120　　SVL 2 **follow** /fɔ́lou/ 動 ～の後についていく、～を追跡する；～に続く；～に従う	My friend walked ahead, and I **followed** him close behind. 友人が先に歩き、私はそのすぐ後ろをついていった。 類 observe, pursue

🔊)) 113.mp3

☐ 1121　　SVL 6 **vacant** /véikənt/ **形** (場所が) 空いている、(中身が) 空の；(役職が) 空席の	The movie theatre was almost full except for the **vacant** front row. 映画館は空いている前列を除いてほぼ満員だった。 **類** empty　**反** occupied
☐ 1122　　SVL 6 **isolation** /àisəléiʃən/ **名** 隔離、分離；孤立、疎外	The worst prisoners are placed in **isolation** so they cannot hurt other inmates. 最もたちの悪い囚人たちは、他の受刑者に危害を加えることのないように隔離状態に置かれている。 **類** segregation, separateness, solitude
☐ 1123　　SVL 6 **complicate** /kɔ́mpləkèit/ **動** ～を複雑にする、難しくする	It's important not to **complicate** things further by raising new issues. 新たな問題提起でこれ以上話をややこしくしないことが重要だ。 **類** aggravate, exacerbate, perplex, worsen
☐ 1124　　SVL 4 **exhibition** /èksəbíʃən/ **名** 展覧会、展示会、展示	The art **exhibition** was a great success and boosted the artist's popularity. 美術展は大成功に終わり、芸術家の人気を押し上げた。
☐ 1125　　SVL 4 **explosion** /iksplóuʒən/ **名** 爆発、破裂；急増	I am sure this large amount of dynamite will cause a massive **explosion**. こんなに大量のダイナマイトは、きっとものすごい大爆発を起こすよ。 **類** blast, blowup, outburst
☐ 1126　　SVL 8 **sprawl** /sprɔ́ːl/ **名** 無秩序な都市拡大、スプロール現象　**動** 不規則に広がる	The countryside was absorbed by the encroaching urban **sprawl**. その田舎は侵略してくる都市の乱開発に飲み込まれていた。 **類** spread
☐ 1127　　SVL 8 **clarity** /klǽrəti/ **名** 明快さ、明瞭さ；明晰 (めいせき) さ；鮮明さ	There needs to be absolute **clarity** on the definition of an emergency. 緊急事態の定義を完全に明確にしなければならない。 **類** lucency, transparency　**反** ambiguity, opacity
☐ 1128　　SVL 7 **beverage** /bévəridʒ/ **名** 飲み物、飲料	Most restaurants make the majority of their money from **beverages**, not food. ほとんどのレストランでは、もうけの大部分は食べ物ではなく飲み物から出ている。 **類** drink, potable
☐ 1129　　SVL 4 **compete** /kəmpíːt/ **動** 競争する、競い合う；(競技に) 参加する	To be a successful company, you need to **compete** with other companies. 会社を成功させるには他の会社と競合しなければならない。 **類** contend, race, rival, challenge
☐ 1130　　SVL 5 **ensure** /inʃɔ́ː, inʃúə/ **動** ～を確実にする、保証する	They wanted to **ensure** they would get a table by making a reservation. 彼らは予約して必ず席を押さえられるようにしたかった。 **類** secure, make sure, assure

☐ 1131　　SVL 5 **accustom** /əkʌ́stəm/ 動 ～を慣らす、順応させる	He would keep the heating off at home to **accustom** himself to the cold. 寒さに体を慣らすために、彼は家の暖房を切っていた。 類 familiarise, get used to
☐ 1132　　SVL 2 **brick** /brík/ 名 れんが；(子ども用の) 積み木	The houses in the UK are made of **brick** and mortar. 英国では家はれんがとしっくいで作られる。 類 block, slab
☐ 1133　　SVL 7 **legitimate** /lidʒítəmət/ 形 正当な、妥当な、もっともな；合法的な、適法の	He needed a **legitimate** excuse to avoid jury duty. 陪審義務を避けるために彼にはもっともな言い訳が必要だった。 類 valid, justifiable, genuine, legal 反 illegitimate
☐ 1134　　SVL 3 **media** /míːdiə/ 名 (マス)メディア、マスコミ	The **media** corporation dominated TV, radio and the internet. そのメディア会社はテレビ、ラジオ、インターネットを牛耳っていた。
☐ 1135　　SVL 8 **recipient** /risípiənt/ 名 受取人、受領者；レシピエント、被提供者	The **recipient** of the weekend's lottery winnings was a student. 週末の宝くじ当選の受取人は学生だった。 類 beneficiary 反 donor
☐ 1136　　SVL 4 **emotional** /imóuʃənl/ 形 感情が高ぶった；感情の、心理的な	I was too **emotional** and simply couldn't stop crying. あまりにも感情が高ぶったので、どうしても泣きやむことができなかった。 類 intuitive 反 unemotional
☐ 1137　　SVL 2 **prove** /prúːv/ 動 ～を証明する、立証する	It was up to the prosecution's lawyer to **prove** the man's guilt. 男の有罪を立証することは検察弁護士に委ねられた。 類 establish, validate, demonstrate
☐ 1138　　SVL 5 **gaze** /géiz/ 名 凝視、注視 動 凝視する、じっと見つめる	She felt the man's **gaze** on her from across the bar. 彼女はバーの反対側にいる男から注がれる視線を感じた。 類 gape, stare
☐ 1139　　SVL 3 **honour** /ɔ́nə/ 名 名誉、栄誉 動 ～に光栄を与える、名誉を与える	It was seen as a great **honour** for the athletes to represent their country. アスリートたちにとって、国を代表するということは非常な栄誉とされていた。 類 名 glory, esteem 動 acknowledge, glorify, praise, congratulate
☐ 1140　　SVL 4 **define** /difáin/ 動 ～を定義する、明確にする、定める	If you need to **define** a word, use a dictionary to help you. ある言葉を定義するのであれば、辞書が役立つ。 類 specify

🔊) 115.mp3

□ 1141　　SVL 4 **absolutely** /ǽbsəlúːtli, ǽbsəlùːtli/ 副 完全に、本当に；少しも、 全く（〜でない）；無条件に	The teacher scolded me because I had **absolutely** forgotten about the homework. 宿題のことをすっかり忘れていたので、先生に叱られた。 ──────────── 類 totally
□ 1142　　SVL 6 **transparent** /trænspǽrənt/ 形 明快な；透明な、透き通った	Her radically **transparent** approach brought her a lot of credibility with young voters. 隠し立ては一切しないという彼女のアプローチは、若年投票者からの絶大な信頼をもたらした。 ──────────── 類 clear　反 opaque
□ 1143　　SVL 7 **idealistic** /aidìəllístik/ 形 理想主義的な、理想主義者の	He wanted to be president because he was **idealistic** and wanted to change the world. 彼は理想主義者で世界を変えたかったので、大統領になりたいと思っていた。 ──────────── 類 utopian
□ 1144　　SVL 7 **diploma** /diplóumə/ 名 免状、卒業証書	After finishing the final exam successfully, he received his teaching **diploma**. 最終試験をうまく終えたので、彼は教員免許状を受け取った。 ──────────── 類 certificate
□ 1145　　SVL 3 **patch** /pǽtʃ/ 名 斑点、染み；継ぎ当て、あて布	There are some damp **patches** on the wall of that room. その部屋の壁にはいくつかの染みがある。 ──────────── 類 stretch, strip
□ 1146　　SVL 7 **fabric** /fǽbrik/ 名 布地、織物	His clothes were made from a very comfortable **fabric**. 彼の洋服はとても心地いい布地からできていた。 ──────────── 類 cloth, textile
□ 1147　　SVL 3 **grace** /gréis/ 名 上品さ、優美さ；礼儀正しさ、たしなみ	The dancer's **grace** shone every time she danced on the stage. その踊り子の優美さは彼女が舞台で踊るたびに輝いた。 ──────────── 類 benevolence, classiness, elegance, kindness
□ 1148　　SVL 8 **facilitate** /fəsílətèit/ 動 〜を容易にする、楽にする、促進する	The estate agent **facilitated** the sale of the new home. 不動産業者はその新築家屋の販売を促進した。 ──────────── 類 help, assist, aid
□ 1149　　SVL 2 **edge** /édʒ/ 名 端、縁；刃、刃先	He stood on the **edge** of the rock, ready to dive into the ocean. 今にも海に飛び込もうと、彼は岩の先端に立った。 ──────────── 類 verge, boundary
□ 1150　　SVL 2 **grade** /gréid/ 名 成績、評価；等級　動 〜を分類する；〜に成績をつける	Due to his excellent test scores, he received a good **grade** at the end of the year. テストの点が素晴らしかったため、彼は年度末に良い成績をもらった。 ──────────── 類 rate, mark

☐ 1151　　SVL 3 **risk** /rísk/ 名 恐れ、危険、リスク	Giving up smoking drastically reduces the **risk** of lung cancer. たばこを止めると肺がんの**リスク**が劇的に減る。 類 danger
☐ 1152　　SVL 4 **meadow** /médou/ 名 牧草地、草地；低湿地；草原	The cows grazed on the **meadow** next to the silo. 牛たちはサイロ脇の牧草地で草を食(は)んでいた。 類 pasture
☐ 1153　　SVL 7 **liability** /làiəbíləti/ 名 責任、義務	Tenants have legal **liability** for any damage they cause to the property. 賃借人は物件を破損した場合に法的責任を負う。 類 responsibility
☐ 1154　　SVL 4 **resolve** /rizólv/ 動 ～を解決する；～することを決心する	The government has done little to **resolve** the conflict over teachers' pay. 政府は教師の給与を巡る対立を解決するためにほとんど何もしてこなかった。 類 solve, settle
☐ 1155　　SVL 4 **resemble** /rizémbl/ 動 ～に似ている	People were surprised they were twins as they didn't **resemble** each other at all. 彼らが互いに全く似ていなかったので、2人が双子であることに人々は驚いた。 類 be similar to, look like
☐ 1156　　SVL 7 **alternate** 形/ɔ́:ltə:nət/動/ɔ́:ltənèit/ 形 1つおきの；交互の　動 ～を交互に行う	She attended lectures on **alternate** days because she had a lot of work. 彼女はやることがたくさんあったので、講義には1日おきに出席した。
☐ 1157　　SVL 2 **thief** /θí:f/ 名 窃盗犯、泥棒、盗っ人	The **thief** was caught in the middle of the act by the police. 泥棒は現行犯で警察に捕まった。 類 robber
☐ 1158　　SVL 7 **ingenious** /indʒí:njəs/ 形 工夫に富む、独創的な；発明の才に富む	His opponent was incredibly skilled, and it would take an **ingenious** strategy to win. 彼の対戦相手は非常に熟練しており、勝つためには巧妙な戦略が必要であった。 類 clever, creative, innovative, inventive
☐ 1159　　SVL 4 **wildlife** /wáildlàif/ 名 野生生物	The large forest fires killed a lot of **wildlife**. 大きな山火事により、多くの野生生物が死んだ。
☐ 1160　　SVL 7 **intelligible** /intélədʒəbl/ 形 (話などが)明瞭な、簡単に理解できる、分かりやすい	Although I didn't agree with him, his logic was perfectly **intelligible**. 私は彼に同意していなかったが、彼の論理は完全に理解できるものだった。 類 comprehensible, legible, understandable

☐ 1161　　　　SVL 5 **prompt** /prɔ́mpt/ 形 迅速な；敏速な、機敏な 動 ～を誘発する、引き起こす	**Prompt** action was required as the fire spread. 延焼に伴い、速やかな行動が必要とされた。 類 形 immediate, punctual, speedy, timely 動 urge
☐ 1162 **keep on** 動 続ける；続く、継続する； 進み続ける	To improve the taste, **keep on** stirring the mixture while it is cooking. 味を良くするには、調理されている間ずっとかき混ぜ続ける。 類 continue
☐ 1163　　　　SVL 8 **involuntary** /invɔ́ləntəri/ 形 無意識の；不本意の、気が 進まない	She gave an **involuntary** cry when the man jumped out at her. 男が急に躍り出てきて、彼女は思わず叫び声を上げた。 類 automatic, spontaneous, unintended; unwilling,
☐ 1164　　　　SVL 3 **cruel** /krú:əl/ 形 残酷な、冷酷な；むごい、 悲惨な	The **cruel** zookeeper let the animals starve. その動物園の飼育係は残酷で、動物たちを飢えさせていた。 類 brutal, heartless, inhuman, savage
☐ 1165　　　　SVL 3 **largely** /lá:dʒli/ 副 主として、大部分は；たい てい、ほとんど	New Zealand is **largely** populated with sheep, about 26 million, compared to 5 million people. ニュージーランドには主として羊が約2600万頭生息していて、対して人口は500万人である 類 chiefly, mostly, fundamentally
☐ 1166　　　　SVL 3 **scale** /skéil/ 名 程度、規模、スケール	Corruption was becoming a problem on a grand **scale** and needed a solution. 汚職は大規模な問題となっていて解決する必要があった。
☐ 1167　　　　SVL 5 **presentation** /prèzəntéiʃən, prì:zentéiʃən/ 名 表現、提示、提示の仕方； 贈呈すること；口頭発表	The news programme attempts to maintain a good balance in its **presentation** of different opinions. そのニュース番組は、異なる意見の提示においては良いバランスを保つことを心掛けている。 類 display, introduction, proposal, reception
☐ 1168　　　　SVL 3 **complex** /kɔ́mpleks/ 形 複雑な；複合の 名 複合施 設；合成物	The **complex** problems in the algebra class couldn't be solved by any of the students. 代数学の授業で出たその複雑な問題は、生徒誰一人として解けなかった。 類 形 complicated, elaborate, sophisticated, intricate
☐ 1169　　　　SVL 3 **pose** /póuz/ 動 ポーズを取る；ふりをする 名 姿勢；見せ掛け	The model **posed** for the photographer several times. モデルはその写真家のために何度かポーズを取った。 類 動 disguise 名 pretence
☐ 1170　　　　SVL 9 **outnumber** /àutnʌ́mbə/ 動 ～を数で上回る、～を勝る	In this nightclub, the men **outnumber** the women by 2 to 1. このナイトクラブは男性の数が女性を2対1で上回る。

🔊 118.mp3

□ 1171　SVL 8 **prosecutor** /prɑ́sikjùːtə/ 名 検察官、検事、訴追者	The **prosecutor** accused the suspect of murder. 検察官は殺人の被疑者を告訴した。
□ 1172　SVL 7 **thrive** /θráiv/ 動 育つ、成長する；繁栄する、成功する	There was no gardener, and the weeds started to **thrive**. 庭を見る人がいなかったので雑草が生い茂り出した。 類 prosper, flourish
□ 1173　SVL 2 **press** /prés/ 名 記者団、報道陣；出版物 動 ～を押す；～を強要する	The **press** congregated outside, waiting for the prime minister's speech. 報道陣が外に集まり、総理大臣の演説を待っていた。 類 動 mash, squeeze; compel, force, oblige, urge, crush
□ 1174　SVL 8 **attainment** /ətéinmənt/ 名 達成、到達、獲得	The **attainment** of his law degree was his proudest achievement. 法律の学位を取得したことは、彼が最も誇りとしている功績だった。
□ 1175　SVL 3 **fixed** /fíkst/ 形 (時間などが)固定の、不変の；(物が)固定された；頑固な	The deadline is **fixed** and will not be extended. 締め切りは変わらないし、延長されることもない。 類 settled, firm, rigid 反 adjustable, indefinite
□ 1176　SVL 6 **gratitude** /grǽtitjùːd/ 名 感謝の念、謝意、恩義	He gave them a basket of gifts as a sign of his **gratitude**. 彼は感謝のしるしとして彼らに籠いっぱいの贈り物をした。 類 appreciation, gratefulness, thankfulness
□ 1177　SVL 7 **pessimist** /pésəmist/ 名 悲観論者、悲観しがちな人	I am a huge **pessimist** when it comes to solutions proposed by the government. 政府が提示する解決策に関しては、私はかなりの悲観論者だ。 反 optimist
□ 1178　SVL 4 **harmful** /hɑ́ːmfəl/ 形 有害な、害を及ぼす、ためにならない	The fishermen were exposed to **harmful** radiation due to nuclear tests in the ocean. 漁師たちは海上核実験による有害な放射線にさらされた。 類 dangerous, detrimental, injurious 反 harmless
□ 1179　SVL 4 **impose** /impóuz/ 動 (税金など)を課す、かける；～を押し付ける	The government **imposed** a new tax on beer. 政府はビールに新しく税を課した。 類 charge, lay, put
□ 1180　SVL 6 **beforehand** /bifɔ́ːhæ̀nd/ 副 前もって、あらかじめ、事前に	If you had told me **beforehand**, I could have warned the owners of the problem. 前もって教えてくれればオーナーたちにその問題について警告できたのに。 類 early, precociously, a priori, previously

127

□ 1181　　　　SVL 4 **distinguish** /distíŋgwiʃ/ **動** 区別する、見分ける	It was almost impossible to **distinguish** between the identical twins. うり二つの双子を見分けるのはほぼ不可能であった。
	類 differentiate, identify, discriminate, discern
□ 1182　　　　SVL 6 **revolve** /rivólv/ **動** 回転する、回る、旋回する	The Japanese economy **revolves** around exports even today. 日本経済は今日でもなお、輸出を軸に回転している。
	類 pivot, rotate
□ 1183　　　　SVL 4 **command** /kəmάːnd/ **名** 指揮、統率；命令 **動**（人）に～するように命令する	The general was in **command** of the entire Western Front. 将官は西部戦線全体を指揮していた。
	類 名 directive, order **動** instruct, order, dictate
□ 1184　　　　SVL 4 **grief** /gríːf/ **名**（喪失などの）深い悲しみ、深い苦悩、悲嘆	A funeral is an event where people can show their **grief**. 葬儀とは人々が悲しみを表せる場である。
	類 anguish, heartache, sorrow
□ 1185　　　　SVL 2 **active** /ǽktiv/ **形** 積極的な、自発的な；活動的な、活発な	He was very **active** in the running of the company. 彼は会社の経営に大変意欲的であった。
	類 energetic, lively, brisk **反** inactive, passive
□ 1186　　　　SVL 3 **intelligence** /intélədʒəns/ **名** 知能、理解力；（敵側の）情報、情報諜報（ちょうほう）機関	His laziness would have been an issue, but it was compensated for by his **intelligence**. 怠け癖が問題になりかねなかったが、それを補うだけの知性が彼にはあった。
□ 1187　　　　SVL 7 **recite** /risáit/ **動** ～を朗読する、暗唱する	She could **recite** almost every element in the periodic table. 彼女は周期表にある元素をほぼ全てそらんじることができた。
	類 chant, rehearse, utter
□ 1188 **optimise** /óptəmàiz/ **動** ～を最大限に利用する、～を最適化する；～を最適にする	It's important to **optimise** the allocation of limited resources. 限られた資源の分配を最適化することが重要だ。
	類 enhance
□ 1189　　　　SVL 5 **magnificent** /mægnífəsnt/ **形** 壮大な、荘厳な、堂々たる	The **magnificent** statue of a general was placed in the town square. 将軍の立派な彫像は町の広場に設置された。
	類 glorious, grandiose, majestic, splendid
□ 1190　　　　SVL 6 **solitary** /sólitəri/ **形** 孤独な、1人の；孤独を好む	The hermit lived a **solitary** existence. その隠者は孤独の中に生きていた。
	類 alone, lonesome, unaccompanied

☐ 1191　SVL 6
alongside
/əlɔ́ŋsáid/
前 〜と並行に(して)　副 横
に、そばに、並んで

The easiest way home is to walk **alongside** the river.
家への1番分かりやすい行き方は川沿いに歩いていくことだ。

☐ 1192　SVL 2
recover
/rikʌ́və/
動 回復する、立ち直る；〜を
取り戻す

It can take many years to emotionally **recover** from the death of a loved one.
愛する人の死から精神的に立ち直るには何年もかかることもある。

☐ 1193　SVL 2
style
/stáil/
名 文体、スタイル；やり方、
様式

The author's **style** was noted for its simplicity but beauty.
その作家の文体は簡潔だが美しいことで知られている。

類 mode

☐ 1194　SVL 2
defend
/difénd/
動 擁護する；〜を守る、防御
する

His opponent's forehand was so strong that he had to constantly **defend**.
対戦相手のフォアハンドはとても強かったため、彼は常に防御しなければならなかった。

類 guard, protect, unfold, safeguard　反 attack

☐ 1195　SVL 3
conscious
/kɔ́nʃəs/
形 気付いて、意識して；意識
がある；意図的な

They slowly became **conscious** of unrest and attempted to avoid conflict.
彼らは徐々に不穏な状態に気付き始め、対立を回避しようとした。

類 attentive, vigilant; deliberate, intentional, aware

☐ 1196
cohesive
/kouhíːsiv/
形 団結した、つながりのある、
まとまりのある

The manager changed the talented collection of individuals into a **cohesive** unit.
マネジャーはその才能ある個人の集まりをまとまりある1つのグループへと変えた。

類 united

☐ 1197　SVL 2
complete
/kəmplíːt/
形 完成した；完全な、全部の
動 〜を仕上げる、完成させる

When the presentation is **complete**, please send it to me and I'll check it.
プレゼンテーションが完成したら、チェックするので私に送ってください。

類 形 entire, perfect, whole　動 finalise, perfect, fulfil

☐ 1198　SVL 8
warehouse
/wéəhàus/
名 倉庫

Thousands of crates of food were stored in the **warehouse**.
倉庫には何千もの運搬かごに入った食糧が収められていた。

類 depot, storage

☐ 1199　SVL 7
disposition
/dìspəzíʃən/
名 性格、気質、性質

His positive **disposition** made him popular with his colleagues.
彼の前向きな性格は同僚らに人気だった。

類 nature, temper

☐ 1200　SVL 6
restoration
/rèstəréiʃən/
名 修復、復元；(失われた制度
などの)回復、復活

The church required **restoration** after the storm caused so much damage.
嵐によってひどく損傷したため、その教会は修復が必要であった。

類 reclamation

🔊 121.mp3

□ 1201　　SVL 4 **previously** /príːviəsli/ 副 以前に、前に、前もって	We've visited Canada **previously**, but our last trip was in the spring, not summer. 私たちは以前カナダに行ったことがありますが、最近の旅は夏ではなく春でした。 類 beforehand, earlier, formerly
□ 1202　　SVL 7 **enrich** /inrítʃ/ 動 （質など）を向上させる、価値を高める；〜を豊かにする	The fertiliser helped to **enrich** the soil, and the plants grew faster. 肥料は土壌を肥沃（ひよく）にして植物が早く育つのに役立った。
□ 1203　　SVL 2 **habit** /hǽbit/ 名 習慣、癖；習性、性質、体質	Biting his nails was a bad **habit** from childhood that he couldn't stop. 爪をかむのは、彼が子ども時代からやめられない悪癖だった。 類 custom, ritual, practice, addiction
□ 1204　　SVL 4 **passive** /pǽsiv/ 形 受動的な、受け身の、消極的な	The awareness of the dangers of **passive** smoking was the key reason for the smoking ban in public places. 公共の場所での喫煙禁止の主要な理由は受動喫煙の危険性に関する認識であった。 類 acquiescent 反 active
□ 1205　　SVL 4 **dynamic** /dainǽmik/ 形 活動的な、精力的な；動的な、ダイナミックな	He is a **dynamic** chef who can quickly alter the menu when asked. 彼は精力的なシェフで、求められればすぐにメニューを変更できる。 類 energetic, vigorous
□ 1206　　SVL 4 **destruction** /distrʌ́kʃən/ 名 破壊、破滅、破壊状態	War should be avoided at all cost, as it brings loss of life and **destruction**. 戦争は人命を奪い破壊をもたらすものだから、なんとしてでも避けなければならない。 類 annihilation, demolition, ruin, wreckage
□ 1207　　SVL 4 **enthusiasm** /inθjúːziæzm/ 名 熱狂、熱中、熱意	The dog's **enthusiasm** for dinner made everyone laugh. その犬の夕食に対する熱意はみんなを笑わせた。 類 passion
□ 1208　　SVL 3 **production** /prədʌ́kʃən/ 名 生産、製造；生産量；制作	The Germans are world leaders in car **production**. 自動車生産においてはドイツが世界をけん引している。 類 output, yield
□ 1209 **viability** /vàiəbíləti/ 名 生存能力、成長能力、実行可能性、実現可能性	The **viability** of seeds can be determined by placing them in water; those that sink are still likely to be viable. 種子の生存力は水に入れることで判断でき、沈んだものはまだ発芽可能だと考えられる。 類 feasibility, possibility, plausibility
□ 1210　　SVL 2 **awake** /əwéik/ 形 目が覚めて、眠らずに 動 目が覚める、起きる	Drinking coffee no longer helps me stay **awake**. コーヒーを飲んでも、もう起きていられない。 類 動 arouse

□ 1211 SVL 5
dominate
/dɔ́mənèit/
動 ～を支配する、～の優位に
立つ

His voice had a tendency to **dominate** the conversation, so no one else could speak.
彼の声は会話を独占する傾向があったため、誰も口を挟めなかった。

類 overwhelm

□ 1212 SVL 2
account
/əkáunt/
名 口座、預金口座；収支報告
書；説明、談話

My bank **account** was worryingly in the red.
私の銀行口座は心配になるほど赤字だった。

類 book, journal, bill; description, story

□ 1213 SVL 6
insert
/insə́:t/
動 ～を挿入する、差し込む；
(広告など)を掲載する

His attempt to **insert** humour into the dull text was seen as a great improvement.
退屈な文章にユーモアを差し挟もうという彼の試みはうまくいったと評された。

類 inject

□ 1214 SVL 5
plead
/plí:d/
動 懇願する；(事件などを)弁
護する

He **pleaded** with the judge to show mercy.
彼は判事に慈悲をかけてくれるように嘆願した。

類 argue, assert

□ 1215 SVL 3
option
/ɔ́pʃən/
名 選択肢；選択権

A vegetarian **option** is always available on international flights.
国際便ではもれなく菜食主義者向けの選択肢がございます。

類 choice, alternative

□ 1216 SVL 7
expertise
/èkspətí:z/
名 専門的技術、専門的知識

Her **expertise** in commercial law meant she was highly desired by many companies.
彼女には商法の専門知識があったので、数々の会社からひっぱりだこだった。

類 know-how, proficiency, skills

□ 1217 SVL 5
exaggerate
/igzǽdʒərèit/
動 ～を大げさに言う、誇張す
る

The witness **exaggerated** the accident.
その証人は事件を大げさに言った。

類 hyperbolise, magnify 反 understate

□ 1218 SVL 8
conserve
/kənsə́:v/
動 ～を節約する；～を保護す
る、保存する

It is important to **conserve** energy when running a marathon.
マラソンを走るときにはエネルギーを維持することが重要だ。

類 economize, save, maintain; preserve

□ 1219 SVL 3
treat
/trí:t/
動 ～を治療する；～を取り扱
う、扱う

If you have an illness, you need to **treat** it with medicine.
病気にかかっているなら薬で治療する必要がある。

□ 1220 SVL 4
outline
/áutlàin/
名 概要、あらまし、概略；輪
郭

The victim gave a brief **outline** of the accident to the police.
被害者は事故の概要を警察に伝えた。

類 summary, overview, draft, figure

■))) 123.mp3

□ 1221　SVL 7 **doctrine** /dɔ́ktrin/ 名 (宗教・政治・学問上の）教義、教理、信条	Prospective priests study the **doctrine** of Catholicism at a seminary. 司祭として有望な者は神学校でカトリック教義を学ぶ。 類 dogma, philosophy, testament, principle
□ 1222　SVL 4 **recognition** /rèkəgníʃən/ 名 評価；認識、認めること；承認、認可	The award was **recognition** for his services in the field. 賞はその分野における彼の貢献に対する評価であった。
□ 1223　SVL 5 **constitute** /kɔ́nstitjùːt/ 動 ～を構成する、～を成す；～に等しい	People under 40 **constitute** almost 40 percent of the town. 40歳未満が街の約40パーセントを構成している。 類 comprise
□ 1224　SVL 4 **scenery** /síːnəri/ 名 景色、風景、眺望	At the top of the mountain, the **scenery** of the countryside was stunning. 山頂では、山野の眺望が素晴らしかった。 類 landscape
□ 1225　SVL 7 **arouse** /əráuz/ 動 ～を呼び起こす、刺激する；目覚めさせる	We don't need to **arouse** suspicion by telling everyone what happened. 何が起きたかをみんなに教えて疑念を抱かせる必要はない。 類 excite, incite, provoke; awake 反 calm, soothe
□ 1226　SVL 2 **pole** /póul/ 名 支柱、棒；（地球の）極	We hang the washing on a **pole** on the balcony. 私たちはバルコニーのさおに洗濯物をかける。 類 rod, stick
□ 1227　SVL 9 **tactics** /tǽktiks/ 名 策略、戦略；戦法、兵法	Napoleon's superior **tactics** led him to defeat many opposing generals. ナポレオンは優れた戦術により対立する多くの将軍たちを打ち破ることとなった。 類 approach, method, strategy
□ 1228　SVL 1 **master** /mǽːstə/ 名 精通した人、熟達した人 動 ～を習得する	He had been a stonemason for over 20 years and was considered a **master** of his craft. 彼は20年以上も石工をやっていて、その道では達人とされていた。 類 名 expert, authority, leader
□ 1229　SVL 4 **trace** /tréis/ 動 ～の跡をたどる、捜し出す；～を追跡する	He managed to **trace** his ancestors back 300 years. 彼は300年前まで祖先をたどることができた。 類 track down
□ 1230　SVL 8 **interactive** /intəræktiv/ 形 相互作用的な；〔コンピューター〕双方向の、対話方式の	The museum's new **interactive** exhibits excited children more than simple signs. 博物館の新しいインタラクティブな展示は単純な表示よりも子どもたちを興奮させた。 類 mutual

🔊 124.mp3

□ 1231	SVL 7

enchant

/intʃǽnt/

動 ～を魅了する、うっとりさせる、喜ばせる

The audience was **enchanted** by the singer's lovely voice.
歌手のすてきな歌声に聴衆は聞きほれた。

類 allure, captivate, fascinate

□ 1232	SVL 2

possible

/pɑ́səbl/

形 できる限りの、可能な限りの；起こり得る；考えられる

It's important to exercise as much as **possible** to stay healthy.
健康でいるためにはできるだけ運動をすることが大事だ。

類 achievable, conceivable, feasible, probable, potential, likely

---

□ 1233	SVL 5

assign

/əsáin/

動 ～を割り当てる；～を指定する；～を任命する

I need you to **assign** two employees to the front desk as soon as possible.
フロントデスクに従業員を2人、できるだけ早く当てておくように。

類 allocate, designate, appoint

□ 1234	SVL 5

widespread

/wáidspréd/

形 広範囲にわたる、広く行き渡った

There was **widespread** concern about the increasing unemployment rate.
失業率の上昇に関して懸念が広がっている。

類 prevailing

□ 1235	SVL 3

relate

/riléit/

動 理解を示す、共感する；～を関係づける、関連させる

It is difficult for everyday people to **relate** to the problems of the ultra rich.
一般人にとって、超富裕層が抱える問題に共感することは難しい。

類 connect

□ 1236	SVL 7

differentiate

/dìfərénʃièit/

動 区別をつける、差別をつける；～を見分ける

Parents should teach their children to **differentiate** between right and wrong.
親は子どもに善悪を区別することを教えるべきである。

類 distinguish, discriminate, separate

□ 1237	SVL 9

squad

/skwɑ́d/

名 選抜チーム、一団；部隊、分隊

England has got a good **squad** this year for the football World Cup.
サッカーワールドカップに向けて、今年のイングランドは良いチームになっている。

類 crew, platoon, team

□ 1238	SVL 2

depend

/dipénd/

動 次第である、かかっている；頼る、依存する、当てにする

The NHS **depends** on the dedication of hundreds of thousands of staff.
NHS（国民保健サービス）は数十万のスタッフの献身に依存している。

類 hinge, count, rely

□ 1239	SVL 3

tap

/tǽp/

名 蛇口、栓

They called the plumber as water kept dripping out of the **tap**.
蛇口から水が垂れ続けたので彼らは配管工を呼んだ。

□ 1240	SVL 2

control

/kəntróul/

動 ～を規制する、支配する
名 管理、統制、支配

After the accident on the motorway, the police had to **control** the flow of traffic.
高速道路で事故が発生した後、警察は交通の流れを規制しなければならなかった。

類 動 regulate, steer, oversee, contain, check

🔊》 125.mp3

□ 1241　　　　　SVL 8
constraint
/kənstréint/

名 制約、制限；遠慮、気兼ね

There was a time **constraint** to the project, which meant they had to rush.
プロジェクトに時間的制約があるということは、彼らは急がなければならないことを意味した。

類 inhibition, restraint, limitation, restriction

□ 1242　　　　　SVL 7
delegate
動/déligèit/ 名/déligət/

動 ～を委任する、委譲する
名 (会議への)代表、代議員

Bad managers are ones who are unable to **delegate** tasks effectively to their workers.
能力のない雇用主とは、仕事を従業員に効率的に任せられない者である。

類 名 representative, agent, commission, deputy

□ 1243
take part in

～に参加する、出場する

They decided to **take part in** this year's Halloween fancy dress competition.
彼らは今年のハロウィーンの仮装大会に参加することにした。

類 participate

□ 1244
arguably
/á:gjuəbli/

副 ほぼ間違いなく

Pele is **arguably** the best footballer to have ever lived.
ペレはほぼ間違いなく今までで最高のサッカー選手である。

□ 1245　　　　　SVL 5
reproduce
/ri:prədjú:s/

動 (書物など)を複製する；～を再現する；～を繁殖させる

It is illegal to **reproduce** the worksheets without permission from the publisher.
練習問題用紙を出版社の許可なく複製するのは違法である。

類 copy, duplicate, replicate; breed

□ 1246　　　　　SVL 4
contribution
/kòntrəbjú:ʃən/

名 貢献、寄与、寄付(金)

Newton made many important **contributions** to humanity's knowledge
ニュートンは人類の知恵にとって数々の重要な貢献をした。

類 donation

□ 1247　　　　　SVL 4
bond
/bɔ́nd/

名 絆、結束；接着 動 ～を接着する、くっつける

The **bond** between them faded until they stopped talking completely.
彼らの絆は消え、やがて全く話さなくなった。

類 名 link, tie, connection, promise

□ 1248　　　　　SVL 3
principle
/prínsəpl/

名 主義、信念；原則、基本理念

She became a vegetarian due to her **principles** on animal welfare.
動物愛護についての自身の信念に従い、彼女は菜食主義者になった。

類 doctrine, fundamental, rule

□ 1249　　　　　SVL 6
clause
/klɔ́:z/

名 節、条項、箇条

There was a **clause** in his contract that allowed him overtime pay.
彼が交わした契約には、残業代を支給するとの条項があった。

類 article

□ 1250　　　　　SVL 4
region
/rí:dʒən/

名 地域、地方、地帯

The northern **region** of the country was known for its mining industry.
その国の北の地方は鉱業で有名であった。

類 area

🔊 126.mp3

□ 1251　SVL 2 **creation** /kriéiʃən/ 名 創造、創作、創出	The internet has allowed for the **creation** of new ways for people to earn money. インターネットは、人々がお金を稼ぐために新しい方法を生み出すことを可能にした。 類 invention
□ 1252　SVL 7 **handicraft** /hǽndikrɑ̀:ft/ 名 手工芸、手仕事；手工芸品	My grandmother's hobby is **handicraft**, with a focus on handmade jewellery. 祖母の趣味は手工芸、とりわけ手作りの宝飾品です。 類 craft
□ 1253　SVL 9 **affluent** /ǽfluənt/ 形 裕福な、金持ちの	He could tell by the beautiful buildings that this was an **affluent** village. 壮麗な建物から、裕福な村だと彼は分かった。 類 rich, wealthy, opulent
□ 1254　SVL 5 **undergo** /ʌ̀ndəgóu/ 動 〜を経験する、受ける、経る	It is important for planes to **undergo** rigorous inspection before each flight. 飛行機はフライト前に徹底的な点検を受けることが重要である。 類 experience, endure　反 avoid
□ 1255　SVL 5 **shed** /ʃéd/ 名 小屋、物置、納屋	He kept all his tools in his garden **shed**. 彼は工具を全て庭の納屋に保管していた。
□ 1256　SVL 3 **article** /ɑ́:tikl/ 名 記事、論文；条項、項目；品物	The newspaper **article** on the election was informative. 選挙に関するその新聞記事は有益であった。 類 essay, paper; item, clause
□ 1257　SVL 5 **abolish** /əbɔ́liʃ/ 動 （制度など）を撤廃する、廃止する	People voted to **abolish** the unpopular law. 人々は評判の悪い法律を撤廃するために投票した。 類 scrap, do away with　反 introduce
□ 1258　SVL 8 **allegedly** /əlédʒidli/ 副 伝えられるところでは、申し立てによれば	The newspaper reported that he had **allegedly** committed fraud. 新聞は、彼が詐欺を働いたとみられると伝えていた。 類 purportedly, supposedly
□ 1259　SVL 3 **passion** /pǽʃən/ 名 情熱、激情	A local football team brings out a great deal of **passion** from its supporters. 地元のサッカーチームはサポーターの熱い情熱をむき出しにさせる。 類 affection, devotion, desire
□ 1260　SVL 4 **variation** /vὲəriéiʃən/ 名 （程度などの）変化、変動、違い；(〜の)変型、変種	Interest rates between banks show little **variation**. 利率は銀行間でほとんど違いはない。 類 diversity, difference, dynamism　反 similarity, stabilisation

135

□ 1261　　　　　SVL 8 **integrate** /íntəgrèit/ **動** 〜をまとめる、統合する； 融合する	The attempt to **integrate** the closed branch into the headquarters was encountering difficulties. 閉鎖した支店を本部に統合するという試みは難題に見舞われた。 **類** incorporate
□ 1262　　　　　SVL 2 **champion** /tʃǽmpiən/ **名** 優勝者、チャンピオン	The reigning boxing **champion** will defend his belt tonight. ボクシングの現チャンピオンが今夜タイトル防衛する。 **類** champ, titleholder, winner
□ 1263　　　　　SVL 4 **confident** /kɔ́nfədənt/ **形** 自信のある；確信して	Don't worry. I'm **confident** that test scores will improve next year. 心配いらないよ、来年は試験の点数が上がる自信があるんだ。 **類** assured, certain **反** indecisive; hesitant, uncertain
□ 1264　　　　　SVL 6 **deputy** /dépjuti/ **名** 代理人、代わりの人；副〜	His **deputy** replaced him as leader due to his illness. 病気のため、代理人が彼の後任としてリーダーを務めた。 **類** agent, delegate, representative
□ 1265　　　　　SVL 3 **impact** 名/ímpækt/ 動/impǽkt/ **名** 影響、効果；衝突、衝撃 **動** 〜に影響を与える	High intensity training undisputedly has a positive **impact** on cardio vascular health. 高強度運動は、心臓血管の健康に明らかに好影響を与える。 **類** **名** effect, influence, shock **動** affect
□ 1266　　　　　SVL 5 **apparatus** /æpərǽtəs, æpəréitəs/ **名** 器具、装置、機械	The divers always thoroughly checked their breathing **apparatus**. ダイバーたちはいつも呼吸装置を入念に点検した。 **類** equipment, gear, tackle, machinery
□ 1267　　　　　SVL 2 **pleasant** /plézənt/ **形** 愉快な、楽しい；感じの良 い、愛想の良い	They had a **pleasant** evening in the cafe, relaxing and talking together. 彼らはカフェでくつろいで談笑し、楽しい宵を過ごした。 **類** agreeable, good-natured, nice
□ 1268　　　　　SVL 6 **registration** /rèdʒistréiʃən/ **名** 登録、登記、記載、記名	In the first week of university, all students need to complete **registration**. 大学での最初の1週間に全ての学生は履修登録を済ませなければならない。 **類** enrolment, registry
□ 1269　　　　　SVL 6 **premise** /prémis/ **名** 前提、根拠；土地、店舗	Spying was the **premise** of the network's new TV show. そのTVネットワークの新しい番組はスパイものという前提だった。 **類** assumption, presumption, supposition, basis
□ 1270　　　　　SVL 10 **composure** /kəmpóuʒə/ **名** 落ち着き、冷静、沈着	The teacher lost his **composure** and started to shout loudly at the students. 教師は冷静さを失い、大声で生徒たちを怒鳴りつけ始めた。 **類** calmness, cool, serenity

□ 1271 SVL 6	
ritual	The two birds performed a complex mating **ritual**.
/rítʃuəl/	2羽の鳥は複雑な交尾の儀式を行った。
名 儀式；習慣的な行為	類 habit

□ 1272 SVL 7	
lessen	Eating fewer carbohydrates will help you **lessen** the risks associated with obesity.
/lésn/	炭水化物の摂取を減らすことは肥満に伴うリスクの低減に役立つ。
動 ～を少なくする、減らす	類 lower, reduce

□ 1273 SVL 4	
rebel	Some consider him a **rebel**, but for me, he is an innovator.
/rébəl/	彼は多くの人に反抗者とされるが、私にとってはイノベーターである。
名 反逆者、謀反人、異端者	

□ 1274 SVL 9	
renounce	He had to **renounce** his citizenship in order to change nationality.
/rináuns/	国籍を変えるために彼は市民権を放棄しなければならなかった。
動 （権利など）を放棄する、捨てる；～を拒絶する	類 deny, discard, give up, waive, abandon

□ 1275 SVL 2	
whether	I was in a quandary about **whether** or not to go to the party.
/wéðə/	私はパーティーに行くべきかどうかで悩んでいた。
接 ～すべきかどうか；～かどうか	

□ 1276 SVL 4	
factor	The most important **factor** in solving poverty is making education a priority.
/fǽktə/	貧困を解決する最も重要な要素は、教育を最優先することである。
名 要因、要素	類 agent, element, ingredient, causality

□ 1277 SVL 2	
inform	The teacher **informed** all the new students about daily life in the school.
/infɔ́:m/	教師は新入生全員に学校での日常生活について説明した。
動 ～に知らせる、伝える；～を（感情・特性などで）満たす	類 tell, notify, enlighten

□ 1278 SVL 4	
task	Trying to execute multiple **tasks** simultaneously often leads to complete failure in some of them.
/tɑ́:sk/	多数のタスクを同時に実行しようとすると、しばしばその一部は完全な失敗に終わる。
名 仕事、任務；課題	類 job, duty, function

□ 1279 SVL 3	
pile	She threw her socks into the increasing **pile** of dirty clothes in the corner.
/páil/	片隅にたまりつつある汚れた服の山へ彼女は靴下を投げ込んだ。
名 積み重なり；多量の～ 動 ～を積み重ねる	類 名 heap, stack

□ 1280 SVL 5	
provision	The contract contained all standard **provisions**, in addition to the ones specific to the transaction.
/prəvíʒən/	契約には、この取引特有のものに加え、標準的な規定の全てが含まれていた。
名 条項、規定；供給、提供；備え	類 arrangement

□ 1281 SVL 8 **transcript** /trænskript/ 名 (音声などの)書写、(文書などの)写し、コピー	A **transcript** of his speech appeared in a newspaper the next day. 彼の演説の書き起こしが翌日の新聞に載った。 類 copy, transcription
□ 1282 SVL 2 **prevent** /privént/ 動 ～を防止する、予防する；～を妨げる、中止させる	It is important to have a healthy diet to **prevent** sickness. 病を防ぐには、健康的な食生活が大切である。 類 avoid, block, hinder
□ 1283 SVL 2 **fail** /féil/ 動 (試験)～に落ちる；～に失敗する 名 失敗、不合格	If you **fail** the exam, you might not be able to graduate this year. この試験を落とすと、今年の卒業が危うくなりますよ。 類 動 disappoint 反 動 名 pass
□ 1284 SVL 8 **materialism** /mətíəriəlìzm/ 名 物質主義、実利主義	**Materialism** has caused people to buy things far beyond their needs. 物質主義により人々は必要をはるかに上回る物を購入している。
□ 1285 **go ahead** 進める、進行する、実行される	Their manager told them to **go ahead** and demolish the buildings. 上司は建物の解体を進めるよう彼らに伝えた。 類 proceed
□ 1286 SVL 8 **intuition** /intju:íʃən, intʃu:íʃən/ 名 直感、勘	She had excellent **intuition** and knew he was lying. 彼女の直感はさえていて、彼がうそをついていると分かった。 類 instinct
□ 1287 **chronically** /krónikəli/ 副 慢性的に	He is **chronically** late for work and has only arrived on time once this month. 彼はいつも仕事に遅れるし、今月は1度しか時間通りに出社しなかった。
□ 1288 SVL 5 **compromise** /kómprəmàiz/ 動 妥協する；～を危うくする 名 歩み寄り；妥協案	You need to **compromise** and reduce some of your demands. 妥協して、要求をいくつか減らしていただきたい。 類 名 accommodation, concession
□ 1289 SVL 6 **theft** /θéft/ 名 盗み、窃盗、泥棒	The **theft** of several computers from the office meant security needed to be tightened. 事務所から複数のコンピューターが盗まれたことは、セキュリティーを厳しくする必要があることを意味した。 類 stealing, burglary
□ 1290 SVL 6 **counterpart** /káuntəpɑ̀:t/ 名 (職責などが)同等の人、よく似た人、同等物	My **counterpart** in the Paris office has had the same problems with his employees. パリの事務所にいる私と同じ立場の人も、従業員に関して同じ問題を抱えていた。 類 equivalent, fellow

□ 1291　　　　　SVL 2 **depth** /dépθ/ 名 深さ、深度；奥行き；(感情 などの)深さ、強さ	The **depth** of the swimming pool was 2 metres. スイミングプールの深さは2mだった。 類 deepness; profoundness 反 shallowness, superficiality
□ 1292　　　　　SVL 9 **rustic** /rʌ́stik/ 形 田舎の、田舎らしい、素朴 な；粗野な、不作法な	The farmhouse had a **rustic** charm about it. その農家の建物には田舎らしい魅力があった。 類 pastoral, rural 反 urban
□ 1293　　　　　SVL 4 **focus** /fóukəs/ 動 (意識)を集中させる；～の 焦点を合わせる　名 焦点、的	I need to **focus** on this work, so please leave me alone. この仕事に集中しないといけないので、そっとしておいてください。 類 動 concentrate 名 centre, concentration
□ 1294　　　　　SVL 7 **adoption** /ədɔ́pʃən/ 名 養子縁組、養子；採用、採 択	Due to extreme poverty, their daughter was put up for **adoption**. 極度の貧困のため、彼らの娘は養子縁組に出された。
□ 1295　　　　　SVL 2 **process** /próuses/ 名 過程、経過；製法　動 ～を 加工処理する；～を整理する	It's a long **process** to take oil from the ground and make it useable in cars. 地中から採った油が自動車用の製品になるまでは長い過程を経ている。 類 名 course, operation, procedure
□ 1296　　　　　SVL 4 **resistance** /rizístəns/ 名 抵抗力、耐性；抵抗、反抗	This waterproof spray was terrible and didn't put up much **resistance** against the rain. この防水スプレーは粗悪品で、ほとんど雨をはじく力がなかった。 類 defiance, opposition
□ 1297　　　　　SVL 4 **canal** /kənǽl/ 名 運河、水路	The **canal** was built to transport coal faster than by road. 運河は、陸路より早く石炭を輸送するために建設された。 類 aqueduct, conduit, channel
□ 1298　　　　　SVL 3 **economic** /èkənɔ́mik/ 形 経済の、経済上の	Political power through **economic** means has been China's goal. 経済的手段による政治力の拡大は中国の目標であった。
□ 1299　　　　　SVL 9 **infuse** /infjúːz/ 動 (茶などが)煎じ出される； ～を煎じる；～に吹き込む	Add the tea leaves and wait five minutes for them to **infuse**. 茶葉を加え、5分間煎じます。 類 inoculate
□ 1300　　　　　SVL 3 **fund** /fʌ́nd/ 名 基金、資金；財源；公債 動 ～に資金援助する	She contributed 10 percent of her salary to her child's university **fund**. 彼女は給料の1割を子どもの大学資金として積み立てた。 類 名 stock, supply 動 finance

□ 1301　　　　SVL 2 **least** /líːst/ **副** 最も ～ でない　**形** (the least) 最も少ない、最も小さい	I don't have much money, so I need the least expensive computer in the store. あまりお金がないので、店内にあるコンピューターで一番安い（最も高価でない）ものがいいです。 反 most
□ 1302　　　　SVL 9 **norm** /nɔ́ːm/ **名** 標準、基準；規範、典型	Once considered extravagant, solar roofs are becoming the norm in California these days. かつては奇抜なものとして扱われたソーラールーフは、昨今カリフォルニアで標準となりつつある。 類 standard
□ 1303　　　　SVL 6 **starvation** /stɑːvéiʃən/ **名** 飢え、飢餓	The animals were not fed for weeks and died of starvation. 動物たちは何週間も餌を与えられず飢え死にした。 類 malnutrition, undernourishment　反 satiety, satisfaction
□ 1304　　　　SVL 4 **expectation** /èkspektéiʃən/ **名** 期待、予期、予想；見込み、可能性	I was stressed from the high expectation of my parents. 私は両親からの大きな期待にストレスを感じていた。 類 prospect, prediction　反 unlikelihood, hopelessness
□ 1305　　　　SVL 2 **writer** /ráitə/ **名** 作家、文筆家、執筆者、著者	The writer decided to write a sequel to her bestseller. その作家は、自身のベストセラーの続編を書くことにした。 類 author
□ 1306　　　　SVL 3 **typical** /típikəl/ **形** 典型的な、代表的な；特有の	The vase was a typical example of late Roman pottery. その花瓶は後期ローマ陶器の代表的な例であった。 類 quintessential, representative　反 atypical
□ 1307　　　　SVL 7 **verbal** /vɔ́ːbəl/ **形** 言葉による、口頭の、言葉の	There was no contract, but they made a verbal agreement on the sale. 契約書は無かったが、販売について彼らは口頭で合意した。 類 oral, rhetorical
□ 1308　　　　SVL 4 **engagement** /ingéidʒmənt/ **名** 婚約、婚約期間；約束；取り組み、参加	Their engagement lasted three years prior to getting married. 彼らの婚約期間は結婚するまで3年間続いた。
□ 1309　　　　SVL 3 **connection** /kənékʃən/ **名** つながり、関連、関係；連結、結合、接続	They had a deep connection, which helped the relationship survive. 彼らは心底からのつながりがあったおかげで関係を維持することができた。 類 liaison, link, relationship, contact, bond
□ 1310　　　　SVL 6 **soak** /sóuk/ **動** ～を漬ける、浸す；～に染み込む	When cleaning dirty plates, you can soak them for 20 minutes in hot water first. 汚れたお皿を洗うとき、まず温水に20分間浸すとよい。 類 wet, absorb

---

□ 1311　SVL 4
portrait
/pɔ́:trit/

名 肖像、似顔絵；描写、叙述

The queen's **portrait** showed off all her facial features.
女王の肖像画には、顔の造作がくまなく描き出されていた。

類 depiction, description, picture

□ 1312　SVL 4
representative
/rèprizéntətiv/

名 代表者、代理人、後継者
形 代表する；代表の

A **representative** of the company made the announcement.
会社の代表が発表を行った。

類 名 example, delegate, deputy　**反 形** atypical, uncharacteristic

---

□ 1313
equate
/ikwéit/

動 ～を同一視する、同等と見なす

It is difficult to **equate** a teaching qualification in England with one in Russia.
イングランドにおける教員資格とロシアでのそれを同一視することは難しい。

類 analogise, compare

□ 1314　SVL 5
significance
/signífikəns/

名 重大さ、重要性；意義；有意性

The issue had little **significance** for the politician.
その問題はその政治家にとって大したことではなかった。

類 meaning, importance

□ 1315　SVL 2
introduce
/ìntrədjú:s/

動 ～を紹介する；～を…に導入する；(製品など)を発表する

The teacher **introduced** the new student to her classmates.
教師は新しい生徒を彼女のクラスメートに紹介した。

類 acquaint, present

□ 1316　SVL 8
hemisphere
/hémisfiə/

名 半球、半球体；(活動などの)領域、範囲

The Northern **Hemisphere** has dominated the global economy over the last millennium.
直近の千年紀においては、北半球が世界の経済を支配してきた。

□ 1317　SVL 6
exclusive
/iksklú:siv/

形 専用の、独占的な；排他的な

The bar was **exclusive** to only those with a member's card.
そのバーはメンバーズカード所有者専用であった。

類 focused, undivided, sole　**反** open, inclusive

□ 1318　SVL 3
inner
/ínə/

形 内側の、内部の；内面的な；隠れた

The spy had penetrated the outer network but not the **inner** circle.
スパイは外郭のネットワークを突破したが、中枢には至らなかった。

類 internal　**反** outer

□ 1319　SVL 2
especially
/ispéʃəli, espéʃəli/

副 特に、とりわけ

I enjoy travelling, **especially** to places I've never been to before.
私は旅行をすること、特に行ったことがない場所に行くのが楽しみです。

類 particularly, notably, specifically

□ 1320　SVL 9
copyright
/kɔ́piràit/

名 著作権

Having **copyright** of a song prevents someone from copying it.
曲の著作権を持っていれば誰かがコピーすることを防げる。

類 patent

🔊 133.mp3

☐ 1321　SVL 4 **demonstrate** /démənstrèit/ **動** ～を明らかにする、証明する	Recent research clearly **demonstrates** that the human body can build muscle at any age. 最近の研究は、人間の体は何歳になっても筋肉をつけることができるとはっきりと**示している**。 類 prove, show, betray
☐ 1322　SVL 4 **acid** /ǽsid/ **形** 酸性の；酸っぱい　**名** 酸；酸っぱい物	**Acid** rain damages buildings and structures. 酸性雨は建物や建築物にダメージを与える。 類 **形** acerbic; sour
☐ 1323　SVL 4 **weaken** /wíːkən/ **動** ～を弱くする、弱める；～をもろくする	The policy failure had **weakened** the president's position. その政策の失敗が大統領の立場を弱めた。 類 dilute
☐ 1324　SVL 2 **weight** /wéit/ **名** 重量、重さ、体重；重り	Her **weight** has been decreasing since she started her diet. 彼女の体重はダイエットを始めてから減っている。 類 load
☐ 1325　SVL 5 **garment** /gɑ́ːmənt/ **名** 衣服、衣服の1点、衣類	The **garment** could only be dry-cleaned. その衣服はドライクリーニングが必須だった。 類 apparel, attire, robe
☐ 1326　SVL 7 **motivation** /mòutəvéiʃən/ **名** 意欲、やる気、動機付け；動機、誘因	The student had no **motivation** to study, so she just watched TV instead. その生徒は学習意欲が無く、テレビを見ているばかりだった。 類 encouragement, incentive, impulse
☐ 1327　SVL 6 **curse** /kə́ːs/ **動** ～に呪いをかける；～に悪態をつく　**名** 悪態；呪い	She thought she had been **cursed** as everything always went wrong. いつも全てがうまく行かず、彼女は自分が呪われているのではないかと思った。 反 **動** bless
☐ 1328　SVL 5 **furnish** /fə́ːniʃ/ **動** （家・部屋）に備え付ける	They decided to **furnish** their living room with second-hand furniture. 彼らは居間に中古家具を備え付けることにした。 類 equip, outfit, supply
☐ 1329　SVL 7 **manifest** /mǽnəfèst/ **形** 明らかな、明白な　**動** ～を明らかにする、証明する	The symptoms of the disease took almost a week to become **manifest**. その病気の症状は顕在化するまでに1週間近くかかった。 類 **形** apparent, distinct, evident　**動** embody
☐ 1330　SVL 4 **mere** /míə/ **形** ほんの、単なる；ただ～するだけで	Though the candidate was expected to easily win the election, he won by a **mere** 40 votes. その候補は選挙で楽勝だと思われていたが、**わずか40票差**での勝利だった。 類 bare

□ 1331　　SVL 7 **virtually** /və́ːtʃuəli/ **副** 実質上は、実質的には；ほとんど	The adventurers found the jungle **virtually** impenetrable. 冒険家らは、そのジャングルには事実上踏み込めないと悟った。 **類** practically
□ 1332　　SVL 4 **assume** /əsjúːm/ **動** 〜と仮定する、思い込む；〜を引き受ける、負う	Don't **assume** you are in charge because you are the manager's son. マネジャーの息子だからといって自分が責任者だと思い込むなよ。 **類** hypothesise, postulate, suppose; accept, take over, presume
□ 1333　　SVL 5 **substantial** /səbstǽnʃəl/ **形** しっかりした、かなりの；頑丈な；実質的な	He woke up hungry and had a **substantial** breakfast. 彼は空腹で目が覚めしっかりと朝食をとった。 **類** considerable
□ 1334　　SVL 8 **explicit** /iksplísit/ **形** 明確な、はっきりした、明示的な	Instead of being evasive, just be **explicit** and tell me. 曖昧にせずはっきり私に言って。 **類** definite, specific, unambiguous **反** implicit
□ 1335　　SVL 3 **obvious** /ɔ́bviəs/ **形** 明白な、明らかな；分かりきった；見え透いた	The virus caused some **obvious** physical symptoms, such as a cough. そのウイルスにはせきなどの分かりやすい身体症状があった。 **類** apparent, evident, unmistakable, plain
□ 1336　　SVL 4 **fade** /féid/ **動** (力などが)次第に衰える、弱まる；だんだんと消えていく	She started to **fade** at the end of the race so others caught up. 彼女はレースの終盤で勢いがなくなり始めたため、他の選手らが追いついた。 **類** dissolve, vanish
□ 1337　　SVL 2 **chapter** /tʃǽptə/ **名** 章、チャプター；区切り、重要な一時期；支部	I'll come and help you when I reach the next **chapter** in this book. この本の次の章まで読んだら、君のところに行って手伝うよ。 **類** phase; branch
□ 1338　　SVL 3 **drawer** /drɔ́ː/ **名** 引き出し	He put all his shirts in the middle **drawer**. 彼はシャツを全て真ん中の引き出しに入れた。 **類** cabinet, locker
□ 1339　　SVL 3 **variety** /vəráiəti/ **名** 多様性；種類；(a variety of)いろいろな〜	The buffet had a wide **variety** of choice. ビュッフェは幅広い種類から選択できた。 **類** diversity, variousness; kind, sort
□ 1340　　SVL 5 **viewpoint** /vjúːpɔ̀int/ **名** 観点、視点、立場、見地	Most historical accounts of war are from the victor's **viewpoint**. 戦争に関する歴史的説明の多くは、勝者側の観点である。 **類** point of view, perspective

□ 1341 SVL 7	Law **enforcement** officers are losing the war against the use of illegal drugs.
enforcement	法執行官は違法薬物の使用撲滅との闘いに敗れている。
/infɔ́:smənt/	
名（法律などの）施行、執行、実施	類 implementation, application

□ 1342 SVL NA	He was not quite full and asked his mother for a second **serving** of dinner.
serving	彼はまだ満腹ではなかったから母親におかわり（2杯目）をお願いした。
/sə́:viŋ/	
名（料理などの）1人前、1杯	

□ 1343 SVL 4	Soldiers must **obey** commands from people with a superior rank.
obey	兵士は上位の人間からの命令に従わなければならない。
/əbbéi/	
動（命令など）に従う；（人）の言いつけを守る	類 follow, observe, comply

□ 1344 SVL 4	The computer was one of the most influential **inventions** in human history.
invention	コンピューターは人類史上、最も重要な発明の1つだ。
/invénʃən/	
名 発明品；発明すること、考案、創案；作り話	類 brainchild, creation, innovation

□ 1345 SVL 1	He used his martial arts skills to defend against the **attack**.
attack	彼は攻撃を防御するために武道の技を使った。
/ətǽk/	
名 襲撃、攻撃；非難 動 ～を襲う；（問題など）に取り掛かる	類 offence, attempt, blame, assault 反 defence, retreat

□ 1346 SVL 7	The police blocked the road and **diverted** traffic around the accident.
divert	警察は道路を封鎖し、事故現場の交通を迂回（うかい）させた。
/daivə́:t/	
動 ～の方向を変える、～をそらす	類 redirect, veer

□ 1347 SVL 7	The **disposal** of plastic into the ocean has caused many environmental issues.
disposal	海にプラスチックを捨てることで多くの環境問題が生じている。
/dispóuzəl/	
名 処分、廃棄、処理	類 discarding, removal

□ 1348 SVL 3	The manager demands **absolute** obedience from his employees.
absolute	その支配人は従業員に完全な服従を求めている。
/ǽbsəlù:t/	
形 完全な、全くの；決定的な、確固たる	類 complete, definite, perfect, unconditional 反 relative

□ 1349 SVL 8	Ten metres of snowfall more than the previous year is **exceptionally** high for this part of the country.
exceptionally	前年より10メートル多い積雪量は、国のこの地域にとって例外的に多い。
/iksépʃənli/	
副 並外れて、例外的に、非常に	類 notably, remarkably, profoundly

□ 1350 SVL 7	You need to **contend** with the fact that you lost and work harder next time.
contend	負けたという事実に対処して、次回はもっと頑張らないといけない。
/kənténd/	
動（contend with）～に対処する；戦う、争う	類 compete, struggle

□ 1351　SVL 3 **sufficient** /səfíʃənt/ 形 (〜するのに) 十分な、足りる	One large-sized pizza is more than **sufficient** for a couple. 2人ならラージサイズのピザ1枚で十分過ぎるでしょう。 類 adequate
□ 1352 **demote** /dimóut/ 動 〜を降格させる	He was **demoted** due to his constant lack of punctuality. 彼はいつも時間を守らないせいで降格させられた。 類 downgrade
□ 1353　SVL 5 **specialise** /spéʃəlàiz/ 動 専門にする、専攻する；専門に扱う	The vast majority of doctors **specialise** in one area of medicine. 医者の大半は医学における特定の一分野を専門とする。
□ 1354　SVL 2 **publish** /pʌ́bliʃ/ 動 〜を出版する、発行する；〜を公表する、発表する	The author was excited to hear that his book was to be **published** next month. 自分の本が来月出版されると聞いて、作家は興奮した。 類 issue, print, put out, proclaim
□ 1355　SVL 8 **casualty** /kǽʒuəlti/ 名 (事故などの) 犠牲者、死傷者；死傷事故、惨事	There were several **casualties** from the building collapsing. 建物の倒壊により数名の犠牲者が出た。 類 fatality, loss, victim
□ 1356　SVL 8 **intricate** /íntrikət/ 形 複雑な、入り組んだ、難解な	The watch mechanism was incredibly **intricate** and difficult to repair. その腕時計の構造は信じ難いほど複雑で、修理が難しかった。 類 complex, detailed, elaborate, sophisticated
□ 1357　SVL 7 **contemplate** /kɔ́ntəmplèit/ 動 〜を熟考する、思い巡らす、じっくり考える	After finishing university, he started to **contemplate** his future. 大学を卒業してから、彼は将来について熟考し始めた。 類 consider, deliberate
□ 1358　SVL 2 **aside** /əsáid/ 副 別にして、分けて；脇に、傍らに	The family set money **aside** every month for their children's university education. その家族は子どもたちの大学教育のために毎月お金を分けて取っておいている。
□ 1359　SVL 7 **fraud** /frɔ́ːd/ 名 詐欺、不正手段；詐欺師；偽物	He was arrested for **fraud** after selling fake diamonds. 彼は偽のダイヤモンドを売っていたので詐欺で逮捕された。 類 swindle
□ 1360　SVL 4 **abuse** 名/əbjúːs/ 動/əbjúːz/ 名 悪口、悪態；虐待 動 〜を虐待する；〜を罵倒する	The bullies' **abuse** caused him to quit school. いじめっ子たちの悪口が、彼が学校をやめる原因となった。 類 名 exploitation, wrongdoing 動 exploit

☐ 1361　　SVL 7 **enhance** /inhǽːns/ **動** (性能・価値など)を高める、増加させる	The movie was incredibly popular and **enhanced** the star's reputation further. その映画は非常に人気で、スター俳優の評判をさらに高めた。 **類** increase, strengthen, boost, improve, magnify
☐ 1362　　SVL 4 **realistic** /rìəlístik/ **形** 実現可能な、実際的な、現実的な；写実的な	It's important to set **realistic** life goals that can be achieved. 達成できる現実的な人生の目標を設定することが大切だ。 **反** unrealistic
☐ 1363　　SVL 8 **marginal** /máːdʒinl/ **形** わずかな、取るに足らない；本流から外れた、周辺的な	The company's accounts showed only a **marginal** profit compared to last month. 会社の会計は、前月と比較してほんの**わずかの**利益が見られた。 **類** insignificant, negligible; frontier　**反** central, inner
☐ 1364　　SVL 8 **irrelevant** /iréləvənt/ **形** 的外れな、見当違いの、無関係な、関連のない	The IT technician angered the customer by giving several **irrelevant** solutions. IT技術者は、見当違いの提案をいくつも出し、顧客を怒らせた。 **類** insignificant, unrelated
☐ 1365　　SVL 2 **double** /dʌ́bl/ **形** 2倍の、倍の	He was amazed as the salary was almost **double** what he got at his last job. 彼は給料が前職の約2倍だったことに驚いた。 **類** twice　**反** single
☐ 1366　　SVL 5 **desperate** /déspərət/ **形** ～したくてたまらない；切望してやまない、必死の	He studied for hours as he was **desperate** to get full marks in the exam. 彼は試験で満点を取りたくて仕方なかったので、何時間も勉強した。
☐ 1367　　SVL 5 **assurance** /əʃúərəns/ **名** 保証、確約、言質	The student has given her professor an **assurance** that she will submit her thesis on Monday. その学生は月曜日に論文を提出することを教授に確約した。 **類** assuredness, certainty
☐ 1368　　SVL 6 **identification** /aidèntifəkéiʃən/ **名** 身分証明書；身元の証明；同一視	A driving licence is a form of **identification**. 自動車免許証は身分証明書の一例である。
☐ 1369　　SVL 2 **harm** /háːm/ **名** 危害、被害、悪影響　**動** ～に危害を加える、傷つける	An influential doctor's mantra is "first do no **harm**." 医療者の真言として権威を持つものの1つに「何よりも患者に害をなさぬことを」という教えがある。 **類** damage, hurt. spoil
☐ 1370　　SVL 3 **generation** /dʒènəréiʃən/ **名** 同世代の人々、世代、年代；(熱などの)発生	Previous **generations** were seen to be more hard-working than the current one. 古い世代の人々は現代の人々よりも働き者だったと見られていた。

□ 1371　SVL 3
criminal
/krímənəl/
名 犯罪者、犯人　形 犯罪的な、犯罪の

The jury decided he was guilty and sent the **criminal** to jail for 10 years.
陪審団は彼が有罪であると裁定し、犯人を10年間の懲役に処した。

類 名 culprit, offender, villain　形 illegal, illicit, unlawful

□ 1372　SVL 7
nationalism
/nǽʃənəlìzm/
名 民族主義、国家主義、ナショナリズム

The growth of **nationalism** was causing many conflicts involving immigrants in the UK.
国家主義の台頭は、イギリス国内の移民を巻き込んだ多くの対立を引き起こしていた。

□ 1373　SVL 8
authentic
/ɔːθéntik/
形 本物の、真の；正確な、信頼のできる

He was surprised that it wasn't a fake but actually an **authentic** Picasso painting.
それが贋作（がんさく）ではなく実際に本物のピカソの絵だったことに彼は驚いた。

類 genuine, original; accurate　反 counterfeit, fake; false

□ 1374　SVL 3
glance
/glɑːns/
名 ちらっと見ること、一目
動 ちらっと見る；ざっと読む

She peered over the computer and took a **glance** at the boy sitting opposite.
彼女はコンピューター越しに視線をやり、向かい側に座っている少年をちらっと見た。

類 glimpse, look

□ 1375　SVL 4
investigation
/invèstəgéiʃən/
名 調査、捜査、取り調べ；研究

The **investigation** into the accident discovered that no one was responsible.
調査によってその事故は誰のせいでもないことが分かった。

類 examination, research, probe

□ 1376　SVL 8
prosecution
/prɔ̀sikjúːʃən/
名 起訴、告訴；検察当局

The **prosecution** was delayed for two weeks when the judge fell ill.
裁判官が病気になったとき、起訴は2週間延期された。

□ 1377　SVL 2
activity
/æktívəti/
名 活動、行為；活発であること、活発な動き

Human **activity** has been shown to contribute to global warming.
人間活動は地球温暖化の一因であると考えられる。

類 action, endeavour, undertaking

□ 1378　SVL 8
populate
/pɔ́pjulèit/
動 ～に住む、居住する

Immigrants **populate** many of the UK's largest cities.
移民はイギリスの大都市の多くに居住している。

類 inhabit, colonise

□ 1379　SVL 5
accomplished
/əkʌ́mpliʃt, əkɔ́mpliʃt/
形 熟達した；成し遂げられた、成就した

Murakami is one of the most **accomplished** contemporary Japanese authors.
村上は現代日本の最も優れた作家の1人である。

類 skilful, proficient

□ 1380　SVL 7
superb
/supə́ːb/
形 素晴らしい、見事な、極上の

The local restaurant's food was **superb** and had won many awards.
そのご当地レストランの食事は素晴らしく、何度も賞を取っていた。

類 awesome, fabulous, terrific, wonderful

☐ 1381　　　　SVL 6 **revise** /riváiz/ **動** 復習する；〜を改める、変更する、校正する	She didn't **revise** for the exam and failed. 彼女は試験に備えて復習しなかったので落ちた。 **類** modify
☐ 1382　　　　SVL 3 **determine** /ditə́:min/ **動** 〜を決定する、確定する	The game show winner was **determined** by adding up all of the points. ゲームショーの優勝者は全ての点数を足して決定された。 **類** decide, judge
☐ 1383　　　　SVL 3 **fond** /fɔ́nd/ **形** (〜が) 大好きで、とても好む；愛情深い、優しい	He was **fond** of his grandson and looked forward to seeing him. 彼は孫息子が大好きで、会うのを楽しみにしていた。
☐ 1384　　　　SVL 4 **deceive** /disí:v/ **動** 〜をだます、欺く、惑わす	He **deceived** himself by thinking he could pass the exam without studying. 彼は勉強しなくても試験に合格できると自分に都合よく考えた。
☐ 1385　　　　SVL 7 **bankruptcy** /bǽŋkrʌptsi, bǽŋkrəpsi/ **名** 倒産、破産；破綻	He could not pay back his debts, so he filed for **bankruptcy**. 彼は借金を返済できず破産を申請した。
☐ 1386　　　　SVL 10 **mandatory** /mǽndətəri/ **形** 義務付けられた、必須の；命令の	The health and safety training was **mandatory** for all employees. 公衆衛生講習は従業員全員にとって必須であった。 **類** obligatory, directory, compulsory
☐ 1387　　　　SVL 3 **ignore** /ignɔ́:/ **動** 〜を無視する、〜に気付かないふりをする	She shouted down the corridor, and even though he clearly heard her, he **ignored** her. 彼女が廊下の向こうから叫び、彼はそれをはっきりと聞いたにも関わらず、彼女を無視した。 **類** disregard, overlook
☐ 1388　　　　SVL 6 **defensive** /difénsiv/ **形** 自衛上の、防御的な	**Defensive** driving courses help students to protect themselves from others on the road. 防御的運転講習は受講者が道路上で他者から身を守る上で役立つ。 **類** protective　**反** offensive
☐ 1389　　　　SVL 2 **prepare** /pripéə/ **動** 〜を用意する、〜の準備をする；〜に心構えをさせる	The chef spent about two hours **preparing** the lavish meal. シェフは2時間ほどかけて贅(ぜい)を尽くした食事を用意した。 **類** arrange, equip, ready
☐ 1390　　　　SVL 2 **steel** /stí:l/ **名** 鋼、鋼鉄、スチール	The **steel** industry provided employment for thousands in the north of England. 鉄鋼業はイングランド北部で数千人の雇用を生み出した。

□ 1391　SVL 5 **relieve** /rilíːv/ 動 ～を和らげる、軽減する；～を安心させる	The painkillers given to him helped to **relieve** the pain. 彼がもらった鎮痛薬は痛みを和らげるのに役立った。 類 comfort

□ 1392　SVL 5 **experimental** /ikspèrəméntl/ 形 実験の、実験的な、実験に基づく	It was an **experimental** vaccine, but it had the potential to save millions of lives. 実験的なワクチンであったが、数百万人もの命を救う可能性があった。 類 empirical, observational

□ 1393　SVL 4 **extent** /ikstént/ 名 範囲、程度、広さ、規模	We will know the **extent** of the damage when the car gets back to the garage. 車が車庫に戻ってくれば破損の程度が分かる。 類 degree, scope, length

□ 1394　SVL 7 **variable** /véəriəbl/ 形 変化しやすい、変わりやすい	The weather around here is **variable**. この辺りの天気は変わりやすい。 反 constant

□ 1395　SVL 5 **renew** /rinjúː/ 動 ～を更新する、継続する；～を再開させる、復活させる	You are normally required to **renew** your passport every 10 years. パスポートは通常10年ごとに更新する必要がある。 類 refresh, redo, resume, restore

□ 1396　SVL 6 **classified** /klǽsəfàid/ 形 (情報が)機密扱いの；分類された 名 (新聞の)案内広告	Only upper management has access to the **classified** data. 上級管理職のみが機密データにアクセスできる。 類 形 confidential, secret 反 形 open

□ 1397　SVL 8 **adverse** /ædvə́ːs, ædvəːs/ 形 好ましくない、不利な、不都合な	The **adverse** weather stopped the helicopter from taking off. 悪天候に阻まれてヘリコプターは離陸できなかった。 類 hostile, negative, unfavourable

□ 1398　SVL 5 **peer** /píə/ 名 対等の人、同等の人；同僚	**Peer** pressure can cause people to do things they would not normally do. 同調圧力によって人は普段しないようなことをしてしまう。 類 equal, fellow

□ 1399　SVL 4 **aspect** /ǽspekt/ 名 側面、点；様子、外観	My favourite **aspect** of the artwork is the bright colours. この芸術作品の好きなところは、明るい色彩です。 類 outlook, perspective; appearance, state

□ 1400　SVL 5 **quote** /kwóut/ 名 引用文 動 (言葉など)を引用する；～を見積もる	The politician used a **quote** by her opponent to undermine him. その政治家は、政敵自身の言葉を引用することで彼の足元をすくおうとした。 類 cite, mention, refer

□ 1401　SVL 3 **fairly** /féəli/ 圃 かなり、けっこう、まずまず；理にかなった、適切な	It's getting late, so we should go home **fairly** soon. 遅くなっているので、もうそろそろ家に帰るべきだ。
	類 impartially; quite, enough, somewhat 反 unfairly
□ 1402　SVL 4 **mutual** /mjúːtʃuəl/ 形 (関係が)相互の、お互いの	**Mutual** respect is essential for a successful marriage. 幸せな結婚には互いへの尊敬が欠かせない。
	類 common, conjoint, conjunct, shared, interactive
□ 1403　SVL 8 **oppressive** /əprésiv/ 形 うだるような；過酷な、圧制的な	The **oppressive** heat of the sun forced him inside to find shade. 太陽のうだるような暑さにより彼は日陰を求めて屋内に入らざるを得なかった。
□ 1404　SVL 9 **milestone** /máilstòun/ 名 画期的な出来事、大きな区切りとなる出来事；里程標	The four-minute mile was a key **milestone** for athletics. 1マイル4分というのは陸上競技における重要な節目だった。
	類 landmark, turning point, watershed
□ 1405　SVL 5 **phase** /féiz/ 名 (発達などの)段階、局面；(問題などの)側面	It was fortunate that the disease was discovered in an early **phase**. 病気が初期段階で見つかったのは幸運だった。
	類 chapter, stage, step
□ 1406　SVL 5 **unaware** /ʌnəwéə/ 形 気付かない、知らない	He had not read the book so was **unaware** of the characters. 彼はその本を読んでいなかったので登場人物を知らなかった。
	類 ignorant, clueless 反 aware
□ 1407　SVL 3 **maintain** /meintéin, məntéin/ 動 ～を維持する、継続する、保つ；整備する	He wanted to **maintain** his weight, not lose any more. 彼は体重をそれ以上落とすことなく現状維持したかった。
	類 keep, preserve, save, uphold, assert, conserve, claim
□ 1408 **sanitation** /sæ̀nətéiʃən/ 名 公衆衛生；下水設備	The living conditions were terrible, lacking in clean water and adequate **sanitation**. 生活状態は劣悪で、浄水と十分な公衆衛生が不足していた。
□ 1409　SVL 3 **tough** /tʌ́f/ 形 丈夫な、強靭(きょうじん)な；困難な、難しい	Employees who come from a military background are often **tougher** and more disciplined. 軍隊経験のある社員はしばしば他より強靭(きょうじん)で規律正しい。
	類 strong, hard, sturdy
□ 1410　SVL 3 **belief** /bilíːf/ 名 信念、確信；信仰、信条	He had such a strong **belief** in his own abilities that he ignored all the criticism. 彼は自分の能力に強い信念があったため、批判を全て無視した。
	類 conviction, notion, opinion, credit

☐ 1411　　SVL 6 **fraction** /frǽkʃən/ 名 ほんの少し、一部分、わずか	Only a **fraction** of the population invests in the stock market. 人口のうちごく一部だけが株式市場に投資している。 類 piece, portion, fragment
☐ 1412　　SVL 4 **luxury** /lʌ́kʃəri/ 名 ぜいたく、豪華さ；ぜいたく品、高級品	He had spent a lot of money on the **luxury** hotel room for their honeymoon. ハネムーンで泊まるぜいたくなホテルの部屋に彼はかなりのお金を費やした。 類 extravagance 反 necessity
☐ 1413　　SVL 4 **deposit** /dipɔ́zit/ 動 ～を置く、預金する、預ける　名 保証金、預金	They went to the bank to **deposit** this week's profits. 彼らは今週の利益を預け入れるために銀行に行った。
☐ 1414　　SVL 5 **invasion** /invéiʒən/ 名 侵入、侵略、殺到；侵害	The **invasion** of Iraq by the United States was not supported by the United Nations. アメリカによるイラク侵攻は国連に支持されていなかった。 類 intrusion
☐ 1415　　SVL 3 **temporary** /témpərəri/ 形 一時の、一時的な、臨時の	He hoped that his new position was **temporary** rather than permanent. 彼は新しい職が永続的ではなく一時的なものになることを期待した。 類 transient 反 permanent
☐ 1416　　SVL 2 **regular** /régjulə/ 形 常連の；いつもの、定期的な；規則正しい	The store was very popular with a lot of **regular** customers. そのお店は大変人気で多くの常連客がいた。 反 irregular
☐ 1417　　SVL 8 **discern** /disə́:n/ 動 (不鮮明なもの) を何とか見る、見定める、区別する	In the dark, he could only just **discern** the outline of the building. 暗闇の中で彼には建物の輪郭がかすかに見えただけだった。 類 behold, distinguish, observe, perceive, notice
☐ 1418　　SVL 2 **sense** /séns/ 名 感覚、意識；良識、分別	To ride a horse requires a good **sense** of balance. 乗馬にはバランス感覚の良さが必要である。
☐ 1419　　SVL 8 **potentially** /pəténʃəli/ 副 潜在的に；ひょっとすると、もしかすると	It was a serious disease that was **potentially** fatal. それは、死に至る可能性がある深刻な病気だった。 類 likely
☐ 1420 **invigorate** /invígərèit/ 動 ～に活力を与える、～を元気づける	The energy drink **invigorated** him so he could work all night. エナジードリンクで元気になった彼は一晩中働くことができた。

□ 1421　SVL 4 **wander** /wɔ́ndə/ 動 ぶらつく、歩き回る、さまよう	He had no set destination and **wandered** through the woods. 彼は目的地を定めず、森をさまよった。

□ 1422　SVL 3 **available** /əvéiləbl/ 形 手が空いている、時間がある；手に入る、利用できる	If you are **available** for the next meeting, please let me know by email. 次の会議に出席できる場合は、私にメールで知らせてください。 類 accessible, obtainable 反 inaccessible, unavailable

□ 1423　SVL 2 **develop** /divéləp/ 動 ～を開発する、発展させる、発達させる	The software had taken a team of six over two years to **develop**. このソフトウェアを開発するのに6人チームで2年かかった。 類 advance, grow, evolve, amplify

□ 1424　SVL 7 **pulse** /pʌ́ls/ 名 脈拍、鼓動；リズム 動 鼓動する、脈打つ	The nurse tested his **pulse** on his wrist and found that it was too fast. 看護師は男の手首で脈を取り、それが速過ぎることに気付いた。 類 beat, throb, rhythm

□ 1425　SVL 7 **comprise** /kəmpráiz/ 動 ～から成る、包む	The population is **comprised** of many different ethnicities. 人口は多様な民族で構成されている。 類 consist, contain, constitute

□ 1426　SVL 6 **classify** /klǽsəfài/ 動 ～を分類する、等級で分ける；（文書）を機密扱いにする	The biologist struggled to **classify** the new species. その生物学者は新種を分類するのに苦労した。 類 categorise, sort

□ 1427　SVL 7 **arrogant** /ǽrəgənt/ 形 傲慢（ごうまん）な、横柄な、思い上がった	Everyone was pleased when he lost because of his **arrogant** behaviour. 彼が傲慢（ごうまん）な態度のせいで敗退したことに皆が留飲を下げた。 類 bossy, cocky, pompous

□ 1428 **locomotion** /lòukəmóuʃən/ 名 運動、運動力、移動、移動力	The **locomotion** of lizards is predicated on their peculiar anatomy. トカゲの動きはその特有の解剖学的構造によるものである。 類 action, movement

□ 1429　SVL 4 **status** /stéitəs, stǽtəs/ 名 身分、地位；状況、状態	An expensive watch has become a **status** symbol today. 今日では、高級腕時計は地位の象徴となっている。 類 state, condition, prestige

□ 1430　SVL 5 **incline** 名/ínklain/ 動/inkláin/ 名 傾斜、勾配 動 （人の）心を～に傾かせる	The cyclist struggled to get up the steep **incline**. サイクリストは急坂の上りに苦戦した。 類 名 gradient, slope, tilt 動 lean

☐ 1431　　SVL 2 **value** /vǽlju:/ 名 価格、値段；価値、値打ち	His car had lost a lot of **value** due to the spreading rust. 彼の車はさびが広がっているせいでかなり価値が下がっていた。
☐ 1432　　SVL 2 **sort** /sɔ́:t/ 動 ～を区分けする、分類する；～を解決する	It is important to **sort** your bins into recycling and non-recycling. ごみ箱をリサイクルと非リサイクルに分けることが大事である。 類 classify
☐ 1433　　SVL 5 **proclaim** /proukléim, prəkléim/ 動 ～を宣言する、～を公布する、～を公式に発表する	The day was **proclaimed** as a new national holiday. その日が新しい国民の休日と公式に発表された。 類 announce, declare, publish
☐ 1434　　SVL 4 **shallow** /ʃǽlou/ 形 （水深などが）浅い	The river was so **shallow** that they could easily walk across it. その川は浅かったので簡単に歩いて渡れた。 類 superficial 反 deep
☐ 1435　　SVL 6 **deliberate** /dilíbərət/ 形 ゆっくりとした、慎重な、熟考された	Don't wave the brush around, but make **deliberate** strokes. 筆を振り回すのではなく、ゆっくりと筆を運ぶこと。 類 conscious 反 random
☐ 1436　　SVL 5 **annoy** /ənɔ́i/ 動 ～をいらいらさせる、悩ます	His little sister's constant complaining was beginning to **annoy** him. 妹が絶えず不平を言っていることに彼はだんだんいらいらしてきた。 類 bother, exasperate, irritate
☐ 1437　　SVL 2 **damage** /dǽmidʒ/ 名 損害、損傷 動 ～に損害を与える、～を損傷する	Earthquakes can cause huge **damage** to buildings and structures. 地震は建物と建造物に甚大な損害を引き起こすことがある。 類 hurt, harm 反 benefit
☐ 1438　　SVL 2 **festival** /féstəvəl/ 名 祝祭、祭り；催し	The **festival** brought the entire town together to sing and dance. 祝祭のため、町の皆が一緒に歌い踊った。 類 celebration, festivity
☐ 1439　　SVL 3 **additional** /ədíʃənəl/ 形 追加の、付加的な、さらなる	There is an **additional** charge if you want a warranty on the purchase. お買い上げ商品に保証を付けるには、追加料金がかかります。 類 supplementary, complementary
☐ 1440 **insist on** ～を強要する；～を主張する	The lecturer **insisted on** all essays being double-spaced. 講師は小論文を全てダブルスペースで書くように要求した。 類 claim

□ 1441 　　　SVL 4 **artificial** /ὰːtəfíʃəl/ 形 人工的な、人造の；人為的な；不自然な	A lot of people are concerned about the future of **artificial** intelligence. 多くの人が人工知能の今後を懸念している。 類 synthetic, pretend, human-made 反 genuine, authentic, real
□ 1442 　　　SVL 7 **aggression** /əgréʃən/ 名 攻撃性；侵略、攻撃	The dog's **aggression** meant it was a good hunting dog. その犬の攻撃性は良い狩猟犬であることを意味した。
□ 1443 　　　SVL 8 **withhold** /wiðhóuld, wiθhóuld/ 動 (許可など)を保留する、与えずにおく、差し控える	They were determined to **withhold** the payment. 彼らは支払いを保留することにした。 類 disallow, hold, keep, retain
□ 1444 　　　SVL 9 **reproductive** /rìːprədʌ́ktiv/ 形 生殖の、繁殖の；再生の	The female **reproductive** organs are inside the body, while the males' are outside. 女性の生殖器は体内にあるが、男性は体外にある。
□ 1445 　　　SVL 6 **worthwhile** /wə́ːθwáil/ 形 やりがいのある、価値のある、重要な	He left his well-paying job at the bank for a more **worthwhile** one. 彼は銀行での給料のいい仕事をやめて、もっとやりがいのある仕事に就いた。
□ 1446 　　　SVL 6 **prediction** /pridíkʃən/ 名 予言、予想、予報、予測	The weather forecaster's **prediction** of clear skies was entirely incorrect as it rained all day. 一日中雨だったので、気象予報士の晴れ予想はまるっきり間違っていたことになる。 類 forecast, prophecy, expectation
□ 1447 　　　SVL 5 **awkward** /ɔ́ːkwəd/ 形 きまりの悪い、気まずい；不器用な、ぎこちない	She was very shy and felt **awkward** at parties. 彼女はとても恥ずかしがりで、パーティーでは気まずさを感じていた。 類 uncomfortable, uneasy, ungraceful, clumsy
□ 1448 　　　SVL 8 **burglary** /bə́ːgləri/ 名 押し込み強盗、(強盗目的の)住居侵入	My TV and computer were stolen in the **burglary** last night. 昨夜強盗に入られてテレビとコンピューターが盗まれた。 類 housebreaking, larceny, robbery, theft
□ 1449 　　　SVL 3 **exception** /iksépʃən/ 名 例外、異例、特例	There is usually an **exception** to every rule. たいてい、規則にはどれも例外があるものだ。 類 oddity, omission
□ 1450 　　　SVL 7 **density** /dénsəti/ 名 密度、濃さ	This high-**density** city has a lot of people crammed into one square mile. この密度の高い街は1平方マイルに大勢の人が詰め込まれている。

□ 1451　SVL 9
alienate
/éiljənèit/
動 ～を離れさせる、引き離す；～を疎遠にする

Having different political ideas may **alienate** you from your group of friends.
異なる政治理念を持っていると、友人のグループから疎外されることもあるだろう。

類 run away

□ 1452　SVL 2
official
/əfíʃəl/
形 公式の、正式の；公の、政府の　**名** 公務員；役員

An **official** note from your doctor is required if you are absent from school.
学校を休むには、医者からの公式な書面が必要である。

類 **形** authorised　**名** agent

□ 1453　SVL 6
stale
/stéil/
形 （食べ物が）新鮮でない、干からびた

The bread had gone **stale** after being out in the open for a week.
1週間も出しっぱなしにしていたので、パンは干からびていた。

類 old, decayed

□ 1454　SVL 4
apologise
/əpɔ́lədʒàiz/
動 謝る、謝罪する、わびる

You should **apologise** to your mother for shouting at her.
怒鳴りつけてしまったこと、お母さんに謝るべきだよ。

類 confess

□ 1455　SVL 5
influential
/influénʃəl/
形 影響力のある、大きな影響を及ぼす；有力な、勢力のある

Because I value her advice, my sister is an **influential** person in my life.
私は姉の助言を重要だと考えているので、彼女は私の人生において影響力のある人物である。

類 important, powerful

□ 1456　SVL 6
inspection
/inspékʃən/
名 検査、点検；視察、査察

Your car needs to pass an **inspection** every year to prove that it is safe.
あなたの車は安全を証明するために、毎年点検に合格しなければならない。

類 audit, check, examination

□ 1457
totality
/toutǽləti/
名 全体性、完全性；総計、総額

When someone invests in a company, they consider the **totality**, not only the profits.
誰かが会社に投資するとき、利益だけでなく全体性を考慮する。

類 aggregate, total, whole

□ 1458　SVL 3
network
/nétwəːk/
名 （鉄道・神経などの）網状組織、～網；人脈　**動** 人脈を作る

The country was well-connected, with a dense **network** of roads.
その国は密な道路網でしっかりと結ばれていた。

類 **名** grid, mesh, system

□ 1459　SVL 9
differential
/dìfərénʃəl/
名 差異、差　**形** 区別を付ける、差別的な

The salary **differential** between the CEO and regular workers is too large.
CEOと正社員との給料格差は大き過ぎる。

類 **形** discriminative, discriminatory　**反** **形** equal, fair

---

□ 1460　SVL 3
translate
/trǽnsleit, trǽnzléit/
動 ～を訳す、翻訳する

She needed help to **translate** the text from German to English.
彼女は文章をドイツ語から英語に翻訳するのに助けが必要だった。

類 rephrase, interpret

□ 1461 　　　　　SVL 9	The **ordeal** left her looking pale and drawn.
ordeal	その苦難のせいで彼女の顔は青白く、引きつっていた。
/ɔːdíːəl/	
名 試練、苦難、つらい経験	類 agony, trial

□ 1462 　　　　　SVL 2	He **claimed** to have been in adverts on TV when he was a child.
claim	彼は幼い頃にテレビの広告に出ていたと言い張った。
/kléim/	
動 ～を主張する、断言する；～を要求する、請求する	類 insist, maintain, request, necessitate, allege, assert

□ 1463 　　　　　SVL 2	It is now easy to **reserve** tickets for the movie theatre online.
reserve	映画館のチケットをオンラインで予約するのは今や簡単なことだ。
/rizə́ːv/	
動 ～を予約する；(権利) を有する　名 蓄え；保護地	類 名 stock, store; savings　反 名 debt

□ 1464 　　　　　SVL 6	The surgeon used a new **probe** to take blood samples from the patient.
probe	外科医が患者から採血するために新しい探針を使った。
/próub/	
名 探針；探査機　動 ～を探る、突き止める、調査する	類 名 examination, enquiry, investigation

□ 1465 　　　　　SVL 6	**Fragments** of the song still sound in my head.
fragment	あの曲の断片がまだ私の頭の中で響いている。
/frǽgmənt/	
名 破片、かけら、断片	類 bit, fraction, piece

□ 1466 　　　　　SVL 3	Her gym **membership** will expire at the end of the week.
membership	彼女のジム会員権は今週末で切れる。
/mémbəʃip/	
名 会員権、会員資格；全メンバー；会員数	類 affiliation, association

□ 1467 　　　　　SVL 4	If you **concentrate** hard enough, you can answer the question.
concentrate	しっかりと集中すれば問題に答えられます。
/kɑ́nsəntrèit/	
動 精神を集中する、専念する；～を集中する	類 condense, focus, unify

□ 1468	You will need to **encode** the message so that the data is kept secret.
encode	メッセージを暗号化してデータの秘密を守る必要がある。
/inkóud, enkóud/	
動 ～を暗号化する、コード化する	類 cipher, encrypt

□ 1469 　　　　　SVL 5	You can measure temperature **precisely** with a digital thermometer.
precisely	デジタル温度計を使えば温度が正確に測れる。
/prisáisli/	
副 正確に、ちょうど；(強調して)まさに、まさしく	類 exactly, squarely

□ 1470 　　　　　SVL 9	He needed a prescription to kill the **parasite** that caused his diarrhoea.
parasite	彼には下痢を引き起こしている寄生虫を殺す処方薬が必要だった。
/pǽrəsàit/	
名 寄生虫、寄生生物	反 host

148.mp3

☐ 1471　　　　　　　　SVL 5
assumption
/əsʌ́mpʃən/

名 仮定、想定、推定、臆測

His **assumption** about her was quickly proved wrong.
彼女に関する彼の臆測はすぐに間違いだと証明された。

類 hypothesis, theory, thesis, premise

☐ 1472　　　　　　　　SVL 8
sophistication
/səfìstəkéiʃən/

名 洗練、教養、精巧

Jack was well-versed in classical music, and this gave him an air of **sophistication**.
クラシック音楽に精通していたことは、ジャックを洗練された雰囲気に仕立てていた。

類 complexity 反 simplification

☐ 1473　　　　　　　　SVL 3
pressure
/préʃə/

名 圧力、押すこと；重圧、プレッシャー

As the diver dived deeper, the water **pressure** increased.
ダイバーがより深く潜っていくと、水圧は増加した。

類 stress, tension

☐ 1474　　　　　　　　SVL 4
analyse
/ǽnəlàiz/

動 ～を分析する、詳細に検討する；～を解析する

The report was written after **analysing** data from thousands of patients.
このリポートは数千人の患者のデータを分析した後に執筆された。

類 break down, deconstruct 反 synthesise

☐ 1475　　　　　　　　SVL 9
turbulent
/tə́:bjulənt/

形 (天候・波などが)荒れ狂う、荒い；激動する

The **turbulent** sea caused most of the passengers on the ship to feel sick.
荒れ狂う海により船の乗客の多くが吐き気を催した。

類 violent, ferocious, fierce, stormy

☐ 1476　　　　　　　　SVL 5
executive
/igzékjutiv/

形 取締役の、役員の

He was promoted from the shop floor to the **executive** offices.
彼は作業現場から役員フロアまで昇進した。

☐ 1477　　　　　　　　SVL 6
preliminary
/prilímənəri/

形 予備の、準備の、予選の

The study's **preliminary** findings are very positive.
その研究の予備調査結果は非常によいものだった。

類 introductory, preparatory

☐ 1478　　　　　　　　SVL 2
path
/pá:θ/

名 小道、遊歩道；通り道、軌道；方針

They followed the winding **path** through the forest on their walk.
彼らは森を抜ける曲がりくねった小道に沿って散歩した。

類 pathway, route, track, way, approach

☐ 1479　　　　　　　　SVL 3
wrap
/rǽp/

動 ～を包む 名 包装、包装紙

It took almost an hour to **wrap** all the Christmas gifts.
クリスマスの贈り物を全部包むのに1時間近くかかった。

類 cover, surround

☐ 1480
fallow
/fǽlou/

名 休耕、休閑(地)

They rotated the fields, leaving one **fallow** every year to encourage crop yield.
彼らは、作物生産を促すために毎年1つの休閑地を残して畑を交代で使った。

類 dormant, idle

Part 1 IELTS基本語彙

157

□ 1481 SVL 2 **improve** /imprúːv/ 動 改善される、改良される；（価値などが）増大する	If you don't study hard, your test scores will not **improve**. 真面目に勉強しなければ、試験の点数は良くならない。 類 enhance, refine, upgrade
□ 1482 **opulent** /ɔ́pjulənt/ 形 裕福な、ぜいたくな；たくさんの、豊富な	Many **opulent** industrialists have been generous in their donations to the university. 多くの裕福な実業家が気前よく本学に寄付をしてきた。 類 affluent, lavish, luxury 反 ascetic, humble
□ 1483 SVL 4 **absorb** /əbsɔ́ːb/ 動（液体など）を吸収する、吸い込む；〜を熱中させる	You can **absorb** the water with a sponge or a towel. スポンジかタオルで水を吸い取ることができる。 類 soak; occupy, involve, immerse, assimilate 反 exude
□ 1484 SVL 5 **adventurous** /ədvéntʃərəs/ 形（人が）冒険好きな、大胆な；冒険に満ちた	The cross-country runs are for the more **adventurous** skiers. クロスカントリーの斜面はさらなる冒険を求めるスキーヤー向けです。 類 courageous
□ 1485 SVL 4 **pursuit** /pəsjúːt/ 名 追跡、追撃；追求；遂行	The police officers got in a traffic accident while in **pursuit** of a suspect. 警察官は被疑者追跡中に交通事故に巻き込まれた。 類 chase, hunt
□ 1486 SVL 5 **terrific** /tərífik/ 形 素晴らしい、とても良い；（程度が）ものすごい、猛烈な	Jeff has a **terrific** sense of humour, but he is always late for meetings. ジェフはユーモアのセンスが抜群だが、会議にはいつも遅刻してくる。 類 awesome, superb
□ 1487 SVL 7 **incorporate** /inkɔ́ːpərèit/ 動 〜を組み込む、〜を取り入れる；〜を法人組織にする	Many businesses are attempting to **incorporate** AI as a customer service solution. 多くのビジネスが、AIを接客サービスソリューションとして取り入れようとしている。 類 combine, integrate, merge, mix, assimilate
□ 1488 SVL 2 **immediate** /imíːdiət/ 形 即座の、即時の；当面の、目下の	**Immediate** action was required when the girl stopped breathing. その少女の呼吸が止まった時は、速やかな対処が必要だった。 類 actual, prompt, urgent, instant, abrupt
□ 1489 SVL 2 **trade** /tréid/ 名 貿易、取引、売買 動 〜を取引する、売買する	The **trade** agreement improved the economic situation of both countries. 貿易協定は両国の経済状況を改善した。 類 名 industry
□ 1490 SVL 2 **mark** /máːk/ 動 〜を採点する；〜に印を付ける 名 印；（試験の）評点	It took the teacher about two hours to **mark** all of the students' papers. 生徒全員のレポートを採点するのにその教師は2時間ほどを費やした。 類 動 label, tag 名 stamp, grade

□ 1491　　SVL 6 **signify** /sígnəfài/ 動 ～を意味する、示す、表す	Some street gangs have unique tattoos to **signify** their membership to a group. メンバーであることを示す独特のタトゥーを入れている街のギャングもいる。 類 mean, denote
□ 1492 **prominently** /prɔ́mənəntli/ 副 目立つように、顕著に	The new cabinet's policies **prominently** feature care for the elderly. 新内閣の政策を顕著に特徴づけるのは、高齢者層へのケアである。 類 remarkably, distinctly　反 unnotably, unremarkably
□ 1493　　SVL 6 **equivalent** /ikwívələnt/ 形 等しい、同量の、～に相当する　名 同等(同量)のもの	Eight kilometres is roughly **equivalent** to 5 miles. 8キロメートルはほぼ5マイルに相当する。 類 comparable, corresponding, matching, counterpart, equal
□ 1494　　SVL 4 **favourable** /féivərəbl/ 形 有利な、好都合の、適した	A calm sea and some wind are **favourable** conditions to go sailing. 穏やかな海といくらかの風が、セーリングに適した条件である。 類 friendly, good, positive
□ 1495　　SVL 6 **competent** /kɔ́mpətənt/ 形 有能な、必要な能力のある；まあまあの、十分な	She has been playing with computers half her life, so she is a **competent** programmer. 彼女は人生の半分をコンピューターをいじって過ごしてきたので、プログラマーとして有能である。 類 capable, qualified　反 incompetent
□ 1496　　SVL 7 **affirm** /əfə́:m/ 動 ～を(公に)支持する、～が本当であると認める	She **affirmed** that the story was true. 彼女はその話が真実だと断言した。 類 allege, assert, declare
□ 1497　　SVL 5 **tolerate** /tɔ́lərèit/ 動 ～を許容する、容認する	The teacher couldn't **tolerate** people using their phones in class. 先生は授業中に携帯を使うことを許さなかった。 類 permit
□ 1498　　SVL 4 **consist** /kənsíst/ 動 (of ～) ～から成る；(in ～) 本質が～にある	The professor's schedule today **consists** of seven consecutive meetings. 教授の今日のスケジュールは、立て続けに会議が7本入っている。 類 comprise
□ 1499　　SVL 4 **inherit** /inhérit/ 動 ～を相続する、受け継ぐ；～を引き継ぐ	When her aunt passed away, she **inherited** all her jewellery. 叔母が亡くなった時に彼女は宝石類を全て相続した。 類 derive, obtain, succeed, disinherit
□ 1500　　SVL 6 **controversial** /kɔ̀ntrəvə́:ʃəl/ 形 物議を醸す、論争を引き起こす	The newspaper's reporting of the prince's personal opinions proved to be **controversial**. 皇太子の個人的見解の新聞報道は物議を醸すこととなった。 類 contentious

🔊 151.mp3

□ 1501 **SVL 5** **fulfil** /fulfíl/ **動** 〜を果たす、実行する；〜 を実現する、かなえる	To **fulfil** the contract, they would have to construct 10 more aircraft. 契約を履行するためには、彼らは飛行機をもう10機建造しなければならないだろう。 **類** achieve, complete, satisfy, perform
□ 1502 **SVL 6** **queue** /kjúː/ **名**（順番を待つ人などの）列 **動** 列を作る	The opening day of a new restaurant often attracts a large **queue** of people. 新しいレストランの開店日にはしばしば人々の長い列ができる。 **類** line
□ 1503 **SVL 5** **originate** /ərídʒənèit/ **動** 起源を持つ、初めて起こる、 初めて生じる、始まる	A lot of modern medicine **originates** from tropical plants. 多くの近代医薬は熱帯植物に由来している。 **類** arise, commence
□ 1504 **SVL 8** **tavern** /tǽvən/ **名** 酒場	The men had a quick beer in the local **tavern**. 男たちは地場の酒場でビールを一杯ひっかけた。 **類** bar, pub
□ 1505 **SVL 5** **harmless** /háːmlis/ **形** 無害の、害のない；悪気の ない、無邪気な	The flu is generally **harmless**, but it can be dangerous if you have an existing illness. このインフルエンザは大概無害だが、持病のある人の場合は重篤になりうる。 **類** benign, inoffensive, safe, innocent
□ 1506 **SVL 3** **atomic** /ətɔ́mik/ **形** 原子の、原子力の、原子力 で動く；極微の、微量の	Peaceful uses of **atomic** energy are at the centre of his research. 原子力の平和利用は彼の研究の中心である。 **類** nuclear
□ 1507 **SVL 4** **appropriate** /əpróupriət/ **形** 適切な、ふさわしい、妥当 な	She was freezing outside as she hadn't worn **appropriate** clothing. 適切な服装をしてこなかったため、彼女は外で凍えていた。 **類** apt, right, suitable **反** inappropriate
□ 1508 **SVL 4** **conflict** 名/kɔ́nflikt/ 動/kənflíkt/ **名** 対立、衝突；闘争 **動** 衝突 する；矛盾する	The **conflict** between the two countries threatened to cause a world war. 両国間の対立により、世界大戦勃発の脅威にさらされた。 **類 名** discord, clash, warfare, confrontation **動** clash, collide
□ 1509 **SVL 7** **confrontation** /kɔ̀nfrʌntéiʃən/ **名** 衝突、対立、（問題などと） 向き合うこと	Her demands are sure to lead to a **confrontation** with management. 彼女の要求は間違いなく管理職との衝突を引き起こすだろう。 **類** battle, conflict
□ 1510 **way of life** 生き方、生活様式、生きざま、 暮らしぶり	Practicing martial arts is not only a hobby, it is a **way of life**. 武道の練習は単なる趣味ではなく、生き方です。 **類** lifestyle

□ 1511 **congruent** /kɔ́ŋgruənt/ 形 一致する、適合する、矛盾のない	The couple broke up as their future plans weren't **congruent**. 将来の計画が一致せず、2人は別れた。
	類 compatible, consistent, harmonious

□ 1512　SVL 6 **rigid** /rídʒid/ 形 頑固な、融通が利かない；厳格な、厳しい	Being a **rigid** person with strong political views, Paul was not very popular amongst his classmates. 政治へのこだわりが強く頑固な人だったので、ポールは級友からあまり好かれていなかった。
	類 fixed, solid, stiff, strict

□ 1513　SVL 4 **reveal** /rivíːl/ 動 ～を見せる；～を明らかにする；～に漏らす	Reaching the summit of the mountain **revealed** the beautiful landscape all around. 山頂に到達すると辺り一面に美しい景色が見えた。
	類 display, disclose, discover　反 conceal

□ 1514 **take up** （趣味・仕事など）を始める、着手する	A lot of people **take up** yoga as an aid to relaxation. たくさんの人がリラクセーションを促すためにヨガを始めている。
	類 start

□ 1515　SVL 6 **persist** /pəsíst/ 動 固執する、執着する；持続する、存続する	He ignored the opposition and **persisted** with his plans. 彼は反対を無視して自分の計画に固執した。
	類 continue, endure, persevere, last, recur

□ 1516　SVL 2 **electricity** /ilektrísəti/ 名 電気	He decided to sell the fridge as his **electricity** bill was through the roof. 電気代が非常に高かったため彼は冷蔵庫を売ることにした。

□ 1517　SVL 8 **supposedly** /səpóuzidli/ 副 言われているには、建前上は；推定では	The film is **supposedly** based on a true story the director heard from an old veteran. その映画は、監督が老いた退役軍人から聞いた実話に基づいているとの触れ込みだ。
	類 presumably, seemingly, allegedly

□ 1518　SVL 7 **anonymous** /ənɔ́nəməs/ 形 匿名の、無記名の、作者不明の	The large donation to the charity was from an **anonymous** donor. チャリティーへの多額の寄付は匿名の募金者からのものだった。
	類 nameless, unidentified, unnamed

□ 1519　SVL 3 **victim** /víktim/ 名 犠牲者、被害者、被災者	The **victim** of the crime was in shock. 犯罪の被害者はショックを受けていた。
	類 sacrifice, casualty

□ 1520　SVL 9 **villain** /vílən/ 名 （映画などの）悪役、敵役；悪人、悪党	The hero managed to beat the **villain** at the end of the film. 映画の最後でヒーローは悪党を打ち破った。
	類 antihero, criminal, scoundrel

□ 1521　　　　　　SVL 3 **credit** /krédit/ **名** 名声、功績、信用　**動** ～を 信用する、信じる	Edison receives a lot of the **credit** for how we use electricity today. エジソンは、今日私たちがいかに電気を使うかに対して大きな功績が認められている。 **類** **名** belief, faith　**動** accept, believe
□ 1522　　　　　　SVL 1 **store** /stɔ́:/ **名** 店、大型店；貯蔵　**動** ～を 貯蔵する、蓄える	The **store** usually has a variety of necessities in stock at all times. その店にはいつもさまざまな必需品の在庫がある。 **類** shop, reserve
□ 1523　　　　　　SVL 3 **arrest** /ərést/ **動** ～を逮捕する、検挙する **名** 逮捕、検挙	Police officers have the authority to **arrest** criminals. 警察官は犯罪者を逮捕する権限を持っている。 **類** **動** apprehend, catch
□ 1524　　　　　　SVL 4 **frequent** 形/frí:kwənt/ 動/frí:kwént/ **形** よく起こる、頻繁な；常習 的な　**動** ～を頻繁に訪れる	He loved to read and was a **frequent** visitor to the local library. 彼は読書が大好きで、地元の図書館を頻繁に利用していた。 **類** **形** constant, periodic
□ 1525　　　　　　SVL 3 **reduce** /ridjú:s/ **動** ～を減少させる、減らす、 縮小させる	It is important to **reduce** the amount of waste you produce. 排出するごみの量を減らすことが肝心だ。 **類** lessen
□ 1526　　　　　　SVL 9 **sequel** /sí:kwəl/ **名**（物語などの）続編、後編、 続き	Most Hollywood **sequels** are never as good as the first instalment. ハリウッドの続編ものは大概最初の作品には遠く及ばない。 **類** franchise　**反** prequel
□ 1527 **figment** /fígmənt/ **名** 絵空事、虚構、捏造（ねつぞ う）、作り事	The mystery voice turned out to be a **figment** of his imagination. 謎の声は結局、彼の想像の産物だったことが分かった。 **類** fabrication, fantasy, fiction
□ 1528　　　　　　SVL 4 **summit** /sʌ́mit/ **名** 頂上、頂；首脳会談、サミット	It took me four hours to climb the mountain and reach the **summit**. その山を登り切り頂上にたどり着くまで4時間かかった。 **類** apex, climax
□ 1529　　　　　　SVL 6 **precaution** /prikɔ́:ʃən/ **名** 用心、警戒、予防措置、注 意	He took the **precaution** of insuring his violin before flying with it. 彼は飛行機に持ち込む前にバイオリンに保険をかけるという予防策を取った。 **類** caution, safeguard
□ 1530　　　　　　SVL 3 **relax** /rilǽks/ **動** ～をくつろがせる、リラッ クスさせる；～和らげる	Yoga and a hot bath are good ways to **relax**. ヨガと温泉はリラックスする良い方法である。

☐ 1531
mimetic
/mimétik/
形 模倣の、見せ掛けの；擬態の

Boys often exhibit **mimetic** behaviour, imitating their fathers at a fairly early age.
少年というものは往々にして模倣行動を取るもので、かなり早いうちから父親のまねをするようになる。

類 imitative

☐ 1532　SVL 2
escape
/iskéip, eskéip/
動 逃げる、脱出する

The prisoners tried to **escape** but were easily caught by the guards.
囚人らは脱獄しようとしたが、刑務官にあっさり捕まった。

類 flee

☐ 1533　SVL 8
interact
/intərǽkt/
動 （人と）交流する；相互に作用する、影響を及ぼし合う

The teacher wanted her students to **interact** with each other, so he gave them many group assignments.
生徒同士の交流を深めたいという思いから、その教師はグループ課題をたくさん与えた。

類 collaborate, cooperate

☐ 1534　SVL 3
romantic
/roumǽntik, rəmǽntik/
形 ロマンチックな、空想的な；恋愛の

On our anniversary, we had a **romantic** candlelight dinner on the beach.
私たちは記念日に海辺で**ロマンチックな**キャンドルライト・ディナーの時間を過ごした。

☐ 1535　SVL 8
affirmative
/əfə́:mətiv/
名 肯定、肯定的な回答　形 肯定的な、賛成の

Ten people voted in the **affirmative** for the new revisions, and eight in the negative.
今度の改正には、10名が賛成票、8名が反対票を投じた。

類 pro　反 negative

☐ 1536　SVL 3
admit
/ædmít/
動 認める、同意する；入場を認める

It takes a mature person to **admit** to their mistakes.
自分の間違いを認めるのは成熟した人間でなければできないことだ。

類 acknowledge, allow, confess, concede

☐ 1537　SVL 9
cuisine
/kwizí:n/
名 （国・地方独特の）料理

The restaurant serves a variety of international **cuisines**.
そのレストランは多彩な外国料理を提供している。

類 cooking

☐ 1538　SVL 1
present
形/préznt/ 動/prizént/
形 出席して；存在する　動 ～を贈呈する；～を提出する

Only a few people were **present** at the wedding, but many were invited to the party afterwards.
結婚式には数人しか出席していなかったが、その後のパーティーには大勢が招待されていた。

類 動 bestow, give, offer, introduce　反 形 absent

☐ 1539　SVL 8
finite
/fáinait/
形 限定された、限りのある、有限の

Fossil fuels are **finite**, so it is important to find new sources of energy.
化石燃料には限りがあるため、新たなエネルギー源を見つけることが重要だ。

反 infinite

☐ 1540　SVL 5
restriction
/ristríkʃən/
名 制限、制約；拘束

It is expected that severe **restrictions** will be imposed on the use of fossil fuels in the coming decades.
今後数十年において、化石燃料の使用に厳格な規制が課されることが予想されている。

類 limitation, constraint

□ 1541　　　　SVL 5
removal
/rimúːvəl/

名 取り去ること、除去、撤去

The protestors are against the **removal** of these ancient trees.
デモの参加者たちは、古木の撤去に反対している。

類 disposal, relief

□ 1542　　　　SVL 3
transport
名/trǽnspɔːt/ 動/trænspɔ́ːt/

名 輸送；交通手段 動 ～を輸送する

Buses and trains are popular types of public **transport**.
バスと電車は大衆型の公共交通機関である。

類 名 transportation 動 convey

□ 1543　　　　SVL 4
classical
/klǽsikəl/

形 古典派の、クラシックの；古典的な、伝統的な

He preferred **classical** music to genres such as pop and rock.
彼はポップやロックなどのジャンルよりクラシック音楽を好んだ。

類 established, orthodox

□ 1544　　　　SVL 7
subsequent
/sʌ́bsikwənt/

形 その後の、それに続く

His serious illness led to his **subsequent** resignation.
彼は重病に侵され、それが後の辞職につながった。

反 prior

□ 1545　　　　SVL 9
manipulate
/mənípjulèit/

動 ～を操る、～を操作する

Politicians often use charm to **manipulate** public opinion.
政治家は世論を操作するために人たらしの術を利用する。

類 manoeuvre

□ 1546　　　　SVL 2
attend
/əténd/

動 ～に出席する、参列する

You need to **attend** all the classes to pass the course.
科目に合格するには全授業に出席しなければならない。

類 accompany

□ 1547　　　　SVL 4
efficient
/ifíʃənt, əfíʃənt/

形 効率的な、効率の良い

Their new car was very **efficient** and didn't need to be refuelled often.
彼らの新車はとても効率が良く、燃料を頻繁に補給する必要はなかった。

類 potent, productive 反 inefficient

□ 1548　　　　SVL 6
correspond
/kɔ̀rəspónd/

動 一致する、合致する、対応する

The places on the map didn't **correspond** to the current location and he got lost.
地図上の場所は現在地と対応していなかったため、彼は迷子になった。

類 agree

□ 1549　　　　SVL 8
ambiguous
/æmbígjuəs/

形 曖昧な、不明瞭な

The question was too **ambiguous** and open to several interpretations.
その質問は曖昧過ぎて、いくつかの意味に取れるものだった。

類 obscure, unclear

□ 1550　　　　SVL 7
clarify
/klǽrəfài/

動 ～を明らかにする、明確にする

She failed to understand and asked him to **clarify** what he meant.
彼女は理解できなかったため、彼に言いたいことをはっきりと言うようお願いした。

類 explain

□ 1551 　　　　SVL 8 **congregation** /kɔ̀ŋgrigéiʃən/ 名 集合、集まり；会衆、集まった人々	I had never seen such a large **congregation** of birds on the roof. 私は屋根にあれほどの鳥の大群がいるのを見たことがなかった。 類 assembly
□ 1552 　　　　SVL 2 **opera** /ɔ́pərə/ 名 歌劇、オペラ；歌劇団、オペラ劇場	The **opera** singer had practiced for weeks to perform in the theatre. 劇場での上演に備えて、そのオペラ歌手は何週間も練習を積んでいた。 類 play
□ 1553 　　　　SVL 3 **reward** /riwɔ́:d/ 名 報酬、報い、償い、お礼	The dog received a **reward** for following all of its owner's commands. その犬は飼い主の命令に全て従ったのでご褒美をもらった。 類 award, grant
□ 1554 　　　　SVL 4 **judgment** /dʒʌ́dʒmənt/ 名 意見、見解；判断力；判決	In her **judgment**, he made an error. 彼女の見解によると、彼が誤りを犯した。 類 decision, opinion; sentence
□ 1555 　　　　SVL 8 **hangover** /hǽŋòuvə/ 名 二日酔い	Excessive drinking the night before led to a terrible **hangover**. 前の晩飲み過ぎたせいでひどい二日酔いだった。
□ 1556 　　　　SVL 8 **trigger** /trígə/ 名 引き金、きっかけ、誘因	The hunter pulled the **trigger** on his rifle. 猟師はライフル銃の引き金を引いた。
□ 1557 　　　　SVL 1 **field** /fí:ld/ 名 畑、野原、牧草地；領域、分野；競技場	The farmer had some cows and sheep on his **fields**. その農民は、牧草地で数頭の乳牛と羊を飼っていた。 類 study, subject, domain
□ 1558 　　　　SVL 8 **conscientious** /kɔ̀nʃiénʃəs/ 形 良心的な、誠実な；入念な、綿密な	He was a thoroughly **conscientious** worker, devoted to his job. 彼はとことん実直な働き者で、仕事にのめり込んでいた。 類 decent, right-minded, straight
□ 1559 　　　　SVL 7 **timber** /tímbə/ 名 木材、材木、板材	Many of the trees were cut down to make **timber**. 材木を作るために多くの木が伐採された。
□ 1560 　　　　SVL 6 **indication** /indikéiʃən/ 名 兆候、兆し、気配；（計器の）示度、表示	It was a surprise to all, as she hadn't given any **indication** that she was going to quit. 彼女は辞める気配などおくびにも出していなかったので、皆が驚いた。 類 clue, hint, cue

□ 1561　　　SVL 6 **hardship** /háːdʃip/ 名 苦難、困難、困窮	Due to the increase in student loans, students will face financial **hardship** upon graduation. 学資ローンの増加により、学生たちは卒業と同時に財政上の苦難に直面することになる。
	類 difficulty, adversity

□ 1562　　　SVL 4 **launch** /lɔ́ːntʃ/ 名 発射；開始 動 ～を始める；～を発射させる、放つ	The **launch** of the rocket was delayed due to the incoming storm. ロケットの発射は迫る嵐のため延期された。
	類 名 start 動 begin, fire

□ 1563　　　SVL 3 **nerve** /náːv/ 名 神経、神経線維；神経過敏、心配；度胸	My dentist said the pain came from a sensitive **nerve** in my tooth. 歯医者さんの話では、歯に敏感な神経がありそこから痛みが来ているそうだ。

□ 1564 **take effect** （薬などが）効く、効力を生じる；（法律などが）発行する	The anaesthetic began to **take effect** so the surgeon could begin the intervention. 麻酔が効き始めたので外科医は処置に着手することができた。

□ 1565　　　SVL 7 **prestige** /prestíːʒ, prestíːdʒ/ 名 威信、威光、威勢、名声	The winner not only received a cash prize but the **prestige** for being the best. 勝者は賞金を受け取っただけでなく、1番であるという栄誉を得た。
	類 esteem, reputation, status

□ 1566　　　SVL 7 **competence** /kɔ́mpətəns/ 名 能力、力量、適性	They hired him as the IT manager as he showed a high level of technical **competence**. 技術的な力量の高さを示したことで、彼はITマネジャーとして雇われた。
	類 ability, capability, faculty, qualification

□ 1567　　　SVL 9 **intuitive** /intjúːətiv, intʃúːətiv/ 形 直感の、直感的な；直感力のある	He had an **intuitive** ability to size up the situation. 彼は状況判断する直感的能力があった。
	類 instinctive, emotional 反 reasoned

□ 1568　　　SVL 4 **appetite** /ǽpətàit/ 名 食欲；欲求	The young boy had a huge **appetite** and ate several meals a day. その少年は食欲が旺盛で、1日に何度も食事をした。
	類 craving, desire, drive

□ 1569　　　SVL 3 **union** /júːnjən/ 名 労働組合、同盟、連盟	The trade **union** negotiated better wages on behalf of its members. 労働組合は組合員を代表してより良い賃金を交渉した。

□ 1570　　　SVL 5 **inspect** /inspékt/ 動 ～を点検する、検査する；～を視察する、査察する	The border police had to **inspect** every car that passed through. 国境警察は通過する車を全て検査しなければならなかった。
	類 audit, check, examine, review

□ 1571　SVL 4 **formerly** /fɔ́ːməli/ 副 以前は、昔は、かつては	The newly remodelled hotel was **formerly** a theatre. あの改築してホテルになったところは元は劇場だった。 類 before, earlier, previously
□ 1572　SVL 9 **credibility** /krèdəbíləti/ 名 信用、信頼、信ぴょう性	He has lied so many times that his words have no **credibility**. あまりにも多くのうそを言ったので、彼の言葉には信ぴょう性がない。 類 believability, reliability　反 incredibility, implausibility
□ 1573　SVL 6 **blueprint** /blúːprint/ 名 青写真；綿密な計画、詳細な計画	The building project was finally moving from the **blueprint** stage to construction. その建築計画はようやく青写真から建設の段階へと移った。 類 design, plan, project, strategy, draft
□ 1574　SVL 8 **submerge** /səbmə́ːdʒ/ 動 （水中に）潜る、潜水する；沈む、水没する	The submarine prepared to **submerge** into the water. 潜水艦は水中に沈む準備を整えた。 類 dip, drown
□ 1575　SVL 7 **hatch** /hǽtʃ/ 名 （船の）昇降口、ハッチ；ふ化　動 （卵が）かえる	The **hatch** on the submarine was closed as it went down into the ocean. 海中に沈むところで潜水艦のハッチが閉じられた。 類 名 door
□ 1576　SVL 4 **label** /léibəl/ 動 ～にレッテルを貼る；～にラベルを貼る　名 荷札	He was **labelled** as "the boy who cried wolf" after the accident. 事故の後、彼は「オオカミ少年」のレッテルを貼られた。 類 tag, mark
□ 1577　SVL 5 **substitute** /sʌ́bstətjùːt/ 名 代わりの人、代用品、代替　動 ～を代わりにする	An injury to a player on the field meant that a **substitute** was needed. フィールドで選手がけがをしたということは、補欠が必要だということだった。 類 名 backup, replacement
□ 1578　SVL 6 **framework** /fréimwə̀ːk/ 名 枠組み、骨組み、基盤、構成	We need a stronger **framework** to prevent the tent from collapsing. テントが崩れるのを防ぐためにもっと頑丈な骨組みが必要だ。 類 architecture, configuration, structure
□ 1579　SVL 7 **vibrate** /váibreit, vaibréit/ 動 振動する、小刻みに揺れる；震える	We can hear because our eardrums **vibrate** as soundwaves reach them. 音が聞こえるのは、音波が鼓膜にたどり着くと鼓膜が振動するからである。 類 judder, quake, quiver, shake
□ 1580　SVL 3 **suitable** /sjúːtəbl/ 形 適した、適当な、ふさわしい	The education board searched for a **suitable** location for the new school. 教育委員会は新しい学校に適した場所を探した。 類 appropriate, apt

🔊 159.mp3

☐ 1581　　　SVL 4 **encounter** /inkáuntə/ 動（困難など）に遭遇する、遭う	We were warned during the safari that we might **encounter** some dangerous animals. 私たちは狩猟旅行中、危険な動物に遭遇する可能性があることを警告された。 類 come upon, meet
☐ 1582　　　SVL 4 **treatment** /trí:tmənt/ 名 待遇、扱い方；（傷病への）手当	The guards' cruel **treatment** of prisoners was unacceptable. 囚人に対する看守の残酷な仕打ちは受け入れがたいものだった。
☐ 1583　　　SVL 5 **conceive** /kənsí:v/ 動（考えなど）を心に抱く、想像する、考える、思い付く	The teacher's challenge was to **conceive** of fun but educational activities. その教師にとっての難題は、楽しくてかつ教育効果のある活動を考え出すことだった。 類 behold, envision, imagine
☐ 1584　　　SVL 4 **characteristic** /kæ̀riktərístik/ 形 特徴的な、独特の　名 特徴、特質、特性	Chlorine has a **characteristic** smell, so it can be quickly identified. 塩素は特徴的な臭いがするので、すぐに特定できる。 類 名 peculiarity, quality, trait, feature, character, attribute
☐ 1585　　　SVL 7 **testify** /téstəfài/ 動 証言する；～を証言する、証明する	The witness agreed to **testify** at the trial that he had seen the accused. その証人は、被疑者を見たと公判で証言することに同意した。 類 attest, depose, swear
☐ 1586　　　SVL 6 **sequence** /sí:kwəns/ 名 順番、順序；つながり、連続	The paintings were exhibited in chronological **sequence**, charting the painter's life. 絵画は年代順に展示され、画家の生涯をたどっていた。
☐ 1587　　　SVL 2 **freedom** /frí:dəm/ 名 自由、束縛のないこと；解放、釈放	The rebels had finally been granted their **freedom** and a new nation was formed. ついに反体制派に自主独立が認められ、新しい国家が誕生した。 類 independence, liberty, sovereignty
☐ 1588　　　SVL 3 **conduct** 動/kəndʌ́kt/ 名/kɔ́ndʌkt/ 動 ～を実施する；～を先導する　名 品行；遂行	They had to **conduct** the experiment carefully so there were no mistakes. 彼らは、ミスがないよう慎重に実験を行わなければならなかった。 類 動 carry out, execute 名 behaviour, demeanour, attribute
☐ 1589　　　SVL 4 **increasingly** /inkrí:siŋli/ 副 ますます、だんだんと；さらに、一層	The weather has been getting **increasingly** cold as winter approaches. 冬の訪れとともに、どんどん寒くなってきている。 類 progressively
☐ 1590　　　SVL 4 **gesture** /dʒéstʃə/ 名 意思表示、印；身ぶり、しぐさ　動 ～に身ぶりで示す	As a **gesture** of goodwill, the owner increased all employees' salaries by 5 percent. 好意の印として、オーナーは全従業員の給料を5%上げた。 類 signal, motion

□ 1591　SVL 7 **greed** /gríːd/ 名 強欲、貪欲	The king's **greed** led to many invasive wars. 王の貪欲さが多くの侵略戦争へとつながった。 類 hunger
□ 1592　SVL 9 **denounce** /dináuns/ 動 ～を公然と非難する；～を告発する	The politician made a speech to **denounce** the actions of her rival. 政治家はライバルの言動を糾弾する演説をした。 類 blame, condemn, criticise
□ 1593　SVL 3 **regret** /rigrét/ 動 ～を後悔する、悔いる；～を残念に思う	After failing the exam, he **regretted** not studying more. 試験に落ちてから、彼はもっと勉強しなかったことを後悔した。
□ 1594　SVL 3 **release** /rilíːs/ 動 ～を解放する、自由にする；～を離す	The man was to be finally **released** after 10 years in jail. 男は10年間の服役の後ついに釈放された。 類 let go, vent
□ 1595　SVL 6 **courtesy** /kɔ́ːtəsi, kɔ́ːtsi/ 名 礼儀、礼儀正しいこと、丁寧さ	It is common **courtesy** to inform your neighbours if you plan to have a party. パーティーを開催する予定であれば、隣人に知らせるのが礼儀である。 類 politeness, kindness 反 discourtesy
□ 1596　SVL 5 **superior** /supíəriə, səpíəriə/ 形 勝っている、優れた；上位の	The candidate received the job as he was **superior** in all areas. その志願者はあらゆる分野でたけていたので仕事をもらうことができた。 反 inferior
□ 1597　SVL 7 **fringe** /frínʤ/ 名 少数派、非主流；縁、へり	The theory was on the **fringe** of accepted science. その理論は一般的に認められている科学から外れたところにあった。
□ 1598　SVL 3 **influence** /ínfluəns/ 名 影響力；影響 動 ～に影響を与えて…させる	As an owner of several newspapers, he had a lot of **influence** on politics. 新聞数社のオーナーとして、彼は政治に大きな影響力を持っていた。 類 名 authority, effect, impact 動 affect, impact
□ 1599　SVL 4 **current** /kʌ́rənt/ 形 現在の、今の、最新の	The **current** weather forecast for next week is rain, but I think it might change. 現時点での来週の天気予報は雨だが、変わると思う。 類 present, now, contemporary, up-to-date
□ 1600　SVL 2 **ocean** /óuʃən/ 名 ～洋、～海；大洋、海洋	The marine life in the Atlantic **Ocean** differs significantly between the North American and the European side. 大西洋の海洋生物は北米側とヨーロッパ側の間で大きく異なる。 類 sea

🔊 161.mp3

□ 1601 **exogenous** /eksɔ́dʒənəs/ 形 外因性の、外生的な、外因的な、外部から生じる	The human body needs to obtain vitamin C from **exogenous** sources, as it is not generated internally. 人体が外部の供給源からビタミンCを入手する必要があるのは、これは内部生成されないからである。 類 external, extrinsic
□ 1602　SVL 4 **frequently** /fríːkwəntli/ 副 しばしば、頻繁に	He exchanges email with his friends **frequently**. 彼はしばしば友達とメールをし合う。 類 often, repeatedly 反 infrequently, rarely
□ 1603　SVL 2 **content** /kəntént/ 形 満足して、甘んじて	She was **content** with her test scores, but her mother was a little concerned. 彼女はテストの点数に満足していたが、彼女の母は少し心配だった。 類 satisfied, pleased 反 discontent
□ 1604 **experiential** /ikspìəriénʃəl/ 形 経験的な、経験に基づく、経験上の	Doctor and patient role playing is an **experiential** learning method for medical students. 医者と患者のロールプレーイングは医学生にとっては一種の体験学習法である。 類 empirical, objective
□ 1605　SVL 4 **plot** /plɔ́t/ 名 (小説などの) 筋、構想；陰謀　動 ～をたくらむ、企てる	The mystery novel had a confusing **plot** that he couldn't follow. そのミステリー小説には、彼がついていけないややこしい筋があった。 類 design, scheme
□ 1606　SVL 8 **batch** /bǽtʃ/ 名 一束、一団；(薬などの) 1回分	The school bought textbooks in large **batches** of a hundred. 学校は教科書を百冊単位で大量に購入した。 類 array, bunch, lot
□ 1607　SVL 3 **income** /ínkʌm/ 名 (定期的な)収入、所得	Some of his **income** came from his investments but the majority came from his salary. 彼の収入には投資から来ているものもあるが、大部分は給料によるものだ。 類 profit, revenue 反 expense
□ 1608　SVL 7 **magnify** /mǽgnəfài/ 動 (レンズなどで) ～を拡大する	Convex lenses can **magnify** light and make objects appear larger. 凸レンズは光を拡大することができ、物を大きく見せることができる。 類 amplify, enhance, multiply
□ 1609　SVL 4 **interfere** /ìntəfíə/ 動 干渉する；妨げる、邪魔をする	Many people believe that the Church shouldn't **interfere** in politics. 教会は政治に干渉するべきではないと多くの人が考えている。 類 hinder, intrude, meddle, mess
□ 1610　SVL 7 **notable** /nóutəbl/ 形 注目に値する、目立った、際立った	A **notable** feature of the university is its unusual staircase. その大学の目立つ特徴として、珍しい階段がある。 類 distinguished, eminent, outstanding, noteworthy, remarkable

---

☐ 1611　　　　　SVL 2 **complain** /kəmpléin/ **動** 不平を言う、苦情を言う； 正式に訴える、抗議する	Customers tend to **complain** after receiving terrible service. 受けたサービスがひどいと、客は苦情を言いがちなものである。 類 moan
☐ 1612　　　　　SVL 7 **sane** /séin/ **形** 正気の、正常な、健全な、 良識ある	A psychologist declared him **sane** and therefore fit to go on trial. 男は正気であり裁判を受けるにふさわしいと、ある心理学者は断言した。 類 normal, stable　反 insane
☐ 1613　　　　　SVL 7 **cater** /kéitə/ **動** 要望に応じる；～に料理を 提供する、仕出しをする	The government needs to **cater** to the more vulnerable citizens. 政府は弱い市民の要望に応える必要がある。 類 provide
☐ 1614　　　　　SVL 4 **counter** /káuntə/ **動** 対抗する、反撃する；反対 する、反論する	His opponent made a great move in the chess game, which he couldn't **counter**. 対戦相手がチェスゲームで大胆な手を打ったため彼は反撃できなかった。 類 fight
☐ 1615　　　　　SVL 8 **analytical** /ænəlítikəl/ **形** 分析的な、分析の	**Analytical** reading of scientific literature requires good levels of concentration. 科学文献を分析的に読むには高水準の集中力が求められる。
☐ 1616　　　　　SVL 8 **extravagant** /ikstrǽvəgənt/ **形** 金遣いの荒い、法外に高価 な；常軌を逸した；豪華な	It was an **extravagant** party with fireworks and live music. 花火や生演奏もあり、豪華絢爛(けんらん)なパーティーだった。 類 excessive, fancy, flashy, grandiose; wasteful
☐ 1617　　　　　SVL 5 **numerous** /njú:mərəs/ **形** たくさんの、多数の；多数 から成る	The book was unpublishable as it contained **numerous** plagiarised passages. その本には無数の盗用された文章が含まれていたため、出版は不可能だった。 類 many, plentiful, multiple
☐ 1618 **elapse** /ilǽps/ **動** (時が)経過する、たつ、過 ぎる	Nearly 20 minutes **elapsed** before they could get into the crowded bathroom. 混雑したトイレに入るまでに20分近くを要した。 類 go, lapse, pass
☐ 1619 **long-standing** /lóŋstǽndiŋ/ **形** 長年の、長く続いている、 積年の	They are close to resolving their **long-standing** dispute over the ownership of the land. 土地の所有権をめぐる彼らの積年のいさかいも解決まであと一歩だ。
☐ 1620 **impartial** /impá:ʃəl/ **形** 偏らない、公平な、中立の	It's important for a judge to remain **impartial** and favour neither side. 判事は公平さを保ち、どちら側にも肩入れしないことが大事だ。 類 fair, unbiased

🔊 163.mp3

□ 1621　　SVL 4 **strain** /stréin/ 名 体を痛めること；緊張、ス トレス	He felt the **strain** on his back as he picked up the sofa. 彼はソファを持ち上げたときに背中に痛みを感じた。
□ 1622　　SVL 7 **lizard** /lízəd/ 名 トカゲ；トカゲに似た爬虫 （はちゅう）類	Many **lizards** lose their tail when fleeing from a predator. トカゲ類の多くは、捕食者から逃れる際に尻尾を捨てる。
□ 1623　　SVL 9 **dilute** /dailúːt, dilúːt/ 動 （液体）を薄める、希釈する	It's important to **dilute** the juice concentrate with a little water. 濃縮果汁を少しの水で薄めることが大切です。 類 thin, water down, weaken
□ 1624　　SVL 6 **distrust** /distrÁst/ 動 ～を疑う、信じない、信用 しない	His colleagues **distrust** him because he lied to get his job. 彼が仕事を得るためにうそをついたので、同僚らは彼を信頼していない。 類 doubt, mistrust 反 trust
□ 1625　　SVL 5 **gear** /gíə/ 名 歯車機構、ギア；道具 動 ～を準備する	The driver went down a **gear** to overtake the slow car in front. 運転者は前方の遅い車を追い抜くためギアを一段落とした。 類 名 apparatus, equipment
□ 1626　　SVL 2 **empty** /émpti/ 形 空の、誰もいない	The restaurant was struggling to survive, and it was **empty** on a Friday again. そのレストランは必死に生き残ろうとしていたが、またも金曜日に誰も来なかった。 類 vacant
□ 1627　　SVL 5 **attendant** /əténdənt/ 名 接客係、係員、添乗員；付 添人	The flight **attendant** helped me place my luggage in the overhead bin. 客室乗務員は頭上の荷物入れにかばんを入れるのを手伝ってくれた。
□ 1628　　SVL 4 **differ** /dífə/ 動 異なる、違う	The twins are identical, but they **differ** in personality. その双子は一卵性だが性格が異なる。 類 contrast, vary 反 agree, conform, match
□ 1629　　SVL 3 **addition** /ədíʃən/ 名 付加、追加；加算	The **addition** of a catalyst greatly increased the rate of the reaction. 触媒の添加により反応率が大幅に上昇した。 類 adding, increase, gain 反 decrease, reduction, subtraction
□ 1630　　SVL 8 **prestigious** /prestídʒəs/ 形 名声のある、威信のある、 名門の、一流の	Oxford is known as one of the most **prestigious** universities in the world. オックスフォードは世界でも屈指の名門大学として知られる。 類 esteemed, recognised, respected

□ 1631　SVL 6 **voluntary** /vɔ́ləntri/ 形 自発的な、ボランティアの；無償の	The river was cleaned up by **voluntary** workers from the local school. 川は地元の学校のボランティア作業員らが清掃した。 反 obligatory
□ 1632　SVL 6 **ally** 名/ǽlai, əlái/ 動/əlái/ 名 同盟(国)；味方、協力者 動 ～と同盟を結ぶ、手を組む	Due to close economic ties, Portugal has been a strong **ally** to the United Kingdom. 親密な経済関係により、ポルトガルは英国の強力な同盟国だった。 類 名 supporter, sympathiser 動 associate, unite
□ 1633　SVL 4 **nap** /nǽp/ 名 昼寝、うたた寝 動 昼寝をする、うたた寝する	He had gotten up too early and needed a short **nap** during the day. 彼は早起きし過ぎたので、日中に少し昼寝が必要だった。 類 snooze
□ 1634　SVL 2 **divide** /diváid/ 動 ～を振り分ける；～を分割する、分ける	She had to **divide** her time between her job, studies and family. 彼女は、仕事、勉強、家族とで時間を振り分けなければならなかった。 類 separate, split up
□ 1635　SVL 5 **wit** /wít/ 名 ウイット、機知	British comedians are especially known for their dry **wit**. イギリスのコメディアンと言えば特に辛口の**ウィット**で知られている。 類 sharpness, shrewdness
□ 1636　SVL 6 **obscure** /əbskjúə/ 形 不明瞭な、曖昧な、不鮮明な	Nobody could understand the **obscure** reference their professor made. 教授の曖昧な言及の内容を誰も理解できなかった。 類 ambiguous, cryptic, mysterious, vague
□ 1637　SVL 7 **drastic** /drǽstik/ 形 徹底した、思い切った、急激な、極端な	Due to economic difficulties, many employees have had to take **drastic** cuts in pay. 経済の低迷により、多くの被雇用者が給料の大幅削減を受け入れなければならなかった。 類 forceful, radical
□ 1638　SVL 6 **narrative** /nǽrətiv/ 名 語り；物語；話術	The novel contained more **narrative** than dialogue. その小説は会話より語りが多かった。
□ 1639　SVL 6 **continual** /kəntínjuəl/ 形 継続的な、絶え間ない；頻繁な、繰り返す	We are really grateful for the **continual** support. 継続的なご支援に感謝しています。 類 ceaseless, incessant, perpetual, persistent; periodic, recurring
□ 1640　SVL 7 **edible** /édəbl/ 形 食用の、食べられる	He threw the apple away because it was no longer **edible**. もう食べられなくなっていたため、彼はりんごを捨てた。

□ 1641 SVL 8 **pretentious** /priténʃəs/ 形 仰々しい、大げさな、うぬ ぼれている	He has a **pretentious** style of writing, using four unusual words where one simple one would do. 彼の文体は仰々しく、さらっと1単語で済むところに見慣れない4単語を費や している。
□ 1642 SVL 2 **enemy** /énəmi/ 名 敵、かたき；敵軍	The **enemy** were only 10 miles away and were rapidly approaching the capital. 敵軍はわずか10マイルしか離れておらず、首都にどんどん近づいていた。 類 adversary, foe, opponent 反 friend, ally
□ 1643 SVL 4 **popularity** /pɔ̀pjulǽrəti/ 名 人気、評判、好評	The band's **popularity** increased after their song was on a major TV show. 主流のTV番組で曲が流れて以降、そのバンドの人気は高まった。 類 acceptance, reputation
□ 1644 SVL 7 **expressive** /iksprésiv/ 形 表情豊かな、表現力豊かな； 表現する	If you are not showing how you feel, you are not being **expressive**. 自分がどう感じているかを外見に表せないならば、その人は表情豊かではな い。 類 revealing, suggestive
□ 1645 SVL 3 **community** /kəmjúːnəti/ 名 地域社会、コミュニティー； 共同体、集団	It was a small **community** where everyone knew one another's names. 小さなコミュニティーだったので、全員がお互いの名前を知っていた。 類 neighbourhood, denizens, residents
□ 1646 SVL 4 **innocent** /ínəsənt/ 形 無罪の、潔白な；純潔な、 無邪気な	She was proved **innocent** due to her concrete alibi. 具体的なアリバイがあったため、彼女の無実が証明された。 類 harmless. naive 反 guilty, sinful
□ 1647 SVL 5 **concept** /kɔ́nsept/ 名 概念、観念、発想、コンセ プト	It was an interesting **concept** but difficult to do practically. 興味深いコンセプトだったが、実際にやるのは難しかった。 類 notion, idea, thought, image
□ 1648 SVL 7 **intersection** /intəsékʃən, intəsèkʃən/ 名 交差点；交差、横断；交点、 交差	It was a dangerous **intersection** that had caused several accidents. そこは何件もの事故を招いた危険な交差点だった。 類 crossing, crossroad, junction
□ 1649 SVL 3 **deserve** /dizə́ːv/ 動 ～に値する、～を受けるに 足る	Many years of hard work and effort meant he **deserved** the lifetime achievement award. 彼の長年に及ぶ勤勉と努力は、特別功労賞に値することを意味した。
□ 1650 SVL 2 **particular** /pətíkjulə/ 形 特定の；特別の、独特の 名 事項、詳細	He wanted the exact same car, but that **particular** model wasn't in stock. 彼は全く同じ車が欲しかったのだが、その特定のモデルは在庫がなかった。 類 形 peculiar, unique, specific 反 形 general

---

☐ 1651　　　　SVL 2
destroy
/distrɔ́i/

動 ～を破壊する、打ち壊す

Exploiting natural resources too much **destroys** the environment.
過度な天然資源の開発は環境を破壊する。

類 damage, ruin, ravage　反 construct

☐ 1652
congested
/kəndʒéstid/

形 密集した、混雑した

This main road is always **congested** on national holidays.
この幹線道路は祝日にはいつも混雑している。

類 crowded

☐ 1653　　　　SVL 2
abroad
/əbrɔ́:d/

副 海外で、外国で

If you want to learn about other cultures, it's recommended to travel **abroad**.
他の文化を学びたいのであれば、海外へ旅することが推奨される。

類 overseas

☐ 1654　　　　SVL 5
critic
/krítik/

名 評論家、批評家

He is a food **critic** for The Times, so his meal has to be perfect.
彼はタイムズ紙の料理評論家だから食事は完璧でなければならない。

☐ 1655　　　　SVL 7
unpredictable
/ʌnpridíktəbl/

形 予測できない

She's very **unpredictable** — one moment she's sad, the next she's happy.
彼女は予測不可能な人で、悲しんでいるかと思えば、次の瞬間には幸福に浸っている。

類 incalculable, unforeseeable　反 predictable

☐ 1656　　　　SVL 8
array
/əréi/

名 勢ぞろい、ずらりと並んだもの

There was an impressive **array** of food at the dinner party.
ディナーパーティーでは素晴らしい料理がずらりと並んでいた。

類 cluster, group, batch

☐ 1657　　　　SVL 7
ridicule
/rídikjù:l/

動 ～をあざ笑う、嘲笑する
名 冷笑、冷やかし、嘲笑

Although his theories were initially **ridiculed**, he was able to provide proof and later became a Nobel laureate.
彼の理論は当初あざ笑われたが、彼は証拠を示すことができ、後に、ノーベル賞受賞者となった。

類 動 laugh (at), mock　名 mockery, derision

☐ 1658　　　　SVL 6
scope
/skóup/

名 機会、余地；範囲、領域

The job had a set procedure with little **scope** for imagination.
その仕事には決められた手順があり創意を凝らす余地はなかった。

類 sphere, extent

☐ 1659
extrinsic
/ekstrínsik/

形 外部からの、外因性の；付随的な

The company's performance was affected by lots of **extrinsic** factors.
同社の業績は、多くの外的要因の影響を受けた。

類 external, exogenous　反 intrinsic

☐ 1660　　　　SVL 9
fabulous
/fǽbjuləs/

形 素晴らしい、最高の；信じ難い、とてつもない

The dress she wore to the party was absolutely **fabulous**.
彼女がパーティーに着てきたドレスは本当にすてきだった。

類 spectacular, awesome, superb

□ 1661 SVL 4 **limited** /límitid/ 形 限られた、限定の、十分で ない	Each member had a **limited** number of tickets to give to friends and family. 各メンバーは、友人や家族に渡すために限られた枚数のチケットを持っていた。 類 restricted
□ 1662 SVL 7 **liable** /láiəbl/ 形 (法的)責任を負う；〜しがちである、しやすい	By signing the contract, the company is not **liable** for any injuries. 契約への署名により、当社はけがについて一切の責任を負いません。 類 susceptible
□ 1663 SVL 6 **suppress** /səprés/ 動 〜を鎮める、抑圧する、抑える	She could no longer **suppress** her anger after her husband was 45 minutes late. 夫が45分遅刻したので彼女はそれ以上怒りを抑えられなかった。 類 restrain
□ 1664 SVL 3 **vast** /vάːst/ 形 広大な、非常に広い；膨大な	The ship took months to cross the **vast** ocean. その船は広大な海を渡るのに数カ月かかった。 類 enormous, tremendous 反 small
□ 1665 SVL 4 **resist** /rizíst/ 動 〜に抵抗する、反抗する；〜を我慢する、〜に耐える	The army attempted to **resist** the aggressive onslaught. 陸軍は果敢な猛攻撃に抵抗しようとした。 類 oppose, fight against, repel, withstand
□ 1666 SVL 5 **unacceptable** /ʌ̀nækséptəbl/ 形 容認できない、許容できない、受け入れられない	**Unacceptable** behaviour within a marriage often leads to divorce. 結婚生活においての許容できない行動はしばしば離婚へとつながる。 類 unsatisfactory
□ 1667 SVL 2 **effort** /éfət/ 名 努力、取り組み	To finish the difficult task in under a week took a huge amount of **effort**. 1週間で難しい課題を終えるには多大な労力を要した。 類 exertion, labour, pains, struggle, endeavour
□ 1668 SVL 8 **vent** /vént/ 名 通気孔；はけ口 動 〜を発散させる；〜を放出する	There was a large air **vent** in the ceiling. 天井には大きな通気孔があった。 類 動 discharge, release, unleash
□ 1669 SVL 5 **interpret** /intə́ːprit/ 動 〜を通訳する；〜を解釈する、理解する	On the trip, we needed a guide to **interpret** the foreign language for us. 旅行中、私たちには外国語を訳してくれるガイドが必要だった。 類 construe, translate
□ 1670 SVL 7 **resistant** /rizístənt/ 形 耐性のある、抵抗力のある	Genetic engineering has given us a myriad of plants **resistant** to disease. 遺伝子工学は、病気に抵抗力をもつ数多くの植物を提供してくれている。

□ 1671　　　　SVL 9 **segregate** /ségrigèit/ 動 (人など) を分離する、隔離する；〜を差別する	The teacher decided to **segregate** the boys and girls for team sports. 教師は団体競技については男子と女子を分けることにした。 類 discriminate, separate, isolate
□ 1672　　　　SVL 4 **identity** /aidéntəti/ 名 固有性、アイデンティティー；身元、自己同一性	His British-Indian **identity** deeply influences his art. インド系イギリス人というアイデンティティーが彼の芸術に深く影響を及ぼしている。 類 character, sameness
□ 1673　　　　SVL 2 **bill** /bíl/ 名 請求書、勘定書；紙幣 動 請求する、請求書を送る	They decided to split the restaurant **bill** between them. 彼らはレストランの勘定を2人で割って払うことにした。 類 invoice, account
□ 1674　　　　SVL 7 **rhetoric** /rétərik/ 名 話術、説得力；美辞麗句	The lawyer's **rhetoric** was very convincing even though she had little evidence to support her case. その弁護士の話術は、彼女の主張を裏付ける証拠がほとんどなかったにもかかわらずとても説得力があった。 類 eloquence
□ 1675　　　　SVL 2 **product** /prɔ́dəkt/ 名 生産物、製品；結果、成果	It took two years for the **product** to reach shop shelves from initial development. その製品が店頭に並ぶまで、開発初期から2年かかった。 類 fruit, output, yield, affair
□ 1676　　　　SVL 4 **elderly** /éldəli/ 形 年配の、初老の、高齢の	Her **elderly** grandmother needed a lot of help, so she hired a care worker. 彼女の年老いた祖母は大いに助けが必要だったため介護士を雇った。 類 aged, old
□ 1677　　　　SVL 4 **capture** /kǽptʃə/ 動 〜を占領する、攻略する；〜を捕らえる 名 捕獲；獲得	The army attempted to **capture** the enemy's base. 陸軍は敵の基地を占領しようとした。 類 動 acquire, gain, obtain, win
□ 1678　　　　SVL 5 **consumption** /kənsʌ́mpʃən/ 名 摂取、摂取量；消費、消費量	You need to increase your water **consumption** during the hot summer months. 夏の暑い数カ月間は水の摂取量を増やす必要がある。 反 production
□ 1679　　　　SVL 8 **rotate** /routéit/ 動 〜を交代させる；〜を回転させる	The 24-hour supermarket **rotated** its staff every eight hours. その24時間営業のスーパーはスタッフを8時間ごとに交代させた。 類 turn, revolve
□ 1680　　　　SVL 6 **comprehend** /kɔ̀mprihénd/ 動 〜を理解する、把握する；〜を含む、包含する	It was difficult to **comprehend** the implications of the disaster. その災害の影響を把握することは困難だった。 類 grasp, understand

🔊 169.mp3

□ 1681　　　SVL 7 **incéntive** /inséntiv/ 名 誘因、刺激；奨励策、奨励金	The **incentive** to complete the survey was a free meal coupon. 調査票を書き上げさせるための誘因は、無料食事券だった。 類 encouragement, momentum, motivation
□ 1682　　　SVL 2 **arrange** /əréindʒ/ 動 ～を整える、配列する；～を手配する、準備する	Can you **arrange** all these files in alphabetical order, please? これらのファイルを全てアルファベット順に並べていただけますか？ 類 organise, systematise, lay out, design; prepare
□ 1683　　　SVL 7 **induce** /indjúːs/ 動 ～を引き起こす、誘発する；～を…する気にさせる	After three days in the maternity ward, it was decided to **induce** the birth. 産科病棟で3日が過ぎ、出産を誘発させることになった。 類 cause, convince, invoke
□ 1684　　　SVL 8 **arise** /əráiz/ 動 起こる、生じる、発生する	If a problem **arises** during the experiment, call me immediately. 実験中に問題が発生した場合は直ちに私を呼ぶこと。 類 occur, emerge, materialise, originate
□ 1685　　　SVL 2 **terrible** /térəbl/ 形 ひどい、猛烈な、甚だしい	They decided to stay indoors as the weather was **terrible**. 天気がひどかったので彼らは家にいることにした。 類 awful, very bad, horrible
□ 1686　　　SVL 8 **relevance** /réləvəns/ 名 関連、関連性	His question had little **relevance** to the conversation and annoyed the speaker. 彼の質問はその会話にほとんど関連性がなかったので話し手をいらつかせた。 反 irrelevance
□ 1687　　　SVL 7 **carving** /káːviŋ/ 名 彫刻、彫刻作品	The **carvings** on the cave wall were evidence of early humans. 洞窟の壁の彫刻は古代人がいた証拠であった。 類 sculpture
□ 1688　　　SVL 3 **occur** /əkə́ː/ 動 起こる、生じる；（考えなどが）思い付く；存在する	The terrible incident **occurred** at midnight the previous day. その恐ろしい事件は前日の真夜中に起きた。 類 come about, happen, arise
□ 1689　　　SVL 2 **borrow** /bɔ́rou/ 動 ～を借用する、借りる	He **borrowed** some money from his parents to pay for some car repairs. 彼は車の修理のために両親から金を借りた。 反 lend
□ 1690　　　SVL 10 **expectancy** /ikspéktənsi/ 名 期待、予想、予期；見込み	The average life **expectancy** for a British woman is just over 80 years. イギリス人女性の平均余命は80年余りである。

☐ 1691　　SVL 7 **optimist** /ɔ́ptəmist/ 名 楽天家、楽天主義者、楽観論者	Is "pessimist" the opposite of "**optimist**," or is it "realist"? 「楽観主義者」の反対は、「悲観主義者」か、それとも「現実主義者」か？ 反 pessimist
☐ 1692　　SVL 8 **disability** /dìsəbíləti/ 名 (身体・精神の)障害；無力	Now that he is unable to work after the accident, he receives **disability** benefit. 彼は事故のあと働けなくなったので障害者手当を受け取っている。 類 impairment, incapability
☐ 1693　　SVL 2 **forgive** /fəgív/ 動 (人などを)許す、容赦する	He apologised for his mistake and asked them to **forgive** him. 彼は犯した間違いについて謝罪し、許してくれるように頼んだ。 類 pardon
☐ 1694　　SVL 5 **transition** /trænzíʃən, trænsíʃən/ 名 移り変わり、推移、変遷	It was a slow **transition** from the communist system to a democratic one. 共産主義制度から民主主義制度への緩やかな移行だった。
☐ 1695　　SVL 2 **medical** /médikəl/ 形 医学の、医術の；内科の、内科治療の	The man was rushed to hospital to deal with his **medical** emergency. 男は医療上の緊急措置を受けるため、病院に担ぎ込まれた。 類 pharmaceutical
☐ 1696　　SVL 4 **spectacle** /spéktəkl/ 名 見せ物、ショー；壮観、美景	The festival's huge parade was the finest **spectacle** this year. 祭りの巨大なパレードは今年最高の見せ物だった。 類 extravaganza
☐ 1697　　SVL 4 **persuade** /pəswéid/ 動 ～を説得する、説き伏せる；～に確信させる	The salesperson tried to **persuade** her, but she wasn't interested. 販売員は彼女を説得しようと試みたが、彼女は興味をそそられなかった。 類 convince 反 dissuade
☐ 1698　　SVL 4 **ambition** /æmbíʃən/ 名 野心、野望、大志、願望	Her **ambition** was the key reason for her quick rise to management. 野心があることが、彼女が短期間で経営側にまで出世した主な理由だった。 類 aspiration, determination, aim, intention
☐ 1699　　SVL 3 **project** 名/prɔ́dʒekt/ 動/prədʒékt/ 名 事業、計画；学習課題 動 ～を計画する、企画する	The environmental **project** was halted by lack of money. その環境プロジェクトは資金不足により中断された。 類 名 blueprint, plan, programme, scheme
☐ 1700　　SVL 7 **excel** /iksél/ 動 優れている、秀でる、卓越している	All the siblings **excelled** in their various fields. 兄弟は皆それぞれ違った分野で優れていた。 類 exceed, outclass, surpass

■)) 171.mp3

□ 1701 SVL 6	The meeting was scheduled to **commence** just after midday.
commence	会議はちょうど正午から開始する予定だった。
/kəméns/	
動 ～を始める、開始する	類 begin, launch, start, originate

□ 1702 SVL 4	You need to **calculate** all the results before sending the report.
calculate	リポートを送信する前に全ての結果を計算しなければならない。
/kǽlkjulèit/	
動 ～を計算する、算定する；～を推定する、予測する	類 compute, work out, estimate

□ 1703 SVL 4	As you study, you slowly **acquire** more knowledge.
acquire	勉強するにつれて徐々に知識を得る。
/əkwáiə/	
動 ～を手に入れる、獲得する、習得する	類 obtain, gain, earn, capture, attain 反 lose

□ 1704 SVL 5	He tried to **compose** a new opera but struggled with how to end it.
compose	彼は新しいオペラを作曲しようとしたが、どのような結末にするか悩んだ。
/kəmpóuz/	
動 ～を作曲する、創作する；～を構成する、組み立てる	類 craft, draft, formulate

□ 1705 SVL 5	His sofa could **transform** into a bed if needed.
transform	彼のソファは必要に応じてベッドに変わる。
/trænsfɔ́:m/	
動 ～を変形させる、変える	類 change, alter

□ 1706 SVL 3	Better **communication** between nations is important towards continuing peace.
communication	国家間のより良いコミュニケーションは、平和を維持する上で重要である。
/kəmjù:nəkéiʃən/	
名 伝達、連絡、意思の疎通；通信手段	類 message, contact, interaction

□ 1707 SVL 3	The **journal** received several articles from distinguished academics to be reviewed.
journal	学術誌には、著名な学者たちから数本の記事が査読を求めて寄せられた。
/dʒə́:nl/	
名 専門雑誌；日刊新聞、週刊新聞；日記	類 magazine, newspaper; diary, bulletin

□ 1708 SVL 8	The snow caused a **disruption** in train services throughout the country.
disruption	雪により国内の電車運行は混乱した。
/disrápʃən/	
名 混乱、妨害、滞らせること	

□ 1709	She was someone everyone **depended on** because she never let anyone down.
depend on	人の期待を決して裏切らなかったので、彼女はみんなから頼りにされていた。
動 頼る、当てにする	類 rely on

□ 1710 SVL 3	With the upward **trend** in inflation, you expect prices to rise.
trend	インフレーションが上昇傾向にあると物価上昇が予想される。
/trénd/	
名 動向、傾向；流行	類 tendency

□ 1711 SVL 3
complaint
/kəmpléint/

名 不平、苦情；病気、疾患

They are so noisy that I have been receiving a **complaint** about them every day.
彼らはあまりに騒がしいので、私は毎日彼らに関する苦情を受けている。

類 grievance, objection, protest

□ 1712 SVL 5
disgust
/disgʌst/

名 嫌悪感、むかつき

The smell of rotten milk filled him with **disgust**.
腐った牛乳の臭いに彼はむかむかした。

□ 1713 SVL 3
attract
/ətrǽkt/

動 ～を引き寄せる、引き付ける；～を魅惑する、魅了する

The bright colours of the flower **attract** many types of insects.
花の明るい色は多くの種類の昆虫を引き寄せる。

類 draw, entice, interest, allure

□ 1714 SVL 4
craft
/krɑ́:ft/

動 ～を手で作る、念入りに作る　名 手工業；技能

It took 10 months for her to carefully **craft** the wooden elephant by hand.
彼女は木の象を手作業で丹念に作り出すのに10カ月かかった。

類 動 compose　名 handicraft

□ 1715 SVL 3
threat
/θrét/

名 脅し、脅威；脅かすもの

The avian flu was a serious **threat** to the poultry market.
鳥インフルエンザは家禽(かきん)市場にとって深刻な脅威であった。

類 menace

□ 1716 SVL 4
outer
/áutə/

形 外の、外側の

The **outer** walls of most British houses are made from bricks.
大多数のイギリス家屋の外壁はれんがでできている。

類 exterior, external　反 inner

□ 1717 SVL 8
superficial
/sù:pəfíʃəl/

形 表面的な、うわべだけの；外見上の、見せ掛けの

The young girls were immature and **superficial**.
若い少女たちは未熟で、表面的だった。

類 surface, shallow　反 deep, thoughtful

□ 1718 SVL 3
stress
/strés/

名 緊張、ストレス；圧力、圧迫

The huge workload along with a lack of sleep increased her level of **stress**.
膨大な仕事量と睡眠不足によって彼女のストレス度が増した。

類 pressure, emphasis

□ 1719 SVL 2
anxious
/ǽŋkʃəs/

形 切望して、願って；心配して、気掛かりで

They were **anxious** to hear the results of the election.
彼らは選挙の結果を聞きたがっていた。

類 antsy, insecure, tense, uneasy

□ 1720 SVL 5
disguise
/disgáiz/

名 変装、ごまかし　動 ～を変装させる；～を隠す、偽る

He wore a **disguise** to get into the pub as he was barred.
出入り禁止になっているパブに入るために彼は変装した。

類 camouflage, fake, pose

□ 1721 　　　　　SVL 5
defect
動/diﬁ́kt/ 名/díːfekt, diﬁ́kt/
動 離脱する、逃亡する、亡命する　**名** 欠陥；欠如

The Russian spy **defected** to the USA.
ロシアのスパイはアメリカに亡命した。

類 名 fault, flaw, imperfection

□ 1722 　　　　　SVL 4
stable
/stéibl/
形 不動の、安定した；落ち着いた

The stock exchange has been **stable** recently, with no fluctuations.
証券取引は最近安定しており変動がない。

類 steady, sane 反 unstable

□ 1723 　　　　　SVL 5
refine
/riﬁ́in/
動 〜を精製する、精錬する；〜を洗練する

It takes a lot of effort to **refine** crude oil into petroleum products.
原油を石油製品に精製するのには多大な労力がかかる。

類 enhance, improve, perfect, upgrade

□ 1724 　　　　　SVL 9
confound
/kənfáund/
動 〜を当惑させる、困惑させる、まごつかせる

The puzzle managed to **confound** everyone who tried it.
そのパズルは挑戦者全員をまごつかせた。

類 baffle, confuse

□ 1725 　　　　　SVL 4
anchor
/ǽŋkə/
名 いかり；ニュースキャスター

The captain of the ship dropped the **anchor** when we reached the diving spot.
船長はダイビングスポットに到着するといかりを下ろした。

□ 1726 　　　　　SVL 7
enforce
/infɔ́ːs, enfɔ́ːs/
動 （規則など）を守らせる、施行する、実施する

Governments make laws and the police **enforce** them.
政府が法律を作り、警察がそれを執行する。

類 execute, implement

□ 1727 　　　　　SVL 4
grain
/gréin/
名 穀物、穀類；(a grain of)ほんの少しの〜

Short **grain** rice is more popular than long grain rice in my family.
私の家族の中では長粒米よりも短粒米の方が人気です。

類 bit

□ 1728 　　　　　SVL 3
approve
/əprúːv/
動 〜を認める、承認する、同意する

They need to **approve** of all the points in the report before it can be accepted.
リポートが受理されるには、書いてある全ての事項が承認されなければならない。

類 confirm, ratify, warrant

□ 1729 　　　　　SVL 2
industry
/índəstri/
名 産業、工業、製造業；…業、…業界

The tourism **industry** has been booming recently due to low prices for flights.
安い航空運賃のおかげで観光産業は近年好景気に沸いている。

類 business, trade

□ 1730 　　　　　SVL 6
blast
/blǽst/
名 爆破、爆発；突風　**動** 〜を破壊する、爆破する

The **blast** at the mine killed two people.
鉱山での間違った爆破により２人が死亡した。

類 名 flurry, gust 動 burst, demolish, explode

🔊》 174.mp3

|---|---|
□ 1731　SVL 3 **motion** /móuʃən/ 名 運動、移動；動作、しぐさ	The slight rocking **motion** of the ship made me sleepy. 船の少し左右に揺れる動きで私は眠くなった。 類 act, gesture, move　反 immobility, stagnation
□ 1732　SVL 6 **persistent** /pəsístənt/ 形 執拗(しつよう)な、固執する、諦めない	It was her **persistent** effort that led to her success. 彼女を成功に導いたのは、継続的な努力であった。 類 constant, continual
□ 1733　SVL 7 **clumsy** /klʌ́mzi/ 形 不器用な、ぎこちない	She was very **clumsy** and had broken several bones. 彼女はとてものろまなので何度か骨折をしていた。 類 awkward, graceless
□ 1734　SVL 8 **inaccurate** /inǽkjərit, inǽkjurət/ 形 不正確な	This map of the area is so old that most of it is **inaccurate** now. その地域の地図としてはこれは古過ぎて、大部分が今では不正確なものとなってしまっている。 類 incorrect
□ 1735　SVL 8 **inferiority** /infìəriɔ́rəti/ 名 劣等、劣っていること、下位	Napoleon's aggression was supposedly the result of an **inferiority** complex due to his height. ナポレオンが攻撃的だったのは、身長に関して劣等コンプレックスがあったからという話だ。 反 superiority
□ 1736　SVL 9 **observatory** /əbzɔ́:vətəri/ 名 観測所、気象台；展望台	At least seven UFO sightings in the last year were reported from the **observatory**. 昨年1年で少なくとも7件のUFO目撃例がその観測所から報告されている。
□ 1737　SVL 4 **decorate** /dékərèit/ 動 ～を装飾する、飾り付ける	We put up and **decorate** the Christmas tree two weeks before the 25th of December. 私たちは12月25日の2週間前にクリスマスツリーを立てて飾り付けする。 類 adorn
□ 1738　SVL 8 **prosecute** /prɔ́sikjù:t/ 動 ～を起訴する、告訴する；～を遂行する、行う	The company **prosecutes** people who trespass on their property. その会社は敷地に不法侵入する者を訴えている。 類 indict, sue
□ 1739　SVL 2 **period** /píəriəd/ 名 期間、時期；時代、段階	The offer was only for a limited **period** over Christmas. 特別価格はクリスマスの間の期間限定だった。 類 age, epoch, era, time
□ 1740 **equivocal** /ikwívəkəl/ 形 曖昧な、あやふやな、不明確な	The **equivocal** results of the marketing survey are not going to be helpful in improving the product. 市場調査の曖昧な結果は製品の改善には役立たないだろう。 類 disputable, dubious, questionable

Part 1　IELTS基本語彙

□ 1741　　　　SVL 7 **amendment** /əméndmənt/ **名** 改正、修正；（法などの）改正案、修正案	A lawyer must be present when making an **amendment** to the contract. 本契約に修正を行う際には弁護士が同席しなければならない。 ……………………………………………… **類** revision
□ 1742　　　　SVL 2 **term** /tə́:m/ **名** 期間、学期；専門用語	The students broke up at the end of summer **term** for a short holiday. 生徒らは夏学期の終わりに短い休暇のため解散した。
□ 1743　　　　SVL 2 **social** /sóuʃəl/ **形** 社会的な、社会の；社交の	He had a busy **social** life and saw his friends almost every day. 彼は人付き合いで忙しく、ほとんど毎日友達と会っていた。 ……………………………………………… **類** outgoing
□ 1744　　　　SVL 6 **gathering** /ɡǽðəriŋ/ **名** 集まり、会合、集会；収集	Once a month our department hosts a social **gathering** to build team morale. チームの士気を育むため、我々の部署は月に1度の懇親会を開催している。 ……………………………………………… **類** meeting
□ 1745 **prejudiced** /préʤudist/ **形** 偏見のある	The HR manager was accused of being **prejudiced** against foreign-born applicants. 人事部長は外国生まれの候補者に偏見があると非難された。 ……………………………………………… **類** biased, one-sided　**反** impartial, neutral, objective
□ 1746　　　　SVL 7 **outpace** /àutpéis/ **動** ～を上回る、～を追い越す、～をしのぐ	Prices tend to increase when demand **outpaces** supply. 需要が供給を上回ると、価格は上昇する傾向にある。 ……………………………………………… **類** outstrip
□ 1747　　　　SVL 6 **stimulus** /stímjuləs/ **名** 刺激、励み、激励、促進するもの	Some believe that restricting government intervention is the best long-term **stimulus** for the economy. 政府の介入を限定させることが、最善の長期的経済刺激策であると信じる人もいる。 ……………………………………………… **類** encouragement, inspiration, impulse　**反** disincentive
□ 1748　　　　SVL 5 **exceed** /iksí:d/ **動** ～を超過する、上回る、超える	This summer was so hot that it **exceeded** last year's record temperature. この夏はとても暑く昨年の最高温度を越えた。 ……………………………………………… **類** overshoot, overstep, surpass, transcend, excel
□ 1749　　　　SVL 3 **somewhat** /sʌ́mwɑ̀t/ **副** 幾分、多少、いくらか、やや	The two office buildings are not identical but **somewhat** alike in appearance. 2棟のオフィスビルは同じではないが、外観がどことなく似ている。 ……………………………………………… **類** fairly, moderately, relatively
□ 1750　　　　SVL 6 **assess** /əsés/ **動** ～を評価する、判断する；査定する	We need to **assess** the students at the end of the year to see their progress. 私たちは、生徒それぞれの進歩を見るために、年末に彼らを評価する必要がある。 ……………………………………………… **類** estimate, evaluate

□ 1751 SVL 3
revolution
/rèvəljúːʃən/
名 革命、革命的な出来事、大変革

The Russian **Revolution** occurred on November 7, 1917, paving the way for Communism.
ロシア**革命**は1917年11月7日に起こり、共産主義への道が開かれた。

□ 1752 SVL 5
rational
/rǽʃənl/
形 理性的な、道理をわきまえた；合理的な、道理にかなった

She found it difficult to have a **rational** discussion with her delusional parents.
思い込みの激しい両親と**理性的な**話し合いをするのは困難だと彼女は悟った。

類 logical, reasonable, sober, coherent

□ 1753 SVL 3
competition
/kɔ̀mpətíʃən/
名 試合、コンテスト；競争；競争相手

The prize for the **competition** winner was a holiday to Jamaica.
コンテスト優勝者の賞品はジャマイカ旅行だった。

類 rival, rivalry

□ 1754 SVL 3
stroke
/stróuk/
名 打撃、一撃；時報；発作
動 (球)を打つ；～に線を引く

It only took the man three **strokes** of his axe to chop the tree down.
おのでたったの3度**切りつけた**だけで、男は木を切り倒した。

類 名 blow

□ 1755 SVL 7
prior
/práiə/
形 (特定の時より)前の、事前の；より重要な

It's important to fasten your seat belt **prior** to landing in a plane.
飛行機内では着陸**前**にシートベルトを締めることが重要である。

類 foremost, primary, foregoing, previous, dominant

□ 1756 SVL 5
multiple
/mʌ́ltəpl/
形 多数の、多様な、複合の

She sustained **multiple** injuries in the car accident.
彼女は交通事故で**多数の**けがを負った。

類 many, numerous, countless

□ 1757
mating
/méitiŋ/
名 交尾、交配

Many birds perform beautiful dances during the **mating** season.
多くの鳥類は**交尾**期に美しい踊りを披露する。

□ 1758 SVL 4
discourage
/diskʌ́ridʒ/
動 ～に思いとどまらせる、気勢をそぐ；～を落胆させる

Her parents tried to **discourage** her from marrying him.
彼女の両親は彼女**に**、彼との結婚を**思いとどまらせ**ようとした。

類 daunt, dissuade, inhibit

□ 1759 SVL 7
wholesome
/hóulsəm/
形 健康的な、健康に良い；健全な、有益な

Wholesome food is the secret to keeping your body young and energetic.
健康的な食事は、身体を若々しく元気に保つ秘訣(ひけつ)である。

類 healthy, hearty

□ 1760 SVL 7
exert
/igzə́ːt/
動 奮闘する；～を働かせる、発揮する、行使する

The doctor told me to not **exert** myself by doing any strenuous activity.
医者は激しい運動をして自分**を追い込み**過ぎないよう私に言った。

□ 1761　　　　SVL 6 **defy** /difái/ **動** ～に反抗する、逆らう、～を無視する	I was a good student and would never **defy** my teachers. 私は良い生徒で、教師に逆らうことなどなかった。 **類** challenge, disobey, withstand
□ 1762　　　　SVL 4 **essentially** /isénʃəli/ **副** 基本的に、本質的に	He managed to save **essentially** all of the files, and only one or two were lost. 彼は基本的に何とか全てのファイルを保存でき、１つか２つのファイルだけ喪失した。
□ 1763　　　　SVL 3 **absence** /ǽbsəns/ **名** 欠席、不在、留守	The reason she gave for her **absence** from class was illness. 彼女が授業を欠席した理由として挙げたのは病気だった。 **類** lack, need　**反** presence
□ 1764　　　　SVL 6 **isolate** /áisəlèit/ **動** ～を孤立させる；(問題など)を切り離して考える	It was key to **isolate** contagious patients to stop the spread of the disease. 病気の拡散を止めるには、感染力のある患者を隔離することが鍵となる。 **類** separate, detach, segregate
□ 1765　　　　SVL 6 **worship** /wə́:ʃip/ **名** 崇拝；礼拝(式)　**動** (神など)を崇拝する	Nature **worship** occurred in ancient cultures. 古代の文化において自然崇拝が発生した。 **類** **名** glorification, idolisation
□ 1766　　　　SVL 9 **naive** /nɑːíːv, naiíːv/ **形** 単純な、浅はかな、未熟な、無知な	He was too **naive** and was constantly betrayed by people he trusted. 彼は未熟過ぎて、信頼している人からいつも裏切られていた。 **類** innocent
□ 1767　　　　SVL 4 **criticise** /krítisàiz/ **動** ～を非難する、～のあら探しをする；を批評する	The manager was unpopular as he always **criticised** his employees' work. いつも従業員の仕事のあら探しをするので、その支配人は好かれていなかった。 **類** blame, denounce
□ 1768　　　　SVL 3 **trial** /tráiəl/ **名** 裁判、公判；テスト、試用	The man was on **trial** for the armed robbery of a bank. その男は銀行への武装強盗により裁判にかけられていた。 **類** practice, ordeal
□ 1769　　　　SVL 4 **edition** /idíʃən/ **名** (出版物の)版、(雑誌の)号	The first **edition** of this book series is difficult to find. このシリーズの最初の版は、見つけにくい。 **類** version, printing
□ 1770　　　　SVL 7 **concede** /kənsíːd/ **動** 敗北を認める；～を認める	She finally **conceded** the mayoral race to her opponent. 彼女はついに市長選の対抗馬に対して敗北を認めた。 **類** acknowledge, admit, surrender, yield

□ 1771 SVL 6 **paradox** /pǽrədɔ̀ks/ 名 (言説の) 逆説、パラドックス	It's a paradox that in such a rich country so many people live in poverty. こんなに豊かな国でこれほど多くの人々が貧困にあえいでいるというのは逆説的だ。 類 contradiction
□ 1772 SVL 3 **situation** /sìtʃuéiʃən/ 名 状況、事態、立場；場所、立地	The current economic situation is difficult for single parents. 今の経済状況は一人親にとって困難なものだ。 類 location, state, circumstance, context
□ 1773 SVL 3 **theory** /θíəri/ 名 理論、学説、～論	Newton's theory of gravity is of great importance to science. ニュートンの重力論は科学にとって非常に重要である。 類 basis, assumption
□ 1774 SVL 4 **commit** /kəmít/ 動 ～心身をささげる、全力を傾ける；～を犯す	I need you to commit to the project so we can go ahead as soon as possible. できるだけ早く先に進めるよう、あなたはプロジェクトに心身をささげなければならない。 類 perform, do
□ 1775 SVL 4 **adjustment** /ədʒʌ́stmənt/ 名 調整、調節；適応、順応	Even a small adjustment of this volume knob can make the music much louder. この音量のダイヤルをほんの少し調節するだけでも音楽を十分に大きくできる。 類 arrangement, regulation
□ 1776 SVL 3 **search** /sə́:tʃ/ 動 調べる、捜す、検索する	The airport officials searched through the suspicious man's suitcase. 空港職員は怪しい男のスーツケースをくまなく調べた。 類 look through, examine, check
□ 1777 SVL 4 **appreciate** /əprí:ʃièit/ 動 ～を感謝する、ありがたく思う；～の良さを知る	I appreciate your help at the meeting. 会議でのお力添えに感謝いたします。 動 admire, respect, value; understand
□ 1778 SVL 3 **argue** /ά:gju:/ 動 言い争う、口論する；議論する；主張する	Instead of arguing now, you can discuss the problem together later. 今言い争うより、後で一緒に問題について話し合おう。 類 quarrel; dispute, challenge; assert, plead
□ 1779 SVL 7 **dose** /dóus/ 名 服用量、(薬の) 1 服	They decided to double the dose of his medication as his condition was still bad. 彼の容体が依然として悪いことから、彼らは投薬量を倍にした。
□ 1780 SVL 8 **integral** /íntəgrəl/ 形 必要不可欠な、必須の；一体化された	Efficient delivery was an integral part of the company's distribution plan. その会社の配送計画において、効率の良い配達は必須の要素だった。 類 essential, native

□ 1781　　SVL 4	There is no definitive theory on the **origin** of life.
origin	生命の起源については、決定的な理論は存在しない。
/ɔ́rədʒin/	
名 起源、由来；血筋、原産	類 ancestry, root, source

□ 1782　　SVL 4	He gave **emphasis** to the words "on time" so that they understood their importance.
emphasis	彼らがその重要性を理解するように、彼は「時間通りに」という語句を強調した。
/émfəsis/	
名 強調、重視	類 stress

□ 1783　　SVL 4	Even though the old castle was allowed to fall into **decay**, it still was a majestic sight.
decay	古城は朽ちるに任されたままだったとはいえ、荘厳なたたずまいを見せていた。
/dikéi/	
名 腐敗、朽ちること　動 腐る、腐敗する、朽ちる	類 名 decline, deterioration　動 decompose, disintegrate

□ 1784　　SVL 2	The nation with the greatest average male **height** is the Netherlands.
height	男性の平均身長が最も高い国はオランダである。
/háit/	
名 高さ、背丈；高度、海抜	類 altitude, elevation, peak

□ 1785　　SVL 8	There are **explanatory** notes for each question at the back of the textbook.
explanatory	教科書の後ろには各問題の解説文が載っている。
/iksplǽnətəri/	
形 説明的な、解説の、注釈的な	類 expository, illustrative, informative

□ 1786　　SVL 4	The **annual** meeting did not go smoothly because the CEO was absent.
annual	CEOが不在だったため、年次大会は円滑に行われなかった。
/ǽnjuəl/	
形 年1回の、例年の、毎年の、年次の	類 yearly

□ 1787　　SVL 4	He was deeply admired and many people tried to **imitate** the way he dressed.
imitate	彼は深い称賛を受けており、多くの人々がその着こなしをまねしようとした。
/ímətèit/	
動 〜をまねる、見習う；〜を再現する、〜の模造である	類 copy, mimic, duplicate

□ 1788　　SVL 7	Lighted candles are placed along the steps to **illuminate** the path at night.
illuminate	夜、道を明るくするために階段に沿ってロウソクが置かれている。
/iljúːmənèit/	
動 〜を照らす、明るくする	

□ 1789　　SVL 8	The bird will **emit** a loud screech when it sees a predator.
emit	鳥は捕食動物を見ると甲高い大きな鳴き声を出す。
/imít/	
動 (音など) を出す、発する、放出する	類 cast, give out, irradiate

□ 1790　　SVL 5	The two warring countries agreed to a temporary **declaration** of peace for two days.
declaration	交戦しているその2カ国は2日間の一時的な和平宣言に合意した。
/dèkləréiʃən/	
名 宣言、布告；公言、意思表明	

☐ 1791 **inherently** /inhérəntli/ 副 本質的に、本来、先天的に	A police officer has an **inherently** dangerous job. 警察官は本質的に危険な職業に就いている。 類 innately, naturally
☐ 1792　SVL 5 **undertake** /ʌ̀ndətéik/ 動 ～を引き受ける、始める、着手する	Don't **undertake** strenuous exercise for a few hours after a meal to allow food to digest. 食べ物を消化させるには、食事後数時間は激しい運動を行わないこと。
☐ 1793　SVL 5 **convey** /kənvéi/ 動 ～を伝える、伝達する；～を運ぶ、運搬する	The teacher tried to **convey** the complex idea to his students. 先生は生徒たちにその複雑な考え方を伝えようとした。 類 carry, transport; communicate, tell
☐ 1794　SVL 5 **remedy** /rémədi/ 名 解決策、改善策；治療法、治療薬	Unemployment is a difficult issue with no easy **remedy**. 失業は難しい問題で簡単な救済策はない。
☐ 1795　SVL 2 **servant** /sə́:vənt/ 名 召し使い、使用人；公務員、職員	The **servants** were dismissed by their master after serving the tea. お茶を出した後、使用人たちは主人に退出させられた。 類 helper, steward
☐ 1796　SVL 4 **crisis** /kráisis/ 名 危機、重大局面	The energy **crisis** can be solved with investment into new renewable energies. エネルギー危機は、新しい再生可能エネルギーに投資することで解決できる。 類 emergency
☐ 1797　SVL 8 **reconstruct** /ri:kənstrʌ́kt/ 動 ～を再建する、復興する、立て直す	After the earthquake, a lot of buildings needed to be **reconstructed**. 地震の後、多くの建物を再建する必要があった。 類 rebuild
☐ 1798　SVL 2 **wheel** /wí:l/ 名 車輪、ホイール	Bicycles have two **wheels**, but a unicycle has only one. 自転車は車輪が2つあるが、一輪車は1つしかない。
☐ 1799　SVL 6 **extract** /ikstrǽkt/ 動 ～を引き抜く、抜き取る	It took the dentist nearly an hour to **extract** the wisdom tooth. 歯科医が親知らずを抜くのに1時間近くかかった。 類 pull out
☐ 1800 **odds** /ɔ́dz/ 名 見込み、公算；困難、障害	The **odds** of his winning the game are very small. 彼が試合に勝つ可能性は非常に低い。 類 chance, probability

🔊 181.mp3

☐ 1801　　SVL 5 **likewise** /láikwàiz/ **副** 同じく、同じように、同様 に；…もまた	By sharing his story, the prisoner hopes to discourage young men from behaving **likewise**. その受刑者は、自分の半生を伝えることによって若者たちが彼と同様の行動をすることを思いとどまらせたいと思っている。 **類** similarly; also
☐ 1802　　SVL 4 **cottage** /kɔ́tidʒ/ **名** (田舎にある) 小さな家、田 舎家；小別荘、コテージ	I would love to retire and live in a small **cottage** in the countryside. ぜひとも引退して田舎の小さな小屋で暮らしたい。 **類** cabin, lodge
☐ 1803　　SVL 9 **obsolete** /ɔ́bsəlìːt/ **形** 廃れた、使われなくなった； 古い、時代遅れの	Mini discs are **obsolete** and are no longer being produced. ミニディスクは廃れて、もはや生産されていない。 **類** out of date, demoded, outdated
☐ 1804　　SVL 9 **localise** /lóukəlàiz/ **動** ～を一地域にとどめる、特 定の場所に限定する	The school tried to **localise** the virus by keeping infected students away from everyone else. 学校は感染した生徒を他の生徒から隔離して、ウイルスの広がりを抑えようとした。
☐ 1805　　SVL 7 **Arctic** /áːktik/ **形** 北極地方の、北極 (圏) の； 極寒の	Polar bears often roam the **Arctic** tundra. ホッキョクグマは北極地方のツンドラをうろつくことが多い。 **反** Antarctic
☐ 1806　　SVL 6 **obstacle** /ɔ́bstəkl/ **名** 障害、支障、邪魔	Low motivation is the biggest **obstacle** to learning a new language. やる気のなさというのは、新しい言語を学ぶときの最大の障害である。 **類** hindrance, interference, obstruction
☐ 1807　　SVL 5 **retreat** /ritríːt/ **動** 退却する、撤退する；引退 する **名** 退却、避難	The army had to **retreat** after taking huge losses. 甚大な損害を被り、軍は退却を余儀なくされた。 **類 動** recede, retire, withdraw
☐ 1808　　SVL 9 **remnant** /rémnənt/ **名** 残り、残余、残存者	The vultures picked at the **remnants** of the deer carcass. ハゲワシが鹿の死骸の残りをついばんだ。 **類** leftovers, remainder, remains, residue
☐ 1809　　SVL 6 **innovation** /ìnəvéiʃən/ **名** 革新、刷新；新しい手法、 新機軸、新技術	Internet technology has stalled recently and is waiting for a new **innovation**. インターネット技術は近年失速しつつあり、さらなる革新が待たれている。 **類** invention, modernisation
☐ 1810　　SVL 4 **radical** /rǽdikəl/ **形** 過激な；根本的な、徹底的 な **名** 急進論者、過激派	The more **radical** part of the union wanted to strike. 労組内のさらに過激な一部はストライキを希望した。 **類** crazy, extremist, revolutionist, drastic

190

🔊 182.mp3

□ 1811　SVL 4 **scent** /sént/ **名** におい、香り	The **scent** of her perfume was overpowering. 彼女の香水の香りは強烈だった。 **類** odour, smell
□ 1812 **globalisation** /glòubəlaizéiʃən/ **名** グローバル化、世界標準化	**Globalisation** has made English an important language for communication between cultures. グローバル化により、英語は文化間のコミュニケーションのための重要な言語となった。 **反** nationalisation
□ 1813　SVL 12 **sedentary** /sédntəri/ **形** 座りがちの、座ってできる；定住の	His **sedentary** lifestyle contributed to his ill health. 座りっぱなしの生活が彼の健康障害の原因であった。
□ 1814　SVL 7 **presumably** /prizjú:məbli/ **副** たぶん、おそらく、察するに	Having won the lottery, **presumably** they can buy a large house. 宝くじに当たったから、たぶん彼らは大きな家を買えるだろう。 **類** apparently, seemingly, supposedly
□ 1815　SVL 2 **audience** /ɔ́:diəns/ **名** 聴衆、観客；視聴者	The play's **audience** greatly enjoyed everyone's performance. 演劇の観客は、キャスト全員の演技を大いに楽しんだ。
□ 1816　SVL 4 **accuse** /əkjú:z/ **動** 〜を非難する、攻める；〜を起訴する、訴える	The lawyer **accused** him of lying in court. 弁護士は裁判でうそをついたと言って彼を非難した。 **類** blame, condemn, sue　**反** defend
□ 1817　SVL 4 **proceed** /prəsí:d/ **動** 進む、向かう；続ける；実施される	Airport security asked him to **proceed** through the metal detector. 空港警備員は男に金属探知機をくぐって進むように言った。 **類** advance, go, progress, go ahead
□ 1818　SVL 3 **basement** /béismənt/ **名** 地階、地下室	Our **basement** under the house is mostly used for storage. 家の地下室はほぼ物置として使われている。 **類** cellar
□ 1819　SVL 2 **effect** /ifékt, əfékt/ **名** 結果、影響　**動**（結果として）〜をもたらす、生じさせる	The **effect** of me eating too many calories is that I put on weight. カロリーを取り過ぎることの影響は、体重が増えることだ。 **類** outcome, impact, influence
□ 1820　SVL 6 **vanity** /vǽnəti/ **名** 虚栄心、うぬぼれ	Constantly staring at yourself in the mirror is a sign of **vanity**. 鏡に映る自分をしょっちゅう見つめるのはうぬぼれの表れだ。 **類** arrogance, pride

☐ 1821　　　SVL 3 **permanent** /pə́ːmənənt/ **形** 永続的な、永久的な；常設の、常置の	It's important not to make **permanent** decisions on temporary emotions. 一時の感情によって恒久的な決断をしないことが重要だ。 類 eternal, everlasting, constant　反 temporary
☐ 1822　　　SVL 4 **definition** /dèfəníʃən/ **名** 定義、定義付け；（写真などの）鮮明度、精細度	Use a dictionary to find the **definition** of words you do not understand. 分からない単語の定義は、辞書を引いて調べること。 類 description
☐ 1823　　　SVL 6 **qualification** /kwɔ̀ləfikéiʃən/ **名** 資格、適正、技能；資格を取ること、出場権	She received her nursing **qualification** after completing the final exam. 最終試験を完遂し、彼女は看護師資格を得た。 類 adequacy, capability, competence
☐ 1824　　　SVL 3 **operate** /ɔ́pərèit/ **動** 手術をする；～を操作する、運転する；～を経営する	His appendix had burst, and the surgeon needed to **operate** immediately. 彼の盲腸が破裂したので、外科医は直ちに手術をしなければならなかった。 類 administer, handle, run, work, function
☐ 1825　　　SVL 6 **disclose** /disklóuz/ **動** ～を暴露する、明かす；見えるようにする	All conflicts of interest must be **disclosed** in a timely manner. 一切の利益相反は遅延なく開示すべきである。 類 divulge, expose, reveal, unveil
☐ 1826　　　SVL 2 **ability** /əbíləti/ **名** 能力、力量；技量、才能	Her **ability** to concentrate allowed her to become the best in class. 持ち前の集中力によって彼女はクラスで1番になれた。 類 capacity, talent, competence
☐ 1827　　　SVL 5 **aggressive** /əgrésiv/ **形** 活動的な、積極的な；攻撃的な、威嚇的な	The company had been too cautious and a more **aggressive** approach was needed. その会社は慎重になり過ぎていたため、より積極的なアプローチを講じる必要があった。 類 belligerent, confrontational; ambitious, enterprising, predatory
☐ 1828　　　SVL 4 **engage** /ingéidʒ/ **動** 関与する；（注意など）を引く、引き付ける	As a way to **engage** with their customers, they started advertising on TV. 顧客と関わり合う方法として、彼らはテレビでの広告を始めた。 類 involve, immerse, participate
☐ 1829　　　SVL 5 **facility** /fəsíləti/ **名** 施設、設備	The medical **facility** finally opened for all patients. その医療施設はついに全ての患者向けに開院した。 類 complex, establishment, installation
☐ 1830　　　SVL 9 **spectrum** /spéktrəm/ **名** 変動範囲、領域、スペクトル	The far left and far right have ideas representing opposite ends of the political **spectrum**. 極左と極右は、政治スペクトル上で対極をなす意見を持っている。 類 range, diapason

□ 1831 produce SVL 2	The barren land could **produce** little food.
動/prədjúːs/ 名/prɔ́djuːs/	その不毛な土地では食べ物がほとんど**生産**できなかった。
動 ~を生産する、製造する；~を創作する　名 農産物	類 create, generate, make　反 consume

□ 1832 transformation SVL 6	His **transformation** from boy to man seemed to happen over the summer.
/trænsfəméiʃən/	彼はどうやら夏の間に少年から大人の男性に成長したらしい。
名 変形、変化、変容、転換	

□ 1833 enlighten SVL 9	My university professor wrote books to **enlighten** her readers as well as for her own enjoyment.
/inláitn/	私の大学の教授は読者の啓蒙と彼女自身の喜びのために書籍を執筆した。
動 ~を啓蒙する、啓発する；~に教える、知らせる	類 civilize; inform, inspire

□ 1834 virtue SVL 4	His honesty was one of his greatest **virtues**.
/vɔ́ːtʃuː/	誠実さは彼の最大の長所の1つである。
名 長所、利点；美、美徳	類 goodness　反 vice

□ 1835 journey SVL 2	It was a long and arduous **journey** through the jungle.
/dʒɔ́ːni/	それは長く厳しいジャングル越えの旅だった。
名 旅行、旅；旅程、行程	類 adventure, expedition, trip

□ 1836 deny SVL 2	The thief continued to **deny** he had stolen the money even though the police had proof.
/dinái/	泥棒は、警察が証拠をつかんでいるにもかかわらず、お金を盗んだことを否定し続けた。
動 ~を否定する、否認する	類 decline, refuse, reject　反 affirm, admit

□ 1837 exile SVL 7	Napoleon wasn't executed but **exiled** to an island after being defeated.
/éksail/	ナポレオンは敗北後、処刑はされなかったが流刑となった。
動 ~を追放する、流刑にする 名 追放、流刑；追放者、流人	類 動 banish　名 deportation, expulsion

□ 1838 track SVL 2	He was able to **track** the parcel online from the factory to his home.
/trǽk/	彼は小包を工場から自宅までオンラインで追跡できた。
動 ~を追跡する、跡を追う 名 小道、跡	類 動 follow, hunt, chase, pursue　名 path

□ 1839 underlie SVL 8	Poverty and social problems **underlie** much of the crime in today's metropolises.
/ʌ̀ndəlái/	貧困と社会的な諸問題は、現代の大都市における多くの犯罪の根底にある。
動 ~の根底にある、基盤にある、背後にある	

□ 1840 amplify SVL 9	The track's audio was too low, so he tried to **amplify** it.
/ǽmpləfài/	その楽曲の音量は小さ過ぎたので、彼はボリュームを上げようとした。
動 (音量など)を増幅する；(考えなどを)詳述する	類 boost, develop, enlarge, escalate, magnify

🔊 185.mp3

□ 1841　　　SVL 4	He stood on the balcony to **overlook** his large garden.
overlook	彼はバルコニーに立って広い庭を見下ろした。
/òuvəlúk/	
動（景色など）を見渡す；〜を見落とす；（失敗など）を見逃す	類 disregard, ignore, neglect, miss

□ 1842　　　SVL 2	They had been a **couple** for five years so they decided to get married.
couple	彼らは恋人となって5年たったので結婚することにした。
/kʌ́pl/	
名 恋人同士、カップル；1組、1対	

□ 1843　　　SVL 3	He almost got lost wandering around the **huge** stately home.
huge	その巨大な大邸宅を徘徊（はいかい）していて、彼は危うく迷子になるところだった。
/hjú:dʒ/	
形 巨大な、莫大な；成功した、有名な	類 gigantic, massive, enormous, tremendous, immense

□ 1844　　　SVL 9	The order to **evacuate** the embassy came as the coup began.
evacuate	政変の発生により、大使館に避難指示が出た。
/ivǽkjuèit/	
動 〜を避難させる、疎開させる	類 vacate, withdraw

□ 1845　　　SVL 3	The price of a new computer **ranges** from £200 to £2,000.
range	新しいコンピューターの価格帯は200ポンドから2000ポンドである。
/réindʒ/	
動（〜の間で）変動する；及ぶ；〜を並べる	

□ 1846　　　SVL 3	Software engineers are **possibly** the best-paid workers today.
possibly	ソフトウェアエンジニアは、おそらく今日では最も高給を取る労働者である。
/pɔ́səbli/	
副 ひょっとすると、もしかしたら；できる限り	類 conceivably, maybe, perhaps

□ 1847　　　SVL 9	Our goal must be to build a **compassionate** and caring society.
compassionate	我々の目標は、思いやりのある、面倒見のよい社会を作ることであるべきだ。
/kəmpǽʃənət/	
形 哀れみ深い、情け深い、思いやりのある、親切な	類 benevolent, humane, kind

□ 1848　　　SVL 2	Nursery teachers know that small children usually have a short **attention** span.
attention	幼児保育士は、幼い子どもはたいてい集中力が長く持たないことを知っている。
/əténʃən/	
名 注目、注意；配慮、考慮	類 awareness

□ 1849　　　SVL 6	The public transport strike was a **nuisance** to many people.
nuisance	公共交通機関のストライキは多くの人々にとって迷惑だった。
/njú:sns/	
名 厄介な人（もの・状況）、迷惑、妨害	類 annoyance, bother, pain, menace

□ 1850　　　SVL 4	We need to let go of our **conventional** ideas and try something new and different.
conventional	私たちは従来の考え方を捨てて、新しくて違うものに挑戦する必要がある。
/kənvénʃnl/	
形 従来の、慣習的な、伝統の	類 customary, traditional　反 unconventional

□ 1851　　　　　　SVL 5
expedition
/èkspədíʃən/

名 探検、調査旅行、遠征

The **expedition** to the North Pole ran into trouble when supplies ran low.
北極への探検は、補給品が少なくなってきたときに困難な状況になった。

類 journey

□ 1852
auditory
/ɔ́:ditəri/

形 聴覚の、耳の

Newborn babies respond to **auditory** stimuli before they become able to see.
新生児は目が見えるようになる前に聴覚刺激に反応する。

□ 1853　　　　　　SVL 4
intellectual
/intəléktʃuəl/

名 知識人、識者　形 知性の、知能的な；知的な

She was a public **intellectual** and thus in great demand by all media outlets.
彼女は著名な知識人であり、そのためあらゆるメディアから引っ張りだこだった。

類 highbrow　反 mental

□ 1854　　　　　　SVL 8
blur
/blə́:/

名 不鮮明な見た目　動 ぼやける、かすむ；曖昧になる

He ran so fast he almost looked like a **blur**.
彼の走りはあまりにも速く、その姿ははっきりと見えなかった。

類 動 cloud, fog, obscure

□ 1855　　　　　　SVL 3
relief
/rilí:f/

名 (不安などの) 軽減、除去；安心、安堵(あんど)

The wind brought some **relief** from the intense summer heat.
風は、夏の激しい暑さをいくらか緩和した。

類 removal, ease

□ 1856　　　　　　SVL 8
revision
/rivíʒən/

名 修正、改正、見直し；(書籍の) 改訂版

Constant **revision** is necessary when writing a thesis.
論文を書く時には、随時見直しが必要だ。

類 modification, amendment

□ 1857　　　　　　SVL 7
rebellious
/ribéljəs/

形 反抗的な、逆らう；反乱の、謀反の

He was **rebellious** at school due to his strict parenting at home.
家で両親が厳格だったため、彼は学校では反抗的だった。

類 unruly, defiant

□ 1858　　　　　　SVL 7
supportive
/səpɔ́:tiv/

形 支える、助けになる、励ます

My mother was very **supportive** of my acting career.
俳優の道を進む私を母は全力で応援してくれた。

類 corroborative, substantiating, vindicating

□ 1859　　　　　　SVL 3
permission
/pəmíʃən/

名 許可、認可、承諾

The construction company had special **permission** to build next to the river.
その建設会社は川沿いでの工事について特別な認可を得ていた。

類 authorisation, license, sanction, warrant

□ 1860　　　　　　SVL 9
tentative
/téntətiv/

形 仮の、とりあえずの、一時的な

The time of the meeting is **tentative** for now, but we'll fix it on Monday.
会議の日時は現在のところ仮ですが、月曜日に最終決定します。

類 conditional, provisional

☐ 1861　　SVL 6 **penetrate** /pénətrèit/ **動** ~に浸透する、染み通る； ~を貫通する；~に進出する	The cold felt like it **penetrated** to his bones. 彼の骨の髄まで染み通るような寒さだった。 **類** access, enter, pierce
☐ 1862　　SVL 3 **backyard** /bǽkjɑ́:d/ **名** 裏庭	I cut the grass in the **backyard** every month. 私は毎月裏庭の草刈りをする。
☐ 1863　　SVL 6 **hesitation** /hèzətéiʃən/ **名** ちゅうちょ、ためらい；口 ごもること	Another moment's **hesitation** and the car would have hit him. もう一瞬でも長くちゅうちょしていたなら、彼は車にひかれていた。 **類** indecision
☐ 1864　　SVL 2 **tear** /téə/ **動** ~を裂く、引き裂く、破る	Be careful not to **tear** the contract. 契約書が破れないように気を付けて。
☐ 1865　　SVL 2 **image** /ímidʒ/ **名** 像、肖像、映像；印象、評 判	He downloaded the **image** from the internet so he had a photo for his presentation. プレゼンテーションに写真を使うため、彼はその画像をインターネットからダ ウンロードした。 **類** concept, idea, picture
☐ 1866　　SVL 7 **tranquil** /trǽŋkwil/ **形** 静かな、穏やかな	The lake was **tranquil** and an ideal spot to relax. 湖は静かで、リラックスするには最高の場所だった。 **類** calm, peaceful, placid, still
☐ 1867　　SVL 7 **intact** /intǽkt/ **形** 無傷の、損なわれていない、 (身体が)完全な、健全な	They were lucky that the house was still **intact** after the earthquake. 地震で家が壊れなかったことは彼らにとって幸運だった。 **類** complete, unscathed, undamaged
☐ 1868　　SVL 2 **result** /rizʌ́lt/ **名** 結末、結果　**動** 起因する、 起こる	He wasn't born blind, but it was the **result** of an accident. 彼の目が見えないのは生まれつきではなく、事故の結果だ。 **類** outcome　**反** cause
☐ 1869　　SVL 2 **equal** /íːkwəl/ **形** ~と等しい、同等である、 匹敵する	As a salesman he was the best; nobody was his **equal**. セールスマンとして彼は1番で、並ぶ者は誰もいなかった。 **類** equivalent, equitable, identical
☐ 1870　　SVL 9 **interrogate** /intérəgèit/ **動** ~を尋問する、取り調べる	The police officers **interrogated** the suspect to find the truth. 真実を探るため、警察官は容疑者を尋問した。 **類** examine, investigate, query, enquire

□ 1871　SVL 6 **relevant** /réləvənt/ 形 関連する、関係する	The references you provide in an academic paper must be **relevant** to the topic discussed. 論文で挙げられる参考文献は、取り上げられているテーマと関連していなければならない。 類 pertinent　反 irrelevant
□ 1872　SVL 8 **exotic** /igzɔ́tik/ 形 外来の、外国の、異国の	The celebrity had bought some **exotic** animals, such as a tiger and a monkey. その有名人は、虎や猿などの外来種の動物を数匹購入した。 反 indigenous, endemic
□ 1873　SVL 1 **flat** /flǽt/ 形 平らな、でこぼこのない；単調な、抑揚のない	The land was completely **flat** without a hill or valley to be seen for miles. その土地は真っ平らで、何マイル先まで見渡しても丘も谷もなかった。 類 形 boring, exact, flush
□ 1874　SVL 1 **mind** /máind/ 動 〜を気にする、〜を嫌がる 名 精神；知能；意向	I don't **mind** if you watch TV as you've finished all your homework. 宿題は全部済ませたのだから、テレビを見ても構わないよ。 類 動 beware　名 intellect, soul　反 名 body
□ 1875　SVL 9 **intermission** /intəmíʃən/ 名 幕あい、（映画などの）休憩時間；休止、中断	The concert was very long, so there was a short **intermission**. コンサートはとても長かったので、途中に短い休憩があった。 類 break, interval
□ 1876　SVL 7 **innocence** /ínəsəns/ 名 無実、無罪；無邪気	The new evidence confirmed his **innocence**, and all charges were dropped. 新しい証拠により彼の無実が裏付けられ、起訴が取り下げられた。 類 faultlessness, impeccability
□ 1877　SVL 4 **oxygen** /ɔ́ksidʒən/ 名 酸素	He couldn't breathe well due to the lack of **oxygen** at that altitude. その高度では酸素が薄いため、彼の呼吸は苦しかった。
□ 1878　SVL 6 **accessible** /æksésəbl/ 形 （場所が）行きやすい；（情報などが）入手しやすい	The entrance is **accessible** via the main road. 入り口は幹線道路から入りやすくなっている。 類 available, approachable　反 inaccessible, unapproachable
□ 1879　SVL 2 **exist** /igzíst/ 動 存在する、実在する	He was a sceptic so he didn't believe that ghosts **exist**. 彼は疑い深いので幽霊が存在することを信じなかった。
□ 1880　SVL 9 **maternal** /mətə́:nl/ 形 母らしい、母性の、母としての；母方の	When looking at new born babies, women often feel **maternal** instincts. 新生児を見ていると、女性はしばしば母性本能が湧いてくる。 類 motherly

🔊 189.mp3

□ 1881　SVL 3 **reject** /ridʒékt/ **動** 〜を拒否する、拒絶する、受け入れない	It is important to take on the good ideas and **reject** the bad ones. 良い考えを受け入れて、悪い考えを拒絶することが大事である。 **類** decline, refuse, deny　**反** accept
□ 1882　SVL 4 **pursue** /pəsjú:/ **動** 〜を追う、追跡する；〜を続ける、推し進める	The thief was **pursued** down the street by the two police officers. 泥棒は警官2名により街路上を追い掛けられた。 **類** chase, track, follow
□ 1883　SVL 5 **appreciation** /əprì:ʃiéiʃən/ **名** 評価、理解、鑑賞；値上がり	They began to clap in **appreciation** of his performance. 人々は、彼の演奏を称賛して拍手を始めた。 **類** admiration, respect, gratitude
□ 1884　SVL 6 **pledge** /plédʒ/ **動** 〜を誓う、誓約する　**名** 誓い、誓約、約束	When couples get married, they make a **pledge** to be together until one of them dies. カップルが結婚するとき、どちらかが亡くなるまで一緒にいる誓いを立てる。 **類** promise
□ 1885　SVL 4 **guilt** /gílt/ **名** 罪悪感、自責の念、罪の意識	She felt no **guilt** when cheating on her husband. 彼女は夫を裏切って浮気しても罪悪感がなかった。 **類** regret, remorse, shame, blame
□ 1886　SVL 2 **float** /flóut/ **動** 浮く、浮かぶ；漂う　**名** 浮遊物；山車	Instead of sinking, the bag actually **floated** down the river. 袋は沈むことなく、浮いたまま川を流れていった。 **類** drift, hover
□ 1887　SVL 7 **surpass** /səpá:s/ **動** 〜より勝る、〜をしのぐ、超える	She was determined to **surpass** the achievements of her successful older brother. 彼女は成功している兄の成績を上回ると判断された。 **類** excel, exceed
□ 1888　SVL 3 **confirm** /kənfə́:m/ **動** 〜を確認する、確かめる；〜を認める、確信する	The online security check asked to him **confirm** his password before continuing. 彼はオンラインのセキュリティーチェックによって、次に進む前にパスワードの確認を求められた。 **類** verify, validate, approve　**反** disconfirm
□ 1889　SVL 7 **crude** /krú:d/ **形** 粗雑な、下品な、未熟な	Their wedding was the wrong place and time to make a **crude** joke. 彼らの結婚式で下品なジョークを言うのは場違いだし、タイミングも間違っていた。 **類** vulgar
□ 1890 **work out** **動** 〜を見つける、解決する；(計画など)を練る	Management failed to **work out** a coherent strategy for increasing sales. 経営陣は売上を伸ばすための一貫した戦略を見つけられなかった。 **類** calculate

□ 1891　　SVL 5	The knife wound caused him to scream in **agony**.
agony	ナイフの傷で彼は苦痛の悲鳴を上げた。
/ǽgəni/	
名 苦痛、苦悶(くもん)	類 distress, pain, ordeal

□ 1892　　SVL 2	The waiter politely asked him to **remove** his large bag from the table.
remove	ウエーターは、テーブルから大きなかばんをどかすよう彼に丁寧にお願いした。
/rimúːv/	
動 〜を取り去る、連れ去る；〜を取り除く	類 take away

□ 1893　　SVL 8	She tried nicotine patches to help fight her **addiction** to smoking.
addiction	彼女は喫煙への依存と闘うためにニコチンパッチを試した。
/ədíkʃən/	
名 常用、常習、中毒、依存	類 dependence, habit

□ 1894　　SVL 2	There is a **direct** flight from London to New York every day.
direct	ロンドンからニューヨークまでの飛行機は毎日直行便がある。
/dirékt, dairékt/	
形 直接の、直接の　動 〜を指揮する、指導する、監督する	類 形 straight　反 形 indirect

□ 1895　　SVL 8	The **rivalry** between Manchester United and Manchester City is stronger than ever.
rivalry	マンチェスター・ユナイテッドとマンチェスター・シティーの競い合いは、かつてない激しさを見せている。
/ráivəlri/	
名 競争、対抗、争い	類 competition

□ 1896　　SVL 2	The company **requested** that all employees wear a suit.
request	その会社は従業員全員にスーツの着用を要請した。
/rikwést/	
動 〜を頼む、要請する　名 依頼、要望	類 ask, claim

□ 1897　　SVL 2	If you work hard and stick to your goal, you will **succeed**.
succeed	一生懸命取り組んで目標を見失わなければ成功する。
/səksíːd/	
動 成就する、成功する、うまくいく	類 inherit

□ 1898　　SVL 4	Success grows out of struggles to **overcome** difficulties.
overcome	成功とは困難に打ち勝とうとあがく中から生まれ出るものだ。
/òuvəkám/	
動 〜を克服する；〜を打ち負かす；〜を圧倒する	類 beat, conquer, defeat

□ 1899　　SVL 2	The ape decided to **hang** from the tree and watch the man below.
hang	その猿は木にぶら下がって、下にいる男を観察することにした。
/hǽŋ/	
動 つり下がる、垂れ下がる；首をつって殺される	類 dangle, suspend, hover

□ 1900　　SVL 9	The smell of the sweet shop **evoked** a strong memory of her childhood.
evoke	菓子屋から漂う匂いは彼女に幼少期の記憶を強く呼び起こさせた。
/ivóuk/	
動 (記憶など)を呼び起こす、喚起する	類 elicit, inspire

□ 1901　　SVL 9 **converse** /kənvə́ːs/ **動** 会話をする、談話する	He was so happy to **converse** with another person after travelling alone for so long. 独りきりでの長旅の末に人とおしゃべりすることができ、彼はとてもうれしかった。
□ 1902　　SVL 7 **pedestrian** /pədéstriən/ **名** 歩行者　**形** 歩行者の、歩行者用の	The area is open only to **pedestrians**. この場所は歩行者だけに開放されている。 類 **名** walker
□ 1903　　SVL 7 **catastrophe** /kətǽstrəfi/ **名** 大災害、大惨事；災難、不幸	If a large enough meteor hit the earth, it would be a **catastrophe** for humanity. 地球に大きな隕石(いんせき)が衝突したら、人類にとって大惨事となるであろう。 類 disaster
□ 1904　　SVL 6 **adequate** /ǽdikwət/ **形** 十分な、適当な、適切な	Their performance was **adequate** but needed to be improved. 彼らの成績はまずまずであったが、改善する必要がある。 類 decent, acceptable, appropriate, sufficient
□ 1905　　SVL 2 **punish** /pʌ́niʃ/ **動** ～を罰する、懲らしめる；～を罰する、処罰する	The mother **punished** her child after discovering he had lied to her. うそをつかれたと分かって、母親は子どもに罰を与えた。 類 penalize
□ 1906　　SVL 5 **core** /kɔ́ː/ **名** 中心部、核心、芯	The financial crisis is at the **core** of the matter. 財政危機が問題の根底にある。 類 heart, soul, centre
□ 1907　　SVL 6 **intensity** /inténsəti/ **名** (感情などの)激しさ、強烈さ、真剣さ	The **intensity** of the pain increased, so he contacted his doctor. 痛みが激しさを増したため、彼は医者に連絡を取った。 類 aggressiveness, severity
□ 1908　　SVL 8 **unconditional** /ʌ̀nkəndíʃənl/ **形** 無制限の、無条件の、絶対的な	Mothers have **unconditional** love for their children. 母親は自分の子どもに無条件の愛を注ぐ。 類 absolute, unadulterated　反 conditional
□ 1909　　SVL 7 **supervise** /súːpəvàiz/ **動** ～を監督する、管理する、指揮する	A lot of school staff are expected to **supervise** students during lunch time. 学校職員の多くは、昼食時に生徒を監視することになっている。 類 oversee, manage
□ 1910　　SVL 5 **earnings** /ə́ːniŋz/ **名** 収益、もうけ	The shop's **earnings** were increasing due to the increase in customers. 客数が増えたことで、この店の利益は増加していた。 類 profit

□ 1911　　　SVL 3 **impress** 動/imprés/ 名/ímpres/ **動** ～に感銘を与える；～に(… を)印象付ける **名** 押印、刻印	He **impressed** his parents by completing not only his tasks but his sister's, too. 自分のやるべきことだけでなく妹の分まで片付けたことで、彼は両親を感心させた。 **類 動** move, touch, inspire, affect
□ 1912　　　SVL 9 **deform** /difɔ́:m/ **動** ～を変形させる	Wearing badly fitting shoes can **deform** your feet. 足に合わない靴を履いていると足が変形してしまうことがある。 **類** distort, warp
□ 1913　　　SVL 5 **consensus** /kənsénsəs/ **名** (意見の)一致、合意、総意	There is a **consensus** among scientists that current global warming is mostly human-made. 現在の地球温暖化はほぼ人為的なものであることは、科学者の間で合意に達している。 **類** accord, agreement **反** conflict, disagreement
□ 1914　　　SVL 8 **spatial** /spéiʃəl/ **形** 空間の、空間的な、空間認知に関する	The racing driver had excellent dexterity and **spatial** awareness. そのレーシングドライバーは器用さと空間認識能力に秀でていた。
□ 1915　　　SVL 5 **pessimistic** /pèsəmístik/ **形** 悲観主義の、非観的な、厭世的な	The government issued a **pessimistic** economic forecast, worrying its citizens. 政府は悲観的な経済予測を打ち出し、市民に不安を呼び起こした。 **類** cynical, downbeat **反** optimistic
□ 1916　　　SVL 2 **actual** /ǽktʃuəl/ **形** 現実の、実際の；現実に存在する	The **actual** number of virus cases is higher than reported. ウイルス症例の実際の数は報告されているよりも多い。 **類** real, true, existing, concrete, immediate **反** imaginary
□ 1917　　　SVL 6 **intimate** /íntəmət/ **形** 個人的な、私的な；親密な、親しい	He was very private and didn't share **intimate** details about his life. 彼はかなり秘密主義で、自分の生活について個人的な詳しいことは教えてくれなかった。 **類** close
□ 1918　　　SVL 3 **sensitive** /sénsətiv/ **形** 敏感な、よく気が回る；傷つきやすい、感じやすい	His teeth were incredibly **sensitive** to cold so he avoided ice cream. 彼の歯は冷たいものにひどく敏感だからアイスクリームは食べないようにしていた。
□ 1919　　　SVL 8 **segment** /ség mənt/ **名** 区分、部分、切片、セグメント	A large **segment** of the population drinks alcohol every day. 人口の大部分が毎日飲酒している。 **類** part, portion, section
□ 1920　　　SVL 5 **ultimate** /ʌ́ltəmət/ **形** 最後の、最終の、最終的な、究極の	The author's **ultimate** dream was to write a best seller. その作家の究極の夢はベストセラーを執筆することであった。

🔊 193.mp3

□ 1921　　　　　　　　SVL 7
outgoing
/áutgòuiŋ/
形 外向的な、社交的な；退職
する、退任する；出て行く

Sales reps need to be **outgoing** because they are constantly meeting new customers.
営業担当者は、常に新しい顧客と会うことになるのだから社交的である必要がある。

類 sociable, social

□ 1922　　　　　　　　SVL 3
useless
/jú:slis/
形 役に立たない、無用な、無
駄な

The bicycle had a broken wheel, so it was essentially **useless**.
その自転車はタイヤが破損していたので、まるで使いものにならなかった。

類 futile 反 useful

□ 1923　　　　　　　　SVL 4
inevitable
/inévətəbl/
形 避けられない、必然的な、
必ず起こる

The accident was an **inevitable** consequence of his dangerous driving.
その事故は彼の危険な運転の当然の帰結だった。

類 inescapable, unavoidable

□ 1924　　　　　　　　SVL 3
offend
/əfénd/
動 〜の感情を害する、〜を怒
らせる；に不快感を与える

She was really **offended** by the comment about her weight.
体重のことを言われて彼女はひどく気分を害した。

類 anger, outrage, upset, violate

□ 1925　　　　　　　　SVL 6
monopoly
/mənópəli/
名 (市場の) 独占、専売；独占
企業、専売会社

The company took over its last rival and established a **monopoly**.
その会社は最後に残った競合を買収して市場独占を成し遂げた。

□ 1926　　　　　　　　SVL 8
informative
/infɔ́:mətiv/
形 有益な、ためになる、情報
を提供する、教育的な

The pamphlet was very **informative** and told them everything they needed to know.
そのパンフレットはとても情報豊かで、彼らが知るべきことを網羅していた。

類 educational, explanatory, instructional

□ 1927　　　　　　　　SVL 8
accumulation
/əkjù:mjuléiʃən/
名 蓄積、ためること；蓄積物

There was an **accumulation** of evidence over the years of government corruption.
長年にわたる政府の汚職の証拠が蓄積されていた。

□ 1928　　　　　　　　SVL 5
phenomenon
/finómɪnən/
名 現象、事象；驚くべき出来
事、非凡な人

Ancient civilisations used to explain weather **phenomena** as divine intervention.
古代文明は、気象現象を天の采配で説明していた。

類 event, incident, miracle, anomaly

□ 1929　　　　　　　　SVL 6
fascinate
/fǽsənèit/
動 〜を魅了する、〜を引き付
ける

The tiny insects **fascinated** the biologists.
その小さな虫は生物学者たちを魅了した。

類 mesmerise, intrigue, captivate, enchant

□ 1930　　　　　　　　SVL 4
curiosity
/kjùəriósəti/
名 好奇心、興味

After learning more about my ancestors, my **curiosity** about my homeland increased.
私の先祖についてより詳しく知ったことで、母国に対する興味が高まった。

□ 1931　　SVL 4 **investigate** /invéstəgèit/ 動 ～を調査する、調べる、捜査する	The police decided to **investigate** the numerous unexplained deaths at the hospital. 警察は、その病院での多数の不審死について捜査することを決めた。
	類 examine, enquire, interrogate
□ 1932　　SVL 6 **irregular** /irégjulə/ 形 不規則な、変則的な、不定期の	Doctors often work long, **irregular** hours. 医者は長時間、不規則に働くことが多い。
	類 abnormal, anomalous 反 regular
□ 1933　　SVL 7 **subjective** /səbdʒéktiv/ 形 主観の、主観的な	Levels of happiness are **subjective** and difficult to measure. 幸福の度合いは主観的であり測るのは難しい。
	類 individual, personal 反 objective
□ 1934　　SVL 5 **exploration** /èkspləréiʃən/ 名 探検、探査	There was great interest in the **exploration** of the deepest oceans for oil. 石油を求めて深海の探査に大きな関心が寄せられた。
□ 1935　　SVL 3 **satisfy** /sǽtisfài/ 動 ～を満足させる、満たす；～に納得させる	Many scientific discoveries occur as an attempt to **satisfy** the curiosity of the scientist. 多くの科学的発見は、学者の好奇心を満たす試みとして発生する。
	類 fulfil
□ 1936　　SVL 6 **compel** /kəmpél/ 動 ～することを…に強いる、…に無理やり～させる	The law will **compel** companies to make wages transparent. その法律は企業に賃金の透明化を強いる。
	類 drive, force, oblige, press
□ 1937　　SVL 7 **formulate** /fɔ́:mjulèit/ 動 ～をまとめる、策定する、練り上げる	The results from the questionnaire will be used to **formulate** a proposal. アンケートの結果は提案を策定するのに使用される。
	類 articulate, express, state, compose
□ 1938　　SVL 4 **restrain** /ristréin/ 動 ～を拘束する；～を抑える、制止する	The prison guards had to **restrain** the violent prisoner. 看守たちはその凶暴な囚人を拘束しなければならなかった。
	類 hold, suppress, detain
□ 1939　　SVL 3 **independent** /ìndipéndənt/ 形 独立した、自治の；自立している、独立心の強い	The splinter group wanted the African colony to become **independent** from the UK. 分派は、アフリカにあるその植民地をイギリスから独立させることを求めていた。
	類 autonomous, free, sovereign 反 dependent
□ 1940　　SVL 6 **elaborate** 形/ilǽbərət/ 動/ilǽbərèit/ 形 精巧な 動 ～を詳述する、～を細部まで作り込む	The yeti turned out to be an **elaborate** hoax. 雪男伝説は手の込んだ作り話であると分かった。
	類 形 detailed, intricate; complex, complicated

🔊 195.mp3

☐ 1941　　SVL 8 **fertiliser** /fə́:təlàizə/ 名 肥料、化学肥料	Every year, **fertiliser** was applied to the crops to help them grow. 成長を促すため、作物には毎年肥料が与えられた。 類 manure
☐ 1942　　SVL 4 **atmosphere** /ǽtməsfiə/ 名 雰囲気；大気、大気圏	The **atmosphere** in the room was tense due to the bad news. 悪いニュースによって部屋の雰囲気は張り詰めていた。 類 ambience
☐ 1943　　SVL 2 **notice** /nóutis/ 名 掲示；注意；通知 動 ～に気付く、～を見つける	There were several **notices** warning visitors not to get too close to the waterfall. 滝に近づき過ぎないように観光客に警告する掲示がいくつかあった。 類 名 notification 動 discern
☐ 1944　　SVL 8 **posture** /pɔ́stʃə/ 名 体勢、姿勢；態度	She had excellent **posture**, which would protect her from back problems in later life. 彼女は姿勢が良いので年を取っても腰痛に悩まされずに済みそうだ。 類 attitude, poise, stance
☐ 1945　　SVL 4 **apt** /ǽpt/ 形 適切な、ふさわしい；～しそうだ、～の傾向がある	The ancient book of philosophy was still **apt** today. その太古の哲学書は今なお通用する内容だった。 類 appropriate, suitable; inclined, prone
☐ 1946　　SVL 2 **modern** /mɔ́dən/ 形 現代の、近頃の；最新の、現代的な	**Modern** financial theory does not see debt as a bad thing. 現代の金融論は、借財を悪いことと見ていない。 類 contemporary, present-day, up-to-date
☐ 1947　　SVL 2 **plenty** /plénti/ 名 (物質的な)豊富さ 副 たくさん、十分に	The amusement park had **plenty** of fun for all the family. その遊園地には家族みんなが楽しめるものがいっぱいあった。 類 名 abundance, bunch, wealth
☐ 1948　　SVL 5 **guideline** /gáidlàin/ 名 (政策などの)指針、ガイドライン、指導基準	Please read the **guidelines** carefully before writing the article. 記事を執筆する前に、ガイドラインを注意深くお読みください。 類 guidance, instruction
☐ 1949　　SVL 6 **tenant** /ténənt/ 名 賃借人、入居者、居住者	The rent is negotiated between the **tenant** and the landlord. 家賃は入居者と大家との間で取り決められる。 類 renter, resident
☐ 1950　　SVL 3 **loss** /lɔ́s/ 名 敗北、失敗；紛失、損失	The rugby team took the **loss** badly as it was the third in a row. これで3連敗となり、ラグビーチームは敗戦を深刻に受け止めた。 類 damage, casualty, fatality 反 profit, win

□ 1951　　SVL 3 **attempt** /ətémpt/ **動** 〜を試みる、企てる　**名** 試み、挑戦；計画	If you **attempt** to climb the mountain, you'll need plenty of equipment. 山登りを試みるのであれば、たくさんの装備が必要になる。 **類** endeavour, try, attack
□ 1952　　SVL 3 **humour** /hjúːmə/ **名** ユーモア、しゃれ；（一時の）気分、機嫌	His wicked sense of **humour** had the room crying with laughter. 彼の最高のユーモアセンスに部屋中が笑い転げた。 **類** funniness
□ 1953　　SVL 3 **justice** /dʒʌ́stis/ **名** 正義、公正；正当性、妥当性；裁判	Is capital punishment a type of **justice** or a means of revenge? 死刑とは正義の一環なのか、それとも復讐（ふくしゅう）の手段なのか？ **類** equity, right　**反** injustice
□ 1954　　SVL 6 **genetic** /dʒənétik/ **形** 遺伝子の、遺伝的な；発生の、起源に関する	Many diseases are pronounced incurable because they occur owing to **genetic** abnormalities. 遺伝的異常によって起こることが理由で、多くの疾病が不治と宣言される。
□ 1955　　SVL 7 **contrive** /kəntráiv/ **動** （計画）を立てる、〜をもくろむ、企てる	She decided to **contrive** a meeting between her two quarrelling friends. いがみ合っている友達2人を会わせる機会を作ろうと彼女は決めた。 **類** conspire, devise, fabricate
□ 1956　　SVL 5 **confine** 動/kənfáin/ 名/kɔ́nfain/ **動** 〜を閉じ込める；〜制限する、とどめる　**名** (-s)境界	It was difficult to **confine** the dangerous animal to its cage. その危険な動物を檻に閉じ込めるのに苦労した。 **類** **動** limit, restrict
□ 1957　　SVL 5 **fierce** /fíəs/ **形** （天候などが）すさまじい、猛烈な；どう猛な、荒々しい	The fire gave out a **fierce** heat. その火事はものすごい熱を発散した。 **類** ferocious, furious, vicious, violent, turbulent
□ 1958　　SVL 2 **duty** /djúːti/ **名** 職務、任務；義務	The soldier was finally off **duty** and could relax. 兵士はようやく非番となり、くつろぐことができた。 **類** task, function
□ 1959　　SVL 7 **reptile** /réptail/ **名** 爬虫(はちゅう)類	**Reptiles** are cold-blooded, are covered in scales, and lay eggs. 爬虫類は冷血動物で、うろこに覆われ、卵を産む。
□ 1960　　SVL 4 **ambitious** /æmbíʃəs/ **形** 野心のある、野望を抱いた；（計画などが）野心的な	He was an **ambitious** but poor young man. 彼は野心はあるが貧しい若者だった。 **類** aspiring, aggressive

🔊 197.mp3

□ 1961　　SVL 9 **potent** /póutnt/ 形 効能のある；有力な、力強い；説得力のある	The medicine was **potent** and took immediate effect. その薬は効き目があり、すぐに効果が現れた。 類 influential, powerful, strong, efficient
□ 1962　　SVL 3 **principal** /prínsəpəl/ 形 主要な、最も重要な　名 校長、学長、指導者	The **principal** aim of this meeting is to finally reach a decision. この会議の最大の目標は、最終的に決定まで進むということだ。 類 形 chief, foremost, leading, primary
□ 1963　　SVL 4 **guarantee** /gæ̀rəntíː/ 動 〜を保証する、確約する 名 保証、請け合い；保証書	Just because things went well last month, that doesn't **guarantee** they will go well this month. 先月は物事がうまくいったからといって、今月もうまくいくという保証にはならない。 類 動 assure　名 warranty
□ 1964　　SVL 6 **specify** /spésəfài/ 動 〜を詳細に述べる、〜を明記する	People should always **specify** their allergies when eating at restaurants. レストランで食事をするときは常に、どのようなアレルギーを持っているのかを詳細に伝えるべきだ。 類 define
□ 1965 **granted** /grǽːntid/ 副 確かに、その通りだ	**Granted**, linear algebra is not an easy subject, but you still have to do it to get your engineering degree. 確かに線形代数は簡単な科目ではないが、工学の学位を取りたいならやるしかない。
□ 1966　　SVL 7 **discard** /diskáːd/ 動 〜を廃棄する、捨てる、処分する	It's important to **discard** any mussels that don't open during the cooking process. 調理過程で開かない貝は処分することが大切である。 類 dispose of, throw away, renounce
□ 1967　　SVL 2 **mention** /ménʃən/ 名 言及　動 〜に言及する、簡単に触れる、〜を話題にする	She was delighted that she had got a **mention** in the newspaper about her charitable work. 自分の慈善活動が新聞で言及されたことに彼女は喜んだ。 類 動 cite, quote
□ 1968　　SVL 5 **reluctant** /rilʌ́ktənt/ 形 気が進まない、気が乗らない	He was **reluctant** to share his poor test results with his parents. テストのふがいない結果を両親に見せるのは気が進まなかった。 類 hesitant　反 willing
□ 1969　　SVL 5 **petrol** /pétrəl/ 名 ガソリン	He had driven for a long time and needed some more **petrol**. 彼は長いこと運転しており、ガソリン補給が必要だった。 類 gasoline, gas
□ 1970　　SVL 7 **safeguard** /séifgàːd/ 動 〜を保護する、守る	The new security protocols will **safeguard** the company against fraud. 新しいセキュリティープロトコルによって会社が不正行為から守られるだろう。 類 defend, protect

☐ 1971　SVL 6 **institutional** /ìnstətjúːʃənl/ 形 機関の、施設の；制度上の、制度化した	His constant depression gave him no choice but to go into **institutional** care. 気分が絶えず落ち込むせいで、彼には専門施設での療養を受ける以外の道がなくなった。
☐ 1972　SVL 4 **instinct** /ínstiŋkt/ 名 本能；天性の素質、才能	It is a natural **instinct** for mother bears to protect their cubs. 子グマを守るのは母グマに自然に備わった本能だ。 類 intuition
☐ 1973　SVL 3 **harmony** /háːməni/ 名 調和、一致、融和	She lives in **harmony** with her brother. 彼女は兄と仲良く暮らしている。 類 balance, symmetry, unity, accord
☐ 1974　SVL 3 **traditional** /trədíʃənl/ 形 伝統的な、伝統の	She decided to wear **traditional** dress to the festival to please her grandmother. 彼女は祖母を喜ばせるためにお祭りに伝統的なドレスを着ていくことにした。 類 conventional
☐ 1975　SVL 6 **mingle** /míŋgl/ 動 入り交じる、混ざり合う	The spy **mingled** with the crowd so he couldn't be discovered. スパイは見つからないように群衆に紛れ込んだ。 類 blend, mix
☐ 1976　SVL 7 **precede** /prisíːd/ 動 ～より先に起こる、～に先行する；～を始める	Doctors warn that a tingling sensation in the arm will often **precede** a heart attack. 腕にヒリヒリと刺激を感じるのは心臓発作の前に起こることが多いと医者は警告している。 類 forego, predate, pre-exist
☐ 1977　SVL 8 **minimise** /mínimàiz, mínəmàiz/ 動 ～を最小限にする、できるだけ少なくする	I packed the vase with plenty of bubble wrap to **minimise** the risk of damage during transit. 輸送中の損傷の恐れを最小限に抑えるために、緩衝材を大量に使って花瓶を梱包した。
☐ 1978　SVL 5 **stimulate** /stímjulèit/ 動 ～を活気づける、刺激する、促進する	The new cabinet announced a package of measures to **stimulate** the economy. 新内閣は経済を刺激する諸対策を発表した。 類 provoke, boost
☐ 1979　SVL 2 **respect** /rispékt/ 名 敬意、尊敬；尊重	She enjoyed the **respect** of her peers, who constantly asked for her advice. 彼女は常にアドバイスを求めてくる同僚から尊敬を受けていた。 類 honour, esteem, appreciation 反 disrespect
☐ 1980　SVL 2 **method** /méθəd/ 名 方式、やり方；筋道、体系	The scientific **method** has been the key factor in the development of modern civilisation. 科学的手法というものが近代文明の発展において鍵となる要素であった。 類 approach, manner, system, technique, tactics

□ 1981　SVL 4 **existence** /igzístəns/ 名 存在、実在、現存	He was depressed as he felt his entire **existence** revolved around work. 彼は、自身の存在の全てが仕事を中心に展開していると感じて落ち込んでいた。 類 occurrence
□ 1982　SVL 2 **realise** /ríːəlàiz/ 動 ～を悟る、理解する、～に気付く	He wore jeans as he didn't **realise** it was a formal event. 改まった行事だと知らなかったので、彼はジーンズをはいてきた。 類 understand
□ 1983　SVL 4 **extreme** /ikstríːm/ 形 極度の、甚だしい；極端な	At the top of Mount Everest, the **extreme** height can cause problems for the human body. エベレストの山頂はあまりに高いので、人体に問題を引き起こす場合がある。 類 excessive, intense 反 moderate
□ 1984　SVL 4 **rage** /réidʒ/ 名 激怒、憤怒；熱狂 動 激怒する、怒り狂う	His face turned purple with **rage** as he realised he had been robbed. 強盗に遭ったことが分かり、憤怒に彼の顔は真っ赤になった。 類 名 anger, fury, wrath
□ 1985　SVL 5 **primarily** /praimérəli, práimərəli/ 副 主に、主として、（何よりも）まず	My mother **primarily** cooks chicken-based meals. 母は主に鶏肉をベースにした食事を作る。 類 chiefly, mainly, mostly, initially
□ 1986　SVL 4 **intense** /inténs/ 形 （程度が）強烈な、猛烈な；（行為が）短期集中的な	It took **intense** concentration to combine the two dangerous chemicals safely. 2つの危険な化学薬品を事故なく混ぜ合わせるのは高度な集中力を伴う作業だった。 類 acute, heavy, extreme, passionate
□ 1987　SVL 3 **communicate** /kəmjúːnəkèit/ 動 ～を伝える、伝達する；連句を取る、通信する	You need to **communicate** your ideas more clearly to the audience. あなたは聴衆にもっとはっきりと自分の考えを伝える必要がある。 類 convey, talk
□ 1988　SVL 5 **abandon** /əbǽndən/ 動 ～を断念する、中止する；～を放棄する、捨てる	They had to **abandon** their plans due to a lack of funds. 資金不足により彼らは計画を断念せざるをえなかった。 類 leave, strand, renounce, forsake
□ 1989　SVL 3 **ordinary** /ɔ́ːdənri/ 形 普通の、通常の；平凡な、ありふれた	It is increasingly difficult for **ordinary** people to buy real estate in the UK these days. イギリスでは昨今、不動産を購入することが普通の人にとってますます困難になっている。 類 common, normal, unexceptional 反 extraordinary
□ 1990　SVL 2 **check** /tʃék/ 動 ～を確認する、点検する、調べる 名 検査、点検	Always **check** the expiry date on your passport before you travel. 旅行前には必ずパスポートの有効期限を確認すること。 類 動 control, regulate, review, inspect, search 名 inspection

☐ 1991　　　　SVL 4 **strip** /stríp/ **動** 服を脱ぐ	Airport security these days asks some passengers to **strip** down to their underwear for a thorough check. 空港警備は、今日では検査徹底のため一定の乗客に下着までの脱衣を求める。 類 undress
☐ 1992　　　　SVL 4 **imperial** /impíəriəl/ **形** 帝国の、皇帝の；威厳のある	This book is about Britain's **imperial** expansion in the 19th century. この本は19世紀における英国の帝国の拡大についての本だ。 類 royal, lordly
☐ 1993　　　　SVL 4 **genius** /dʒíːnjəs/ **名** 天才、非凡な才能	Bobby Fischer was a chess **genius**, who became the youngest US chess champion at age 14. ボビー・フィッシャーはチェスの天才で、14歳にしてアメリカの最年少チェス・チャンピオンになった。 類 talent
☐ 1994　　　　SVL 7 **prevalent** /prévələnt/ **形** 流行している、広く行き渡っている、まん延している	Malaria is far more **prevalent** in tropical countries. マラリアのまん延は熱帯諸国においてより顕著である。 類 common, popular
☐ 1995　　　　SVL 3 **affair** /əféə/ **名** 事件、出来事；業務、実務；浮気	The funeral was a solemn **affair** for all involved. 葬儀は全ての関係者にとって厳粛な行事であった。 類 event, function, matter; product, work; fling
☐ 1996　　　　SVL 3 **survive** /səváiv/ **動** 生存する、生き残る；〜を生き延びる	Humans can't **survive** long without regular sustenance. 人間は定期的に食物を摂取しないと長く生きられない。 類 prevail; outlive
☐ 1997　　　　SVL 6 **cue** /kjúː/ **名** 合図、キュー	He waited for his **cue** to go out onto the stage. 彼は舞台に登場するための合図を待った。 類 hint, indication, suggestion, clue
☐ 1998　　　　SVL 6 **classification** /klæsəfikéiʃən/ **名** 区分、分類	The **classification** of the new species was surprisingly difficult. その新種の分類は驚くほど難しかった。
☐ 1999　　　　SVL 5 **extensive** /iksténsiv/ **形** 大規模な、広範囲の	Many of the older damaged paintings require **extensive** restoration. 古く破損した絵画の多くは大がかりな修復が必要である。 反 intensive, limited
☐ 2000　　　　SVL 2 **accept** /æksépt, əksépt/ **動** 〜を容認する、受け入れる；〜を快諾する、受け取る	Did your professor **accept** or reject the hypothesis? あなたの教授はその仮説について容認しましたか、それとも拒否しましたか？ 類 take on, receive　反 reject, refuse

□ 2001　SVL 3 **rob** /rɔ́b/ 動 ～から奪う、強奪する；強盗を働く	The criminals attempted to **rob** the bank but were caught by police. 犯罪者らは銀行強盗を試みたが警察に捕まった。 類 steal, burgle, deprive
□ 2002　SVL 8 **conspicuous** /kənspíkjuəs/ 形 目立つ、人目を引く	Driving his new red Ferrari made him feel very **conspicuous**. 新車の赤いフェラーリを運転して、彼は自分がとても目立っているように感じた。 類 noticeable, bold, dramatic
□ 2003　SVL 2 **distant** /dístənt/ 形 離れている、遠い、遠くにある	He had many **distant** relatives that he'd never met. 彼には会ったことのない遠い親戚がたくさんいた。
□ 2004　SVL 3 **vague** /véig/ 形 曖昧な、あやふやな；漠然とした、ぼんやりとした	His boss gave an incredibly **vague** answer, which didn't help him. 彼の上司の回答は想像を絶する曖昧なもので、何の助けにもならなかった。 類 obscure 反 definite
□ 2005　SVL 2 **tourist** /túərist/ 名 旅行者、旅人、観光客	Due to the constant bad weather, few **tourists** have visited this season. 絶え間ない悪天候のせいで、今シーズンは観光客がほとんど来なかった。
□ 2006　SVL 4 **organise** /ɔ́:gənàiz/ 動 ～を整理する、まとめる；～を組織する；～を計画する	They had to **organise** all the loose files into the correct drawers. 彼らはバラバラのファイルを全て正しい引き出しに整理しなければならなかった。 類 arrange, systematize, dispose
□ 2007　SVL 3 **throughout** /θru:áut/ 前 ～の至る所に、～中くまなく；～の間中ずっと	Excessive roadworks have caused traffic jams **throughout** the city. 過剰な道路工事によって街中で交通渋滞が起きた。
□ 2008　SVL 2 **area** /ɛ́əriə/ 名 場所、区域；地域；分野	There was a large **area** where nothing could be built. 何も建設することができない広大な土地があった。 類 region; subject, domain
□ 2009　SVL 5 **attain** /ətéin/ 動 ～に達する、到達する；～を達成する、獲得する	You need to **attain** a higher score before we accept your application. 申請を受理するには、あなたはもっと高い点数を取らなければなりません。 類 achieve, gain, acquire, obtain, earn
□ 2010　SVL 8 **scenic** /sí:nik/ 形 景色の、風景の、眺めの良い	Instead of taking the motorway, they took the **scenic** route along the coast. 高速道路を通る代わりに、彼らは海岸沿いの眺めの良い道を通った。

□ 2011 SVL 2 **topic** /tɔ́pik/ 名 話題、論題、主題、テーマ	The **topic** of the town meeting was the correct disposal of rubbish. タウンミーティングの主題はごみの適切な処理についてだった。 類 theme, subject
□ 2012 **run out** 動 使い果たす；なくなる、尽きる	He went to the supermarket as he'd **run out** of milk. 牛乳がなくなったので彼はスーパーに行った。
□ 2013 SVL 7 **eccentric** /ikséntrik/ 形 風変わりな、常軌を逸した、奇妙な	He was an **eccentric** character and wore very tall colourful hats. 彼はちょっと変わり者で、とても高さがあってカラフルな帽子をかぶっていた。 類 bizarre, funny, wacky, weird
□ 2014 SVL 4 **enterprise** /éntəpràiz/ 名 企業、事業体、会社	We need more investment to continue this **enterprise**. この会社を続けるにはより多くの投資が必要だ。 類 business, company, corporation
□ 2015 SVL 3 **odd** /ɔ́d/ 形 変わった、奇妙な；時折の 名 残り物、半端な物	She didn't have many friends as a lot of people found her behaviour **odd**. 彼女の振る舞いは多くの人にちょっと変わったものと映ったので、彼女にはあまり友達がいなかった。 類 形 bizarre, extraordinary, peculiar; occasional
□ 2016 SVL 6 **hostile** /hɔ́stail, hɔ́stl/ 形 反抗的な、敵意を持った、冷たい	She was very **hostile** to my plan. 彼女は私の計画に断固反対していた。 類 adversary, unfriendly, adverse
□ 2017 SVL 2 **unable** /ʌnéibl/ 形 (〜することが)できない	The firefighters were **unable** to put out the uncontrollable raging fires. 消防士らは、制御不能な激しい火災を消すことができなかった。 反 able
□ 2018 SVL 5 **confront** /kənfrʌ́nt/ 動 〜立ち向かう、〜と対決する；〜に立ちはだかる	If you don't want to **confront** him about his mistakes face to face, send an email. 面と向かって彼に間違いを問い詰めたくなければ、メールを送るといい。 類 face 反 avoid
□ 2019 SVL 4 **dependent** /dipéndənt/ 形 頼っている、依存している；次第である	Newborn babies are completely **dependent** on their mothers. 新生児は母親に完全に依存している。 類 reliant 反 independent
□ 2020 SVL 8 **compassion** /kəmpǽʃən/ 名 哀れみ、思いやり、同情	The teacher showed **compassion** and allowed the student to retake the test. 教師はその生徒に情けをかけ、試験を受け直すことを認めた。 類 charity, kindness, sympathy

🔊 203.mp3

☐ 2021　　SVL 4 **satisfaction** /sæ̀tisfǽkʃən/ 名 満足、満足させること；達成、実現	The teacher got great **satisfaction** from helping her students learn. 先生は生徒が学ぶ手助けをできて大きな満足感を得ていた。 反 dissatisfaction
☐ 2022　　SVL 7 **exquisite** /ikskwízit, ékskwizit/ 形 洗練された、この上なく美しい、絶妙な、優美な	His **exquisite** taste was immediately recognisable from the way he had decorated the old house. 彼の洗練されたセンスは、その古民家のしつらえぶりですぐに見て取ることができた。 類 delicate, elegant, fine
☐ 2023　　SVL 4 **alter** /ɔ́ːltə/ 動 ～を変える、変更する、改める、改造する	If you **alter** the amount of sodium just a little, the experiment will work successfully. ナトリウムの量をほんの少し変えてみれば、実験はおそらくうまくいく。 類 change, modify, remodel, revamp, transform
☐ 2024　　SVL 5 **resume** /rizjúːm/ 動 （中断されたことが）再び始まる、再び続く、再開する	The movie **resumed** after a short intermission. 短い中断の後、映画は再び始まった。 類 continue, restart, renew
☐ 2025　　SVL 4 **decline** /dikláin/ 名 減少、下落、衰退 動 辞退する；減少する	The education board was worried there had been a slow **decline** in test scores. 教育委員会は試験の点数が徐々に低下したことを心配していた。 類 名 drop, descent 動 refuse, reject; plummet, deny
☐ 2026　　SVL 5 **cease** /síːs/ 動 ～をやめる、中止する	The two armies agreed to **cease** fire on New Year's Day. 両軍は正月に停戦することで合意した。 類 stop
☐ 2027　　SVL 3 **spoil** /spóil/ 動 ～を台無しにする、駄目にする；～を過保護にする	Our picnic was **spoilt** by the bad weather. 私たちのピクニックは悪天候によって台無しになった。 類 corrupt, harm, indulge
☐ 2028　　SVL 5 **garbage** /gáːbidʒ/ 名 生ごみ、くず	The **garbage** is collected on Tuesdays. ごみは毎週火曜日に収集される。 類 trash, waste, rubbish
☐ 2029　　SVL 8 **integrity** /intégrəti/ 名 完全、無傷、保全；高潔、誠実	For peaceful relations, it's important for countries to respect one another's territorial **integrity**. 平和的な関係を築くためには、国同士が互いの領土保全を尊重することが重要だ。 類 completeness; honesty
☐ 2030　　SVL 6 **glimpse** /glímps/ 名 ちらりと見えること 動 ～をちらりと見る	She caught a **glimpse** of the man as he ran around the corner. 彼女は男が角を曲がって走り去るところをちらっと見た。 類 glance

212

□ 2031   SVL 5
perception
/pəsépʃən/
名 理解、認識；知覚、知覚作用

Perceptions of the celebrity were very different to the reality.
その有名人の認識は現実とはかなり異なっていた。

類 conception

□ 2032   SVL 5
medieval
/mèdiíːvəl/
形 中世の、中世風の；古めかしい、古風な

In **medieval** times, swords and axes were weapons used in battles.
中世には、戦いでは剣とおのが武器として用いられた。

類 archaic   **反** current, modern

□ 2033   SVL 4
territory
/térətəri/
名 領地、領土、領海；範囲、領域

The area is a disputed **territory**, claimed by three countries.
その地域は3カ国が領有権を主張して係争中の領土だ。

□ 2034   SVL 5
dine
/dáin/
動 食事をする

Since he lost his job, he rarely **dines** out these days.
失業してしまって、彼は最近ほとんど外食していない。

類 eat, feast

□ 2035   SVL 4
curious
/kjúəriəs/
形 好奇心の強い、知りたがる；奇妙な、珍しい

He was a **curious** child and constantly asked his parents questions.
彼は好奇心旺盛な子どもで、両親に常に質問をしていた。

反 incurious, uncurious

□ 2036
inverse
/invə́ːs, ínvəːs/
形 逆の、逆さの、反比例の
名 逆、反対

Psychologists often observe an **inverse** relationship between the ease of a task and the satisfaction its completion brings.
心理学者はしばしば、課題の簡単さとその完遂がもたらす満足感との間に逆相関を見いだす。

類 opposite, reverse

□ 2037   SVL 4
panel
/pǽnl/
名 委員会、（討論者の）一団；羽目板；公開討論会

A **panel** of experts has looked at the new recycling proposal.
専門家による委員会が新しいリサイクル案に目を通した。

類 committee; conference, forum, symposium, commission

□ 2038   SVL 9
rectangular
/rektǽŋgjulə/
形 長方形の；直角の

Rectangular frames are the most suitable for photographs.
長方形のフレームが写真に最も適している。

類 orthogonal, right-angled

□ 2039   SVL 3
lean
/líːn/
動 寄り掛かる、もたれる；（建物などが）傾く、曲がる

He **leant** against his grandson for support while walking.
歩く際の体の支えとして、彼は孫に寄り掛かった。

類 bow, incline, tend

□ 2040   SVL 8
idealism
/aidíəlìzm/
名 理想主義

Idealism does not mix well with investment banking.
理想主義は投資銀行業務とは相いれない。

" 語彙の覚え方と学び方 "

　語彙力を強化するには、人がどのように単語を覚えるか、また、学習を通じてそのプロセスをどう加速させることができるかを知ると役に立ちます。

　言語学研究分野で現在共通認識となっているのは、人には語彙と複数回出会ううちに覚えていくメカニズムがあるということです。「遭遇回数」を重ねて、「見た・聞いたことがある」語彙が、そのうち、「いつでも正しく使える」語彙となっていきます。語彙が定着するのに必要な遭遇回数は平均して30回前後と言われており、文脈にバラエティーがあればなお良いとされています。最初の1～5回は、語彙が未知の存在から既知の存在に変わります。その後は、遭遇を重ねるたびに付加情報を習得していきます。例えば、よくあるコロケーション、品詞（派生語）、使用域、類義語、反意語などです。「英語で猫は何というの？」と突然聞かれても、「Catだよ」とすぐ答えられるのは、必要なだけの遭遇回数を経て、長期記憶の一部になっているからです。また、論文を書いていて、rely onはもう使ったから違うのにしたいと思ったら、ふとdepend onが思いつくのも「頼る・因る」といった概念を英語で表現される場面に十分な回数遭遇していることが理由です。

　その30回以上の遭遇回数を多岐にわたる文脈でどう実現するかは意外と難しい課題です。シンプルに言うと、「読む・聞く」をたくさん行うことが鍵となります。英語で小説やノンフィクションを読みまくり、ドラマや映画を英語字幕で見まくれば良いです。また、学習者にとって面白い、楽しいものを選んで量をこなすことも大切です。教科書や対策本だけではなかなか十分な語彙力は獲得できません。本書は、語彙との最初の出会いを作って、一部の付加情報を得るために使えるショートカットです。前書きでも触れたように、最低5往復はしていただきたいのですが、多読多聴（たくさん読む、たくさん聞く）と併せて行うと本書の効果はより高まります。つまり、30回の出会いを目指す中で、5回目までは本書で補えるといったイメージです。

　語彙力の強化において、大量に読む・聞くに加え、英英辞典を使うことも大きな武器となります。英語を通じて英語を学ぶことで語彙力がものすごい勢いで増加します。また、英語と日本語の語彙は一対一で対応していないので、日本語訳ベースで学習していても高度な領域には到達しにくくなってしまいます。「学習者向け」とうたっている英英辞典ならすぐにでも使い始められるのでまずは試してみましょう。

　英語で「読む」、英語を「聞く」ために、読書や映画鑑賞を日常生活に取り入れ、語彙との遭遇回数をコツコツ増やしていきながら、新しい単語や深く知りたい単語は英英辞典で引いてみましょう。

Part 2

分野別語彙

No.2041-2870

基本語彙を身につけたら、つぎは分野別語彙です。11 の頻出分野における重要な語彙を学び、どんな分野にも対応できる語彙力を身につけましょう。

□ 2041　　　　SVL 5 **researcher** /rɪsə́ːtʃə/ **名** 調査員、研究者	Cancer **researchers** are no closer to finding a cure. がん研究者は治療法の発見には程遠い状態である。 **類** experimenter, investigator
□ 2042　　　　SVL 4 **tutor** /tjúːtə/ **名** 家庭教師、個人指導教員 **動** 家庭教師をする	The tutorials will be held by **tutors** who are all postgraduate students. 個別指導は全て大学院生である個人指導教員が行う。 **類** **名** instructor, teacher, coach　**動** educate, instruct, coach
□ 2043　　　　SVL 2 **report** /rɪpɔ́ːt/ **名** 報告書、リポート；説明；報道	The **report** contained all the latest economic data. 報告書には最新の経済データが全て含まれていた。 **類** account, record; article, news
□ 2044　　　　SVL 2 **educate** /édjukèit/ **動**（人）を教育する、教える、指導する	Walter was **educated** at Eton College before going on to Oxford University. ウォルターはオックスフォード大学に進学する前にイートン校で教育を受けた。 **類** enlighten, teach, coach
□ 2045　　　　SVL 7 **bachelor** /bǽtʃələ/ **名** 学士（号）	Alphonso decided to switch degrees to a **Bachelor** of Science. アルフォンソは学位を理学士号に切り替える決心をした。
□ 2046　　　　SVL 8 **module** /mɔ́djuːl/ **名**（大学の履修単位の）モジュール	Each **module** represents 10 percent of the final grade. 各モジュールは最終成績の10パーセントに相当する。 **類** part, section
□ 2047　　　　SVL 2 **subject** /sʌ́bdʒikt/ **名** 学科、科目；主題、話題	Sam had difficulty deciding which **subject** to major in for his degree. サムは学位を取得する専攻科目を決めかねていた。 **類** area, field; theme, object, matter, topic
□ 2048　　　　SVL 6 **economics** /ìːkənɔ́miks/ **名** 経済学、経済的側面、経済性	Jim's degree is in **economics**, and he is planning a career in finance. ジムの学位は経済学で、金融の仕事をするつもりでいる。
□ 2049　　　　SVL 9 **sceptical** /sképtikəl/ **形** 懐疑的な、疑い深い	Scientists are highly **sceptical** of near-death experiences. 科学者らは臨死体験についてかなり懐疑的である。 **類** suspicious, doubtful
□ 2050　　　　SVL 4 **scholar** /skɔ́lə/ **名** 学者	Egyptologists are **scholars** of ancient Egyptian civilisation. エジプト学者とは古代エジプト文明の学者である。 **類** academic, intellectual

□ 2051　SVL 9 **syllabus** /síləbəs/ 名 シラバス、講義摘要	The course **syllabus** still needs to be approved by the head of the department. 学科のシラバスは依然として学部長による承認が必要である。 類 curriculum, outline, overview

□ 2052　SVL 7 **lecturer** /léktʃərə/ 名（大学の）非常勤講師、専任講師；講演者	Professor Jenkins has been a law **lecturer** since 1992. ジェンキンス教授は1992年から法学の講師をしている。 類 professor; speaker

□ 2053　SVL 9 **noteworthy** /nóutwə̀:ði/ 形 注目に値する、顕著な	Her article had a **noteworthy** impact on the field of bioethics. 彼女の記事は生命倫理学の分野で注目に値する影響を与えた。 類 significant, notable, remarkable

□ 2054　SVL 12 **dissertation** /dìsətéiʃən/ 名 論文	The **dissertation** needs to be at least 10,000 words in length. 論文は少なくとも1万語の長さが必要である。 類 thesis, essay, paper

□ 2055　SVL 4 **philosophy** /filósəfi/ 名 哲学、哲理、原理	That moral values cannot be derived from facts is a cornerstone of **philosophy**. 道徳的価値観は事実からは導き出せないというのは、哲学の礎である。

□ 2056　SVL 8 **paraphrase** /pǽrəfrèiz/ 名 言い換え 動 ～を（分かりやすく）言い換える	I don't remember the exact quote, so please allow me to **paraphrase** it. 正確な引用文を覚えていないので、言い換えさせてください。 類 名 rephrasing, rewording 動 rephrase, reword, restate

□ 2057　SVL 5 **undergraduate** /ʌ̀ndəgrǽdʒuət/ 名 学部生、大学生	**Undergraduates** need good grades if they want to enter the master's programme. 学部生は、修士課程に入りたい場合は良い成績を取らなければならない。 類 student

□ 2058　SVL 5 **elementary** /èləméntəri/ 形 初歩的な、基本の、簡単な	An **elementary** knowledge of maths is required to enter this course. この教科課程に入るには、数学の基本的な知識が必要である。 類 basic, essential, fundamental, introductory

□ 2059　SVL 2 **examination** /igzæ̀mənéiʃən/ 名 テスト、試験、検査	Medical assessments require a physical **examination** and a blood sample. 医学的評価には、身体検査と血液サンプルが必要である。 類 exam, test, quiz, audition, assessment

□ 2060　SVL 6 **compulsory** /kəmpʌ́lsəri/ 形 義務的な、強制的な、必須の	Uniforms are **compulsory** at my daughter's primary school. 制服は、娘の小学校では義務化されている。 類 mandatory, necessary, obligatory, required

Part 2 分野別語彙

217

🔊 207.mp3

☐ 2061　SVL 7
theoretical
/θìərétikəl/

形 理論的な、理論上の

A knowledge of **theoretical** physics is essential to studying astronomy.
理論物理学の知識は天文学を学ぶために不可欠だ。

類 hypothetical　反 practical, empirical

☐ 2062　SVL 2
university
/jù:nəvə́:səti/

名 大学

There is no smoking allowed on **university** grounds.
大学構内では喫煙は禁止されている。

類 college, academy

☐ 2063　SVL 8
portfolio
/pɔːtfóuliòu/

名 (自分の作品群を見本用にまとめた)画集、写真集、作品集

The students' **portfolios** will be assessed by the school of fine arts in August.
生徒の作品集は美術学校が8月に評価することになる。

類 collection

☐ 2064　SVL 6
certificate
/sətífikət/

名 証明書、修了証書、免許証

First-aid **certificates** are awarded to each participant who completes the course.
救急処置資格の証書は、講座を修了した各参加者に授与される。

類 credentials, diploma, licence

☐ 2065　SVL 8
civilian
/sivíljən/

名 (軍人などに対して)民間人、一般人　形 民間人の、一般の

The United Nations has announced new measures to protect **civilians** in the war zone.
国連は、その戦闘地帯における民間人の保護のための新たな策を発表した。

反 military, combatant

☐ 2066　SVL 4
scholarship
/skɔ́ləʃip/

名 奨学金；知識、学識

The university offers **scholarships** based on multiple criteria.
その大学は複数の基準に基づいて奨学金を提供している。

類 financial aid, grant; erudition, knowledge

☐ 2067　SVL 4
quantity
/kwɔ́ntəti/

名 分量、数量、量

The **quantity** of applicants outstrips the number of positions available.
志願者の数は定員の数を上回っている。

類 amount, volume

☐ 2068　SVL 9
tuition
/tju:íʃən/

名 授業料；授業、指導

Next year's **tuition** fees will increase by 3.5 percent across all subjects.
来年の授業料は全ての専攻で3.5パーセント引き上げられる。

類 fee; education

☐ 2069　SVL 6
acknowledge
/æknɔ́lidʒ/

動 ～を認める、承認する；～を正当に認識する

The professor **acknowledged** the student's excellent essay with a generous grade.
教授は寛大な評価でその学生の優れた小論文を認めた。

類 admit, accept, confess

☐ 2070　SVL 2
professor
/prəfésə/

名 教授、大学の先生

Professor Hickinbottom had a long illustrious career teaching art history.
ヒッキンボトム教授は、美術史を長く教えてきた輝かしい経歴を持っていた。

類 fellow

□ 2071　　　　　SVL 4 **abstract** /ǽbstrækt/ 名 抜粋、要約；抽象　形 抽象的な	The **abstract** gives a brief summary of the study's outcome. アブストラクトは、研究成果の簡単な概要を示す。 類 名 brief, outline, summary　形 conceptual, theoretical
□ 2072　　　　　SVL 7 **thesis** /θíːsis/ 名 論文、テーマ、主張	A **thesis** and an oral defence are required before one is awarded a PhD. 博士号を得る前に、論文と口頭試問が要求される。 類 dissertation, paper; argument, assertion, hypothesis, proposition
□ 2073　　　　　SVL 4 **paragraph** /pǽrəgræf/ 名 段落	Each page should contain no less than three **paragraphs** and no more than six. 各ページの段落数は3段落以上、6段落以内とする。 類 section, passage
□ 2074　　　　　SVL 7 **hypothesis** /haipɔ́θəsis/ 名 仮説、仮定、前提	The Lamarckian inheritance **hypothesis** has been widely recognised in favour of Darwin's theory. ラマルクの遺伝仮説は、ダーウィンの理論によって広く認識されるようになった。 類 theory, proposition, thesis
□ 2075　　　　　SVL 4 **submit** /səbmít/ 動 ～を提出する、投稿する	Assignments need to be **submitted** before 5 p.m. this Friday. 課題は今週金曜日の午後5時までに提出される必要がある。 類 present, offer
□ 2076　　　　　SVL 3 **eager** /íːgə/ 形 (～)したがる；熱心な	The PhD candidate was **eager** to see the outcome of her presentation. その博士候補生は、自身のプレゼンテーションの成果を見たがっていた。 類 ardent, avid, enthusiastic, excited, keen
□ 2077　　　　　SVL 9 **excerpt** 名/éksəːpt/ 動/eksɔ́ːpt/ 名 抜粋、引用 (句)　動 ～を抜粋する	He quoted a short **excerpt** from the novel "Heart of Darkness." 彼は小説『闇の奥』から短い抜粋を引用した。 類 名 extract, quotation　動 quote, extract
□ 2078　　　　　SVL 2 **education** /èdjukéiʃən/ 名 教育、訓練、知識	European **education** systems are overwhelmingly publicly funded. 欧州の教育制度は圧倒的に公的資金で賄われている。 類 schooling, training
□ 2079　　　　　SVL 2 **examine** /igzǽmin/ 動 ～を調査する、検査する、試験をする	Dr Alexopoulos **examined** the sample closely through the microscope. アレクソプロス博士はサンプルを顕微鏡で精密に調べた。 類 inspect, observe, study, look at, look into
□ 2080　　　　　SVL 3 **lecture** /léktʃə/ 名 講義、講演　動 (人に)～を講義する	PHIL 101 **lectures** last 40 minutes and are held three times a week. PHIL 101の講義は40分間で、週3回行われる。 類 address, speech

□ 2081　　　SVL 5 **assignment** /əsáinmənt/ **名** 課題、宿題；任務	Cory has three **assignments** due this week, so he's really busy. コリーは今週期限の課題が3つあるので、とても忙しい。 **類** homework, task, reading; work, mission, duty
□ 2082　　　SVL 8 **enrol** /inróul/ **動** 入学する、登録する	Isabel decided to **enrol** in a veterinary course so that she could help animals. イザベルは、動物を助けるために獣医学課程に入学することを決めた。 **類** enlist
□ 2083　　　SVL 2 **passage** /pǽsidʒ/ **名** 一節、一句；（屋内・野外）通路	John 3:16 is one of the most quoted **passages** from the Bible. ヨハネ3章16節は聖書から最も引用される一節である。 **類** excerpt, extract; corridor
□ 2084　　　SVL 3 **essay** /ései/ **名** エッセー、作文、小論文	This week's **essay** needs to be between 2,500 and 3,000 words. 今週の小論文は2500〜3000語に収める必要がある。 **類** article, composition, paper
□ 2085　　　SVL 4 **requirement** /rikwáiəmənt/ **名** 必要条件、必須要件、資格	A good knowledge of maths is the minimum **requirement** to becoming an engineer. 数学に精通していることは、エンジニアになるための最低限の要件である。 **類** condition, necessity
□ 2086　　　SVL 1 **college** /kɔ́lidʒ/ **名** 高校、カレッジ、大学	In the UK, "college" refers to what Americans call "high school." イギリスでは、「カレッジ」はアメリカ人が言うところの「高校」のことである。 **類** high school, university, academy
□ 2087　　　SVL 10 **alumnus** /əlʌ́mnəs/ **名** 卒業生、同窓生　※複数はalumni	Many **alumni** donate annually to the university. 多くの卒業生が、毎年大学に寄付をしている。 **類** graduate
□ 2088　　　SVL 8 **generalisation** /dʒènərələizéiʃən/ **名** 一般論、総論；一般化、普遍化	The chief advantage of anthropology research is that it allows us to go beyond **generalisations** about a certain country. 人類学の主な利点は、特定の国に関する一般論を超えさせてくれることだ。 **類** concept, notion
□ 2089　　　SVL 3 **application** /æpləkéiʃən/ **名** 申込（書）、申請（書）；適用、応用	Club **applications** will not be accepted after December the 31st. クラブの申し込みは12月31日以降は受け付けない。 **類** sign-up form; usage
□ 2090　　　SVL 5 **evaluation** /ivæljuéiʃən/ **名** 評価、査定	The quality of the **evaluation** depends on the accuracy of the data. 評価の質はデータの精度によって決まる。 **類** assessment, estimate

---

□ 2091　　　　SVL 3
graduate
名/grǽdʒuət/ 動/grǽdʒuèit/
名 卒業生　動 卒業する、修了する

Caroline was delighted to be accepted into the **graduate** programme.
キャロラインは大学院課程に合格して喜んだ。

類 名 alumnus　動 complete, finish

□ 2092　　　　SVL 4
debate
/dibéit/
名 討論会；議論、論争

Religious **debates** between Christians and atheists are often heated.
キリスト教信者と無神論者との間の宗教論争はしばしば白熱する。

類 dispute, discussion

□ 2093
proofread
/prú:frì:d/
動 ～を校正する

Tim asked Kate to **proofread** his essay for him.
ティムは自分の小論文を校正してくれるようケイトに頼んだ。

□ 2094　　　　SVL 8
expel
/ikspél/
動 ～を追い出す、追放する、退学させる

Stephen was **expelled** from no less than three colleges for fighting.
スティーブンはケンカが原因で少なくとも3つの高校を退学になった。

類 dismiss, kick out

□ 2095　　　　SVL 6
cite
/sáit/
動 ～を引用する、列挙する

Anna received a poor grade for forgetting to **cite** articles in her bibliography.
アナは参考文献一覧に記事を引用するのを忘れたため成績が悪かった。

類 mention, quote

□ 2096　　　　SVL 5
deadline
/dédlàin/
名 締め切り、期限

The essay must be handed in by the **deadline** on Friday.
小論文は金曜日の締め切りまでに提出しなければならない。

類 limit, time limit

□ 2097　　　　SVL 3
analysis
/ənǽləsis/
名 分析、解析

The laboratory **analysis** came back negative for diabetes.
実験室の分析では、糖尿病に対して陰性と出ました。

類 breakdown, deconstruction

□ 2098　　　　SVL 4
reference
/réfərəns/
名 参考、参考図書、参考文献；言及

Reference books, such as encyclopaedias and dictionaries, are kept on the first floor.
百科事典や辞書などの参考図書は、2階にある。

類 citation, quotation, note; regard, remark

□ 2099　　　　SVL 7
criterion
/kraitíəriən/
名 基準（通常複数）　※複数は criteria

The **criteria** for acceptance into Durham University are high.
ダラム大学の合格基準は高い。

類 benchmark, metric, standard

□ 2100　　　　SVL 3
institution
/ìnstətjú:ʃən/
名 （大規模な）機関、組織、（機関・組織・団体などの）建物

Until recently, the top educational **institutions** did not allow female graduates.
最近まで、最上位の教育機関は女性の大卒者を受け入れていなかった。

類 establishment, foundation

□ 2101　　SVL 6
curriculum
/kəríkjuləm/

名 カリキュラム、教育課程

The science **curriculum** includes biology, chemistry and physics.
科学のカリキュラムには、生物学、化学そして物理学が含まれている。

類 programme, schedule

□ 2102　　SVL 2
opinion
/əpínjən/

名 意見、見解；考え方、見方

Her **opinion** was not supported by the facts.
彼女の意見は事実で裏付けられていなかった。

類 conclusion, diagnosis; belief, conviction, feeling

□ 2103　　SVL 7
sociologist
/sòusiólədʒist/

名 社会学者

Refusing to accept the empirical data, the **sociologist** went on with her book.
その社会学者は、実験によるデータを受け入れることを拒んで、自身の本を書き進めた。

□ 2104　　SVL 6
assessment
/əsésmənt/

名 評価、判断、査定

Group presentation is one of the **assessments** in this class.
グループプレゼンテーションはこの授業での評価の1つだ。

類 appraisal, estimate, evaluation, judgment

□ 2105　　SVL 6
faculty
/fǽkəlti/

名 (大学の)学部；才能、能力

The science **faculty** is next to the humanities one, by the library.
理学部は人文科学の隣、図書館のそばにあります。

類 department; ability, capacity

□ 2106　　SVL 4
conference
/kónfərəns/

名 会議、協議会、学会

The annual psychology **conference** will be held at the Plaza Hotel.
年に1度の心理学会議はプラザ・ホテルで開催される予定だ。

類 assembly, congress

□ 2107　　SVL 4
discipline
/dísəplin/

名 規律(正しさ)、自制；(大学などの)学問分野、学科

Hard work and **discipline** do not always guarantee the best grades.
勤勉さと規律正しさが、必ずしも最高の成績を保証するわけではない。

類 restraint, self-control; area, domain, category

□ 2108　　SVL 10
semester
/siméstə/

名 学期、(2学期制の)1学期

The academic year is divided into two **semesters**.
学年度は2学期に分かれている。

類 term

□ 2109　　SVL 7
dormitory
/dó:mətəri/

名 寮、寄宿舎

More students applied for rooms in the **dormitory** than there were spots available.
寮の空き部屋数より多くの学生が入居を申請した。

□ 2110　　SVL 7
quotation
/kwoutéiʃən/

名 引用、引用文

All **quotations** need to be cited and listed in the bibliography.
引用文は全て参考文献一覧内で言及され、記載される必要がある。

類 citation, quote

☐ 2111 SVL 2 **discuss** /diskʌs/ **動** ～を話し合う、検討する、論議する	To rule out bad ideas, openly **discussing** concepts helps. 良くない考えを排除するには、概念について率直に話し合うことが役に立つ。
	類 argue, debate, dispute
☐ 2112 SVL 2 **pupil** /pjúːpəl, pjúːpil/ **名** 生徒；教え子	The primary school **pupils** lined up at the bus stop in single file. 小学校の生徒たちは1列になってバス停に並んだ。
	類 student
☐ 2113 SVL 8 **orientation** /ɔ̀ːriəntéiʃən, ɔ̀ːrientéiʃən/ **名** (新人の)オリエンテーション；志向、方向性	New student **orientation** will take place in the first week of the term. 新入生のオリエンテーションは学期の1週目に開催される。
	類 induction; aspect
☐ 2114 SVL 10 **bibliography** /bibliɔ́grəfi/ **名** 参考文献一覧、文献目録、著作目録	You must include a **bibliography** of all sources used to write your essay. 小論文を書くのに使用した全ての情報源の参考文献一覧を含めなければならない。
	類 catalogue, list, reference
☐ 2115 SVL 8 **postgraduate** /pòustgrǽdʒuət/ **形** 大学卒業後の、大学院の	Scholarship grants for **postgraduate** studies are highly coveted. 大学院での研究のための奨学金が強く切望されている。
	類 (北米)graduate
☐ 2116 SVL 4 **extension** /iksténʃən/ **名** 延期、延長；拡張	Essay **extensions** will only be given for medical reasons. 小論文の提出延期は、医療上の理由にのみ認められる。
	類 reschedule, lengthening, postponement; addition

Part **2**
分野別語彙

□ 2117　　SVL 3	After going on a **diet**, Jenny lost 12 kilograms in three months.
diet	ダイエットを始めてからジェニーは3カ月で12キロ痩せた。
/dáiət/	
名 (治療・減量のための) 規定食、ダイエット；(日常の) 食事	類 meal, food, nourishment

□ 2118　　SVL 11	When we breathe, we inhale oxygen and **exhale** carbon dioxide.
exhale	呼吸をするとき、酸素を吸い込み二酸化炭素を吐き出す。
/ekshéil/	
動 (息・言葉など) を吐き出す；息を吐く	類 emit, breathe out 反 inhale

□ 2119　　SVL 6	Burgers and chips are high in fat and low in **nutrition**.
nutrition	ハンバーガーとフライドポテトは脂肪分が高く、栄養価が低い。
/nju:tríʃən/	
名 栄養をとること、栄養物、食物	類 nourishment, sustenance

□ 2120　　SVL 2	My grandfather died last year, but when he was **alive**, we visited him often.
alive	祖父は昨年亡くなったが、存命中には私たちはよく彼を訪ねて行った。
/əláiv/	
形 生きて、生きた状態で；(人などが) 生き生きとして	類 living; vibrant, flourishing 反 dead, deceased; inactive

□ 2121　　SVL 10	Suffering from **asthma**, Stephanie was often out of breath.
asthma	ぜんそくを患っていたため、ステファニーは息切れすることが多かった。
/ǽsmə/	
名 ぜんそく	

□ 2122	Polynesia has an **obesity** epidemic due to genetics and a poor diet.
obesity	ポリネシアは遺伝と質の悪い食事が原因で肥満がまん延している。
/oubí:səti, oubí:siti/	
名 肥満、太り過ぎ	類 fatness 反 thinness

□ 2123　　SVL 3	Because she was sneezing and **coughing**, Alice was told to go home and rest.
cough	くしゃみとせきをしていたのでアリスは帰宅して休むよう言われた。
/kɔ́f/	
動 せきをする、せき込む 名 せき、せき払い	

□ 2124　　SVL 8	She went to the **pharmacy** to buy some medication for her headache.
pharmacy	彼女は頭痛に効く薬を買うために薬局に行った。
/fá:məsi/	
名 薬局；薬学、調剤学 (法)	類 drugstore, chemist

□ 2125　　SVL 2	Her medical **condition** improved the following morning, after a tough night.
condition	彼女の病状は、厳しい一夜を越えて、翌朝に改善した。
/kəndíʃən/	
名 状態、状況、健康状態；条件	類 situation, state; requirement, provision

□ 2126　　SVL 5	Losing with **dignity** is regarded as good sportsmanship.
dignity	威厳を持って敗北することは良いスポーツマンシップとみなされている。
/dígnəti/	
名 威厳、尊厳、気高さ、気品	類 nobleness, nobility

Part **2** 分野別語彙

□ 2127   SVL 11
tuberculosis
/tjubə̀ːkjulóusis/

名 結核(症)

Tuberculosis is now treatable thanks to antibiotics.
結核は今では抗生物質のおかげで治療可能である。

□ 2128   SVL 11
respiratory
/rispírətəri/

形 呼吸の、呼吸による、呼吸器の

Respiratory illnesses are more common in large cities than in rural areas.
呼吸器疾患は地方より大都市で多く見られる。

□ 2129   SVL 8
transplant
名/trǽnsplɑːnt/ 動/trænsplɑ́ːnt/

名 移植、移植手術、移転
動 ～を移植する

Heart transplants are only performed as a last measure.
心臓移植は最後の手段としてのみ行われる。

類 動 implant, transfer

□ 2130   SVL 3
mental
/méntl/

形 心の、精神の、心的な；精神障害の

Some mental illnesses are difficult to diagnose.
一部の精神疾患は診断しにくい。

類 psychic, psychological

□ 2131   SVL 4
weed
/wíːd/

名 雑草、水草、海草

Cannabis is a weed that is thought to have originated in Central Asia.
大麻は中央アジアが原産と考えられている雑草である。

□ 2132   SVL 6
infect
/infékt/

動 ～に病気をうつす、感染させる；～に影響を与える

His cut became infected, so he had to take antibiotics.
彼は切り傷が感染したので抗生物質を服用しなければならなかった。

類 contaminate; affect

□ 2133   SVL 6
pregnancy
/prégnənsi/

名 妊娠、妊娠期間

Teenage pregnancies have been declining in recent decades.
10代の妊娠はこの数十年減少している。

類 gestation

□ 2134   SVL 4
heal
/híːl/

動 (傷などが)癒える、治る

It usually takes six to eight weeks for a broken bone to heal.
骨折が治癒するには通常6～8週間かかる。

類 cure, recover

□ 2135   SVL 4
outbreak
/áutbrèik/

名 勃発、(疫病などの)突発的な発生、大流行

Cholera outbreaks are not uncommon in refugee camps.
コレラの大流行は難民キャンプでは珍しくない。

類 outburst, epidemic

□ 2136   SVL 4
fatal
/féitl/

形 命にかかわる、致命的な、致死の

Prostate cancer is no longer considered to be fatal.
前立腺がんは今では致死的とは考えられていない。

類 mortal, lethal

□ 2137 SVL 4 **cancer** /kǽnsə/ 名 がん、がん腫	Cancer is one of the leading causes of death today. がんは今日、主な死因の1つである。 類 tumour

□ 2138 SVL 9 **tumour** /tjúːmə/ 名 腫瘍、腫れ物	My grandmother had a large tumour, the size of a golf ball, removed from her head. 祖母はゴルフボール大の大きな腫瘍を頭部から摘出した。 類 cancer, growth

□ 2139 SVL 4 **recovery** /rikávəri/ 名 取り戻すこと、回復、復旧、復興	Physical recovery is crucial after running a marathon. マラソンを走り終わった後に身体を回復させることが非常に重要である。 類 return, restoration

□ 2140 SVL 9 **hygiene** /háidʒiːn/ 名 衛生、衛生学、衛生状態	Dental hygiene is important to prevent tooth decay. 歯科衛生は虫歯を防ぐ上で大切である。 類 cleanliness, sanitation

□ 2141 SVL 3 **aid** /éid/ 名 援助、救助 動 ～を助ける、手伝う	Financial aid to developing countries has been steadily dropping. 発展途上国への財政援助は着実に減っている。 類 名 help, support 動 rescue, assist, support

□ 2142 SVL 9 **vaccine** /vǽksiːn/ 名 ワクチン	Elderly people are advised to get a flu vaccine every year. 高齢者は毎年インフルエンザワクチンを接種することが奨励されている。

□ 2143 SVL 3 **physical** /fízikəl/ 形 身体の、肉体の；物質的な；物理の	Physical education is a key component of the school curriculum. 体育は学校の教育課程の主要な構成要素である。 類 bodily; material, substantial

□ 2144 SVL 2 **suffer** /sʌ́fə/ 動 苦しむ、苦痛を感じる、病気をする；耐える	A lot of war veterans suffer from post-traumatic stress disorder. 退役軍人の多くは、心的外傷後ストレス障害(PTSD)に苦しむ。 類 ache, go through; undergo, endure

□ 2145 SVL 7 **injection** /indʒékʃən/ 名 注射、注入	Children don't like injections, but vaccination is important. 子どもは注射が嫌いだが、ワクチンは大切である。 類 shot

□ 2146 **smallpox** /smɔ́ːlpɔ̀ks/ 名 天然痘、疱瘡(ほうそう)	Smallpox was eradicated from the world in 1980. 天然痘は1980年に世界から根絶された。

□ 2147　　　SVL 3 **lung** /lʌ́ŋ/ 名 肺、肺臓	Pneumonia is a **lung** infection that affects the elderly disproportionately. 肺炎は、高齢者に偏って影響を及ぼす肺の感染症である。
□ 2148　　　SVL 5 **vital** /váitl/ 形 必須の、不可欠な；生命の、生命に関する	A good education is **vital** to obtaining the grades needed for a medical degree. 良い教育は、医学の学位に必要な成績を取るのに**不可欠**である。 類 crucial, essential, required
□ 2149　　　SVL 9 **longevity** /lɔndʒévəti/ 名 長寿、長生き	The inhabitants of Okinawa are renowned for their **longevity**. 沖縄の住民は**長寿**で有名である。
□ 2150　　　SVL 5 **surgeon** /sə́:dʒən/ 名 外科医	The **surgeon** removed the tumour from the patient's stomach. **外科医**は患者の胃から腫瘍を取り除いた。
□ 2151　　　SVL 2 **patient** /péiʃənt/ 名 病人、患者	The doctor's **patients** were saddened by her retirement. その医者の**患者**らは、彼女の引退を悲しんだ。 類 sick person
□ 2152　　　SVL 8 **ageing** /éidʒiŋ/ 名 高齢化、老化、加齢　形 年老いた、老齢化の進む	The **ageing** of Japanese society is slowing down the country's economy. 日本社会の**高齢化**によって国内経済が停滞している。 類 形 old, aged, maturing, long-lived　反 形 young, youthful
□ 2153　　　SVL 3 **observation** /ɔ̀bzəvéiʃən/ 名 観察、観測；所見、見解	Being kept under **observation** for a day after the surgery is standard operating procedure. 手術後、1日**観察**下に置かれるのは標準的な作業手順である。 類 surveillance, supervision; remark, statement, comment
□ 2154　　　SVL 8 **epidemic** /èpədémik/ 名 まん延、伝染病、流行病　形 流行性の、伝染性の	Mexico has an obesity **epidemic** worse than in the U.S. メキシコはアメリカより肥満の**まん延**がひどい。 類 名 pandemic, outbreak　形 contagious, infectious, pandemic
□ 2155　　　SVL 5 **flu** /flú:/ 名 インフルエンザ、流感	I caught the **flu** on a flight from Kuala Lumpur. クアラルンプールからのフライトで**インフルエンザ**にかかった。
□ 2156　　　SVL 3 **ambulance** /ǽmbjuləns/ 名 救急車	The **ambulance** driver sped through the red lights. **救急車**の運転手は赤信号を急いで通り抜けた。

Part **2** 分野別語彙

□ 2157　　SVL 6 **symptom** /símptəm/ 名 兆候、兆し、症状	Ian looked tired and showed **symptoms** associated with the flu. イアンは疲れているようでインフルエンザに関連する症状を示した。 類 indication, mark, sign, syndrome
□ 2158　　SVL 4 **athlete** /ǽθliːt/ 名 運動選手、スポーツマン、アスリート	Top **athletes** at school sometimes become professional sportspeople. 学校でトップの運動選手は、プロのスポーツ選手になることがある。 類 player, sportsperson
□ 2159 **well-being** /wélbíːiŋ/ 名 幸福、福利、福祉、健康	Controlling stress levels is important to mental **well-being**. ストレスレベルをコントロールすることは心の健康にとって大切である。 類 happiness, health, welfare
□ 2160　　SVL 3 **organ** /ɔ́ːgən/ 名 臓器、器官	Although **organ** meat sales have decreased overall, liver is still popular. 内臓肉の販売量は全体としては減少したが、レバーは依然として人気がある。
□ 2161　　SVL 11 **endemic** /endémik/ 形 (病気などが)一地方特有の、固有の　名 風土病、地方病	Reportedly, malaria is **endemic** to tropical climates. マラリアは熱帯気候に特有のものであるとされている。
□ 2162　　SVL 4 **physician** /fizíʃən/ 名 医師、医者、内科医	Rural **physicians** are becoming rare, making medical care more difficult. 地方の医者が減り続け、医療をより困難にしている。 類 doctor
□ 2163　　SVL 2 **chest** /tʃést/ 名 胸、胸郭、肺	The **chest** X-ray showed no signs of lung cancer. 胸部エックス線写真では肺がんの兆候は見られなかった。 類 breast
□ 2164　　SVL 8 **medication** /mèdəkéiʃən/ 名 薬物、薬剤、薬物治療、投薬	Ibuprofen is a popular **medication** for reducing moderate joint pain. イブプロフェンは中程度の関節痛を和らげる大衆向け薬剤である。 類 drug, medicine
□ 2165　　SVL 3 **injury** /índʒəri/ 名 傷害、負傷、けが、損傷	Playing rugby can lead to serious brain **injury**. ラグビーをすると深刻な脳損傷を引き起こす恐れがある。 類 bruise, wound, damage
□ 2166　　SVL 6 **plague** /pléig/ 名 伝染病、疫病、(腺)ペスト、災い	The bubonic **plague** devastated Europe in the mid-1300s. 腺ペストは1300年代中頃にヨーロッパを荒廃させた。 類 epidemic, infection, pandemic

---

☐ 2167　　　　　SVL 4
poisonous
/pɔ́izənəs/

形 有毒な、毒を含む、有害な

Carbon monoxide is an odourless and **poisonous** gas.
一酸化炭素は無臭の有毒ガスである。

類 toxic

☐ 2168　　　　　SVL 10
decease
/disíːs/

名 死亡、死去　動 死亡する

No will was found at the time of his **decease**.
彼の死亡時に遺言書は見つからなかった。

類 名 death 動 die

☐ 2169　　　　　SVL 1
hurt
/hə́ːt/

動 痛む；～を傷つける、苦痛を与える　名 傷、けが

Fortunately, bee stings only **hurt** for a little while.
幸いにも、蜂に刺されて痛むのはほんの短い時間だけである。

類 動 injure, damage, bruise, suffer, ache 名 bruise, injury, pain

---

☐ 2170　　　　　SVL 11
neural
/njúərəl/

形 神経の、神経系の

The electroencephalogram (EEG) detected unusual **neural** activity.
脳波図(EEG)は異常な神経活動を検出した。

☐ 2171　　　　　SVL 4
digest
/daidʒést, didʒést/

動 (食物)を消化する、消化を助ける；(食物が)消化される

There are enzymes that help us to **digest** fatty foods.
脂っこい食べ物を消化するのに役立つ酵素がある。

類 ingest, absorb

☐ 2172　　　　　SVL 4
ache
/éik/

名 (継続的で鈍い)痛み、うずき　動 (継続的に鈍く)痛む

Having **aches** throughout the body is synonymous with old age.
全身の痛みは高齢と同義である。

類 名 pain, soreness 動 pain, hurt

☐ 2173　　　　　SVL 3
vitamin
/vítəmin, váitəmin/

名 ビタミン

Vitamin D has been shown to boost the immune system.
ビタミンDは免疫システムを高めることが示されている。

☐ 2174　　　　　SVL 10
burnout
/bə́ːnàut/

名 過度の疲労、消耗、燃え尽き、燃え尽きた人

Studying without taking breaks leads to mental **burnout**.
休憩をとらないで勉強すると精神の消耗につながる。

類 exhaustion

☐ 2175　　　　　SVL 2
exercise
/éksəsàiz/

動 運動をする；～を訓練する　名 運動、体操；練習

Despite **exercising** twice a week, Desmond failed to shed any weight.
週2回運動しているにもかかわらず、デズモンドは全く体重を落とせなかった。

類 動 practice 名 activity, training, workout, drill, movement

☐ 2176　　　　　SVL 3
cure
/kjúə/

名 治療法(薬)、治療　動 (病気)を治す、治療する

Finding a **cure** for smallpox was a landmark moment for humanity.
天然痘の治療法発見は、人類にとって画期的な出来事であった。

類 名 healing, medication, treatment, remedy 動 aid, heal, treat

□ 2177　　　　　SVL 12 **constrict** /kənstríkt/ **動** （血管など）を収縮させる；〜を締める、締め付ける	Cold showers are not recommended to patients with high blood pressure, as they **constrict** the blood vessels. 血管を収縮させるため、冷たいシャワーは高血圧患者には推奨されない。 類 compress, contract, shrink
□ 2178　　　　　SVL 8 **inject** /indʒékt/ **動** （薬液など）を注射する、注入する、（資金など）を注ぎ込む	The nurse **injected** the patient with this year's flu vaccine. 看護師は患者に今年用のインフルエンザワクチンを注射した。 類 vaccinate, shoot, insert, introduce
□ 2179　　　　　SVL 5 **infection** /infékʃən/ **名** 感染、汚染、感染症	His throat **infection** was treated with antibiotics to prevent it from worsening. 彼の喉の感染症は、悪化しないよう抗生物質で治療された。 類 contagion, contagious disease, virus
□ 2180　　　　　SVL 2 **disease** /dizíːz/ **名** 病気、疾病、疾患；（精神・社会などの）病弊、病	Alcoholism is a destructive **disease** that affects every organ of the body. アルコール依存症は破壊性の疾患で、体のあらゆる臓器に影響を与える。 類 illness, disorder, sickness; trouble, disorder
□ 2181　　　　　SVL 7 **corpse** /kɔ́ːps/ **名** 死体、死骸	The **corpse** was found floating facedown in the river. 死体は川でうつぶせで浮いているところを発見された。 類 body, remains
□ 2182　　　　　SVL 4 **injure** /índʒə/ **動** 〜を傷つける、痛める、〜にけがをさせる	He **injured** his wrists after falling off his skateboard. 彼はスケートボードから落ちて手首をけがした。 類 hurt, bruise, wound, harm, damage
□ 2183　　　　　SVL 3 **wound** /wúːnd/ **動** 〜を傷つける　**名** 外傷、けが、負傷	Their grandfather was seriously **wounded** in World War II. 彼らの祖父は第2次世界大戦で重傷を負った。 類 **動** injure, cut, damage　**名** injury, bruise, cut
□ 2184　　　　　SVL 2 **health** /hélθ/ **名** 健康、健康状態；保健	The UK's NHS (National **Health** Service) is basically free of charge. イギリスのNHS（国民保健サービス）は原則的に無償である。 類 fitness, healthiness, soundness, condition
□ 2185　　　　　SVL 9 **nutrient** /njúːtriənt/ **名** 栄養になるもの、栄養分　**形** 栄養になる、栄養を含む	Broccoli and kale are outstanding sources of **nutrients**. ブロッコリーとケールは極めて優れた栄養源である。 類 **名** nutriment　**形** nourishing, nutritious
□ 2186　　　　　SVL 3 **effective** /iféktiv, əféktiv/ **形** 効果的な、有効な、効き目がある	Antibiotics are **effective** at treating most bacterial infections. 抗生物質は大半の細菌感染の治療に有効である。 類 effectual, efficient, potent　反 ineffective, inefficient

☐ 2187　　SVL 9 **pesticide** /péstəsàid/ 名 殺虫剤	Repeated exposure to **pesticides** can lead to some forms of cancer. 殺虫剤に繰り返しさらされるとある種のがんにつながる可能性がある。
☐ 2188　　SVL 4 **tropical** /trɔ́pikəl/ 形 熱帯（地方）の、熱帯性の、熱帯的な	Most of the African continent is situated within the **tropical** zone. アフリカ大陸の大半は熱帯に位置する。
☐ 2189　　SVL 2 **desert** /dézət/ 名 砂漠、不毛の土地　形 砂漠の（ような）、寂しい	The Gobi **Desert** in Asia straddles both China and Mongolia. アジアのゴビ砂漠は中国とモンゴルの双方にまたがる。 類 名 barren, desolation, wasteland
☐ 2190 **power plant** 名 発電所、動力装置	**Power plants** that run on coal are not being replaced. 石炭火力発電所はまだ置き換えられていない。 類 power station
☐ 2191　　SVL 9 **extinction** /ikstíŋkʃən/ 名 （種族・生物などの）絶滅、根絶、（希望などの）消失、消滅	It is said that the dinosaurs' **extinction** was caused by a comet colliding with the Earth. 恐竜の絶滅は、地球に彗星（すいせい）が衝突したことが原因であると言われている。 類 annihilation, eradication
☐ 2192　　SVL 3 **concern** /kənsɔ́ːn/ 名 関心（事）、懸念　動 ～に関係する、～に関心がある	There is growing **concern** that insecticides are killing bees. 殺虫剤が蜂を殺しているのではないかという懸念が高まっている。 類 名 interest, matter, worry　動 relate to, have to do with, refer to
☐ 2193　　SVL 5 **environmental** /invàiərənméntl/ 形 環境の、環境に関する、環境保護の	The Deepwater Horizon oil spill of 2010 was an **environmental** catastrophe. 2010年のメキシコ湾原油流出事故は環境の大惨事であった。 類 ecological, green
☐ 2194 **topsoil** /tɔ́psɔ̀il/ 名 表土、土壌の表面	Amazonian **topsoil** is of low quality and, therefore, not good for farming. アマゾンの表土は質が低いため、農業に適していない。 類 earth, ground
☐ 2195　　SVL 8 **ecological** /i:kəlɔ́dʒəkəl/ 形 生態学の；環境（保護）意識をもった、環境を損なわない	Mosquitoes play an important role in the **ecological** food chain. 蚊は生態学的な食物連鎖で重要な役割を果たす。 類 eco-friendly, environmental
☐ 2196　　SVL 8 **eruption** /irʌ́pʃən/ 名 （火山の）爆発、噴火；（戦争・災害・病気などの）勃発、発生	Volcanic **eruptions** are not uncommon in the Japan archipelago. 火山噴火は日本列島では珍しいことではない。 類 explosion, burst

Part **2** 分野別語彙

□ 2197　　　　SVL 2	Lots of mammals use their **tails** for balance and communication.
tail	哺乳類の多くはバランスとコミュニケーションをとるために尾を使う。
/téil/	
名 (動物の)尾、しっぽ；後部、末尾	類 back, behind

□ 2198　　　　SVL 8	**Tornadoes** in the central United States usually happen in the spring.
tornado	アメリカ中部の竜巻は通常、春に発生する。
/tɔːnéidou/	
名 竜巻、トルネード	類 twister, hurricane, storm

□ 2199　　　　SVL 8	Rats and other **pests** are eradicated using poison.
pest	ネズミや他の害獣は毒を使って根絶される。
/pést/	
名 害虫、病害虫、有害生物	

□ 2200　　　　SVL 12	The researcher went to a **tropic** jungle to study its vegetation.
tropic	その研究者は、植生を調べるために熱帯のジャングルへ行った。
/trɔ́pik/	
形 熱帯の、熱帯地方の　名 回帰線；熱帯地方	

□ 2201　　　　SVL 8	Antarctica's cold winters make it the perfect **habitat** for emperor penguins.
habitat	南極の寒い冬はコウテイペンギンにとって最適な生息地となる。
/hǽbitæt/	
名 (動植物の)生息地、生息環境	類 home, environment

□ 2202　　　　SVL 2	She **feeds** her cat expensive pet food for its health.
feed	彼女は猫の健康のために高価なペットフードを与えている。
/fíːd/	
動 ～に食べ物を与える；(feed on ～)～を餌とする	類 nourish, give; provide

□ 2203　　　　SVL 7	Transportation causes a third of all carbon **emissions**.
emission	輸送は炭素排出量の3分の1の原因となっている。
/imíʃən/	
名 放出、排出；放出物、排気	類 discharge, effluence

□ 2204	Caves have very unique and fragile **ecosystems**.
ecosystem	洞窟は極めて特有かつ壊れやすい生態系をしている。
/ékousìstəm, íːkousìstəm/	
名 生態系、エコシステム	

□ 2205　　　　SVL 12	The **deforestation** of the Amazon has increased under this Brazilian government.
deforestation	アマゾンの森林破壊は、現在のブラジル政府の下で増えている。
/diːfɔ̀ːristéiʃən/	
名 森林(山林)伐採、森林破壊	

□ 2206　　　　SVL 5	International **conservation** efforts have been bolstered by China's ivory ban.
conservation	国際的な自然保護の取り組みは、中国が象牙取引を禁止したことで強化された。
/kɔ̀nsəvéiʃən/	
名 保全、保護、保存	類 protection, preservation　反 dissipation, destruction

Part 2　分野別語彙

□ 2207　SVL 8
skeleton
/skélətn/
名 骨格、骸骨、骨組み

Human adult **skeletons** consist of 206 bones in total.
成人の骨格は合計206個の骨から成る。

類 bones, frame

□ 2208　SVL 4
distinct
/distíŋkt/
形 全く異なる、別個の；はっきりした、明瞭な

There are three **distinct** groups to choose from.
全く別個の３つのグループから選べます。

類 different; definite　反 alike; ambiguous

□ 2209　SVL 2
coal
/kóul/
名 石炭

High density **coal** is used in the production of steel.
高密度の石炭は鋼鉄の製造に使用される。

□ 2210　SVL 3
lawn
/lɔ́ːn/
名 芝生、芝地

Watering a **lawn** in the summer keeps it lush and green.
夏に芝生に水をやると青々と生い茂る。

類 grass, green

□ 2211　SVL 7
ranch
/rǽːntʃ/
名 牧場、放牧場

He bought a cattle **ranch** in Montana, where he lives with his kids.
彼は、子どもたちと暮らしているモンタナ州に牛の牧場を購入した。

□ 2212　SVL 2
insect
/ínsekt/
名 昆虫、（クモ・ムカデなどを含む）虫

Insects are actually a good source of protein.
昆虫は実に良質なたんぱく資源である。

類 bug

□ 2213　SVL 4
preserve
/prizə́ːv/
動 ～を保つ、保護する　名 自然保護区域、禁猟地

One purpose of national parks is to **preserve** natural environments.
国立公園の目的の１つは自然環境を保護することである。

類 動 save, conserve, protect, maintain

□ 2214　SVL 4
harvest
/háːvist/
名 収穫、収穫高；（行為の）結果　動 ～を収穫する

This autumn's grape **harvest** is the best we have seen in years!
この秋のぶどうの収穫高は、ここ数年間で最高です！

類 名 crop, yield, produce, fruitage

□ 2215　SVL 11
petal
/pétl/
名 花弁、花びら

As the weather grew colder, the **petals** began to fall from the flowers.
気候が寒くなるにつれ、花から花びらが落ち始めた。

□ 2216　SVL 4
stem
/stém/
名 (植物の)茎

The plant's **stem** is what carries the water and nutrients around the plant.
植物の茎は、植物全体に水と栄養分を運ぶものである。

類 stalk, branch, trunk

□ 2217　SVL 7
glacier
/ɡlǽsjə/
名 氷河

Nepal's Khumbu **Glacier**, at the base of Mount Everest, is the highest glacier in the world.
エベレスト山の麓にあるネパールのクンブ氷河は、世界一標高が高い氷河である。

□ 2218　SVL 4
mist
/míst/
名 霧、かすみ、もや

The North Yorkshire Moors were veiled in a thick, ghostly **mist**.
ノース・ヨークシャー・ムーアズは厚くぼんやりとした霧に覆われていた。

類 fog

□ 2219　SVL 4
primitive
/prímətiv/
形 原始の、太古の、初期の、原始的な

Homo erectus made **primitive** tools from a type of stone called flint.
ホモ・エレクトスはフリントという石から原始的な道具を作った。

類 primeval, ancient, early　反 late

□ 2220　SVL 5
cultivate
/kʌ́ltəvèit/
動 ～を耕す、栽培する、(菌など)を培養する、養殖する

Evidence suggests that the Romans were already **cultivating** oysters.
証拠によってローマ人は当時すでにカキを養殖していたことが示されている。

類 harvest, plant, raise

□ 2221　SVL 12
flora
/flɔ́:rə/
名 (ある時代・地域の)植物相、フローラ

Springtime **flora** comes to life as the snow melts.
春の植物相は、雪解けとともにいぶく。

類 vegetation, plants

□ 2222　SVL 9
drought
/dráut/
名 干ばつ、日照り、渇水

Ethiopia's 1983 **drought** killed an estimated 300,000 people.
エチオピアで1983年に発生した干ばつにより推定30万人が死亡した。

類 dryness, aridity

□ 2223　SVL 3
dirt
/dɚ́:t/
名 土、泥；汚物、不潔なもの

Little Jimmy got **dirt** all over his trousers while playing outside.
幼いジミーは外で遊んでいるときにズボンを泥だらけにした。

類 mud, soil

□ 2224　SVL 4
wilderness
/wíldənis/
名 荒野、荒れ地、手つかずの土地

They spent a week hiking in the **wilderness**.
彼らは荒野を1週間ハイキングして過ごした。

類 wilds, wasteland

□ 2225　SVL 3
lightning
/láitniŋ/
名 稲妻、電光

Lightning strikes can occasionally lead to forest fires.
落雷は時として森林火災につながる恐れがある。

□ 2226　SVL 7
ecology
/ikɔ́lədʒi/
名 生態学、生態、エコロジー

Rising global temperatures are affecting the ocean's **ecology**.
地球の気温上昇は海洋生態系に影響を与えている。

類 bionomics

□ 2227　　　SVL 5 **sustain** /səstéin/ **動** 〜を持続する、維持する；（建造物）を支える	The organisation held an event to **sustain** their voluntary works. その団体は、ボランティア活動を維持するためにイベントを開催した。 **類** maintain; uphold, bear, assist
□ 2228　　　SVL 4 **landscape** /lǽndskèip/ **名** 地形、景観、景色、風景	Norway's jagged **landscape** was carved by glaciers. ノルウェーのでこぼこした地形は氷河により削られたものである。 **類** scenery; geography
□ 2229　　　SVL 4 **marble** /mɑ́:bl/ **名** 大理石	The Taj Mahal's white **marble** walls glistered in the sun. タージマハルの白い大理石の壁が陽光で輝いた。
□ 2230 **greenhouse effect** **名** 温室効果	Deforestation is found to increase the **greenhouse effect**. 森林伐採は温室効果を高めることが分かっている。
□ 2231　　　SVL 9 **blizzard** /blízəd/ **名** 猛吹雪、ブリザード	Despite the **blizzard**, the huskies slept outside without being harmed. 猛吹雪にかかわらず、ハスキー犬は傷を負うことなく屋外で寝た。 **類** snowstorm
□ 2232　　　SVL 3 **soil** /sɔ́il/ **名** 土壌、土、大地、耕地	We can observe the erosion of **soil** by water at the Grand Canyon. グランドキャニオンでは水による土壌浸食を観察することができる。 **類** clay, land, earth, ground
□ 2233　　　SVL 3 **climate** /kláimit/ **名** 気候；（特定の気候の）地域、土地	Hawaii has a warm, tropical **climate** all year round. ハワイは一年中温暖な熱帯気候である。 **類** weather, climate; atmosphere, environment
□ 2234　　　SVL 4 **frost** /frɔ́st/ **名** 霜、霜柱、霜が降りること	Morning **frost** is to be expected after cool, clear nights. 朝霜は涼しくて晴れた夜の後に降りることがある。 **類** freeze, rime
□ 2235　　　SVL 4 **gulf** /gʌ́lf/ **名** 湾、入り海	The **Gulf** of Mexico is a gulf that lies on the edge of the Atlantic Ocean. メキシコ湾は大西洋の端にある湾である。 **類** bay
□ 2236　　　SVL 7 **vapour** /véipə/ **名** 蒸気	Cloud **vapour** turns to rain as it cools down. 雲の蒸気は冷えると雨に変わる。 **類** fog, steam

Part **2** 分野別語彙

□ 2237　SVL 4
agriculture
/ǽgrikʌ̀ltʃə/

名 農業、農耕、農法

The number of people engaged in **agriculture** is decreasing.
農業に従事する人の数が減っている。

類 farming, cultivation

□ 2238　SVL 5
hurricane
/hə́ːrəkèin, hárikən/

名 ハリケーン、暴風

Hurricane Katrina devastated New Orleans, killing over 1,000 people.
ハリケーン・カトリーナはニューオリンズを壊滅させ、1000人以上の死者を出した。

類 storm, tornado

□ 2239　SVL 5
distinction
/distíŋkʃən/

名 区別、識別、差別、相違(点)

A **distinction** needs to be made between chimpanzees and bonobos.
チンパンジーとボノボははっきり区別する必要がある。

類 discrimination, difference, separation

□ 2240　SVL 9
vegetation
/vèdʒətéiʃən/

名 植物、植生、草木

Alpine **vegetation** tends to be small.
高山植物は小さい傾向がある。

類 flora, green, greenery, plants

□ 2241
bushfire
/búʃfàiə/

名 森林(山林)火災

Australia's 2019-2020 **bushfire** season killed as many as 3 billion animals.
オーストラリアの2019〜2020年の森林火災期に30億匹もの動物が死んだ。

□ 2242
rainforest
/réinfɔ̀rist/

名 雨林、熱帯雨林

Chimps, bonobos and gorillas can all be found in the Congo **rainforest**.
チンパンジー、ボノボおよびゴリラはコンゴの熱帯雨林で見られる。

□ 2243　SVL 2
nest
/nést/

名 (鳥・小動物・虫などの)巣、巣穴

Bird **nests** are cleverly built to hold up in bad weather.
鳥の巣は悪天候に耐えられるように巧妙に作られている。

□ 2244
hibernate
/háibənèit/

動 (動物が)冬眠する、冬ごもりする

Brown bears **hibernate** from late autumn to the early spring.
ヒグマは晩秋から早春まで冬眠する。

□ 2245　SVL 3
fog
/fɔ́g/

名 霧、もや、濃霧

The **fog** has to lift before aeroplanes are allowed to take off.
飛行機の離陸が許可されるには霧が晴れないといけない。

類 mist, smog

□ 2246　SVL 5
drain
/dréin/

動 (液体)を排出させる；流れ出る　名 排水管、下水溝

Rainfall **drains** through the rocks and into the soil.
雨水は岩を通って、土壌まで流れ込む。

類 動 remove, withdraw　名 ditch, sewer

自然環境

□ 2247
reuse
/ríːjúːz/
動 ～を再利用する、再使用する

Recycling and **reusing** plastic containers can help reduce waste.
プラスチック容器をリサイクルして再利用することで廃棄物を減らせる。

□ 2248　　　　SVL 12
lava
/láːvə/

名 溶岩、火山岩

Hawaiian islands are still being formed by **lava** flows.
ハワイ諸島は溶岩流によって今でも形成されている。

□ 2249
air pollution

名 大気汚染

Most large Chinese cities are cursed with chronic **air pollution**.
中国の大都市の多くは、慢性的な大気汚染に悩まされている。

□ 2250
outage
/áutidʒ/
名 (電力などの) 供給停止(期間)、停電

Electricity **outages** are not uncommon in Kathmandu during the day.
停電はカトマンズの日中では珍しいことではない。

類 blackout

□ 2251　　　　SVL 6
rainfall
/réinfɔ̀ːl/

名 降雨、降雨量

Annual **rainfall** in Britain is lower than that of Ireland.
イギリスの年間降水量はアイルランドより少ない。

類 downfall, downpour, rain, precipitation

□ 2252　　　　SVL 4
bloom
/blúːm/
動 花が咲く、(植物が)繁茂する　名 花、花盛り、開花

The field of **blooming** poppies danced upon the horizon like a fire.
咲き乱れるポピー畑は炎のように水平線の上を舞った。

類 動 blossom　名 blossom, flower

□ 2253　　　　SVL 3
crop
/krɔ́p/

名 作物、収穫物、収穫高

Cacao and coffee are popular **crops** for Brazilian farmers.
カカオとコーヒーはブラジルの農家に人気の作物である。

類 harvest, yield, output

□ 2254　　　　SVL 12
compost
/kɔ́mpɔst/
名 堆肥、培養土　動 ～に堆肥を施す

Keen gardeners usually make their own **compost** from kitchen waste.
園芸に熱心な人はたいてい、台所ごみを使って自分で堆肥を作る。

類 名 fertiliser

□ 2255　　　　SVL 8
endanger
/indéindʒə/
動 ～を危険にさらす、危うくする

Both Sumatran and Siberian tigers are critically **endangered**.
スマトラトラとシベリアトラは共に絶滅の危機にひんしている。

類 put in danger, compromise

□ 2256　　　　SVL 3
creature
/kríːtʃə/

名 生物、生き物；人間

Small **creatures**, like insects, are often overlooked by conservationists.
昆虫などの小さな生物は、自然保護論者らから見過ごされがちである。

類 animal, living thing; human being

Part **2**
分野別語彙

☐ 2257　　　SVL 6 **herb** /hɔ́:b/ **名** 草、草本、薬用植物、ハーブ	The chef wants to buy some fresh **herbs** for tonight's meal. シェフは今夜の食事のために新鮮なハーブを少し買いたいと思っている。
☐ 2258　　　SVL 9 **sustainable** /səstéinəbl/ **形** 維持できる、耐えうる、（環境が）持続可能な	**Sustainable** agriculture is possible but it costs more. 持続可能な農業は可能ではあるが、より費用がかかる。 **類** bearable, endurable, maintainable　**反** unsustainable
☐ 2259 **limestone** /láimstòun/ **名** 石灰石、石灰岩	**Limestone** formations are popular with spelunkers, people who explore caves. 石灰石の層は、洞窟探検家に人気がある。
☐ 2260　　　SVL 5 **hay** /héi/ **名** 干し草	In the winter, they supplement the dairy cows' diet with **hay**. 冬になると彼らは乳牛の餌に干し草を補充する。
☐ 2261　　　SVL 9 **heath** /hí:θ/ **名** （低木の茂った）荒れ地、荒野、ヒース	She walked her dog on the **heath**, near the river. 彼女は川の近くの荒地まで犬を散歩させた。
☐ 2262　　　SVL 7 **humid** /hjú:mid/ **形** 湿った、湿気の多い、多湿の	Manilla's hot and **humid** climate only gets worse during the monsoon. マニラの高温多湿の気候は、モンスーン期にだけひどくなる。 **類** damp, wet
☐ 2263　　　SVL 5 **clay** /kléi/ **名** 粘土、土	Mud huts are covered in soft **clay** that becomes hard when it dries. 泥壁の小屋は、乾くと固まる柔らかい粘土で覆われている。
☐ 2264　　　SVL 2 **poison** /pɔ́izn/ **名** 毒、毒物、毒薬　**動** ～に毒を盛る、～を毒する	Viper bites contain a dangerous amount of **poison**. マムシの咬傷（こうしょう）は危機な量の毒を含む。 **類** **名** toxic
☐ 2265　　　SVL 8 **pollute** /pəlú:t/ **動** （大気・水など）を汚染する；（心など）を堕落させる	Rivers in the vicinity of dairy cows are heavily **polluted**. 乳牛の近くを流れる川はひどく汚染されている。 **類** contaminate, poison
☐ 2266　　　SVL 5 **greenhouse** /grí:nhàus/ **名** 温室	Tomatoes grow faster and redder when grown in **greenhouses**. トマトは温室で栽培する方が赤く早く育つ。

☐ 2267　　SVL 7 **antarctic** /æntάːktik/ 形 南極の、南極圏の	**Antarctic** winters are colder than those in the Arctic. 南極の冬は北極の冬より寒い。 反 arctic
☐ 2268　　SVL 7 **coastal** /kóustəl/ 形 海岸沿いの、沿岸の、海岸(沿岸)近くの	Rising oceans are of greatest concern to those who live in **coastal** areas. 海面上昇は、沿岸地域に住む人々にとって最大の懸念である。 類 seaside, alongshore, along a coast
☐ 2269　　SVL 4 **vanish** /vǽniʃ/ 動 (急に)消える、見えなくなる；(姿を)消す	Wrangel Island was home to the last mammoths until they **vanished** about 4,000 years ago. ウランゲリ島には約4000年前に姿を消すまで最後のマンモスが存在していた。 類 disappear, evaporate, fade 反 appear, materialize
☐ 2270　　SVL 8 **extinguish** /ikstíŋgwiʃ/ 動 (火・明かりなど)を消す；(希望など)を失わせる	The firefighters worked hard to **extinguish** the forest fires. 消防士たちは森林火災を消火するために懸命に取り組んだ。 類 put out; abolish
☐ 2271　　SVL 9 **avalanche** /ǽvəlæntʃ/ 名 雪崩	About 100 people die from **avalanches** each year in the Alps. アルプス山脈では毎年約100人が雪崩によって死亡する。 類 snowslide
☐ 2272　　SVL 4 **emerge** /imə́ːdʒ/ 動 〜が現れる、明らかになる、台頭する	Life is thought to have **emerged** as long as 4.1 billion years ago. 生命ははるか41億年前に出現したと考えられている。 類 arise, appear, come out, show up
☐ 2273 **in danger** 危険な状態にある、危機にひんしている	As a result of poaching, white rhinos are **in danger** of becoming extinct. 密猟のせいでシロサイは絶滅の危機にひんしている。
☐ 2274　　SVL 2 **disappear** /dìsəpíə/ 動 見えなくなる、姿を消す、なくなる	Coral is **disappearing** from the Great Barrier Reef very quickly. サンゴは急速にグレート・バリア・リーフから消えている。 類 vanish, go, leave, evaporate, die, fade 反 appear
☐ 2275　　SVL 5 **moisture** /mɔ́istʃə/ 名 湿気、湿り、水分	**Moisture** in the air increases during the rainy season. 雨期の間は空気中の湿気が増加する。
☐ 2276　　SVL 8 **extinct** /ikstíŋkt/ 形 (種族・生物などが)絶えた、絶滅した、消えた	The dodo bird, which lived on the island of Mauritius, went **extinct** in 1681. モーリシャス島に生息していたドードー鳥は1681年に絶滅した。 類 vanished, dead 反 alive, extant, living

---

□ 2277　　SVL 8
prairie
/préəri/

名 （北米などの）大草原、プレーリー

The North American **prairies** were once home to millions of bison.
北米の大草原にはかつて数百万頭のバイソンが生息していた。

類 meadow, grassland

□ 2278
seedling
/síːdliŋ/

名 苗、苗木、若木

The **seedlings** were taken from the nursery and planted outdoors.
苗は苗床から屋外に移動され植えられた。

□ 2279　　SVL 4
forecast
/fɔ́ːkὰːst/

名 予報、予測、見通し　動 〜を予報する、予想する

Weather **forecasts** are often inexact and ambiguous.
天気予報はしばしば不正確で曖昧なことがある。

類 名 projection, prediction, outlook　動 foretell, predict

□ 2280　　SVL 4
pollution
/pəlúːʃən/

名 汚染、汚すこと、環境汚染、（汚染による）公害

The high level of **pollution** from cruise ships is adversely affecting the environment.
クルーズ船からの高レベルの汚染は環境に悪影響を及ぼす。

類 contamination

□ 2281
fossil fuel

名 化石燃料

Fossil fuels, like coal and gas, are still indispensable in most countries.
石炭やガスのような化石燃料は今でも多くの国で必要不可欠である。

□ 2282　　SVL 5
volcano
/vɔlkéinou/

名 火山、噴火口

Vanuatu has some active **volcanoes** where magma can be seen.
バヌアツにはマグマを見ることができる活火山がいくつかある。

□ 2283　　SVL 9
contamination
/kəntæmənéiʃən/

名 汚染、汚れ、汚濁

Contamination of laboratory equipment will invalidate the result.
研究室設備の汚染は結果を無効にしてしまう。

類 pollution　反 decontamination

□ 2284
at risk

形 危険にさらされている、危険な状態にある、危険を冒して

Elderly people are overwhelmingly **at risk** of dying from pneumonia.
高齢者は肺炎により死亡するリスクが圧倒的に高い。

類 endangered, jeopardized

□ 2285
solar system

名 太陽系

Voyager 1 and 2 have left our **solar system**, heading into deep space.
ボイジャー1号と2号は太陽系を離れ、深宇宙へと向かった。

□ 2286
alternative fuel

名 代替燃料

Alternative fuels, such as ethanol and natural gas, are cleaner than conventional fuels.
エタノールや天然ガスなどの代替燃料の方が従来の燃料よりもクリーンである。

□ 2287　SVL 3
temperature
/témpərətʃə/
名 温度、気温、体温

Desert **temperatures** fluctuate from cold at night to hot during the day.
砂漠の気温は変動し、夜は寒く、日中は暑い。

□ 2288　SVL 4
disaster
/dizǽːstə/
名（大規模で突発的な）災害、天災、大惨事

Natural **disasters**, like earthquakes, cannot be completely avoided.
地震などの自然災害は、完全に避けることはできない。

類 catastrophe, calamity, tragedy

□ 2289　SVL 4
blossom
/blɔ́səm/
名 花　**動** 花を開く、花が咲く

Japanese people often like taking photographs of cherry **blossoms**.
日本人はよく桜の花の写真を撮りたがる。

類 **名** bloom, flower　**動** bloom

□ 2290
environmentally
/invàiərənméntli/
副 環境保護に関して、環境面で、環境的に

Younger generations are often more **environmentally** conscious than their parents.
若い世代は親よりも環境保護に関して意識が高い。

□ 2291　SVL 2
nature
/néitʃə/
名 自然、自然の力；(人や物の)本質、性質

My grandfather looked forward to his weekly walk in **nature**.
祖父は毎週自然の中を散策するのを楽しみにしていた。

類 wild, wilderness; quality, character

□ 2292　SVL 3
development
/divéləpmənt/
名 発達、発育、発展；(資源・事業などの)開発、発展

China's recent economic **development** is unprecedented in history.
中国の最近の経済発展は、歴史上で前例のないものである。

類 advancement, progress, evolution, growth

□ 2293　SVL 3
channel
/tʃǽnl/
名 海峡；川床、水路

The Black Sea is separated from the Sea of Marmara by a narrow **channel**.
黒海は狭い海峡によってマルマラ海から隔てられている。

類 canal; waterway

□ 2294　SVL 9
germ
/dʒə́ːm/
名 細菌、病原菌；胚、芽

Wash the lettuce before you eat it, to remove any **germs**.
レタスは食べる前に洗って、細菌を落としましょう。

類 bacteria(bacteriumの複数形)

□ 2295
power failure
名 停電、電源異常

The sudden **power failure** left us sitting in the dark.
突然の停電は、私たちを暗闇に取り残した。

類 outage, power cut, blackout

□ 2296　SVL 7
equator
/ikwéitə/
名 赤道

Singapore is located near the **equator**, that's why it's so hot.
シンガポールは赤道近くに位置するため、とても暑い。

☐ 2297　　　　SVL 4
species
/spíːʃiːz/

名 (生物)種、種類

There are about 400,000 different beetle **species** on the earth.
地球上には約40万種の甲虫が存在する。

類 kind, class, type, category

☐ 2298　　　　SVL 9
erupt
/ɪrʌ́pt/

動 (火山が)噴火する、(溶岩などが)噴出する

Pompeii was buried when Mount Vesuvius **erupted** in 79 CE.
ポンペイは西暦79年にベスビオ山が噴火した際に埋没した。

類 explode, burst, blow up, go off

☐ 2299　　　　SVL 3
carbon
/káːbən/

名 炭素

Despite the Paris Agreement, **carbon** emissions are still increasing.
パリ協定にもかかわらず、炭素排出量はいまだに増えている。

□ 2300   SVL 6
fluid
/flúːid/
名 流体、流動体、液体 形 流動体の

You need to drink lots of **fluids** when you're exercising.
運動しているときは大量の液体を飲む必要がある。

類 liquid　反 solid

□ 2301   SVL 6
molecule
/mɔ́lɪkjùːl/
名 分子、微分子、微量

Albert Hofmann synthesised the LSD **molecule** in 1938.
アルバート・ホフマンは1938年にLSD分子を合成した。

類 particle

□ 2302   SVL 6
electron
/iléktrɔn/
名 電子、エレクトロン

Electron microscopes can magnify up to one million times more than the naked eye.
電子顕微鏡は裸眼と比べて最大100万倍まで拡大することができる。

□ 2303
nicotine
/níkətìːn/
名 ニコチン

Cigarettes contain **nicotine**, a very addictive substance.
たばこには、ニコチンというとても中毒性の高い物質が含まれる。

□ 2304   SVL 5
organic
/ɔːgǽnik/
形 有機の、有機体の、有機栽培の

People are prepared to pay a premium for **organic** products.
人々は有機製品に高いお金を払う覚悟がある。

類 natural, biological　反 inorganic

□ 2305
astrology
/əstrɔ́lədʒi/
名 占星術

Astrology should not be confused with the science of astronomy.
占星術と天文学を混同してはならない。

類 stargazing

□ 2306   SVL 6
physicist
/fízəsist/
名 物理学者

Plasma **physicists** are presently working on creating a fusion reactor.
プラズマ物理学者は現在、核融合炉の開発に取り組んでいる。

□ 2307   SVL 6
dimension
/daiménʃən/
名 寸法、次元

The **dimensions** of the paper are 30 cm by 15 cm.
紙の寸法は縦30センチ横15センチだ

類 size, aspect

□ 2308   SVL 9
radius
/réidiəs/
名 半径

The earth's **radius** at the equator is about 6,378 kilometres.
地球の赤道半径は約6378キロである。

□ 2309   SVL 6
astronomy
/əstrɔ́nəmi/
名 天文学

Astronomy is divided into two branches: theoretical and observational.
天文学は理論的なものと観測的なものの2つの分野に分けられる。

| □ 2310　SVL 5 **organism** /ɔ́ːgənìzm/ 名 有機体、生物、生体、生き物 | Bacteria are single-celled **organisms** that reproduce rapidly. 細菌は単細胞生物で、急速に繁殖する。 類 creature, being |

| □ 2311　SVL 5 **thermometer** /θəmɔ́mətə/ 名 温度計、体温計 | The **thermometer** showed the temperature to be 22 degrees Celsius. 温度計はセ氏22度を指していた。 |

| □ 2312　SVL 10 **mutation** /mjuːtéiʃən/ 名 変化、変質、突然変異 | Cell **mutations** can often lead to lethal cancers. 細胞の突然変異は致命的ながんを招くことが多い。 類 alteration, variation, change, mutant |

| □ 2313 **meteoric** /mìːtiɔ́rik/ 形 流星の、流星のような；(成功などが)華々しい | The company's **meteoric** rise was preceded by its catastrophic fall. この会社の華々しい隆盛の前に、壊滅的な衰退があった。 類 spectacular |

| □ 2314 **ethanol** /éθənɔːl/ 名 エタノール、エチルアルコール、アルコール | There are concerns about the amount of resources needed to grow **ethanol** crops. エタノールの原材料を育てるのに必要な資源の量について懸念がある。 類 alcohol |

| □ 2315　SVL 3 **horizon** /həráizn/ 名 地平線、水平線 | The ship sailed into the **horizon**, never to be seen again. 船は水平線へと航行し、二度と見えることはなかった。 類 skyline |

| □ 2316　SVL 4 **replacement** /ripléismənt/ 名 取り替え、置き換え、代わりのもの | A **replacement** has to be found for Mr Blair, who is away with the flu. インフルエンザで不在のブレア氏の代理を探さないといけない。 類 substitute, alternate, surrogate |

| □ 2317　SVL 7 **circulate** /sɔ́ːkjulèit/ 動 循環する、流通する；～を回す | Oxygen **circulates** around the human body in red blood cells. 酸素は赤血球を通じて人体を循環する。 類 spread, disseminate |

| □ 2318　SVL 3 **atlas** /ǽtləs/ 名 地図帳、地図書 | **Atlases** have gradually been replaced by online maps. 地図帳は徐々にオンライン地図に取って代わられている。 |

| □ 2319　SVL 7 **diameter** /daiǽmətə/ 名 直径 | The radius of a circle is equal to half its **diameter**. 円の半径は、同じ円の直径の半分に等しい。 類 breadth |

□ 2320　　　　SVL 4
automatically
/ɔ̀:təmǽtikli/
副 自動的に、必然的に、無意識に

Children **automatically** learn language from a very young age.
子どもは幼いときから自然と言語を学習する。

類 instinctively, thoughtlessly

□ 2321　　　　SVL 6
leak
/líːk/
名 漏れ、漏えい　動 漏れる、漏れ出る

The tap has sprung a **leak** that is dripping onto the floor.
蛇口が水漏れして床に滴り落ちている。

類 名 leakage

□ 2322　　　　SVL 5
conductor
/kəndʌ́ktə/
名 伝導体、導体、伝導物

Copper and gold are excellent **conductors** of electricity.
銅と金は電気の良導体である。

□ 2323　　　　SVL 5
condense
/kəndéns/
動 濃縮する、凝縮する

Cooled vapour **condenses** into water.
冷えた蒸気は凝縮して水になる。

類 concentrate

□ 2324　　　　SVL 7
Fahrenheit
/fǽrənhàit/
形 カ氏の　名 カ氏温度、カ氏温度計

Americans use the **Fahrenheit** scale to measure temperatures, others use Celsius.
アメリカ人は温度を計るのにカ氏を用い、他の人たちはセ氏を用いる。

□ 2325　　　　SVL 9
cosmic
/kɔ́zmik/
形 宇宙の、宇宙に関する、宇宙からやってくる

A **cosmic** impact might have been responsible for the extinction of megafauna.
宇宙からの落下物との衝突が巨型動物類の絶滅の原因だったかもしれない。

類 extraterrestrial

□ 2326　　　　SVL 5
psychology
/saikɔ́lədʒi/
名 心理学、心理、心理状態

Marketers study human **psychology** to sell products more effectively.
マーケティング担当者は商品をより効果的に販売するために人間心理を勉強する。

□ 2327　　　　SVL 3
technical
/téknikəl/
形 技術的な、技術上の；専門的な

Climbing K2 requires a high degree of **technical** competence.
K2を登頂するには高度な技術的能力が求められる。

類 technological; specialised

□ 2328
cyber
/sáibə/
形 サイバーに関連した、コンピューターに関する

Cyber crimes often target large companies that have a lot of data.
サイバー犯罪はデータを大量に保有している大企業が狙われることが多い。

□ 2329
innovative
/ínəvèitiv/
形 革新的な、刷新的な

The internet is possibly the most **innovative** technology of all time.
インターネットはおそらく史上最高の革新的技術である。

類 novel, original

Part **2** 分野別語彙

🔊 235.mp3

chemical

☐ 2330 SVL 3
/kémikəl/
名 化学薬品、薬品　形 化学の、化学的な

Cleaning **chemicals** can be quite corrosive to the skin.
洗浄薬剤は皮膚をかなり腐食させてしまう恐れがある。

類 compound

material

☐ 2331 SVL 2
/mətíəriəl/
名 材料、原料、物質　形 物質の

Guitars are made of different **materials**, including wood, metal and plastic.
ギターは木材、金属、プラスチックなどさまざまな材料でできている。

類 名 substance, element　形 physical, substantial, concrete

mechanical

☐ 2332 SVL 4
/mikǽnikəl, məkǽnikəl/
形 機械の、機械で動く、機械的な

The child's attention was taken by the **mechanical** toy.
子どもの注意は機械仕掛けのおもちゃによってそれた。

類 automatic, automated

vacuum

☐ 2333 SVL 5
/vǽkjuəm, vǽkju:m/
名 真空、真空状態　形 真空の、真空に関する

The experiment must be carried out under perfect **vacuum** conditions.
その実験は完全な真空状態で行われなければならない。

類 名 void

eclipse

☐ 2334 SVL 9
/iklíps/
名 (太陽・月の)食

Partial lunar **eclipses** are a lot more common than full ones.
部分月食は皆既月食よりもはるかに多く見られる。

biomass

☐ 2335
/báioumæ̀s/
名 生物量、バイオマス

The **biomass** of ants represents 15-20 percent of the total of all land animals.
アリの生物量は全陸生動物の15〜20パーセントに相当する。

mechanism

☐ 2336 SVL 4
/mékənìzm/
名 機構、仕組み、機械装置

Darwin's theory explains the **mechanism** that creates new species.
ダーウィンの理論は新種を生み出す仕組みを説明する。

類 structure, system

comet

☐ 2337 SVL 6
/kɔ́mit/
名 彗星(すいせい)

Halley's **comet** last visited our planet in 1986.
ハレー彗星が最近地球の近くを通過したのは1986年である。

psychological

☐ 2338 SVL 5
/sàikəlɔ́dʒikəl/
形 心理学の、心理的な、精神の

The psychiatrist had plenty of **psychological** disorders of his own.
その精神科医は、自らいくつもの精神的疾患を抱えていた。

類 mental

astronaut

☐ 2339 SVL 6
/ǽstrənɔ̀:t/
名 宇宙飛行士

Only a handful of **astronauts** have walked on the moon.
わずか一握りの宇宙飛行士だけが月面を歩いた。

類 cosmonaut, space pilot

□ 2340　　　SVL 8	Lipase is one of the main enzymes that help us **accelerate** digestion.
accelerate	リパーゼは消化を促進させるのに役立つ主な酵素の1つである。
/æksélərèit, əksélərèit/	
動 〜を速める、加速する、促進する	類 hasten, speed up, expedite　反 decelerate, retard

□ 2341　　　SVL 4	The UK's **electronic** music scene was huge in the '90s.
electronic	イギリスのエレクトロニック音楽シーンは90年代には巨大であった。
/ilèktrónik/	
形 電子の、電子工学の、エレクトロニクスの	

□ 2342　　　SVL 6	Radiation causes cancer by damaging **genes**, which leads to mutations.
gene	放射線は遺伝子損傷により突然変異を引き起こし、がんの原因となる。
/dʒíːn/	
名 遺伝子	

□ 2343　　　SVL 11	Our digestive tract requires **microbes** to break down what we eat.
microbe	ヒトの消化管は食べたものを分解する微生物を必要とする。
/máikroub/	
名 微生物、細菌	類 microorganism, virus

□ 2344	Engineers need to **innovate** new designs if we are to travel to Mars.
innovate	火星まで旅行するのであれば、技術者たちは新しい設計を導入する必要がある。
/ínəvèit/	
動 (新しい物・事)を導入する、新しくする	類 install, bring in

□ 2345　　　SVL 4	Water transforms from **liquid** to gas after being heated.
liquid	水は加熱されると、液体から気体に変わる。
/líkwid/	
名 液体、流体　形 液体の、液状の	類 名 fluid 形 fluent, fluid　反 名 形 solid

□ 2346　　　SVL 5	Genetic tests should only be carried out in spotless **laboratories**.
laboratory	遺伝子検査は清潔な実験室でのみ実施されるべきである。
/ləbɔ́rətri/	
名 実験室、研究室、研究所	類 lab

□ 2347　　　SVL 8	Canis Major Dwarf, at 25,000 light years from the sun, is thought to be our closest **galaxy**.
galaxy	太陽から2万5千光年の距離に位置するおおいぬ座矮小(わいしょう)銀河は地球から最も近い銀河であると考えられている。
/gǽləksi/	
名 銀河、小宇宙	

□ 2348　　　SVL 3	Early astronomers pointed their **telescopes** to the moon with wonder.
telescope	昔の天文学者たちは驚きをもって望遠鏡を月に向けた。
/téləskòup/	
名 望遠鏡	

□ 2349　　　SVL 7	Extracting **hydrogen** from air is what will make hydrogen fuel ubiquitous.
hydrogen	空気中から水素を抽出することで水素燃料はどこでも存在することができる。
/háidrədʒən/	
名 水素	

Part **2** 分野別語彙

🔊 237.mp3

□ 2350　SVL 3 **technique** /tekníːk/ 名 技術、技巧、テクニック	They have developed a new **technique** for extracting essential oil from plants. 彼らは植物から精油を抽出する新たな技術を開発した。 類 method, way
□ 2351　SVL 9 **synthesise** /sínθəsàiz/ 動 〜を合成する；〜を統合する、	It takes a long time to **synthesise** an effective drug to combat a newly emerged virus. 新たに出現したウイルスに対して効果のある治療薬を合成するには長い時間がかかる。 類 blend, codify, create
□ 2352　SVL 6 **gravity** /grǽvəti/ 名 重力、引力	Martian **gravity** is 38 percent weaker than that of Earth. 火星の重力は地球の重力より38パーセント弱い。
□ 2353 **quantitative** /kwɔ́ntitətiv/ 形 定量的な；数量の	**Quantitative** analysis showed no significant increase in particles. 定量分析は、粒子の特筆すべき増加を示さなかった。 反 qualitative
□ 2354　SVL 9 **fusion** /fjúːʒən/ 名 溶解、融合	The nuclear **fusion** reactor will prove much more efficient and a lot cleaner than the fission one. 核融合炉は、核分裂原子炉より、はるかに効率的でずっとクリーンだと証明されるだろう。 類 merging, uniting
□ 2355　SVL 5 **biological** /bàiəlɔ́dʒikəl/ 形 生物学の、生物学的な	Men and women are alike in many ways, but there are some **biological** differences. 男女は多くの点で似ているが、生物学的な違いもある。
□ 2356 **physiological** /fìziəlɔ́dʒikəl/ 名 生理学の、生理学的な、生理的な	The patient presented no discernible **physiological** symptoms. 患者は認識できるような生理的症状を示さなかった。
□ 2357　SVL 6 **magnetic** /mægnétik/ 形 磁石の、磁気の、磁気を帯びた	Earth's **magnetic** field is what makes a compass work. 地球の磁場がコンパスを機能させるものである。
□ 2358　SVL 11 **asteroid** /ǽstərɔ̀id/ 名 小惑星	The distinction between comet and **asteroid** is not always clear. 彗星（すいせい）と小惑星の違いは必ずしも明確ではない。
□ 2359 **biometrics** /bàiəmétriks/ 名 生体認証、生物測定学	The company introduced a **biometrics** system into the office for security reasons. その会社はセキュリティー上の理由でオフィスに生体認証システムを導入した。

□ 2360 SVL 3
equipment
/ikwípmənt/

名 設備、備品、機器、装備

His laboratory had all of the latest equipment.
彼の研究室には最新の設備が全て整っていた。

類 apparatus, material, gear, kit

□ 2361 SVL 3
ray
/réi/

名 光線、一条の光　動 ～を放射する

Lengthy exposure to ultraviolet rays may lead to melanoma.
紫外線に長時間さらされると黒色腫になる恐れがある。

類 名 beam, shaft 動 beam, radiate, shine

□ 2362 SVL 8
radiation
/rèidiéiʃən/

名 放射、放射性、放射線

Chernobyl will have dangerous levels of radiation for the next 20,000 years.
チェルノブイリは今後2万年にわたって危険な放射線レベルとなる。

□ 2363 SVL 3
experiment
/ikspérəmənt/

名 実験、試み、試験

Svetlana worked long into the night carrying out lab experiments.
スヴェトラーナは夜遅くまで働き、研究室での実験を行った。

類 test, trial, examination

□ 2364 SVL 3
element
/éləmənt/

名 成分、要素、化学元素

The periodic table consists of 118 chemical elements.
周期表は118の化学元素で構成される。

類 component, factor, constituent

□ 2365 SVL 6
formula
/fɔ́:mjulə/

名 方式、公式、式

Albert Einstein's famous E=mc^2 formula was published in 1905.
アルベルト・アインシュタインの有名なE=mc^{2}の方程式は1905年に発表された。

□ 2366 SVL 4
measurement
/méʒəmənt/

名 測定、測量

Measurements are done using rulers, lasers and measuring tape.
測定は定規、レーザー、巻き尺を使って行われる。

類 calculation, assessment

□ 2367 SVL 3
mineral
/mínərəl/

名 鉱物、鉱石、採掘物

Some minerals can be turned into fuel.
鉱物の中には燃料に変えられるものがある。

□ 2368 SVL NA
rechargeable
/ritʃá:dʒəbl/

形 充電可能な、充電式の

Mobile phones and electric cars contain rechargeable lithium-ion batteries.
携帯電話と電気自動車には充電可能なリチウムイオン電池が含まれている。

□ 2369 SVL 6
statistics
/stətístiks/

名 統計学、統計

First-year psychology students have to study statistics.
心理学専攻の1年生は統計学を勉強する必要がある。

Part 2 分野別語彙

□ 2370 SVL 5 **dinosaur** /dáinəsɔ̀ː/ 名 恐竜	Dinosaur fossils are a treasure trove of hints for evolutionary biology. 恐竜の化石は、進化生物学にとってヒントの宝庫である。
□ 2371 SVL 5 **economist** /ikɔ́nəmist/ 名 経済学者、エコノミスト	Most economists didn't see the 2008 financial crisis coming. ほとんどの経済学者は2008年の金融危機の到来を予見できなかった。
□ 2372 SVL 9 **mechanics** /mikǽniks, məkǽniks/ 名 構造、仕組み；力学、機械学	I am fascinated by the mechanics of the human memory. 私は人間の記憶の仕組みに魅了されています。 類 workings, particulars
□ 2373 **carbon dioxide** 名 二酸化炭素	Carbon dioxide levels have been steadily increasing in the atmosphere. 二酸化炭素濃度は大気中で着実に上昇している。
□ 2374 SVL 4 **nuclear** /njúːkliə/ 形 核の、原子力の、核兵器の	The Manhattan Project was tasked with creating a nuclear weapon. マンハッタン計画は、核兵器の開発を任務としていた。
□ 2375 **deconstruct** /dìːkənstrʌ́kt/ 動 ～を解体する、分析する	The child deconstructed the clock to see how it worked. その子どもは仕組みを調べるために時計を分解した。 類 dismantle, break down
□ 2376 SVL 5 **satellite** /sǽtəlàit/ 名 衛星、人工衛星	The GPS had difficulty connecting to the satellite. GPSはなかなか衛星に接続できなかった。
□ 2377 SVL 3 **geography** /dʒiɔ́grəfi/ 名 地理学、地勢、地形	The country's geography is characterized by large areas of flat plateau. その国の地形は広範囲の平たんな土地によって特徴づけられている。 類 topography, physiography
□ 2378 **intellectual property** 名 知的財産、知的所有権	Strict intellectual property laws stifle innovation. 知的所有権に関する厳格な法律がイノベーションを阻害している。
□ 2379 SVL 6 **orbit** /ɔ́ːbit/ 動 ～の周りを回る 名（天体・人工衛星などの）軌道	Over 2,000 satellites orbit the Earth at any given time. 常に2000基を超える人工衛星が地球の周りを回っている。 類 動 circle, circulate 名 path, course

🔊 240.mp3

□ 2380 SVL 6
virus
/váiərəs/
名 ウイルス

Antibiotics are not effective against **viruses**.
抗生物質はウイルスに対して有効でない。

□ 2381 SVL 2
engine
/éndʒin/
名 エンジン、機関、発動機

Most lorry **engines** run on dirty diesel fuel.
大型トラックのエンジンの大半は、低質のディーゼル燃料で動く。

□ 2382 SVL 9
optical
/ɔ́ptikəl/
形 光学の、光学用の；視覚の

Optical instruments, such as microscopes, are an essential part of applied science.
顕微鏡などの光学機器は応用科学には不可欠な要素である。

類 optic, visual

□ 2383 SVL 8
inhibit
/inhíbit/
動 ～を抑える、阻害する、禁じる

Overregulation **inhibits** economic growth in some countries.
過剰規制はたいてい、いくつかの国で経済成長を阻害する。

類 constrain, restrain, prevent

□ 2384
decode
/di:kóud/
動 (通信文などを)～を解読する、復号する

CIA cryptologists spent countless hours trying to **decode** the messages.
CIAの暗号学者はメッセージを暗号解読するのに数え切れないほどの時間を費やした。

類 decipher, decrypt

□ 2385 SVL 7
static
/stǽtik/
名 静電気、電波障害、電波の雑音 形 静止の、静的な

Only **static** could be heard on the radio.
雑音しかラジオから聞こえなかった。

類 形 still, stationary

□ 2386 SVL 11
quantum
/kwɔ́ntəm/
名 量子；量、定量

Max Planck and Niels Bohr are credited with founding **quantum** theory.
マックス・プランクとニールス・ボーアは量子論を確立したといわれている。

類 amount, quantity

□ 2387 SVL 3
cell
/sél/
名 細胞；部屋、房

There are a mind-boggling 37.2 trillion **cells** in the human body.
人体には信じがたいことに37.2兆個の細胞がある。

□ 2388 SVL 5
particle
/pá:tikl/
名 粒子、微量

The Large Hadron Collider (LHC) is the world's biggest **particle** accelerator.
大型ハドロン衝突型加速器(LHC)は世界最大の粒子加速器である。

類 molecule, grain

□ 2389 SVL 6
spacecraft
/spéiskrà:ft/
名 宇宙船、宇宙機

NASA has successfully launched a **spacecraft** designed to explore the sun's atmosphere.
NASAは太陽の大気を調査するために設計された宇宙船の打ち上げに成功した。

Part **2** 分野別語彙

251

□ 2390 SVL 7
axis
/æksis/

名 軸、軸線

Planet Earth rotates on a theoretical **axis** that runs along the poles.
地球は、両極を通る理論上の軸で回転する。

類 pivot, shaft

□ 2391 SVL 4
explode
/iksplóud/

動 〜を爆発させる、破裂させる；(感情が)激発する

The night sky was illuminated by the **exploding** fireworks.
夜空ははじける花火で明るくなった。

類 blow, blow up, blast, burst

□ 2392 SVL 3
discovery
/diskʌ́vəri/

名 発見、発見されたもの、発掘、気づくこと

The **discovery** of gold in California by prospectors in 1848 led to the gold rush.
探鉱者らによる1848年のカリフォルニアでの金の発見が、ゴールドラッシュを招いた。

類 detection, finding

□ 2393 SVL 9
simulation
/sìmjuléiʃən/

名 模擬実験、シミュレーション

The **simulation** hypothesis is the idea that we live in an augmented reality.
シミュレーション仮説とは、人類は拡張現実に住んでいるという考えである。

□ 2394 SVL 6
bacteria
/bæktíəriə/

名 細菌、バクテリア

Food poisoning is caused by **bacteria** like salmonella.
食中毒はサルモネラのような細菌により引き起こされる。

□ 2395 SVL 5
convert
/kənvɔ́ːt/

動 (形状・システムなど)を変える、転換させる

Plants **convert** carbon dioxide into oxygen through photosynthesis.
植物は光合成によって二酸化炭素を酸素に変換する。

類 turn, transform

□ 2396 SVL 5
fibre
/fáibə/

名 繊維、繊維質

High **fibre** diets are beneficial to a healthy gut biome.
繊維質の多い食事は健康な腸内バイオームに役立つ。

□ 2397
numeracy
/njúːmərəsi/

名 基本的な計算能力、数学的思考能力

Literacy comes more naturally for most people than **numeracy**.
読み書きの方が多くの人にとって計算より簡単である。

□ 2398 SVL 7
hazard
/hǽzəd/

名 危険、危険を引き起こすもの 動 〜を危険にさらす

This substance poses a **hazard** to human health.
この物質は人間の健康に危険を及ぼす。

類 名 danger, risk, threat 動 risk, jeopardize

□ 2399 SVL 5
inferior
/infíəriə/

形 (質・価値・地位などが)(〜より)下の、劣った、劣等の

His **inferior** knowledge of mathematics led to poor exam results.
彼は数学の知識が劣っていることで試験の結果が悪かった。

類 bad, lesser, lower 反 superior, senior

□ 2400   SVL 3
physics
/fíziks/

名 物理学

Although she excelled at chemistry, she struggled with physics.
彼女は化学がよくできたが、物理で苦労した。

□ 2401
turbine
/tə́:bain/

名 タービン

Wind turbines are a clean source of energy but they pollute the landscape.
風力タービンはクリーンなエネルギー源だが、景観を汚す。

☐ 2402　　　　SVL 2 **announce** /ənáuns/ **動** ～を発表する、公表する、知らせる	The prime minister just **announced** the new cabinet. 首相はたった今新しい内閣を発表した。 ―――――――――――― **類** publish, release
☐ 2403　　　　SVL 3 **automatic** /ɔ̀:təmǽtik/ **形** 自動の、自動式の、オートマチックの	**Automatic** teller machines (ATMs) have been around since 1969. 現金自動預払機(ATM)は1969年から存在している。 ―――――――――――― **類** mechanical
☐ 2404 **advert** /ǽdvə:t/ **名** 広告	There are too many **adverts** on TV; that's why I hardly watch it. テレビは広告が多すぎるから、私はほとんど見ない。 ―――――――――――― **類** advertisement
☐ 2405　　　　SVL 5 **mechanic** /mikǽnik, məkǽnik/ **名** 機械工、修理工	The **mechanic** replaced some parts and changed the rear tyres. 機械工はパーツを何個か交換し、リアタイヤを付け替えた。 ―――――――――――― **類** repairman
☐ 2406　　　　SVL 9 **prototype** /próutətàip/ **名** 原型、試作品、プロトタイプ	Rocket **prototypes** often explode, so they're tested in isolated locations. ロケットの試作品はしばしば爆発するので、遠く離れた場所で試験される。
☐ 2407　　　　SVL 2 **broadcast** /brɔ́:dkà:st/ **名** 放送、番組　**動** 放送する	**Broadcast** media, like TV and radio, are in competition with online media. テレビやラジオのような放送メディアは、オンラインメディアと競合している。 ―――――――――――― **類** **名** transmission, programme　**動** circulate, disseminate
☐ 2408　　　　SVL 5 **chip** /tʃíp/ **名** (コンピューター)チップ	Intel have been manufacturing computer **chips** since the late '60s. Intelは60年代後半からコンピューターチップを製造している。
☐ 2409　　　　SVL 6 **coverage** /kávəridʒ/ **名** 受信地域、受信可能範囲、サービスエリア	Mobile **coverage** is really poor in the mountains. 携帯電話の受信状況は山間部では非常に悪い。
☐ 2410 **vulnerability** /vʌ̀lnərəbíləti/ **名** 脆弱(ぜいじゃく)性、もろさ、傷つきやすさ	Elderly people's **vulnerability** to bone breakages is an ongoing concern. 高齢者の骨折に対する脆弱性は現在でも懸念事項である。 ―――――――――――― **類** susceptibility
☐ 2411 **conveyor belt** **名** コンベヤーベルト	She selected the sushi from the **conveyor belt**. 彼女はコンベヤーベルトからお寿司を選んだ。

□ 2412　　　SVL 4 **monitor** /mɒ́nətə/ **名** モニター、表示装置、監視装置	Computer **monitors** have gone down in price significantly. コンピューターのモニターは価格が大幅に下がった。

□ 2413　　　SVL 5 **advertise** /ǽdvətàiz/ **動** ～を広告する、宣伝する；広告を出す	Wanting to sell her car, she decided to **advertise** it online. 自分の車を売りたかったので、彼女はオンラインで車の広告を出すことにした。
	類 publicise, promote, push, boost

□ 2414　　　SVL 3 **emotion** /imóuʃən/ **名** 感情、情緒	Computers don't understand **emotions**; they just process data. コンピューターは感情を理解しない。ただデータを処理するだけだ。
	類 feeling, sentiment

□ 2415　　　SVL 3 **commercial** /kəmə́:ʃəl/ **形** 商業の、通商の　**名** (メディア上の)広告	**Commercial** activity across borders has intensified due to the lower tariffs. 関税率軽減の影響で、国境をまたぐ商業活動が活性化した。
	類 **形** financial, economic

□ 2416　　　SVL 4 **advertisement** /ədvə́:tismənt/ **名** 広告、宣伝	The **advertisements** are created by the marketing department. 広告はマーケティング部門が作成する。
	類 advert, promotion

□ 2417　　　SVL 8 **laptop** /lǽptɒp/ **名** ノートパソコン、ラップトップコンピューター	Insufficient ventilation and cooling is what damages **laptops** the most. 換気と冷却の不足はノートパソコンが故障する最大の原因である。
	類 notebook

□ 2418　　　SVL 4 **digital** /dídʒətl/ **形** デジタルの、デジタル式の、数字で表示する	We bought him this **digital** watch when he was 9 years old. 私たちは彼が9歳のときにこのデジタルウオッチを買ってあげた。
	反 analogue

□ 2419　　　SVL 3 **battery** /bǽtəri/ **名** 電池、バッテリー	My mobile phone's **battery** is flat and needs to be charged. 携帯電話の電池が切れたので充電する必要がある。

□ 2420 **manually** /mǽnjuəli/ **副** 手動で、手作業で	The paper stuck in the printer will have to be removed **manually**. プリンターに詰まった紙は手動で取り除かなければならない。

□ 2421　　　SVL 5 **microwave** /máikrəwèiv/ **名** マイクロ波；電子レンジ	Police use **microwave** radar to work out a vehicle's speed. 警察は車両の速度を算出するためにマイクロ波レーダーを使用する。

Part
2
分野別語彙

□ 2422　　　　SVL 6	Charlie **devised** a plan to steal the biscuits from the box.
devise	チャーリーは箱からビスケットを盗む案を考え出した。
/diváiz/	
動 〜を考案する、工夫する、案出する	**類** think up, work out, plan

□ 2423　　　　SVL 8	The marketing team decided to create a new **interface** for the application.
interface	マーケティングチームはアプリケーションの新しいインターフェースを作ることを決めた。
/íntəfèis/	
名 インターフェース、境界面	**類** boundary, border

□ 2424　　　　SVL 7	The new software **update** had more bugs than fixes.
update	ソフトウェアの最新のアップデートは修正よりバグの方が多い。
名/ʌ́pdèit/ 動/ʌpdéit/	
名 更新、アップデート　**動** 〜を更新する	**類 動** renew, bring up to date

□ 2425　　　　SVL 5	Bluetooth allows **wireless** connectivity between multiple devices.
wireless	ブルートゥースは複数のデバイス間のワイヤレス接続を可能にする。
/wáiəlis/	
形 ワイヤレスの、無線の　**名** 無線電話、無線受信装置	

□ 2426　　　　SVL 4	They always lose the **remote** between the sofa cushions.
remote	彼らはいつもソファクッションの間にリモコンをなくす。
/rimóut/	
名 リモコン　**形** 遠い、遠隔の	**類 形** distant, faraway, isolated

□ 2427	The Times led with a **feature story** on the economic crisis.
feature story	タイムズ紙は経済危機に関する特集記事でリードした。
名 特集記事	

□ 2428　　　　SVL 3	She had to download the **instructions** for her new GPS.
instruction	彼女は新しいGPSの使用説明書をダウンロードしなければならなかった。
/instrʌ́kʃən/	
名 指図、使用説明書；教授、教えること	**類** direction, order, guidance, teaching

□ 2429　　　　SVL 6	Much like computer signals, Morse code was **transmitted** through a binary system.
transmit	コンピューターの信号と同様に、モールス信号は2進法によって送信された。
/trænzmít, trænsmít/	
動 〜を送信する、伝達する；電波で信号を送る	**類** transfer

□ 2430　　　　SVL 9	Germany's **automotive** sector employs around 900,000 people.
automotive	ドイツの自動車産業は約90万人を雇用している。
/ɔ̀:təmóutiv/	
形 自動車の、自動車用の	

□ 2431　　　　SVL 8	**Hybrid** vehicles use a combination of fuel and battery power.
hybrid	ハイブリッド車は燃料とバッテリーを組み合わせて使用する。
/háibrid/	
形 ハイブリッドの、混成の　**名** ハイブリッドカー	

□ 2432
computerised
/kəmpjúːtəràizd/
形 コンピューター化された、コンピューターで処理された

Most manufacturing is **computerised** from beginning to end.
製造業の大半は始めから終わりまでコンピューター化されている。

類 automated

□ 2433　　　　SVL 5
advertising
/ǽdvətàiziŋ/

名 広告、広告(宣伝)活動

Social media companies earn money from selling **advertising**.
ソーシャルメディア企業は広告を販売することで収入を得ている。

類 promotion, promoting

□ 2434　　　　SVL 8
computerise
/kəmpjúːtəràiz/
動 〜をコンピューター化する、機械化する、電子化する

The factory finally **computerised** its manufacturing process.
その工場はついに製造工程をコンピューター化した。

□ 2435　　　　SVL 7
console
/kɔ́nsoul/
名 コンソール、操作台、端末、制御装置

They grew up playing together on their game **consoles**.
彼らはゲーム機で一緒に遊んで育った。

□ 2436
industrialisation
/indʌ̀striələizéiʃən/

名 産業化、工業化

Western Europe's **industrialisation** began in the 18th century.
西欧の産業化は18世紀に始まった。

□ 2437　　　　SVL 3
screen
/skríːn/

名 画面、スクリーン

His mobile phone has a **screen** protector so the display doesn't get scratched.
彼の携帯電話には画面に傷がつかないようスクリーン保護シートが貼ってある。

Part **2** 分野別語彙

□ 2438　　　　　　　　SVL 5	It's not a bad book but it contains too much **extraneous** information.
extraneous	悪い本ではないが、無関係な情報が多すぎる。
/ikstréiniəs/	
形 無関係な；外部からの	類 irrelevant

□ 2439	The board of trustees **assented** to the spending unanimously.
assent	評議員会は全会一致で支出に同意した。
/əsént/	
動 同意する、賛成する	類 consent, agree

□ 2440　　　　　　　　SVL 2	There's a skilled **labour** shortage in IT and logistics.
labour	ITおよび物流において熟練労働力が不足している。
/léibə/	
名 仕事、労務、（ある地域や分野における）労働人口	類 work, effort, job

□ 2441　　　　　　　　SVL 12	Property prices are **appraised** every three years by the city.
appraise	不動産価格は3年ごとに市によって査定される。
/əpréiz/	
動 （人物・能力・財産など）を評価する、査定する、鑑定する	類 assess, evaluate

□ 2442　　　　　　　　SVL 7	They signed a **confidential** agreement to settle the lawsuit.
confidential	彼らは訴訟を解決するために秘密協定に署名した。
/kɑ̀nfədénʃəl/	
形 秘密の、機密の、内密の	類 secret, classified　反 public, open

□ 2443　　　　　　　　SVL 6	She trades in **commodities** like steel, gold and timber.
commodity	彼女は鋼鉄、金、材木などの商品を取引している。
/kəmɑ́dəti/	
名 商品；希少価値のあるもの	類 product, goods

□ 2444　　　　　　　　SVL 4	The company's slow demise was **prolonged** by creative accountancy.
prolong	その会社の緩やかな終焉(しゅうえん)は粉飾会計により先延ばしされていた。
/prəlɔ́ŋ/	
動 ～を延長する、長くする、長引かせる	類 extend, lengthen

□ 2445　　　　　　　　SVL 5	They **negotiated** well into the night, but neither party accepted what was on offer.
negotiate	彼らは遅くまで交渉したが、いずれの当事者も提案を受け入れなかった。
/nigóuʃièit/	
動 交渉する、協議する、折り合いをつける	類 bargain

□ 2446	Tom apologised to his **coworkers** for making inappropriate jokes.
coworker	トムは不適切な冗談を言ったことについて同僚に謝罪した。
/kóuwə̀ːkə/	
名 同僚、仕事仲間	類 colleague

□ 2447　　　　　　　　SVL 3	My goal is to **retire** at 50 and buy a nice house in Spain.
retire	私の目標は50歳で引退してスペインですてきな家を買うことだ。
/ritáiə/	
動 退職する、引退する；退場する、棄権する	類 recede, retreat, withdraw

☐ 2448　　SVL 4 **sponsor** /spónsə/ **名** 後援者、スポンサー、番組提供者	Finding a new **sponsor** for the racing team isn't easy. レーシングチームの新しいスポンサーを探すのは簡単ではない。 **類** benefactor, backer, patron
☐ 2449　　SVL 6 **enquiry** /inkwáiəri/ **名** 問い合わせ、質問；(公の)取り調べ、調査	**Enquiries** are handled by the customer care hotline. お問い合わせはカスタマーケア・ホットラインで対応します。 **類** query, question; audit, interrogation, investigation
☐ 2450　　SVL 4 **campaign** /kæmpéin/ **名** (政治的・社会的・商業的)運動、活動、キャンペーン	The advertisement **campaign** failed to stir up excitement for the new product. 広告キャンペーンは新製品への興奮をかき立てることができなかった。 **類** movement, push
☐ 2451　　SVL 7 **applicant** /ǽplikənt/ **名** 応募者、志願者、希望者、出願者	**Applicants** will be informed of the decision within two weeks. 応募者には2週間以内に決定が知らされる。 **類** candidate, contender **反** incumbent
☐ 2452　　SVL 5 **contribute** /kəntríbju:t/ **動** 貢献する、寄付する；寄稿する、投稿する	I occasionally **contribute** to a homeless charity. 私は時々ホームレスのための慈善事業に寄付する。 **類** pitch in, chip in **反** retain, withhold
☐ 2453　　SVL 3 **career** /kəríə/ **名** 職歴、キャリア；職業、専門性	Dr Singh has spent most of his **career** treating cancer patients. シン先生はキャリアのほとんどをがん患者の治療に費やしてきた。 **類** occupation, profession, vocation
☐ 2454　　SVL 3 **fee** /fí:/ **名** 料金、手数料、謝礼	We charge a 5 percent **fee** for all international transactions. 当社は、全ての国際取引に5パーセントの手数料を請求します。 **類** charge, cost, price
☐ 2455　　SVL 3 **import** 動/impó:t/ 名/ímpɔ:t/ **動** ~を輸入する **名** 輸入	Wine **imports** from Chile have increased year-on-year. チリからのワインの輸入量は年々増加している。 **類** ship in
☐ 2456　　SVL 5 **prosper** /prɔ́spə/ **動** 繁栄する、繁盛する、栄える、成功する	Society as a whole **prospers** when individuals do well. 一人ひとりが成功すれば社会は全体として繁栄する。 **類** thrive, flourish, succeed
☐ 2457　　SVL 6 **plantation** /plæntéiʃən/ **名** 農場、(大規模の)農園	Coffee **plantations** in Brazil dominate the Latin American market. ブラジルのコーヒー農園は中南米市場を独占している。

Part **2** 分野別語彙

□ 2458	SVL 7

agenda

/ədʒéndə/

名 予定、やるべきこと、予定表、課題

My **agenda** for today is full, but I'm free tomorrow afternoon.
私の予定は今日はいっぱいだが、明日の午後には空く。

類 plan, schedule, timetable

□ 2459	SVL 2

firm

/fə́ːm/

名 会社、企業、商会

New lawyers at the **firm** are usually given low-paid clerical work.
その法律事務所の新しい弁護士らは通常、低賃金の事務作業を割り当てられる。

類 company, corporation

□ 2460	SVL 3

due

/djúː/

形 期限のきた、満期の

Your tax return is **due** by March the 31st.
あなたの納税申告は3月31日が提出期限です。

類 expected, scheduled 反 late, overdue, delinquent

□ 2461	SVL 7

administer

/ædmínistə/

動 〜を運営する、管理する；（薬・療法）を施す

The company is looking for a person who can **administer** general affairs.
その会社は総務を切り盛りできる人物を探している。

類 allocate, dispense; run, manage 反 deprive (of), withhold

□ 2462	SVL 3

merchant

/mə́ːtʃənt/

名 商人、業者

That vegetable **merchant** supplies most retailers in the Doncaster area.
あの青果商は、ドンカスター地域の大半の小売店に納入している。

類 trader, business owner

□ 2463	SVL 6

financially

/finǽnʃəli, fainǽnʃəli/

副 財政的に、財務的に、金銭的に

Due to large cash reserves, the company is **financially** secure.
巨額の手元資金があることで、その会社は財務的に安定している。

□ 2464	SVL 4

solution

/səlúːʃən/

名 解答、解決（策）；〔化学〕溶液、液剤

We need to find a **solution** to this software problem immediately!
このソフトウェアの問題の解決策を直ちに見つけなければ！

類 answer, strategy, method; mixture, compound

□ 2465	SVL 5

retirement

/ritáiəmənt/

名 （特に定年による）退職、退役、退官

The government want to increase the **retirement** age to 70.
政府は定年を70歳に引き上げることを望んでいる。

類 retreat, withdrawal

□ 2466	SVL 2

agency

/éidʒənsi/

名 代理店、仲介会社；政府の機関；作用

Mr Murphy works for a real estate **agency**, selling houses.
マーフィー氏は不動産代理店に勤めていて、住宅を販売している。

類 department, bureau; means, instrument, medium

□ 2467	SVL 9

evade

/ivéid/

動 （巧みに）〜を避ける、よける、逃れる

If you **evade** this issue now, you will be in trouble in the future.
今この問題を避けると、将来大変なことになるよ。

類 escape, avoid

Part **2** 分野別語彙

□ 2468　　　SVL 8 **recruitment** /rikrú:tmənt/ 名 採用、新人募集	Staff **recruitment** is outsourced to a well-established firm. スタッフの採用は定評のある会社に外注している。

□ 2469　　　SVL 3 **staff** /stǽf/ 名 スタッフ、従業員、職員	Factory **staff** are obliged to take part in a health and safety course every year. 工場スタッフは毎年、安全衛生講座に参加することが義務付けられている。 類 personnel, workforce

□ 2470　　　SVL 5 **diligent** /dílədʒənt/ 形 仕事熱心な、勤勉な、精励する	Mark was made employee of the month due to being **diligent** and hardworking. マークは仕事熱心で勤勉であるため月間優秀社員に選ばれた。 類 earnest

□ 2471　　　SVL 8 **placement** /pléismənt/ 名 配置、置くこと；職業紹介	New employee **placement** is handled by the HR department. 新入社員の配置は人事部が担当する。 類 positioning

□ 2472　　　SVL 5 **candidate** /kǽndidèit, kǽndidət/ 名 （立）候補者、志願者、志望者	**Candidates** will need to email their CVs to the human resources department. 志願者は人事部に電子メールで履歴書を送信する必要がある。 類 applicant, contender, prospect 反 incumbent

□ 2473　　　SVL 2 **deliver** /dilívə/ 動 〜を配達する、納品する；出産する；遂行する、果たす	The parcel was **delivered** to the front desk at around midday. 小包はフロントデスクに正午ごろ届けられた。 類 transport, transfer, hand over

□ 2474　　　SVL 3 **finance** /fáinæns, finǽns/ 名 金融、財務、資金管理	I work on Wall Street, in international **finance**. 私はウォール街で国際金融の仕事をしている。

□ 2475　　　SVL 3 **client** /kláiənt/ 名 （弁護士等の）依頼人；顧客、得意先、取引先	He has been a **client** of our law firm for more than 10 years. 彼は10年以上我々の法律事務所の顧客だ。 類 customer, patron, regular

□ 2476　　　SVL 7 **supplier** /səpláiə/ 名 供給者、供給業者、サプライヤ	Sourcing a new **supplier** was crucial to maintain production. 新しい供給業者を調達することは、生産を維持する上で不可欠だった。

□ 2477　　　SVL 3 **employ** /implói/ 動 （人）〜を雇う；（方法・サービス）〜を用いる、使用する	They only **employ** qualified accountants with at least three years' work experience. 彼らは、少なくとも3年間の実務経験をもつ有資格の公認会計士のみを雇用する。 類 engage, hire, retain; utilize, exploit

☐ 2478　　　　SVL 3 **financial** /fáinǽnʃəl, finǽnʃəl/ 形 金銭上の、財務の	The **financial** records were closely scrutinised by the auditor. 財務記録は監査人によって綿密に精査された。 類 fiscal, monetary, economic
☐ 2479　　　　SVL 3 **committee** /kəmíti/ 名 委員会	The **committee** meets every Tuesday to discuss the company's goals. 委員会は毎週火曜日に集まって会社の目標について議論する。 類 commission, panel, group
☐ 2480　　　　SVL 3 **expense** /ikspéns/ 名 費用、出費、経費、〜費	Travelling **expenses** are refunded by the company the following month. 出張費は会社から翌月払い戻される。 類 cost, expenditure
☐ 2481　　　　SVL 6 **corrupt** /kərʌ́pt/ 形 堕落した、腐敗した、不正な	Having to bribe officials makes doing business in **corrupt** countries undesirable. 役人に賄賂を渡さなければならないことが、腐敗した国でのビジネスを嫌なものにしている。 類 depraved, vicious, dishonest
☐ 2482　　　　SVL 2 **agent** /éidʒənt/ 名 代理人；(政府の) 職員、捜査官；諜報 (ちょうほう) 員	The travel **agent** booked three more airline tickets for the group. 旅行代理店はその団体客用に航空券をさらに3枚予約した。 類 deputy, representative; officer; spy
☐ 2483　　　　SVL 4 **gross** /gróus/ 形 総計の、総〜、全体の	**Gross** profits still need to have costs deducted to show the full picture. 全体像を見るために、総利益は原価を差し引く必要がある。 類 total, whole
☐ 2484　　　　SVL 4 **quit** /kwít/ 動 〜をやめる、中止する、放棄する；やめる	Trying to **quit** smoking is really difficult due to nicotine's addictiveness. たばこをやめようとしても、ニコチンに中毒性があるせいでなかなか難しい。 類 leave, resign, stop , cut out
☐ 2485　　　　SVL 3 **employer** /implɔ́iə/ 名 雇用主、雇い主	Lots of **employers** have difficulty finding experienced employees. 雇用主の多くが、経験豊富な従業員を探すのに苦労している。 類 proprietor, manager
☐ 2486　　　　SVL 3 **contract** /kɔ́ntrækt/ 名 契約；契約書	We signed the **contract** for the new house last weekend. 私たちは先週末に新居の契約にサインした。 類 agreement, deal
☐ 2487　　　　SVL 6 **bankrupt** /bǽŋkrʌpt/ 形 破産した、支払い能力のない　名 破産者、倒産者	Their retail business went **bankrupt** due to poor foot traffic. 彼らの小売業は人の往来が減ったため破産した。 類 形 insolvent, broke

Part 2 分野別語彙

□ 2488　SVL 5
colleague
/kɔ́li:g/
名 同僚

My **colleagues** and I usually go for drinks on Fridays after work.
同僚たちと私はいつも金曜日の仕事が終わった後に飲みに行く。

類 coworker, associate, peer

□ 2489　SVL 5
strategy
/strǽtədʒi/
名 戦略

Our sales **strategy** is to target teenagers and young adults.
当社の販売戦略は、ティーンエージャーとヤングアダルトをターゲットにすることである。

類 blueprint, road map

□ 2490　SVL 3
proposal
/prəpóuzəl/
名 提案、提議、案

Business **proposals** need to be thoroughly scrutinised by the board.
事業の提案は取締役会で徹底的に精査する必要がある。

類 suggestion, proposition

□ 2491　SVL 3
management
/mǽnidʒmənt/
名 経営者、管理、マネジメント

Management will announce the new policies by the end of the month.
経営陣は今月末までに新しい方針を発表する。

類 administration, governance, control

□ 2492　SVL 5
resign
/rizáin/
動 辞める、辞任する、辞職する

Due to poor results, the CEO was forced to **resign**.
業績不振のため、CEOは辞任せざるを得なかった。

類 retire, quit, leave

□ 2493　SVL 3
interview
/íntəvjù:/
名 面接、面会、会談

I was 20 minutes late to the job **interview** because of traffic delays.
交通遅延により、私は就職の面接に20分遅れた。

類 meeting, examination

□ 2494　SVL 8
merger
/mɔ́:dʒə/
名 (会社などの)合併、吸収合併

The **merger** of the two pharmaceutical giants was rejected by regulators.
製薬大手2社の合併は、規制当局により却下された。

類 union, fusion

□ 2495　SVL 6
execute
/éksikjù:t/
動 (計画など)を実行する、遂行する、実施する

The director asked for her decision to be **executed** immediately.
取締役は彼女の決定が速やかに実行されるよう求めた。

類 implement, carry out

□ 2496　SVL 7
foresee
/fɔ:sí:/
動 ～を予見する、予測する、予想する

Investors could **foresee** the property bubble, but they chose to ignore it.
投資家は不動産バブルを予見できたが、あえて無視することにした。

類 predict, forecast, anticipate

□ 2497
workforce
/wɔ́:kfɔ̀:s/
名 (企業の)全従業員、従業員；(国の)労働人口

A competent **workforce** is expected to be computer literate.
有能な労働者はコンピューターを使いこなせることが期待される。

類 personnel, staff, employees; labour force

□ 2498　SVL 8
workplace
/wɔ́ːkplèis/
名 仕事場、職場

Workplace harassment is taken extremely seriously by the HR department.
職場におけるハラスメントは人事部によって極めて真摯に受け止められている。
類 office

□ 2499　SVL 8
entrepreneur
/ɔ̀ntrəprəná:/
名 起業家、企業家、事業家

The government promises tax incentives for all entrepreneurs.
政府は全ての起業家に税制上の優遇措置を約束している。

□ 2500　SVL 4
investment
/invéstmənt/
名 投資、出資、投資金

This quarter's investments in the market should top £20 million.
この四半期の市場における投資額は2000万ポンドを上回るであろう。

□ 2501　SVL 5
evaluate
/ivǽljuèit/
動 ～を評価する、判断する、見積もる

Evaluating the market, the director decided to sell more shares.
市場を評価し、取締役はさらに株式を売却することにした。
類 appraise, assess, estimate, rate

□ 2502　SVL 8
pending
/péndiŋ/
形 未解決の、未定の、決定待ちの

His visa application is pending, requiring more information.
情報がもっと必要なため、彼のビザ申請は保留になっている。
類 undecided, unsettled

□ 2503　SVL 3
employee
/èmplɔíi:, implɔ́ii:/
名 従業員、会社員

The employee asked his manager for a day off.
従業員は上司に1日休暇を願い出た。
類 worker, labourer 反 employer

□ 2504　SVL 4
postpone
/poustpóun/
動 ～を延期する、延ばす

Her meeting was postponed until 3 p.m. due to traffic delays.
彼女の会議は交通遅延が原因で午後3時まで延期された。
類 delay, put off

□ 2505　SVL 5
marketing
/má:kitiŋ/
名 マーケティング、(市場での)売買

Marketing will be handled by the advertising agency.
マーケティングは広告代理店が対応する。

□ 2506　SVL 3
supply
/səplái/
動 ～を供給する 名 供給；(複数形で)必需品

They supply safety equipment to hospitals throughout Lancashire.
彼らはランカシャー州全域の病院に安全設備を供給している。
類 動 equip, furnish, provide 名 inventory, stock

□ 2507　SVL 3
appeal
/əpí:l/
名 上訴；魅力 動 上訴する、申し立てる；魅力がある

The lawyer now has to consider whether to lodge an appeal against the decision.
弁護士は今、判決に上訴するか否かを考えなければならない。
類 名 request; attractiveness 反 名 disagreeableness

□ 2508   SVL 3
achieve
/ətʃíːv/
動 ～に達する、（成功を）収める；～を獲得する、勝ち取る

Our company **achieved** a sales record of 50,000 units.
わが社は5万台の売上記録を達成した。

類 attain; accomplish 反 miss (a target), fail, fall short of

□ 2509   SVL 5
commitment
/kəmítmənt/
名 約束、公約、言質、（積極的な）取り組み

Commitment to customer satisfaction is our highest goal.
顧客満足への取り組みが当社が掲げる最も高い目標である。

類 promise, pledge

□ 2510   SVL 4
survey
名/sə́ːvei/ 動/səvéi/
名 調査、世論調査、検査 **動** ～を調査する

I was asked to answer questions for the customer **survey**, but I declined.
顧客調査の質問に答えるよう求められたが断った。

類 名 examination, review 動 examine, question, inspect

□ 2511   SVL 6
revenue
/révənjùː/
名 収入、収益

Last quarter's **revenue** was higher than this quarter's.
前の四半期の収益は今四半期よりも高かった。

類 earning, profits, income

□ 2512   SVL 3
wage
/wéidʒ/
名 賃金 **動** （戦争など）を始める、行う

Ten pounds an hour is the usual **wage** for new employees.
1時間10ポンドが新入社員の通常賃金です。

類 名 salary 動 engage in, conduct

□ 2513   SVL 4
founder
/fáundə/
名 創設者、創立者、創建者

The **founder** started the company in his garage.
その創設者は自宅の車庫で会社を興した。

□ 2514   SVL 7
wholesale
/hóulsèil/
副 卸で **名** 卸売り、量販 **形** 卸の

Buying cars **wholesale** always works out cheaper than importing them individually.
卸で車を買うと、個別に輸入するより必ず安上がりになる。

□ 2515   SVL 6
retail
/ríːteil/
形 小売りの **名** 小売り、小売業 **動** ～を小売りする

Retail prices have increased as a result of inflation.
小売価格はインフレの結果、上昇した。

□ 2516   SVL 4
scheme
/skíːm/
名 計画、構想；政策、プログラム

The employee pension **scheme** is invested mostly in low-risk shares.
従業員の年金制度は、主に低リスク株式に投資されている。

類 project, strategy; blueprint, programme

□ 2517   SVL 5
recruit
/rikrúːt/
動 ～を新しく入れる、採用する **名** 新人、新入社員

I was directly **recruited** from my last job while I was at a conference.
私は会議に出ているときに前職から直接採用された。

Part **2** 分野別語彙

265

□ 2518　SVL 3 **distribution** /dìstrəbjúːʃən/	Distribution is taken care of by the logistics department. 流通はロジスティクス部門が担当する。
名 流通、販売；分配、配給	類 circulation, sales, delivery; allocation, arrangement
□ 2519　SVL 2 **hire** /háiə/	We will need to hire a car at the airport. 私たちは空港で車を借りる必要があるだろう。
動 ～を借りる、～を間借りする；（人）を雇う	類 lease, rent; employ
□ 2520　SVL 5 **partnership** /páːtnəʃip/	Entering into a new partnership with the rival firm made her uneasy. ライバル社と新たな提携を結ぶことは彼女を不安にさせた。
名 提携、協力、共同経営	類 collaboration, cooperation, association
□ 2521　SVL 6 **accountant** /əkáuntənt/	The accountant diverted funds to her private account. 会計士は資金を自分の個人口座に回した。
名 会計士、会計担当者	類 auditor
□ 2522　SVL 4 **administration** /ədmìnəstréiʃən/	Take your enrolment forms directly to the administration building for processing. 入学書類は事務局棟に直接持参して処理してもらうこと。
名 管理（部・局）、事務（部・局）；政権；（医薬品などの）投与	類 governance, government, control, management
□ 2523　SVL 3 **employment** /implɔ́imənt/	Because of the troubling economy, the employment rate is at an all-time low. 経済が困窮しているため、雇用率は過去最低となっている。
名 雇用、仕事	類 occupation, work, vocation, job
□ 2524　SVL 2 **salary** /sǽləri/	Employee salaries are paid on the first Friday of each month. 従業員の給与は毎月第1金曜日に支払われる。
名 給料	類 pay, wage, payment, income
□ 2525　SVL 6 **transaction** /trænzǽkʃən, trænsǽkʃən/	ATM transactions are free of charge except on weekends. ATMでの取引は週末を除いて無料である。
名 取引	類 deal, trade
□ 2526　SVL 3 **export** 名/ékspɔːt/ 動/ikspɔ́ːt/	Import and export are the fundamental components of international trade. 輸出入は国際貿易の基本的な構成要素である。
名 輸出 動 （～を）輸出する	類 名 commodity, goods, merchandise 動 trade, supply
□ 2527　SVL 5 **accomplishment** /əkʌ́mpliʃmənt, əkɔ́mpliʃmənt/	The sales team's accomplishments for August were admirable. 営業チームの8月の業績は称賛に値した。
名 業績、功績、成果	類 achievement, performance

□ 2528　　SVL 5 **acquisition** /ækwəzíʃən/ 名 取得、買収、獲得	Mergers and **acquisitions** are an everyday occurrence on Wall Street. 合併と買収はウォール街では日常茶飯事だ。 ―――――――――――――――――――― 類 obtainment
□ 2529　　SVL 3 **industrial** /indʌ́striəl/ 形 産業の、工業の、工業用の	**Industrial** output has increased by 2.3 percent in the second half of the year. 工業生産高はその年の下半期に2.3パーセント増加した。
□ 2530　　SVL 4 **promotion** /prəmóuʃən/ 名 促進、販売促進；昇進	The marketing department is in charge of **promotions** and advertisements. マーケティング部門は販売促進と広告を担当している。 ―――――――――――――――――――― 類 advertisement, publicity; elevation
□ 2531　　SVL 5 **recession** /riséʃən/ 名 景気後退、不景気；後退、撤退	The **recession** is a result of the burst of the property bubble. この不況は不動産バブルの崩壊によるものである。 ―――――――――――――――――――― 類 depression, slump; retreat, withdrawal
□ 2532　　SVL 4 **promote** /prəmóut/ 動 ～を昇進させる；～を促進する、販売促進する	Joseph was **promoted** to sales manager after only one year in the company. ジョセフは入社してわずか1年で営業部長に昇進した。 ―――――――――――――――――――― 類 advance, elevate; advertise, boost, publicise
□ 2533 **internship** /íntəːnʃip/ 名 実務実習（期間）、インターン生、インターンシップ	**Internships** in leading investment banks are highly coveted. 一流の投資銀行でのインターンシップは誰にとっても憧れの的だ。
□ 2534　　SVL 6 **compensation** /kɔ̀mpənséiʃən/ 名 補償、埋め合わせ、補償金、賠償金	Their former employee received **compensation** for his unfair dismissal. 彼らの元従業員は不当解雇に対して賠償金を受け取った。
□ 2535　　SVL 5 **headquarters** /hédkwɔ̀ːtəz/ 名 本社、本部	The international **headquarters** is moving to Dublin for tax reasons. 国際本部は税務上の理由でダブリンに移る。
□ 2536　　SVL 3 **encourage** /inkʌ́ridʒ/ 動 （人）を勇気づける、励ます；（人）を～するよう促す、勧める	We **encourage** everyone to contribute to their retirement scheme. 当社は、各自が退職制度に加わることを奨励する。 ―――――――――――――――――――― 類 inspire, cheer up; endorse　反 discourage; counter
□ 2537　　SVL 5 **provider** /prəváidə/ 名 プロバイダー、接続業者	Choosing a new internet **provider** is a tedious task. 新しいインターネットプロバイダーを選ぶのは面倒な作業である。

Part 2
分野別語彙

☐ 2538　　　　　　SVL 4 **budget** /bʌ́dʒit/ **名** 予算(案・額)	This year's marketing **budget** is considerably lower than last year's. 今年のマーケティング予算は昨年よりかなり少ない。
	類 funds, (financial) assets
☐ 2539　　　　　　SVL 6 **unemployed** /ʌ̀nimplɔ́id/ **形** 失業中の、求職中の **名** (the~)失業者、求職者	The number of **unemployed** workers has decreased by 1.3 percent over the last year. 失業者数は昨年より1.3パーセント減少した。
	類 **形** out of work, jobless **反** **形** working
☐ 2540　　　　　　SVL 2 **charge** /tʃɑ́:dʒ/ **動** ~をつけで買う；~の代金を請求する **名** 料金、経費	He **charged** the meal to his company credit card. 彼は食事代を会社のクレジットカードで支払った。
☐ 2541　　　　　　SVL 7 **merchandise** /mə́:tʃəndàiz/ **名** 商品、製品、品物	The **merchandise** is usually imported from China and Vietnam. 商品は通常、中国とベトナムから輸入されている。
	類 commodities, goods
☐ 2542　　　　　　SVL 4 **commerce** /kɔ́məːs/ **名** 商業、交易、貿易	International **commerce** is important to the country's economic growth. 国際貿易はこの国の経済成長にとって重要である。
	類 business, trade, dealing(s)
☐ 2543　　　　　　SVL 2 **service** /sə́:vis/ **名** 役務、サービス(業)；(public~)公益事業；礼拝	The **service** industry has been hit hard by the transport strikes. サービス産業は交通機関のストライキにより大打撃を受けている。
	類 work, labour
☐ 2544　　　　　　SVL 6 **receptionist** /risépʃənist/ **名** 受付係、フロント係	The **receptionist** checked in the guests and gave them their keys. 受付係はチェックインの手続きを行い、宿泊客に鍵を渡した。

🔊 258.mp3
芸術・人文学

□ 2545 SVL 3 **entire** /intáiə/ 形 全体の、全部の、全～	Mohammed read the **entire** book in one night. モハメッドは一晩でその本を全て読んだ。 類 whole, all, complete
□ 2546 SVL 7 **pottery** /pɔ́təri/ 名 陶器、陶器類、陶器作り	Owls are a recurring theme in Picasso's **pottery** works. フクロウはピカソの陶器作品で何度も扱われるテーマである。 類 porcelain, ceramics
□ 2547 SVL 3 **classic** /klǽsik/ 名 古典、名作 形 傑作の；典型的な	Herman Melville's "Moby-Dick" is a **classic** of 19th century American literature. ハーマン・メルヴィル作の『白鯨』は19世紀アメリカ文学の古典である。
□ 2548 SVL 8 **realism** /ríəlìzm/ 名 写実主義、リアリズム、現実主義	20th century art is characterised as moving away from **realism** towards the abstract. 20世紀の芸術は、写実主義から抽象派への移行と特徴づけられる。
□ 2549 SVL 12 **polyglot** /pɔ́liglɔ̀t/ 名 多言語を使う人 形 多言語を使う、多言語で書かれた	Speaking seven different languages, Habib is an accomplished **polyglot**. 7つの異なる言語を話せるのだから、ハビブは熟練した多言語者である。 類 名 linguist 形 multilingual
□ 2550 SVL 5 **creativity** /krìːeitívəti/ 名 創造性、創造力、独創力	Strict schools have been shown to stifle young people's **creativity**. 厳格な学校は、若い人の創造性を抑圧することが示されている。
□ 2551 SVL 5 **sculpture** /skʌ́lptʃə/ 名 彫刻、彫像、彫刻作品	Michelangelo's Pieta **sculpture** is housed in St Peter's Basilica. ミケランジェロのピエタ像はサンピエトロ大聖堂に収蔵されている。 類 carving, statue
□ 2552 SVL 5 **portray** /pɔːtréi/ 動 ～を表現する、描く、描写する	Autobiographies seldom **portray** the author in a negative light. 自伝は否定的な見方で著者を描くことはほとんどない。 類 depict, illustrate, paint
□ 2553 **artefact** /ɑ́ːtəfὰkt/ 名 工芸品、人工物、加工物、アーチファクト	The archaeologists found several Stone Age **artefacts** in the cave. 考古学者たちは洞窟で石器時代の工芸品をいくつか見つけた。
□ 2554 **calligraphy** /kəlígrəfi/ 名 書道、カリグラフィー	**Calligraphy** is considered an art in Japan, China and the Islamic world. 書道は日本、中国そしてイスラム世界では芸術とみなされている。

Part 2 分野別語彙

269

□ 2555　SVL 8 **literacy** /lítərəsi/ **名** 読み書きの能力、リテラシー、識字能力	The female **literacy** rate in Afghanistan is much lower than that of men. アフガニスタンの女性の識字率は男性よりはるかに低い。 …………………………… **反** illiteracy
□ 2556　SVL 10 **archaeologist** /à:kiólədʒist/ **名** 考古学者	Reaching the Upper Palaeolithic layer, the **archaeologists** stopped digging. 上部旧石器時代の層に達すると、考古学者たちは掘るのをやめた。
□ 2557　SVL 8 **sculptor** /skʌ́lptə/ **名** 彫刻家	**Sculptor** Auguste Rodin worked with marble, bronze and clay. 彫刻家のオーギュスト・ロダンは大理石、青銅、粘土で作品を制作した。 …………………………… **類** carver
□ 2558　SVL 8 **aesthetic** /esθétik/ **形** 美の、審美的な、美的感覚を持つ **名** 審美眼、美学	Dany's stylish room shows her great **aesthetic** sense. ダニーのスタイリッシュな部屋からは、彼女の優れた美的感覚がうかがえる。 …………………………… **類 形** artistic
□ 2559 **impressionism** /impréʃənìzm/ **名** 印象主義、印象派	The invention of paint in tubes allowed painting outdoors, leading to **Impressionism**. チューブ入り絵の具の発明により屋外で絵を描くことが可能となり、印象派へとつながった。
□ 2560　SVL 6 **metaphor** /métəfɔ̀:/ **名** 隠喩、暗喩、メタファー	She spoke in **metaphors** and riddles, leaving her listeners confused. 彼女は隠喩やなぞかけを使って話し、聴衆を混乱させた。
□ 2561　SVL 3 **literature** /lítərətʃə/ **名** 文学、文芸、文学作品	Shakespeare's impact on English **literature** is immeasurable. シェークスピアがイギリス文学に与えた影響は計り知れない。
□ 2562 **flier / flyer** /fláiə/ **名** チラシ、ビラ	Election **flyers** need to indicate who the advertisement was paid by. 選挙用のビラにはその広告を誰が支払ったかを表示する必要がある。 …………………………… **類** leaflet, handbill
□ 2563　SVL 8 **prehistoric** /prì:histɔ́rik/ **形** 有史以前の、先史時代の	Chauvet's **prehistoric** cave paintings were discovered in 1994. ショーヴェの先史時代の洞窟壁画は1994年に発見された。
□ 2564　SVL 5 **pamphlet** /pǽmflət/ **名** パンフレット、小冊子	He was paid £11 per hour for handing out **pamphlets**. 彼はパンフレット配布に時給11ポンドを支払われた。 …………………………… **類** booklet, leaflet, brochure

□ 2565	SVL 9

linguist

/líŋgwist/

名 言語学者、いくつかの言語に通じた人

Universal grammar is a hot topic amongst **linguists**.
普遍文法は言語学者たちの間で話題になっている。

□ 2566	SVL 7

archaeology

/ɑ̀:kiɔ́lədʒi/

名 考古学

Her interest in the past led her to choose a career in **archaeology**.
彼女は過去への関心から、考古学の仕事を選んだ。

□ 2567	SVL 6

sociology

/sòusiɔ́lədʒi/

名 社会学

Sociology as a subject is heavily influenced by the work of Emile Durkheim.
学科としての社会学は、エミール・デュルケームの研究に大いに影響されている。

□ 2568	SVL 7

dialect

/dáiəlèkt/

名 方言、なまり

The villagers' strong **dialect** made them difficult to understand.
その村民の強いなまりは彼らを理解しづらくさせた。

類 vernacular

□ 2569	

methodological

/mèθədəlɔ́dʒikəl/

形 方法論の、方法論的な

The researchers disagreed on a few **methodological** details.
研究者たちはいくつかの方法論の詳細に関して意見が一致しなかった。

□ 2570	SVL 5

Renaissance

/rənéisəns/

名 ルネサンス、文芸復興

The **Renaissance** led to the Age of Enlightenment.
ルネサンスは啓蒙（けいもう）主義の時代へとつながった。

□ 2571	SVL 3

statue

/stǽtʃu:/

名 像、彫像、塑像

Statues of forgotten historical figures aligned the concourse.
忘れ去られた歴史上の人物たちの像がコンコースに並んでいた。

類 sculpture, carving

□ 2572	SVL 4

antique

/ænti:k/

形 骨董（こっとう）の、年代物の 名 骨董品、アンティーク

Mr Cunningham's house was full of **antique** furniture.
カニンガム氏の家はアンティーク家具でいっぱいだった。

類 形 vintage, classic

□ 2573	SVL 7

leaflet

/lí:flit/

名 リーフレット、チラシ、ビラ

They stood on opposite corners distributing the same **leaflets**.
彼らは反対側の角に立って同じチラシを配っていた。

類 flier / flyer, handbill

□ 2574	SVL 9

linguistics

/liŋgwístiks/

名 言語学

Linguistics must be a descriptive, not a prescriptive science.
言語学は、規範的な学問ではなく、記述的な学問であるべきだ。

Part **2** 分野別語彙

□ 2575 SVL 9 **playwright** /pléiràit/ 名 脚本家、劇作家	As a **playwright**, he writes mostly comedies and light-hearted plays. 脚本家として、彼は主にコメディーや陽気な劇を書いている。 類 dramatist, scriptwriter
□ 2576 **chronological** /krɔ̀nəlɔ́dʒkəl/ 形 年代順の	Looking at artworks in **chronological** order can show an artist's evolution. 作品を年代順に見ることで、芸術家の進化が見える。 類 sequential
□ 2577 SVL 5 **carve** /káːv/ 動 〜を彫る、刻む、彫刻する	He **carved** the sculpture from a single block of ebony. 彼は一塊のコクタンから彫刻を彫った。 類 engrave, sculpt
□ 2578 SVL 3 **novel** /nɔ́vəl/ 名 小説、長編小説、小説文学	Preferring nonfiction books, he doesn't read **novels** very often. ノンフィクション本が好きな彼は、小説をそれほど頻繁に読まない。 類 narrative, story, tale, fiction
□ 2579 SVL 4 **humanity** /hjuːmǽnəti/ 名 人類；人間性；人文科学	Oxford University is focused more on the **humanities** than Cambridge. オックスフォード大学はケンブリッジ大学より人文科学に重点を置いている。 類 humankind 反 inhumanity
□ 2580 SVL 5 **architecture** /áːkətèktʃə/ 名 建築、建築学、建築様式	Fallingwater, by Frank Lloyd Wright, is a unique piece of **architecture**. フランク・ロイド・ライトが手掛けた落水荘は、重要な建築物である。
□ 2581 **admission fee** 名 入場料、入館料	Despite inflation, the **admission fee** hasn't changed in 20 years. インフレにもかかわらず、入場料は20年間変わっていない。
□ 2582 SVL 2 **theatre** /θíətə/ 名 劇場、映画館	The actors decided to open their own **theatre** to perform in. 役者たちは演技を行う自分たちの劇場を開くことにした。 類 playhouse, hall, cinema
□ 2583 SVL 4 **booklet** /búklit/ 名 小冊子	It's a **booklet** on the history of high-speed trains. これは高速列車の歴史に関する冊子である。 類 pamphlet, brochure, leaflet
□ 2584 SVL 7 **anthropology** /æ̀nθrəpɔ́lədʒi/ 名 人類学	The **anthropology** researcher went to the mall to observe human behaviour. その人類学の研究者は、人間行動を観察するためにショッピングモールへ行った。

□ 2585 SVL 7 **linguistic** /liŋgwístik/ 形 言語の、言語学の、言葉の	The **linguistic** origin of Basque is unrelated to other Indo-European languages. バスク語の言語的起源は、他のインド・ヨーロッパ語とは無関係である。
□ 2586 SVL 5 **dye** /dái/ 動 ～を染める 名 染料、染色	**Dyeing** one's hair is more often a fashion statement, rather than a necessity. 髪を染めることは、必要性というより、ファッションによる自己主張であることが多い。 類 動 colour 名 colour, colouring
□ 2587 SVL 2 **poet** /póuit/ 名 詩人、歌人	Great **poets** have a profound understanding of the human soul. 偉大な詩人は、人間の魂を深く理解している。
□ 2588 SVL 2 **pray** /préi/ 動 祈る、祈願する、懇願する	Islam requires that its followers **pray** five times a day. イスラム教は、信者が1日5回お祈りすることを求めている。
□ 2589 SVL 6 **biography** /baiɔ́grəfi/ 名 伝記	The **biography** showed Winston Churchill in a somewhat unflattering light. その伝記はウィンストン・チャーチルを否定的な見方で示した。 類 life story
□ 2590 SVL 5 **historian** /histɔ́:riən/ 名 歴史家、歴史学者	The National Portrait Gallery hired two new art **historians**. ナショナル・ポートレート・ギャラリーは新しく2名の美術史家を雇用した。 類 chronicler
□ 2591 SVL 6 **masterpiece** /mǽstəpì:s/ 名 傑作、名作、大作	George Orwell's **masterpiece** "1984" is still hugely relevant. ジョージ・オーウェルの傑作『1984』は今日でも非常に重要な意味を持っている。 類 classic, masterwork
□ 2592 SVL 5 **myth** /míθ/ 名 神話、神話的人物	Ancient Greek **myths** still provide inspiration to modern poets. 古代ギリシャ神話は、現代の詩人に今でもインスピレーションを与えている。 類 fable, legend

Part **2**
分野別語彙

☐ 2593　　　　SVL 5

legend
/lédʒənd/

名 伝説、言い伝え、伝説的人物

類 myth, fable

St George slaying the dragon is a great British **legend**.
聖ジョージのドラゴン退治はイギリスの偉大なる伝説である。

☐ 2594

memoir
/mémwɑː/

名 回顧録、回想録

Churchill's beautifully written **memoirs** provide an entertaining read.
チャーチルが書いた見事な回顧録は興味深い読み物である。

☐ 2595　　　　SVL 5

historic
/histɔ́rik/

形 歴史上重要(有名)な、歴史に残る

Rome's **historic** victory over Carthage changed the course of history.
ローマのカルタゴに対する歴史的勝利は歴史の流れを変えた。

☐ 2596　　　　SVL 5

famine
/fæmin/

名 飢饉(ききん)、凶作

The Great Chinese **Famine** (1959-1961) resulted in 15 million to 55 million deaths.
中国の3年大飢饉(1959〜1961年)により1500万〜5500万人が死亡した。

☐ 2597　　　　SVL 4

ancient
/éinʃənt/

形 古代の、大昔の、太古の、古びた

類 aged, old　反 modern, recent, new

Rome's **ancient** ruins attract tourists from the world over.
ローマの古代遺跡は世界中から観光客を引きつけている。

☐ 2598　　　　SVL 4

invade
/invéid/

動 〜に侵攻する、侵略する、押し寄せる

類 raid, attack

William the Conqueror, of Normandy, **invaded** Britain in 1066.
ノルマンディーの征服王ウィリアムは1066年にブリテンに侵攻した。

☐ 2599　　　　SVL 3

bury
/béri/

動 〜を埋葬する、埋める、葬る

類 entomb

We **buried** our grandmother in a small cemetery in County Wicklow.
私たちはウィックロー県の小さな墓地に祖母を埋葬した。

☐ 2600　　　　SVL 5

tragic
/trǽdʒik/

形 悲劇的な、悲劇の、悲惨な

類 distressing

They met a **tragic** end at the hands of the occupying forces.
彼らは占領軍の手によって悲劇的な結末を迎えた。

☐ 2601　　　　SVL 7

epoch
/íːpɔk/

名 (注目すべき・特徴づけられた)時代、時期

類 era, age

Japan's Edo era is an **epoch** known for its isolationist foreign policies.
日本の江戸時代は孤立主義的な外交政策で知られる時代である。

☐ 2602　　　　SVL 9

massacre
/mǽsəkə/

動 〜を虐殺する　名 大虐殺、大殺りく、皆殺し

類 slaughter

Numerous civilians were **massacred** by the drone strikes.
数多くの市民が無人偵察機による攻撃で殺りくされた。

□ 2603　　SVL 3	The **previous** prime minister was the one who started this important diplomatic initiative.
previous	この重要な外交イニシアチブを始動させたのは、前首相であった。
/príːviəs/	
形 前の、以前の、先の	類 prior, preceding, former

□ 2604　　SVL 2	Her Majesty the Queen is at the helm of the **royal** family.
royal	女王陛下は王室の実権を握っている。
/rɔ́iəl/	
形 国王の、王室の	類 regal, kingly

□ 2605	It was a **historically** significant event that led to many changes.
historically	それは歴史的に重大な出来事で多くの変化をもたらした。
/histɔ́rikli/	
副 歴史的に	

□ 2606　　SVL 3	Christopher Columbus was an **explorer** from the Republic of Genoa.
explorer	クリストファー・コロンブスはジェノバ共和国出身の探検家であった。
/iksplɔ́ːrə/	
名 探検家、探査者	類 adventurer, discoverer

□ 2607　　SVL 5	John F. Kennedy's assassination in Dallas, Texas, was a national **tragedy**.
tragedy	テキサス州ダラスで起きたジョン・F・ケネディの暗殺は国家の悲劇だった。
/trǽdʒədi/	
名 悲劇、惨劇	類 calamity

□ 2608　　SVL 4	Ancient Egypt's **historical** records are carved in its walls.
historical	古代エジプトの歴史的記録は壁に彫られている。
/histɔ́rikəl/	
形 歴史の、歴史に関する、歴史的な	

□ 2609　　SVL 4	Newly excavated **tombs** give us a glimpse into extinct civilisations.
tomb	新たに発掘された墓は消滅した文明をのぞき見る機会を与えてくれる。
/túːm/	
名 墓、墓穴	類 grave

□ 2610	Her **trailblazing** discovery was why she received the Nobel Prize.
trailblazing	彼女の先駆的な発見が、ノーベル賞を受賞した理由だ。
/tréilblèiziŋ/	
形 先駆的な、草分けの	類 pioneering, revolutionary, cutting-edge

□ 2611　　SVL 7	His **predecessor**'s administration left the economy in a mess.
predecessor	彼の前任者の政権は経済を混乱に陥れた。
/príːdəsèsə/	
名 前任者	反 successor

□ 2612　　SVL 3	Lady Diana's **funeral** showed an outpouring of emotion uncommon in Britain.
funeral	ダイアナ妃の葬儀は、イギリスでは珍しくみんな感情があふれ出した。
/fjúːnərəl/	
名 葬式、葬儀、弔い	類 burial

Part **2** 分野別語彙

☐ 2613　　　　　　SVL 10 **archive** /ɑ́ːkaiv/ 動 ～を保管(記録)する　名 公文書(記録)保管所	Patients' files are **archived** by the administrators for seven years. 患者の記録は管理者により7年間保管される。 類 動 record, file
☐ 2614　　　　　　SVL 6 **cemetery** /sémətèri/ 名 墓地、埋葬地	That **cemetery** has graves dating back to the 1600s. その墓地には1600年代までさかのぼる墓がある。 類 graveyard
☐ 2615　　　　　　SVL 5 **colonial** /kəlóuniəl/ 形 コロニアル風の；植民地の　名 植民地住民、植民	**Colonial** architecture is what gives our town its unique atmosphere. コロニアル建築は、わが町に独特の雰囲気を与えてくれている。
☐ 2616　　　　　　SVL 3 **ruin** /rúːin/ 名 遺跡、廃虚	The **ruins** of the medieval castle still retained the atmosphere of the Dark Ages. 中世の城の遺跡は、今でも暗黒時代の雰囲気を保っていた。
☐ 2617　　　　　　SVL 4 **era** /íərə/ 名 年代、時代、時期	The period between 1639 and 1858 was an **era** of self-isolation for Japan. 1639～1858年の期間は、日本では鎖国の時代だった。 類 age, generation
☐ 2618　　　　　　SVL 4 **conquer** /kɔ́ŋkə/ 動 ～を征服する、武力で奪う、獲得する	Genghis Kahn **conquered** most of Asia with great ruthlessness. チンギス・ハンは、並々ならぬ無慈悲さでアジアのほとんどを征服した。 類 quell, dominate, overpower
☐ 2619　　　　　　SVL 9 **anecdote** /ǽnikdòut/ 名 逸話、秘話	Dad is always recounting **anecdotes** from his youth. 父は若い頃の逸話をしょっちゅう話す。 類 story, tale
☐ 2620　　　　　　SVL 5 **mummy** /mʌ́mi/ 名 (古代エジプトなどの)ミイラ	**Mummies** are still being discovered all the time in Egypt. ミイラはエジプトでは今でも次々と見つかっている。
☐ 2621　　　　　　SVL 4 **colony** /kɔ́ləni/ 名 植民地；植民者；居留地、居留民	People from former British **colonies** tend to speak extremely good English. 旧イギリス植民地の出身者は、極めてよく英語が話せる傾向にある。
☐ 2622 **historic site** 名 史跡、旧跡	Rome is full of **historic sites**, making it a fascinating destination. ローマは史跡にあふれており、それが観光地としての魅力となっている。

□ 2623　　SVL 3 **tradition** /trədíʃən/ 名 伝統、しきたり、慣習、習わし	Some industries face difficulties in keeping **tradition** due to the shortage of workers. 一部の産業は、労働者不足のために伝統を維持する困難に直面している。 類 customs, heritage
□ 2624　　SVL 6 **heritage** /héritidʒ/ 名 相続遺産、遺産、伝統	Europe's Christian **heritage** can be seen in its numerous churches and cathedrals. ヨーロッパのキリスト教の遺産は多くの教会や大聖堂で見られる。 類 legacy, tradition, inheritance
□ 2625　　SVL 6 **fossil** /fɔ́səl/ 名 化石	Dinosaur **fossils** are highly sought after by wealthy collectors. 恐竜の化石は、裕福なコレクターから非常に人気がある。
□ 2626　　SVL 6 **mammal** /mǽməl/ 名 哺乳動物、哺乳類	Although platypuses lay eggs, they are still considered **mammals**. カモノハシは卵を産むが、哺乳類とみなされている。
□ 2627　　SVL 6 **successive** /səksésiv/ 形 連続する、連続的な、歴代の	This was the company's third **successive** year of growth. 同社は3年連続の成長を遂げた。 類 consecutive, sequential
□ 2628　　SVL 3 **slave** /sléiv/ 名 奴隷	**Slaves** made up a large portion of arrivals in the New World. 奴隷は新世界に到着した者の大部分を占めていた。 類 servant

Part **2** 分野別語彙

□ 2629　SVL 3 **transfer** /trænsfə́:/ **動** 移動する；～を移す、移動 させる、運ぶ	You have to **transfer** to the domestic airport for your next flight. 次の便に乗るには国内線空港に移動しなければならない。 **類** move, relocate
□ 2630　SVL 3 **parcel** /pá:səl/ **名** 包み、小包	His Christmas **parcel** was lost in the mail. 彼のクリスマスの小包は郵送中に紛失した。 **類** package
□ 2631　SVL 4 **transportation** /trænspɔ:téiʃən/ **名** 輸送、運輸、輸送機関、交 通手段	Modern **transportation** provides travellers with lots of options. 現代の交通手段は旅行者にさまざまな選択肢を提供する。
□ 2632　SVL 2 **passenger** /pǽsəndʒə/ **名** 乗客、旅客、船客	Domestic **passengers** do not need to go through customs. 国内線の旅客は税関を通る必要はない。 **類** traveller
□ 2633　SVL 4 **departure** /dipá:tʃə/ **名** 立ち去ること、出発、発車	After arriving early at the airport, they strolled to the **departure** gate. 空港に早く到着したので、彼らは出発ゲートまでぶらぶら歩いた。 **類** leave, takeoff　**反** arrival, coming
□ 2634 **tourist attraction** **名** 観光名所	After visiting various **tourist attractions**, I thought the extinct animals exhibit was the best. さまざまな観光名所を訪れて、絶滅動物の展示会が一番良いと思った。
□ 2635　SVL 6 **exporter** /ikspɔ́:tə/ **名** 輸出業者、輸出国	Tea **exporters** relished the increasing demand from Europe. お茶の輸出業者は、欧州の需要増加を享受した。 **反** importer
□ 2636　SVL 5 **belonging** /bilɔ́ŋiŋ/ **名** 持ち物、所持品	The group left their **belongings** behind by accident. その団体は誤って持ち物を置き去りにしてしまった。
□ 2637　SVL 3 **baggage** /bǽgidʒ/ **名** 手荷物、荷物	The **baggage** claim carousel is heaving with luggage. 手荷物受取所の回転式コンベヤーは手荷物であふれかえっていた。 **類** luggage
□ 2638　SVL 7 **freight** /fréit/ **名** 運送貨物、積み荷、(水・陸・ 空での)貨物運送	International **freight** is increasing because of global commerce. 国際運送貨物は世界的な商取引により増加している。 **類** shipment

□ 2639	SVL 4	Too many bags are a huge **burden** when travelling.
burden		かばんが多すぎると旅行するときに大きな負担になる。
/bə́:dn/		
名 荷物、負担、重荷		類 load

□ 2640	SVL 4	They stepped **aboard** the ship with great anticipation.
aboard		彼らは大きな期待を抱いて船に乗り込んだ。
/əbɔ́:d/		
前 ～に乗って　副 (乗り物に) 乗って、乗車して		類 on board

□ 2641	SVL 6	International **tourism** has been increasing ever since the 1990s.
tourism		国際観光は1990年代以降増加している。
/túərizm/		
名 観光旅行、観光事業(産業)		

□ 2642	SVL 4	Captain Cook's **voyages** to the Pacific were long and arduous.
voyage		クック船長の太平洋への航海は長く険しかった。
/vɔ́iidʒ/		
名 航海、船旅、航行　動 航海する、旅をする		類 sail, cruise, travel

□ 2643	SVL 7	Most university students are not able to envisage a clear career **pathway** before graduation.
pathway		多くの大学生は卒業前にはっきりしたキャリア方針を思い描けてはいない。
/pá:θwèi/		
名 方針、進路;小道、通路		類 path, track

□ 2644		Farm machinery **importers** were hit hard by the new tariffs.
importer		農機輸入業者は、新しい関税で大きな打撃を受けた。
/impɔ́:tə/		
名 輸入業者、輸入国		反 exporter

□ 2645	SVL 8	Car **shipments** from Europe travel through the Suez Canal all the time.
shipment		欧州からの車の出荷は常にスエズ運河を通過する。
/ʃípmənt/		
名 船積み、積み荷、出荷		類 freight

□ 2646	SVL 10	**Diesel** prices have swung up in recent months.
diesel		ディーゼル燃料の価格はこの数カ月で上昇している。
/dí:zəl/		
名 ディーゼル、ディーゼル燃料		

□ 2647	SVL 4	It will be another hour before they reach their **destination**.
destination		彼らが目的地に着くまでにさらに1時間かかる。
/dèstənéiʃən/		
名 目的地、行先、(人が目指す)目的、目標		類 target, terminal

□ 2648	SVL 8	You need to hire a car if you want to be **mobile** in Los Angeles.
mobile		ロサンゼルスで動き回りたいのであればレンタカーを借りる必要がある。
/móubail/		
形 動ける、交通の便がある、可動性の		類 movable, moving

Part 2 分野別語彙

☐ 2649　SVL 8 **mobility** /moubíləti, məbíləti/ 名 動きやすさ、移動性、可動性	Having broken his leg playing football, his **mobility** was somewhat reduced. サッカーをしているときに脚を骨折したことがあるため、彼は少し体を動かしにくくなった。 類 movability
☐ 2650　SVL 5 **currency** /kʌ́rənsi/ 名 通貨、貨幣	American **currency** is always welcome in Southeast Asian countries. アメリカ通貨は東南アジア諸国でいつでも歓迎される。
☐ 2651　SVL 3 **continent** /kɔ́ntinənt/ 名 大陸	Antarctica was the last **continent** to be visited by explorers. 南極は探検家が訪れた最後の大陸であった。
☐ 2652　SVL 10 **turbulence** /tə́:bjuləns/ 名 乱気流、乱流	The flight flew through a patch of **turbulence**. 飛行機は乱気流帯の中を飛行した。
☐ 2653　SVL 4 **via** /váiə, ví:ə/ 前 〜を通って、〜経由で；〜によって、〜を用いて	We flew to Sydney **via** Dubai and Singapore. 私たちはドバイとシンガポールを経由してシドニーへと飛んだ。 類 through, by; with, by means of
☐ 2654　SVL 2 **platform** /plǽtfɔːm/ 名 演壇、演台；（駅などの）プラットホーム	Liverpool Street Station has 18 **platforms** in total. リバプール・ストリート駅は合計18のプラットホームがある。 類 podium, stage
☐ 2655　SVL 3 **vehicle** /ví:ikl/ 名 乗り物、車、車両、輸送手段	New **vehicles** need to be registered before they can be driven. 新車は運転する前に登録する必要がある。 類 transportation, means
☐ 2656　SVL 7 **dispatch** /dispǽtʃ/ 名 発送、急送 動 〜を発送する、急送する	Her parcel arrived at the **dispatch** centre without delay. 彼女の小包は遅れることなく発送センターに到着した。
☐ 2657　SVL 8 **fragile** /frǽdʒail/ 形 壊れやすい、もろい、割れやすい	The precious cargo is not only bulky, but really **fragile**. 貴重な貨物はかさばるだけでなく極めて壊れやすい。 類 delicate, breakable 反 strong, tough
☐ 2658 **aeroplane** /ɛ́ərəplèin/ 名 航空機、飛行機	Twenty new passenger **aeroplanes** were ordered from Airbus. エアバス社から20機の新型旅客機の注文を受けた 類 aircraft

| □ 2659
traffic jam
名 交通渋滞 | Manila's **traffic jams** are infamous throughout the Philippines.
マニラの交通渋滞はフィリピンの全土で評判が悪い。 |

| □ 2660　SVL 2
flight
/fláit/
名 航空便、フライト、飛ぶこと、飛行 | **Flights** might be delayed due to the fog.
フライトは霧のために遅延するかもしれない。

類 aviation |

| □ 2661　SVL 5
aisle
/áil/
名 (乗り物・劇場・店などの)通路 | Being unusually tall, Albert requested an **aisle** seat.
並外れて背が高いため、アルバートは通路側の席をお願いした。

類 corridor, lane, passageway |

| □ 2662　SVL 3
luggage
/lʌ́gidʒ/
名 手荷物、旅行荷物、かばん類 | Oversized **luggage** must be dropped off at a different counter.
サイズの大きい荷物は別のカウンターで降ろさなければならない。

類 baggage |

| □ 2663　SVL 3
location
/loukéiʃən, ləkéiʃən/
名 位置、場所、所在 | The ship's **location** was difficult to ascertain due to the storm.
船の位置は嵐のせいで突き止めるのが難しかった。

類 place, site, area, point, spot, position |

| □ 2664　SVL 4
depart
/dipáːt/
動 出発する；～を出発する、旅立つ | River rides **depart** from the second pier, where you can see the boat.
川下りは2つ目の、舟が見える桟橋から出発する。

類 leave |

| □ 2665　SVL 2
package
/pǽkidʒ/
名 包み、小包 | Customs opened the suspicious-looking **package** with great care.
税関は疑わしい荷物を慎重に開けた。

類 packet, parcel |

| □ 2666　SVL 6
hospitality
/hɔ̀spətǽləti/
名 親切なもてなし、歓待、厚遇、接客 | The **hospitality** industry grew thanks to an increase in tourism.
接客業界は、観光が増加したおかげで成長した。

類 welcome, kindness |

| □ 2667　SVL 2
fare
/féə/
名 運賃、乗車料金 | Despite the steep **fare**, the flight was full.
法外な運賃にもかかわらず、フライトは満員だった。

類 charge, price |

| □ 2668　SVL 3
aircraft
/éəkræft/
名 航空機 | The **aircraft**'s landing gear was deployed right before touching the ground.
飛行機の着陸装置は地面に着く寸前に展開された。

類 aeroplane |

Part **2** 分野別語彙

□ 2669　　　　　SVL 4 **vessel** /vésəl/ 名 船、船舶；容器、器	Sunken **vessels** from antiquity can still be found on the seabed. 古代の沈没船は今でも海底で見つかることがある。 類 boat, ship; container, dish
□ 2670　　　　　SVL 7 **vacancy** /véikənsi/ 名 空（から）、空っぽ；空き地、空き部屋	The hotel didn't have any **vacancies** in the Christmas season. そのホテルにはクリスマスの時期に空室がなかった。 類 blank, emptiness
□ 2671　　　　　SVL 4 **overseas** 副/òuvəsíːz/ 形/óuvəsíːz/ 副 海外に、外国に　形 海外の、外国への	Jonathan, having never travelled **overseas**, was so excited that he couldn't sleep. ジョナサンは海外に旅行したことがなかったので、興奮しすぎて眠れなかった。 類 副 abroad, away　形 foreign
□ 2672　　　　　SVL 6 **cruise** /krúːz/ 名 巡航、船旅　動 巡航する、船旅をする	**Cruise** ships produce huge amounts of pollution and waste. 巡航船は大量の汚染物質と廃棄物を生み出す。
□ 2673　　　　　SVL 6 **cargo** /káːgou/ 名 積み荷、貨物	The ship left China with a **cargo** full of bone china porcelain and fine silks. 船は、ボーン・チャイナ磁器と上質のシルクを満載した積み荷を載せて中国を出発した。 類 freight, load, shipment

□ 2674　SVL 9 **childbirth** /tʃáildbə̀:θ/ 名 出産、分娩(ぶんべん)	For humans, **childbirth** is riskier than for a lot of other animals. 人間にとって、出産は他の多くの動物と比べてリスクが高い。 類 delivery, labour
□ 2675　SVL 9 **sibling** /síbliŋ/ 名 兄弟姉妹	My mum gave birth to my youngest **sibling** last year. 私の母は昨年、一番年下のきょうだいを産んだ。 類 brother, sister
□ 2676　SVL 7 **nourish** /nʌ́riʃ/ 動 ～を育てる、養う	They **nourished** their children with healthy food. 彼らは健康的な食物で子どもたちを育てた。 類 feed, cultivate, foster, nurture
□ 2677　SVL 8 **sociable** /sóuʃəbl/ 形 交際好きな、社交的な	Having lots of siblings, she grew up learning how to be **sociable**. 彼女はきょうだいがたくさんいたので社交的になる方法を学んで育った。 類 friendly, outgoing
□ 2678　SVL 2 **youth** /júːθ/ 名 若い人、若者；青年時代、青春時代	The **youth** was forced to get a part-time job by his parents. その若者は、両親からアルバイトをするよう強制された。 類 adolescent, juvenile, kid; childhood, adolescence, youngster
□ 2679　SVL 9 **rigorous** /rígərəs/ 形 厳密な、正確な；厳格な、厳しい	A **rigorous** knowledge of algebra is required for top grades. トップの成績をとるには代数の正確な知識が求められる。 類 accurate; strict, stringent
□ 2680 **extroverted** /ékstrəvə̀:təd/ 形 外向的な、外向性の	Being extremely **extroverted**, Daisy always goes out at the weekend. 極めて外向的なデイジーは、週末はいつも外出する。 類 extrovert 反 introverted, introvert
□ 2681　SVL 3 **sensible** /sénsəbl/ 形 分別のある、思慮深い、賢い	Delaying the trip is the **sensible** decision to make. 旅行を延期することが分別のある決断である。 類 wise, prudent
□ 2682　SVL 3 **confidence** /kɔ́nfidəns/ 名 自信、(人への)信頼、信用	Victoria's **confidence** makes her a powerful actress to watch. ビクトリアの自信は、見ていて力強い女優だと感じさせる。 類 trust, belief
□ 2683　SVL 3 **marriage** /mǽridʒ/ 名 結婚、婚姻	After 20 years of **marriage**, Francis and Fiona decided to divorce. 20年の結婚生活を経て、フランシスとフィオナは離婚することを決めた。 類 wedding, match 反 divorce

Part **2** 分野別語彙

□ 2684　SVL 6 **decent** /díːsnt/ 形 適切な、まともな	Although he was often absent due to work, he was a decent father. 仕事で家を空けがちだったが、彼はまともな父親だった。 類 good, honest, proper, suitable
□ 2685　SVL 4 **ancestor** /ǽnsestə/ 名 先祖、祖先；先駆者、先人	My ancestors came from Italy and Spain about 120 years ago. 私の先祖は約120年前にイタリアとスペインから来た。 類 father, forefather　反 descendant
□ 2686　SVL 3 **relationship** /riléiʃənʃip/ 名 関係、結び付き、関わり合い	Robert and Daisy have been in a stable relationship for six years. ロバートとデイジーは6年間安定した関係を築いている。 類 association, connection
□ 2687　SVL 7 **embrace** /imbréis, embréis/ 動 ～を受け入れる、～に喜んで応じる　名 受容、受け入れ	Peter gladly embraced the opportunity to study in Indonesia. ピーターはインドネシアに留学する機会を喜んで受け入れた。 類 動 welcome, accept, adopt
□ 2688　SVL 5 **divorce** /divɔ́ːs/ 動 離婚する　名 離婚、結婚解消	They divorced after only two years of marriage due to his cheating. 彼の浮気のせいで彼らは結婚後わずか2年で離婚した。 類 名 breakup, separation
□ 2689　SVL 3 **childhood** /tʃáildhùd/ 名 子ども時代、幼児期、児童期	Childhood can be a trying time for disadvantaged children. 恵まれない子どもにとって幼少期は試練の時でしょう。 類 youth, adolescence
□ 2690　SVL 4 **insult** 名/ínsʌlt/ 動/insʌ́lt/ 名 侮辱、無礼　動 ～を侮辱する、辱める	Low tips are seen as an insult to hospitality workers. チップの少なさは接客労働者に対する侮辱だとみなされる。 類 動 abuse, shame
□ 2691　SVL 4 **despair** /dispéə/ 名 絶望、失望、落胆	The despair could not be hidden from his sad eyes. 彼の悲しい瞳から絶望は隠し切れなかった。 類 hopelessness　反 hope
□ 2692　SVL 2 **adult** /ədʌ́lt/ 名 大人、成人　形 成人の、大人の	Children need to be looked after by adults. 子どもは大人に世話をされる必要がある。 類 grown-up　反 childish, adolescent, immature
□ 2693　SVL 5 **impatient** /impéiʃənt/ 形 我慢できない、じっとしていられない、短気な	Young Billy is usually more impatient than his sister. 若いビリーは、普段は姉よりも我慢がきかない。 類 intolerant　反 patient

Part **2** 分野別語彙

□ 2694 SVL 8	I enjoyed **socialising** with my parents' friends.
socialise	私は両親の友人たちと付き合うのが好きだった。
/sóuʃəlàiz/	
動 交際する、付き合う、社交的にする	**類** mingle

□ 2695 SVL 5	The baby was sleeping soundly in the **nursery**.
nursery	赤ちゃんは育児室でぐっすり眠っていた。
/nə́:səri/	
名 幼稚園、保育園、育児室、新生児室	**類** kindergarten

□ 2696 SVL 4	The 3-month-old **infant** slept soundly in her cot.
infant	その生後3カ月の赤ん坊はベビーベッドでぐっすり眠った。
/ínfənt/	
名 幼児(期)、未成年者、赤子	**類** baby, child, minor **反** adult, grown-up

□ 2697 SVL 6	She has a **peculiarity** in her style of writing.
peculiarity	彼女の文体には変わった癖がある。
/pikjùːliǽrəti/	
名 特異な点、変わった点；特色、特徴	**類** characteristic, feature, point

□ 2698 SVL 4	He's more of an **acquaintance** than a friend, I would say.
acquaintance	彼はどちらかといえば友達というよりは知り合いだ。
/əkwéintəns/	
名 知人、知り合い	**類** associate

□ 2699 SVL 6	Having gambled his money away, he left his **descendants** nothing of value.
descendant	彼はお金を全て賭け事で失ったため、子孫に価値あるものを何も残せなかった。
/diséndənt/	
名 子孫、末裔(まつえい)	**類** heir, offspring, successor

□ 2700 SVL 6	**Vigorous** cardiovascular exercise will help you lose weight.
vigorous	激しい心血管運動によって体重が落ちやすくなる。
/vígərəs/	
形 精力的な、力強い、激しい	**類** dynamic, energetic

□ 2701 SVL 6	He is so **immature** and always makes people uncomfortable.
immature	彼はとても子どもっぽいので、いつも人々を不愉快にさせる。
/ìmətjúɚ, ìmətʃúɚ/	
形 未熟な、子どもっぽい	**類** adolescent, juvenile, childish **反** adult

□ 2702 SVL 4	The **kindergarten** only accepts children from the age of 4.
kindergarten	その幼稚園は4歳以上の子どもしか受け入れない。
/kíndəgàːtn/	
名 幼稚園	**類** nursery

□ 2703 SVL 2	Felicity was **grateful** towards her neighbour for his help.
grateful	フェリシティは助けてくれる隣人に対して感謝していた。
/gréitfəl/	
形 感謝する、ありがたく思う	**類** pleased, thankful

□ 2704　　　　　SVL 4
secure
/sikjúə/

形 安全な；確実な　動 ～を守る、安全にする

Selling the business will make us financially **secure** in our retirement.
事業を売却することは退職後私たちを経済的に安定させる。

類 形 safe; assured　動 assure, protect, ensure

□ 2705
adulthood
/ədʌ́lthud/

名 成人期、大人であること

Voting is reserved for those who have reached **adulthood**.
投票は成人した者だけが行えるものである。

類 maturity, manhood, womanhood　反 infancy, adolescence

□ 2706　　　　　SVL 3
ashamed
/əʃéimd/

形 恥ずかしく思う、恥じて

Sarah was **ashamed** of being seen in public with her mother.
サラは人前で母といるところを見られて恥ずかしかった。

類 embarrassed

□ 2707　　　　　SVL 6
orphan
/ɔ́:fən/

名 孤児　動 ～を孤児にする

Steve became an **orphan** at the age of 3, but he was quickly adopted.
スティーブは3歳のときに孤児になったが、すぐに養子にされた。

□ 2708
introvert
/íntrəvə̀:t/

名 内向的な人、内気な人
形 内向的な

Being an **introvert**, Jasper doesn't like team sports.
内気な人なので、ジャスパーはチームスポーツが好きではない。

反 extrovert

□ 2709　　　　　SVL 2
comfort
/kʌ́mfət/

動 (人) を慰める、元気づける
名 心地よさ、快適さ

He tried to **comfort** her about her grandmother's death.
彼は祖母の死について彼女を慰めようとした。

類 動 soothe　名 consolation, solace　反 動 upset　名 anguish

□ 2710　　　　　SVL 7
kin
/kín/

名 親族、親類

You need to ask one of your **kin** to sign the form.
親族の1人に用紙に署名してもらう必要がある。

類 relatives, family

□ 2711　　　　　SVL 2
conversation
/kɔ̀nvəséiʃən/

名 会話、話し合い

The **conversation** quickly turned to politics and the state of the economy.
会話はすぐに政治と経済状態へと移った。

類 dialogue, talk, discussion

□ 2712　　　　　SVL 5
stubborn
/stʌ́bən/

形 頑固な、強情な、断固たる

Donkeys are famously **stubborn** creatures that often refuse to move.
ロバは頑固な生き物として有名で、よく動くのを拒む。

類 obstinate

□ 2713　　　　　SVL 6
energetic
/ènədʒétik/

形 活動的な、エネルギッシュな

Kindergarten-aged children are **energetic** and need a lot of stimulation.
幼稚園児はエネルギッシュでたくさんの刺激が必要だ。

類 active, lively, dynamic

□ 2714　SVL 8
spouse
/spáus/
名 配偶者

She met her future spouse at work, and they got married a year later.
彼女は職場で将来の配偶者と出会い、1年後に結婚した。

類 partner, husband, wife

□ 2715　SVL 4
mature
/mətjúə, mətʃúə/
形 熟した、成熟した　動 ～を熟成させる；成長する

He has matured since he started living on his own.
彼は一人暮らしを始めてから成長した。

類 形 adult, ripened　反 形 adolescent, immature

□ 2716　SVL 3
relative
/rélətiv/
名 親類、親戚　形 相対的な

My cousins Andrew and Marie are my closest relatives.
いとこのアンドリューとマリーは、私には最も親しい親戚だ。

類 名 kin, family　形 comparative

□ 2717　SVL 3
supporter
/səpɔ́:tə/
名 支持者、後援者、味方、サポーター

He's been a Manchester United supporter ever since he was 7.
彼は7歳のときからマンチェスター・ユナイテッドのサポーターである。

類 advocate, proponent

□ 2718
introverted
/íntrəvə̀:təd/
形 内向きな、内省的な、引っ込み思案な

Preferring his own company, he is known to be introverted.
独りでいるのが好きな彼は、内向的なことで知られている。

類 introvert　反 extroverted, extrovert

□ 2719　SVL 5
modest
/mɔ́dist/
形 謙虚な、質素な、控えめな

Despite having amassed a huge fortune, they lived a modest lifestyle.
莫大な富を蓄えていたにもかかわらず、彼らは質素な生活を送った。

類 moderate　反 immodest

□ 2720　SVL 5
dread
/dréd/
動 ～をひどく恐れる、心配する、嫌がる

Mark dreaded Sunday family drives in the countryside.
マークは、日曜日に家族で田舎にドライブに行くことをひどく嫌がった。

類 fear, be afraid of

□ 2721　SVL 8
nurture
/nə́:tʃə/
動 (子ども・動物・植物など)を育てる、養育する

Children need to be nurtured in supportive households.
子どもは、支えてくれる家庭で育てられる必要がある。

類 cultivate, foster, nourish

□ 2722　SVL 7
guardian
/gá:diən/
名 保護者、後見人、監視者

His legal guardian is responsible for his well-being.
彼の法定後見人は彼の安否に責任がある。

反 ward

□ 2723　SVL 6
fatigue
/fətí:g/
名 疲れ、疲労、倦怠(けんたい)感

Side effects include dizziness, blurred vision and fatigue.
副作用には、めまい、目のかすみ、倦怠感が含まれる。

類 exhaustion, tiredness, weariness

□ 2724　SVL 9
motherhood
/mʌðəhùd/
名 母であること、母性

Laura already has two children, so she's not new to **motherhood**.
ローラにはすでに子どもが2人いるので、母であることに対して不慣れではない。
類 maternity, mothering

□ 2725　SVL 5
heir
/ɛə/
名 相続人、継承者、後継者、跡継ぎ

Prince Charles is Queen Elizabeth's **heir**-in-waiting.
チャールズ皇太子はエリザベス女王の次期王位継承者である。
類 inheritor, successor, descendant

□ 2726　SVL 2
rumour
/rúːmə/
名 うわさ、風評　動 ～とうわさする

The **rumours** surrounding her affair led to a troubled marriage.
彼女の浮気をめぐるうわさは心休まらぬ結婚生活につながった。
類 gossip

□ 2727　SVL 8
juvenile
/dʒúːvənàil/
名 年少者、青少年、未成年者
形 青少年の、未成年の

Juveniles need a parent, or a legal guardian, present when interrogated by police.
年少者は、警察から尋問されるときに親または法定後見人の同席を必要とする。
類 名 child, youth　形 youthful, adolescent, immature, childish

社会・文化

□ 2728　SVL 3	Scotland's legal system is quite different to that of England and Wales.
legal	スコットランドの法律制度はイングランドおよびウェールズの法律制度とまるで違っている。
/líːgəl/	
形 法律(上)の、法的な；合法の、適法の	類 lawful, legitimate　反 illegal

□ 2729　SVL 8	**Migration** from the Indian subcontinent has declined in recent years.
migration	インド亜大陸からの移住は近年減少している。
/maigréiʃən/	
名 (人の)移住、移動、(鳥などの)渡り	類 movement, transfer, relocation

□ 2730　SVL 11	The **demographic** changes in Britain over the last 40 years have been significant.
demographic	過去40年間のイギリスにおける人口統計的な変化は著しい。
/dìːməgræfik, dèməgræfik/	
形 人口統計の、人口学の	

□ 2731　SVL 8	France's **immigration** policy has been tightened due to popular outcry.
immigration	フランスの移民政策は、一般大衆の抗議によって引き締められた。
/ìməgréiʃən/	
名 移住、移入；入国管理	

□ 2732　SVL 6	**Discrimination** on the basis of gender is not only immoral but also illegal.
discrimination	性別による差別は不道徳なだけでなく違法でもある。
/diskrìmənéiʃən/	
名 差別、不公平な扱い；区別、識別	類 distinction, inequity, injustice　反 equity, justice, fairness

□ 2733　SVL 9	US **sanctions** on Iran are having a toll on the economy.
sanction	アメリカのイランに対する制裁は経済に打撃を与えている。
/sǽŋkʃən/	
名 制裁、処罰；認可、承認	類 authorization, approval　反 disapproval

□ 2734　SVL 3	Janet is **keen** on scallops, but she doesn't like oysters.
keen	ジャネットはホタテは大好きだが、カキは好きではない。
/kíːn/	
形 熱心な、大好きな；(感覚が)鋭い	類 avid, eager; sharp, acute

□ 2735　SVL 3	EU **regulations** are strict and often cause friction.
regulation	EUの規制は厳格でしばしば摩擦を引き起こす。
/règjuléiʃən/	
名 規制、規則、法規	類 rule, order

□ 2736　SVL 6	My grandparents always give money to those collecting **donations**.
donation	私の祖父母は、寄付金を集めている人にいつも寄付している。
/dounéiʃən/	
名 寄付、寄進、寄付金	類 contribution

□ 2737　SVL 5	Flats in the East End are **inhabited** by people of all backgrounds.
inhabit	イーストエンドにあるアパートには、あらゆる経歴の人たちが暮らしている。
/inhǽbit/	
動 ～に住む、居住する、生息する	類 reside in, live in

Part **2** 分野別語彙

□ 2738 SVL 4	Police officers ought to behave in a **civil** way towards everyone.
civil /sívəl/	警察官は誰に対しても礼儀正しく振る舞うべきである。
形 礼儀にかなった；市民の、民間の	類 polite, national, public 反 rude; military, foreign

□ 2739 SVL 3	Free and fair **elections** are fundamental to democratic values.
election /ilékʃən/	自由で公正な選挙は、民主主義的価値の基礎である。
名 選挙	類 vote, poll, ballot

□ 2740 SVL 5	**Immigrants** often find it difficult to adjust to their new country's culture.
immigrant /ímigrənt/	移民は、新しく来た国の文化に適応するのが大変だと感じることがある。
名 (外国からの)移民、移住者	類 alien, foreigner, migrant

□ 2741 SVL 6	Citizens are encouraged to put money into their **pension** schemes.
pension /pénʃən/	国民は年金制度にお金を入れるよう推奨されている。
名 年金、恩給 動 ～に年金を与える	

□ 2742 SVL 2	Judge Cosgrove presided over the **court** with a calm attitude.
court /kɔ́:t/	コスグローブ判事は冷静な態度で裁判を取り仕切った。
名 裁判、法廷、裁判官、判事	類 judge

□ 2743 SVL 3	Having bought **insurance** for her rental car, Rachel's concerns were appeased.
insurance /inʃúərəns/	レンタカーの保険に加入してレイチェルの心配は和らいだ。
名 保険、保険金、保険証	類 allowance, assurance, coverage, guarantee

□ 2744 SVL 3	Suzanne doesn't drink nor smoke and tries to have a healthy **lifestyle**.
lifestyle /láifstàil/	アルコールも飲まずたばこも吸わないで、スーザンは健康的な生き方をしようとしている。
名 生き方、ライフスタイル、生活様式	

□ 2745	Families of mixed **ethnicity** in this neighbourhood are common.
ethnicity /eθnísiti/	この付近では混合民族から成る家族はよく見られる。
名 民族性、民族意識	

□ 2746 SVL 5	The **inhabitants** of North Sentinel Island are notoriously hostile to visitors.
inhabitant /inhǽbətənt/	北センチネル島の住人は島を訪れる者に敵意を持っていることで有名である。
名 (特定地域・場所の)住人、住民、居住者	類 occupant, resident 反 non-resident, guest, visitor

□ 2747 SVL 4	Being a doctor is a highly demanding **occupation**.
occupation /ɔ̀kjupéiʃən/	医者は極めてきつい仕事である。
名 職業、仕事；占有、居住	類 employment, profession, work; occupancy, possession

---

□ 2748　SVL 5
embassy
/émbəsi/

名 大使館

The US **embassy** in Israel was moved from Tel Aviv to Jerusalem.
在イスラエルアメリカ**大使館**はテルアビブからエルサレムに移転された。

□ 2749　SVL 9
anarchy
/ǽnəki/

名 無政府状態、無秩序、混乱

The Montreal police strike of 1969 led to 16 hours of **anarchy**.
1969年のモントリオール警察のストライキによって16時間混乱状態が続いた。

類 chaos, lawlessness, disorder

□ 2750　SVL 8
autonomy
/ɔːtónəmi/

名 自治、自治権、自治体、自主性

They fought and died for their **autonomy** and independence.
彼らは自らの自治と独立のために闘い、死んだ。

類 self-government

□ 2751　SVL 7
petition
/pətíʃən/

名 嘆願書、陳情書

More than 100,000 people signed the **petition** to have her removed from office.
10万人以上の人が彼女の解任を求めて陳情書に署名した。

類 appeal

□ 2752　SVL 3
outdoor
/áutdɔ̀ː/

形 野外の、屋外の、戸外の、アウトドアの

Hiking, skiing, climbing and other **outdoor** activities are growing in popularity.
ハイキング、スキー、登山、その他の**アウトドア**活動は人気が高まっている。

類 outside, exterior 反 indoor, inner, interior

□ 2753　SVL 9
infrastructure
/ínfrəstrʌ̀ktʃə/

名 インフラ、構造基盤、下部組織

A good road **infrastructure** is critical to a good economy.
良好な道路**インフラ**は良好な経済にとって不可欠である。

類 base, substructure

□ 2754　SVL 9
imperialism
/impíəriəlìzm/

名 帝国主義、帝政

European **imperialism** gradually ended after the second world war.
欧州の帝国主義は第２次世界大戦後徐々に終焉(しゅうえん)を迎えた。

□ 2755　SVL 5
grocery
/gróusəri/

名 食料雑貨店、食料品店

My dad is usually the one who does the **grocery** shopping.
私の父は普段、食料品の買い物を担当している。

□ 2756　SVL 4
welfare
/wélfèə/

名 幸福、福利、福祉、繁栄

Mayfield School takes the children's **welfare** extremely seriously.
メイフィールド校は、子どもたちの福祉に極めて真摯に向き合っている。

類 well-being, benefit 反 ill-being, unhappiness

□ 2757　SVL 8
coalition
/kòuəlíʃən/

名 連立、連合、連立政権

Labour is in **coalition** with the Green Party.
労働党は緑の党と連立している。

類 alliance

■)) 281.mp3

□ 2758　SVL 5 **federal** /fédərəl/ 形 連邦の、連邦制の、連邦政府の	Germany has a total of 16 semiautonomous **federal** states. ドイツには半自治的な連邦州が合計で16州ある。
□ 2759　SVL 5 **urban** /ɔ́:bən/ 形 都市の、都会の、都市に住む	The city's boundaries have gradually been expanding because of **urban** sprawl. この市の境は、都市スプロール現象により徐々に拡大している。 類 metro, metropolitan 反 rural, rustic
□ 2760　SVL 1 **storey** /stɔ́:ri/ 名 (建物の) 階、階層、同じ階の全部屋	They lived in a three-**storey** redbrick building. 彼らは3階建ての赤レンガ造りのビルに住んでいた。 類 floor
□ 2761　SVL 3 **protest** 名/próutest/ 動/prətést/ 名 反対・抗議 (運動) 動 〜に抗議する、異議を申し立てる	Some climate change **protests** cause traffic jams that increase carbon emissions. 気候変動の抗議行動は交通渋滞を引き起こし、二酸化炭素排出を増加させる。 類 名 objection, complaint 動 object, complain
□ 2762　SVL 8 **commute** /kəmjú:t/ 名 通勤、通学 動 通勤 (通学、往復) する	Trains are at their busiest during the morning **commute**. 電車は朝の通勤時が最も本数が多い。 類 動 travel
□ 2763　SVL 6 **residential** /rèzidénʃəl/ 形 住居の、住宅の、住居に適した	Opening a bar is not allowed as this is a **residential** neighbourhood. ここは住宅地なのでバーの開業は認められていない。
□ 2764　SVL 3 **countryside** /kʌ́ntrisàid/ 名 田舎、地方、田園地方	Tired of the urban lifestyle, they moved to the **countryside** after retirement. 都会の生活に疲れたため、彼らは引退後田舎に引っ越した。 類 country
□ 2765　SVL 5 **monarch** /mɔ́nək/ 名 (世襲的、専制的) 君主、国王	Countries led by **monarchs** are often more stable, for some reason. 君主が主導する国々の方が、どういうわけか安定していることが多い。 類 king, queen, emperor, empress
□ 2766　SVL 4 **constitution** /kɔ̀nstitjú:ʃən/ 名 憲法、規約	Only the US Supreme Court can make changes to the **constitution**. 米連邦最高裁判所だけがアメリカの憲法を修正できる。
□ 2767　SVL 8 **hierarchy** /háiərɑ̀:ki/ 名 階層制、階層、ヒエラルキー	The Indian caste system is an outdated and harmful social **hierarchy**. インドのカースト制は時代遅れで有害な社会階級制度である。 類 ranking, grading

Part 2 分野別語彙

☐ 2768　SVL 5
pastime
/pάːstàim/

名 娯楽、気晴らし、遊戯

His **pastimes** included doing crossword puzzles and listening to jazz records.
彼の娯楽はクロスワードパズルを解いたりジャズのレコードを聴いたりといったことであった。

類 hobby, recreation, fun, activity

☐ 2769　SVL 4
mayor
/méə/

名 市長、町長、首長

Yet again, the **mayor** won the election by a landslide.
そしてまた、市長は選挙で圧勝した。

☐ 2770　SVL 4
parliament
/pάːləmənt/

名 (イギリスの)国会、議会

Members of **Parliament** are chosen every four years at a general election.
国会議員は4年ごとに総選挙で選出される。

類 congress, diet

☐ 2771　SVL 3
population
/pὰpjuléiʃən/

名 人口、住民数、(一定地域の)全住民

The world's **population** is expected to reach 8 billion in 2023.
世界の人口は2023年に80億人に達するとみられている。

☐ 2772　SVL 7
ancestry
/ǽnsestri/

名 祖先、先祖；家系、家柄

She's of Irish, German and Welsh **ancestry**, but her parents were born in the US.
彼女はアイルランド人、ドイツ人、ウェールズ人を祖先にもつが、両親はアメリカで生まれた。

反 posterity

☐ 2773　SVL 2
law
/lɔː/

名 法、法律；司法、訴訟

Driving on the right side of the road in Britain is against the **law**.
イギリスで道路の右側を運転するのは法律違反である。

類 act, code, legislation, regulation; judiciary

☐ 2774　SVL 2
citizen
/sítəzən/

名 国民、市民

Only Japanese **citizens** are permitted to have Japanese passports.
日本国民だけが日本のパスポートを持つことが許されている。

類 civilian, resident　反 foreigner

☐ 2775　SVL 4
estate
/istéit/

名 遺産、不動産(権)；地所、私有地

Their parents' **estate** is estimated at 6.4 million pounds.
彼らの両親の遺産は推定640万ポンドである。

類 property, possessions, ownership

☐ 2776　SVL 7
riot
/ráiət/

名 暴動、反乱　動 暴動を起こす、騒動に加わる

The 1981 Brixton **riots** have gone down in British history.
1981年のブリクストン暴動はイギリスの歴史に刻まれた。

類 名 disturbance　動 rampage

☐ 2777　SVL 3
democracy
/dimɔ́krəsi/

名 民主主義、民主制、民主政治

True **democracy** did not begin until women were given the right to vote.
真の民主主義は、女性に投票権が与えられるまで始まらなかった。

□ 2778　　　　SVL 3	Violent **crimes** have been falling in most countries since the 1990s.
crime	暴力犯罪は1990年代以降、ほとんどの国で減少している。
/kráim/	
名 (罰則のある)犯罪、罪	類 breach, misconduct, violation

□ 2779　　　　SVL 8	Even though it's a democracy, Britain is still ruled by its **aristocracy**.
aristocracy	民主主義ではあるものの、イギリスは依然として貴族政治に支配されている。
/ærəstákrəsi/	
名 貴族政治、貴族、貴族社会	類 nobility

□ 2780　　　　SVL 7	Quantitative easing is not a viable long-term **fiscal** policy.
fiscal	量的緩和は長期財政政策としては有効ではない。
/fískəl/	
形 財務の、財政上の、会計の	類 financial

□ 2781　　　　SVL 9	It takes a lot more than good grades to get admitted into such a **renowned** music school.
renowned	そのような有名な音楽学校に合格するには良い成績に加えはるかに多くのことが必要だ。
/rináund/	
名 有名な、高名な、名高い	類 famous, prominent　反 nameless, obscure

□ 2782　　　　SVL 4	The number of single-person **households** is expected to increase.
household	単身世帯の数は増加すると想定されている。
/háushòuld, háushòuld/	
名 家族、世帯、所帯、家庭	類 family, home, house

□ 2783　　　　SVL 4	The Ottoman **Empire** was dissolved after World War I, in 1923.
empire	オスマン帝国は、第1次世界大戦後の1923年に崩壊した。
/émpaiə/	
名 帝国、帝王の領土	

□ 2784　　　　SVL 4	The uncontacted **tribes** in the Amazon want to be left alone.
tribe	アマゾンの非接触部族は、放っておかれたいと思っている。
/tráib/	
名 部族、種族	

□ 2785　　　　SVL 4	Japanese **nationality** is difficult for foreign-born citizens to obtain.
nationality	日本国籍は、外国生まれの市民にとっては取得するのが難しい。
/næʃənæl<ə>ti/	
名 国籍	

□ 2786	I watch the evening news to keep up with **current affairs**.
current affairs	私は時事問題を常に把握するために夕方のニュースを見ている。
名 時事問題	

□ 2787　　　　SVL 5	**Racial** tensions in the United States seem only to be increasing.
racial	アメリカの人種間の緊張は高まっているようにしか見えない。
/réiʃəl/	
形 人種の、民族の、人種間の	類 ethnic

🔊 284.mp3

□ 2788 SVL 4	Driving under the influence of alcohol is **illegal** in most countries.
illegal	酒気帯び運転はほとんどの国で違法である。
/ilíːgəl/	
形 不法の、違法の、非合法の	類 unlawful, illegitimate 反 legal

□ 2789 SVL 5	They **consumed** their ice-cold drinks in the shade with great pleasure.
consume	彼らは幸せな気分でよく冷えた飲み物を日陰で飲んだ。
/kənsjúːm/	
動 (商品やサービス)を消費する、摂取する;〜を使い切る	類 exhaust, eat up, devour 反 conserve, fill, preserve

□ 2790 SVL 7	The **landlord** was rejected by his tenants when he began increasing the rent by 25 percent.
landlord	家主は賃貸料を25%引き上げ始めたとき、賃借人らから拒絶された。
/lǽndlɔːd/	
名 家主、地主	類 lessor 反 lessee, lodger

□ 2791 SVL 9	Women have **predominant** roles in the medical profession.
predominant	女性は医療職で重要な役割を果たしている。
/pridɔ́mənənt/	
形 重要な、優勢な、大勢を占める	類 dominant

□ 2792 SVL 4	The House of Commons will be passing **legislation** later today.
legislation	下院は今日遅くに法案を通過させることになっている。
/lèdʒisléiʃən/	
名 法律制定、立法、法律	類 law

□ 2793 SVL 5	They drove to several hotels looking for **accommodation**.
accommodation	彼らは宿泊施設を探していろいろなホテルに車で行った。
/əkɔ̀mədéiʃən/	
名 宿泊、宿泊設備(施設);順応、適応	類 lodgement, housing; adaptation, adjustment

□ 2794 SVL 6	Marxist **ideology** provided the basis for communism.
ideology	マルクス主義のイデオロギーは共産主義の基礎を提供した。
/àidiɔ́lədʒi/	
名 イデオロギー、観念形態、観念	

□ 2795 SVL 7	**Citizenship** is automatically conferred to those born in the country.
citizenship	市民権はその国で生まれた者に自動的に与えられる。
/sítəzənʃip/	
名 市民権、公民権、市民であること	

□ 2796 SVL 9	The library is investing £1 million to **modernise**.
modernise	図書館は近代化するために100万ポンドの投資をしている。
/mɔ́dənàiz/	
動 〜を近代化する、現代的にする	類 streamline, update

□ 2797 SVL 8	My parents **immigrated** to Australia from Greece a long time ago.
immigrate	私の両親はずっと前にギリシャからオーストラリアに移住した。
/íməgrèit/	
動 移住する;(他国・他地域へ)を移住させる	類 migrate, settle

Part 2 分野別語彙

□ 2798　　　　SVL 6	The RSPCA advocates for the **ethical** treatment of animals.
ethical	RSPCAは動物の倫理的待遇を訴えている。
/éθikəl/	
形 倫理的な、道徳的な；道徳上の	類 honourable, virtuous; moral　反 unethical, immoral

□ 2799　　　　SVL 3	The British **government** sits in the Parliament at Westminster, London.
government	イギリス政府はロンドンのウェストミンスターにある議会に置かれている。
/ɡʌ́vənmənt, ɡʌ́vəmənt/	
名 政府、政権；統治、政治	類 administration, authority, regime

□ 2800　　　　SVL 3	The money was shared **equally** amongst the siblings.
equally	お金はきょうだいの間で平等に配された。
/íːkwəli/	
副 （扱いなどを）平等に、公平に；（程度を）同等に、均等に	類 fairly, uniformly, similarly, evenly

□ 2801	Demand for inner city **housing** has been steadily increasing.
housing	都心部の住宅需要は着実に増加している。
/háuziŋ/	
名 住居、住宅、住宅供給	類 habitation, dwelling, residence

□ 2802　　　　SVL 6	She is **pregnant** with her first child.
pregnant	彼女は第1子を妊娠している。
/préɡnənt/	
形 妊娠している；満ちた、はらんでいる	類 expecting, carrying a child

□ 2803　　　　SVL 3	Future **property** prices are expected to rise as a result of high immigration.
property	将来の不動産価格は、移民の増加により上昇すると予想される。
/prɔ́pəti/	
名 財産、資産、所有物、不動産	類 estate, wealth, real estate

□ 2804　　　　SVL 2	The **capital** of the United States is Washington, D.C.
capital	アメリカ合衆国の首都はワシントンD.C.である。
/kǽpətl/	
名 首都、首府；資本	類 cash

□ 2805	Yoga retreats did a lot to **popularise** Bali as a hot tourist destination.
popularise	ヨガ合宿は、バリを人気の観光地として一般化するのに大きな役割を果たした。
/pɔ́pjuləràiz/	
動 ～を大衆化する、通俗化する、普及させる	

□ 2806　　　　SVL 4	The city **council** has decided to ban cars from the city centre.
council	市議会は市中心部への車の乗り入れ禁止を決定した。
/káunsəl/	
名 地方議会；評議会、協議会、審議会	類 assembly, board, congress, association

□ 2807　　　　SVL 3	The **minister**'s team work really hard and are loyal employees.
minister	その大臣のチームは実によく働く、忠実な職員たちである。
/mínistə/	
名 大臣、長官、公使	

□ 2808　SVL 8
legacy
/léɡəsi/

名 遺産、受け継いだもの

Having no children, Eleanor donated her legacy to different charities.
エレノアには子どもがいなかったので遺産をさまざまな慈善団体に寄付した。

類 inheritance, heritage

□ 2809　SVL 5
dwell
/dwél/

動 くよくよ考える；残る、存在する

Stop dwelling on the past; you need to look to the future.
過去をくよくよ考えるのはやめて、未来を見るべきだよ。

□ 2810　SVL 5
civilisation
/sìvəlaizéiʃən/

名 文明、文明社会；文明化、開化

Evidence for the beginning of civilisation can be found in the Middle East.
文明の始まりに関する証拠は中東で見られる。

類 culture, advancement, cultivation　反 barbarism

□ 2811　SVL 2
murder
/mə́ːdə/

名 (故意の) 殺人、殺人事件
動 (故意に)〜を殺す

Jack the Ripper murdered lots of vulnerable women in 1888.
切り裂きジャックは1888年に多くの弱い女性を殺害した。

類 名 homicide, manslaughter　動 assassinate, kill, execute

□ 2812　SVL 7
regime
/reiʒíːm/

名 政治体制、政治形態、政権

The regime could pose a threat to regional stability.
その政治体制は地域の安定にとって脅威となることがある。

類 government, administration

□ 2813　SVL 7
monarchy
/mɔ́nəki/

名 君主制、君主国

General Franco demanded that the monarchy be reinstated after his death.
フランコ将軍は、自分の死後には君主制を復活させるよう求めた。

類 kingdom

□ 2814　SVL 3
leisure
/léʒə/

名 余暇、暇な時間、レジャー

A life of leisure and travel awaited the Goldsteins in their retirement.
余暇と旅を満喫する人生がゴールドスタイン夫婦の定年後に待っていた。

類 recreation, relaxation, spare time

□ 2815　SVL 8
landmark
/lǽndmàːk/

名 陸標、ランドマーク；歴史的建造物、史跡

Big Ben is London's most iconic landmark.
ビッグベンはロンドンで最も象徴的なランドマークである。

類 milestone; monument, memorial

□ 2816　SVL 2
behave
/bihéiv/

動 (ある方法で) 振る舞う；行儀良くする

The children behaved themselves, so they were given a treat.
子どもたちは行儀よくしていたので、おやつをもらえた。

類 act, perform; be good, be polite

□ 2817　SVL 3
ministry
/mínəstri, mínistri/

名 省、省庁

The Ministry of Foreign Affairs deals with multilateral relations.
外務省は多国間関係に取り組む。

類 department

Part 2　分野別語彙

297

□ 2818　　SVL 7	This year's **census** will be distributed on May 25 to every residence.
census /sénsəs/	今年の国勢調査は5月25日に全戸に配布される。
名 国勢調査、人口調査	

□ 2819　　SVL 7	A large **bureaucracy** is unpopular with conservative voters.
bureaucracy /bjuərɔ́krəsi/	巨大な官僚制は保守的な有権者に不評である。
名 官僚、官僚制度、官僚主義	

□ 2820　　SVL 4	Humphrey and Geoffrey have been Australian **residents** since 2002.
resident /rézidənt, rézədənt/	ハンフリーとジェフリーは2002年からオーストラリア住民である。
名 居住者、在住者　形 居住している、在住の	類 名 形 habitant, inhabitant　反 名 形 nonresident

□ 2821　　SVL 3	Quiet **neighbourhoods** with large houses are usually expensive to live in.
neighbourhood /néibəhùd/	大きな住宅のある閑静な地域は通常、住むのにお金がかかる。
名 近所、近隣、地域；近隣住民	類 vicinity, area, district; community

□ 2822　　SVL 4	The **youngsters** were needlessly harassed by the police for skateboarding.
youngster /jʌ́ŋstə/	子どもたちはスケートボードをしたことで警察から必要以上に責められた。
名 子ども、少年、若者	類 child, youth, juvenile, kid

□ 2823　　SVL 5	Thanksgiving is an American holiday where families eat a **feast** together.
feast /fíːst/	感謝祭はアメリカの祝日で家族みんなでごちそうを食べる。
名 ごちそう、祝宴、大宴会	類 banquet

□ 2824　　SVL 7	Parliamentarians voted to **amend** the outdated legislation.
amend /əménd/	国会議員は時代遅れの法律を改正するために投票した。
動 (法律・規則など) ～を改正する、修正する	類 alter, revise

□ 2825　　SVL 6	With the defendant declared innocent, the members of the **jury** were glad that the trial was over.
jury /dʒúəri/	被告に無罪が言い渡され、陪審員は裁判が終わったことを喜んだ。
名 陪審、陪審団、審査員団	

□ 2826　　SVL 3	Personal **liberty** may be threatened by anti-terrorism legislation.
liberty /líbəti/	個人の自由はテロ対策法案によって脅かされる恐れがある。
名 自由、権利、解放	類 freedom, liberation

□ 2827　　SVL 6	We've **resided** in this house for the last 24 years.
reside /rizáid/	私たちはこの24年間この家に住んできました。
動 (～に) 住む、居住する	類 live

□ 2828　　SVL 8
lawsuit
/lɔ́:sjùːt/

名 訴訟

Fighting the **lawsuit** proved more costly than he had anticipated.
訴訟で争うのは彼の予想よりも費用がかかることがわかった。

類 action, suit

□ 2829　　SVL 5
prohibit
/prəhíbit/

動 ～を禁止する、禁じる

Alcohol is **prohibited** in Saudi Arabia and some other Arab countries.
アルコールはサウジアラビアや他のアラブ諸国で禁じられている。

類 forbid, ban

□ 2830　　SVL 7
ballot
/bǽlət/

名 票、投票、投票用紙

Electoral **ballots** are kept under close supervision until they are counted.
選挙の投票用紙は数えられるまで厳重な監視下に置かれる。

類 vote, poll

□ 2831　　SVL 4
congress
/kɔ́ŋgres/

名 会議、国会、議会

Congress approved the bill, but now it needs to get the senate's approval.
議会は法案を承認したが、上院の承認を得る必要がある。

類 diet, parliament

□ 2832　　SVL 8
trait
/tréi/

名 特徴、特質、(遺伝的)形質

Eye and hair colour are genetically heritable **traits**.
目と髪の色は遺伝的な形質である。

類 attribute, character, feature, quality

□ 2833　　SVL 4
cabinet
/kǽbənit/

名 内閣、閣議

Reshuffling the **cabinet** is the new prime minister's No. 1 priority.
内閣改造は新しい首相の最優先事項である。

□ 2834　　SVL 3
afford
/əfɔ́:d/

動 ～する余裕がある；～を与える

Fewer and fewer people can **afford** to buy a house nowadays.
昨今では、戸建てを購入する余裕がある人はますます少なくなっている。

類 have enough for 反 fail, fall short of

□ 2835　　SVL 3
religion
/rilídʒən/

名 宗教、宗派；信仰、信心

Monotheistic **religions**, like Christianity and Islam, believe in a single god.
キリスト教やイスラム教などの一神教は、唯一神を信仰する。

類 creed, faith; devotion, persuasion

□ 2836　　SVL 6
skyscraper
/skáiskrèipə/

名 超高層ビル、摩天楼

Dubai's Burj Khalifa is the tallest **skyscraper** in the world.
ドバイのブルジュ・ハリファは世界一高い超高層ビルである。

類 high-rise, tower

□ 2837　　SVL 8
migrate
/maigréit/

動 ～へ移住する、移り住む、(動物が)渡りをする

Geese **migrate** south to warmer climates in the winter.
ガチョウは冬になると温暖な気候の南に渡る。

類 emigrate, immigrate, relocate

Part **2**
分野別語彙

□ 2838 SVL 9	Rolling out the red carpet for foreign leaders is standard **protocol**.
protocol	外国の首脳を盛大に歓迎するのは標準的な**外交儀礼**である。
/próutəkɔ̀l/	
名 外交儀礼、儀礼、典礼	類 manners, courtesies

□ 2839 SVL 5	After losing his job, Arthur suffered from **depression** and loss of appetite.
depression	アーサーは失業してからうつ病と食欲不振に苦しんだ。
/dipréʃən/	
名 憂鬱(ゆううつ)、鬱(うつ)；不景気、不況	類 melancholy; recession, slump

□ 2840 SVL 5	Electricity **consumers** will be hit hard by the latest price increases.
consumer	電力消費者は最近の価格上昇により大きな打撃を受けるだろう。
/kənsjúːmə/	
名 消費者、購入者；消費する（枯渇させる）もの	類 buyer, purchaser; user 反 seller, marketer

□ 2841 SVL 8	Attacking a **sovereign** nation is considered an act of war.
sovereign	主権国家への攻撃は戦争行為とみなされている。
/sɔ́vərən/	
形 主権を有する、君主である 名 君主、主権者	類 名 monarch 形 monarchical

□ 2842 SVL 5	The room was **dense** with children.
dense	その部屋には子どもたちが密集していた。
/déns/	
形 濃い、密集した；密な	類 crowded, thick 反 sparse, thin

□ 2843 SVL 4	Canada's 10 **provinces** have a high degree of autonomy.
province	カナダの10の州は高い自治権を有している。
/próvins/	
名 （行政区分の）州、省、県	類 prefecture

□ 2844 SVL 2	The **secretary** of state addressed the United Nations General Assembly.
secretary	国務長官は国連総会で演説した。
/sékrətəri/	
名 （各省の）長官、大臣	

□ 2845 SVL 4	World **poverty** has been decreasing at a staggering rate.
poverty	世界の貧困は驚くべき速度で減少している。
/póvəti/	
名 貧困、貧乏	反 wealth

□ 2846 SVL 4	No sales taxes were incurred from the family's primary **residence**.
residence	その家族の主たる住居から売上税は発生しなかった。
/rézidəns/	
名 住居、居住地；居住、在住	類 house, home, dwelling, residency; residing

□ 2847 SVL 2	His success in business may be attributed to his **noble** ancestry.
noble	彼のビジネスにおける成功は、高貴な家柄が要因かもしれない。
/nóubl/	
形 気高い、高貴な、貴族の	反 ignoble

☐ 2848　SVL 3
profession
/prəféʃən/
名 職業、知的職業、専門職

She has worked at her **profession** as a dentist for 22 years.
彼女は22年間歯科医という職業に就いていた。

類 career, occupation, work

☐ 2849　SVL 5
refuge
/réfju:dʒ/
名 避難、保護、避難所

Lesley found **refuge** from the storm in a small mountain shelter.
レスリーは小さな山小屋に嵐からの避難場所を見つけた。

類 protection, shelter

☐ 2850　SVL 5
throne
/θróun/
名 王位、帝位、王座、玉座

Louis XVI was removed from the **throne** in 1792.
ルイ16世は1792年に王位から退いた。

☐ 2851　SVL 4
behaviour
/bihéivjə/
名 行動、態度、振る舞い：反応

Much of psychology is focused on human and animal **behaviour**.
心理学の大半は人間と動物の行動に焦点を合わせている。

類 action, attitude

☐ 2852　SVL 6
diversity
/daivə́:səti/
名 多様性、さまざまなこと

Ethnic **diversity** characterises cities like London, Paris and New York.
人種の多様性はロンドン、パリ、ニューヨークのような都市を特徴づけている。

類 variety, variation, multiplicity

☐ 2853　SVL 6
reign
/réin/
名 統治、治世

The **reign** of Juan Carlos I ended in a series of scandals.
フアン・カルロス1世の治世は一連のスキャンダルのうちに終わった。

☐ 2854　SVL 5
exhaust
/igzɔ́:st/
動 ～を疲弊させる、疲れさせる；（資源・力など）を使い果たす

Anita was completely **exhausted** after running the marathon.
アニータはマラソンを走り終えた後、すっかり疲れ切っていた。

類 fatigue, wear out; absorb, consume, spend 反 strengthen

☐ 2855　SVL 5
accustomed
/əkÁstəmd/
形 慣れている、いつもの、例の

Jason was not **accustomed** to taking his shoes off.
ジェイソンは靴を脱ぐことに慣れていなかった。

類 usual, habitual 反 unaccustomed

☐ 2856　SVL 5
ambassador
/æmbǽsədə/
名 大使

The **ambassador** played down his country's human rights abuse record.
その大使は、自国の人権侵害の過去を軽視した。

類 representative, agent

☐ 2857　SVL 7
diplomacy
/diplóuməsi/
名 外交、外交的手腕

International **diplomacy** is crucial to trade and good relations with other nations.
国際外交は他国との貿易および良好な関係の確立に不可欠である。

301

□ 2858 　　SVL 6 **convict** /kənvíkt/ **動** ～を有罪と決する、有罪と宣告する	To his shame, Dave was **convicted** of fraud. 恥ずかしいことに、デーブは詐欺で有罪判決を受けた。 類 condemn　反 acquit
□ 2859 　　SVL 3 **politician** /pɔ̀lətíʃən/ **名** 政治家、政治屋、策士	Elections are an aspiring **politician**'s chance to enter parliament. 選挙は、野心を抱いている政治家にとって議会に入るチャンスである。
□ 2860 　　SVL 7 **conform** /kənfɔ́ːm/ **動** 従う、適合する	His unwillingness to **conform** to the rules cause friction. 彼の規則に従う気のなさは摩擦を引き起こす。 類 comply, obey
□ 2861 　　SVL 4 **suburb** /sʌ́bəːb/ **名** 郊外、市外	Life in the **suburbs** can be dull, and you often need a car. 郊外での生活は退屈で、たいてい車が必要だ。 類 outskirts
□ 2862 　　SVL 2 **district** /dístrikt/ **名** 区、地区、地域；地方、地帯	The **district** elects its mayor once every three years. この地区は3年に1度市長を選出する。 類 neighbourhood, section, sector, area
□ 2863 　　SVL 2 **responsible** /rispɔ́nsəbl/ **形** 招く、責任がある、責任を負うべき；信頼できる	Those **responsible** for vandalising the public toilets were caught by the police. 公衆トイレの破壊を招いた者たちが警察に捕まった。 類 dependable; reliable, trustworthy　反 irresponsible; unreliable
□ 2864 **incarcerate** /inkɑ́ːsəreit/ **動** ～を投獄する、収監する	Many people were wrongfully **incarcerated** before DNA analysis became the preferred forensic method. DNA鑑定が法医学的な方法として選ばれるようになる前は、多くの人が不当に投獄された。 類 commit, confine, imprison, jail
□ 2865 　　SVL 4 **rural** /rúərəl/ **形** 田舎の、地方の、田舎じみた	With young people leaving **rural** areas for cities, villages are dying. 若者が田舎を出て都市に行ってしまうため、村は衰退している。 類 rustic, pastoral, provincial　反 urban, metropolitan
□ 2866 　　SVL 2 **policy** /pɔ́ləsi/ **名** 政策、方策、方針、手段	The government **policy** on public housing is still uncertain. 公営住宅に関する政府の方針は依然として確定していない。 類 arrangement, strategy
□ 2867 　　SVL 5 **ethnic** /éθnik/ **形** 民族の、民族的な、（ある）民族特有の	The Berbers are an **ethnic** group native to North Africa. ベルベル人は北アフリカに元々住む民族である。 類 tribal, indigenous, racial

□ 2868　　　　　　　SVL 4

privilege

/prívəlidʒ/

名 名誉、栄誉、特権、恩恵

It was a **privilege** to meet the queen.
女王にお会いできて**光栄**だった。

類 honour, right

□ 2869　　　　　　　SVL 7

bias

/báiəs/

名 偏見；偏り　動 （〜に対する）偏見を抱かせる

Bias against women still exists in many countries.
女性に対する偏見はいまだに多くの国で存在している。

類 名 prejudice, favour, tendency　動 prejudice, favour

□ 2870　　　　　　　SVL 2

serve

/sə́:v/

動 （食事・飲み物）を出す、〜を給仕する；〜に仕える

The waiter **served** the couple drinks while they perused the menu.
ウエーターは、カップルがメニューを丹念に読み込んでいる間に飲み物を出した。

類 deliver, distribute; work for

Part
2
分野別語彙

303

Column 2

" 語彙を定着させるための練習法あれこれ "

　語彙習得のプロセスは長く、覚える／忘れるの繰り返しそのものです。多数回の出会いを経て単語や言い回しが長期記憶に蓄えられて初めて「習得した」ことになります。これが語彙の定着です。映画・ドラマの鑑賞や読書は単語との出会いを増やし、語彙定着に効果があります。こうしたインプットでの出会いに加え、本書や英英辞典を活用すれば、アウトプット（話す・書く）の機会もご自身で作り出すことができます。

　【品詞スイッチ】　アウトプットの場面で、語幹を共有する単語を次々異なる品詞で使い回すと、単語との出会いを意図的に増やすことができます。小論執筆、面接試験、さらに日常会話にも大いに役立つ「品詞スイッチ」は、本書の例文を使ってトレーニングできます。アプローチは二つあります。

　① 例文中の単語の品詞を変えて、ストーリーの続きや補足のような文を作る。

　Jill said she **preferred** vanilla ice-cream. という例文があれば、Her ice-cream **preference** is different from mine. というように話を続けてみます。このスキルを鍛えていけば、スピーキング試験でも日常会話でも応答時間の短縮が図れます。

　② 例文の意味を変えずに品詞をスイッチする。

　少し難易度が上がりますが、文法や構文の練習としてぜひチャレンジしてみましょう。例えば、The manager did not give us any opportunity for **discussion**. という例文の意味を（あまり）変えずに言い換えると The manager didn't allow us to **discuss** the matter. となります。

　【言い換え】　英語は繰り返しを嫌います。同じ単語を立て続けに使うと稚拙な印象を持たれるため、ネイティブ話者は幼いころから繰り返しを避けるように指導されます。類義語や反意語、説明的表現などを駆使して、言い換えスキルを磨きましょう。

　① 類義語や反意語を使って言い換える。

　His directions were **ambiguous**. ⇒ His directions were **ambivalent**. この例では、ambiguousをambivalentに置き換えています。反意語も言い換えに使えます。例えば、His directions were **not clear**（もしくは**not precise**）. と言い換えてもよいです。

　② フレーズを説明的な表現で言い換える。

　例えば、**I prefer** vanilla ice-cream. は、preferの代わりに**would rather have**を使って、**I'd rather have** vanilla ice-cream. にすることができます。

　「品詞スイッチ」と「言い換え」は、リスニング、スピーキング、ライティングといった場面ですぐに役立ちます。本書の例文やお使いのIELTSリーディング課題を活用してぜひやってみましょう。

Part 3

熟語&チャレンジ語彙

No.2871-3310

ハイスコア取得には幅広い表現を身につけることが鍵となります。熟語やハイレベルな語彙を学んで語彙力を磨き、スコアアップを実現しましょう。

□ 2871
in advance

前もって、あらかじめ、先に

You'll have to order the book **in advance**.
その本は事前に注文しなければならない。

類 beforehand, preliminarily

□ 2872 SVL 10
autonomous
/ɔːtɔ́nəməs/

形 自律的な、自主的な；自治の

Autonomous vehicles may eliminate millions of driving jobs.
自律走行車は何百万人もの運転手を失業させるかもしれない。

類 independent, self-governed, sovereign

□ 2873 SVL 10
exemplify
/igzémpləfài/

動 ～を例示する、例証する；～の実例となる、良い例となる

Templates are meant to **exemplify** the desired format of a document.
ひな形は書類に求められる様式を例示するものである。

類 demonstrate, illustrate

□ 2874 SVL 10
elicit
/ilísit/

動 (反応など)を引き出す、聞き出す

Her thought-provoking speech **elicited** an enthusiastic response from the audience.
彼女の示唆に富むスピーチは聴衆から熱狂的な反応を引き出した。

類 draw, evoke

□ 2875 SVL 12
fallacy
/fæləsi/

名 誤った考え、誤信；誤った推論

Fallacies associated with vaccination programs persist despite the availability of data.
データが公開されているにもかかわらず、ワクチン接種計画に関する間違った考えは根強い。

類 delusion, misbelief, misconception

□ 2876 SVL 11
pedigree
/pédəgriː/

名 (動物の)純血、血統、血統書；家柄、血筋

Only poodles of the highest **pedigree** are allowed.
最高の血統を持つプードルのみ受け付けます。

類 birth, blood, descent

□ 2877 SVL 10
concord
/kɔ́ŋkɔːd/

名 (国家間の)協定、友好関係；一致、調和

The Magna Carta was a **concord** signed by the king subjecting him to the law.
マグナ・カルタは、王が法に従うことに同意署名した協定であった。

類 harmony, peace

□ 2878
get stuck

行き詰まる、はまる、抜け出せなくなる

If you **get stuck** on a question, don't panic and just move on to the next one.
行き詰まってしまう問題があったら、慌てずさっさと次に移ること。

類 wallow

□ 2879 SVL 11
plagiarism
/pléidʒərizm/

名 盗用、剽窃(ひょうせつ)；盗作

Professor Wilcox was accused of **plagiarism** by the scientific community.
ウィルコックス教授は科学界から盗用を告発された。

類 infringement, piracy

□ 2880
turn out

～であることが分かる、～と判明する；(人が)集まる

It **turned out** that my academic adviser was my grandfather's friend.
指導教官が私の祖父の友達だったことが判明した。

類 prove

☐ 2881　　SVL 10 **debris** /déibri:, débri:/ **名** (破壊された物の) がれき、破片、残骸	Debris from the exploding warehouse was landing everywhere. 爆発した倉庫から飛んでくる**がれき**がそこら中に落ちてきていた。 ―――――――― **類** remains, residue, wreckage
☐ 2882　　SVL 11 **placebo** /pləsí:bou/ **名** 偽薬、プラシーボ	Despite it being nonsense, homeopathy can have a powerful placebo effect. 考え方はばかげているものの、ホメオパシーにより強力な偽薬効果は生じ得る。
☐ 2883　　SVL 9 **whereby** /wèəbái/ **副** ～する (ところの)、それによって	An agreement was reached whereby she looked after the children. 彼女が子どもたちの面倒を見る**ということで**合意が成された。 ―――――――― **類** by which
☐ 2884　　SVL 11 **jeopardy** /dʒépədi/ **名** 危機、危険	Overspending placed the entire building project in jeopardy. 過剰な出費により建築プロジェクト全体が危機にひんすることとなった。 ―――――――― **類** danger, risk
☐ 2885　　SVL 12 **ephemeral** /ifémərəl/ **形** つかの間の、短命の、刹那 (せつな) の	Music's ephemeral nature is what makes it so appealing. 音楽が本質的に持つ**はかなさ**が強く人の心を動かす。 ―――――――― **類** brief, short-lived, temporary
☐ 2886 **go over** 訪ねていく、(外国などへ) 行く；～を調べる、検討する	They'll have to go over to the Belfast office for that meeting. その会議のために彼らはベルファストの事業所まで**赴かなければならない**。
☐ 2887　　SVL 10 **dispel** /dispél/ **動** ～を晴らす、払いのける；～を追い払う、追い散らす	Rumours of his involvement were dispelled by his brother. 彼が関与したといううわさは彼の兄によって**晴らされた**。 ―――――――― **類** clear out, scatter
☐ 2888　　SVL 12 **divergent** /daivə́:dʒənt/ **形** (意見などが) 不一致の、異なる；分かれる、分岐する	Considering divergent points of view is important. **異なる**視点を考慮することは重要である。 ―――――――― **類** differing, contradictory
☐ 2889 **be short of** ～が不足して、足りない、乏しい	They sold their car because they were short of money. お金が**不足していた**ので彼らは車を売った。 ―――――――― **類** lack
☐ 2890　　SVL 11 **culmination** /kʌ̀lmənéiʃən/ **名** 結果、結末、最高潮、最高点	It's the culmination of hard work, perseverance and a bit of luck. これはたゆまぬ努力と忍耐、そして少しの運の**結果**である。 ―――――――― **類** apex, pinnacle, summit, zenith

Part **3** 熟語&チャレンジ語彙

□ 2891	SVL 11

ambivalent

/æmbívələnt/

形 どっちつかずの、(〜について)同時に相反する感情を持つ

She is **ambivalent** about making a change in her career.
彼女は転職することについて決めかねている。

類 contradictory, mixed

□ 2892

fall behind

後れを取る、遅れる；置いて行かれる；滞らせる

Make sure that you don't **fall behind** in your studies.
学業で後れを取らないようにすること。

類 lag

□ 2893	SVL 12

underpin

/ʌ̀ndəpín/

動 (主張など)を支持する、補強する；〜を下支えする

Ethical theories need to be **underpinned** by bedrock hypotheses.
道徳論は基盤となる仮説に支えられていなければならない。

類 support

□ 2894

come into effect

(法律などが)発効する、実施される

The tax increase will **come into effect** in the new year.
増税は年が明けてから発効する。

□ 2895	SVL 7

inherent

/inhérənt/

形 (性質などが)本来備わっている、生来の、固有の

There are **inherent** dangers associated with heavy drinking.
深酒にどうしてもつきまとう危険性というものが存在する。

類 essential, intrinsic, native

□ 2896	SVL 9

retrieve

/ritríːv/

動 〜を取り戻す、回収する

Amelia went to the police station to **retrieve** the purse she had lost.
アミーリアはなくした財布を受け取りに警察署へ行った。

類 recover, get back, reclaim

□ 2897	SVL 10

acclaim

/əkléim/

名 称賛、絶賛 動 〜を称賛する、歓呼して迎える

She won the award to great **acclaim** from her fellow actors.
彼女は俳優仲間からの称賛の中で賞を勝ち取った。

類 動 applaud, praise

□ 2898

stay up

寝ないでいる、寝ずに起きている

My flight is at 4 a.m. so it makes more sense to just **stay up** and then sleep on the plane.
フライトは朝の4時なので、寝ずに起きていて機内で寝る方が良い。

□ 2899

stand out

目立つ、際立つ；突出する、抜きんでている

That shirt will definitely **stand out** in the crowd!
そのシャツなら間違いなく人混みの中でも目立つよ！

類 overhang, stick out

□ 2900

cope with

〜に対処する、耐える

He left because he could not **cope with** the new management.
新しい経営陣に耐えられず彼は退職した。

類 address, handle, manage

🔊 296.mp3

□ 2901　　　　SVL 11 **burrow** /bɑ́rou/ **動** （動物 が）巣 穴 を 掘 る **名** （動物の）巣穴、隠れ穴	Rabbits **burrow** underground to shelter from the elements. ウサギは風雨をしのぐため地下に巣穴を掘る。 類 **名** den
□ 2902　　　　SVL 10 **liaison** /lìːeizɔ́ːŋ, liéizɔn, líəzɔ̀ːn/ **名** 連絡係、つなぎ役；連絡、 接触、協力関係	The ministry's **liaison** officer was faced with tough questions. 省の連絡係官は厳しい質問を浴びせられた。 類 communication, relation
□ 2903　　　　SVL 10 **embed** /imbéd/ **動** ～を埋め込む、はめ込む	There are too many ads **embedded** on your website. 君のウェブサイトには埋め込み広告が多過ぎる。 類 fix, implant, lodge
□ 2904 **get rid of** ～を処分する；～を追い払う、 ～から抜け出す	You need to **get rid of** these old clothes. これらの古い服は処分しなければいけませんよ。 類 discard, remove
□ 2905 **get your foot in the door** 働く機会を得る、入り込む；足 掛かりを得る	It's a good company, so you should definitely try to **get your foot in the door**. 良い会社だから、働く機会を得られるようにぜひ頑張るべきだ。
□ 2906 **common sense** 常識、良識	Use some **common sense**; electricity and water do not mix! 常識で考えてくれ、電気と水は混ぜちゃだめだ！ 類 level-headedness, sensibleness, wisdom
□ 2907 **drop by** **動** ～にちょっと立ち寄る、顔 を出す	Grandma **dropped by** the house this morning on her way to the station. 祖母が今朝駅へ行く途中で家に立ち寄った。 類 come by, visit
□ 2908 **prior to** ～より前に、～に先立って	You need to fill out the arrival forms **prior to** going through customs. 税関の手続きの前に到着票に記入しなければなりません。 類 ahead of, before
□ 2909　　　　SVL 9 **allergic** /əlɔ́ːdʒik/ **形** アレルギー（性）の、アレル ギーによる；アレルギー体質の	Little Noah is **allergic** to lots of different foods. ノアちゃんはいろいろな種類の食べ物にアレルギーがある。 類 susceptible
□ 2910　　　　SVL 10 **predator** /prédətə/ **名** 捕食動物、捕食者；略奪者	Humans are much the same as other animals in that we are both **predators** and prey. 人間は捕食動物でかつ被食者でもあるという限りにおいて、他の動物とほとん ど同じである。 類 hunter, carnivore

Part 3 熟語&チャレンジ語彙

☐ 2911　　　　　SVL 10 **eligible** /élidʒəbl/ 形 資格がある、権利がある、 適格な	One needs to be 18 years of age to be **eligible** to vote. 投票資格を持つには18歳になっていなければならない。 類 able, qualified
☐ 2912　　　　　SVL 10 **antagonist** /æntǽgənist/ 名 敵役、憎まれ役；競争相手、 敵対者	Like so many American productions, the **antagonist** was given an English accent. アメリカ制作ものにはしょっちゅうあることだが、敵役にはイギリス英語があてがわれていた。 類 opponent, rival, adversary　反 protagonist
☐ 2913　　　　　SVL 10 **override** /òuvəráid/ 動 ～を覆す、無効にする；～ に優先する	The Parliament needs two-thirds of its members to vote in order to **override** the veto. 拒否権を覆すには、国会議員の3分の2が投票する必要がある。 類 overrule, supersede
☐ 2914　　　　　SVL 10 **partisan** /pàːtizǽn, páːtizæn/ 形 党派心の強い、偏向した 名 熱心な支持者、同志	Backbenchers were instructed to vote along **partisan** lines. 平議員は党派方針に沿った票を投じるよう指示された。 類 disciple, militant
☐ 2915　　　　　SVL 10 **versatile** /vɔ́ːsətàil/ 形 (物が)用途の広い、万能の； 多才な、芸達者な	Small cars are a lot more **versatile** in big cities than large ones. 小型の車は大型のものに比べて、大都市でははるかに万能だ。 類 adaptable, universal
☐ 2916 **in charge of** ～を担当して、～の担当で、～ を任されて	That's Ms Wilkinson, the person **in charge of** school lunches. あちらがウィルキンソンさん、学校給食の責任者です。
☐ 2917　　　　　SVL 9 **verify** /vérəfài/ 動 ～が真実であることを確か める；～を検証する	The bouncer had to **verify** their respective forms of ID. 用心棒は彼らの身分証明書をそれぞれ確認しなければならなかった。 類 attest, certify, confirm, validate
☐ 2918　　　　　SVL 11 **strew** /strúː/ 動 ～にまき散らす、ばらまく、 敷き詰める	Toys and clothes were **strewn** all over his bedroom floor. 彼の寝室の床には一面におもちゃや服が散乱していた。 類 pepper, scatter, sprinkle, clutter
☐ 2919　　　　　SVL 10 **viable** /váiəbl/ 形 (計画などが)実行可能な、 実現可能な	I believe that their business model is not **viable** and will fail. 彼らの事業モデルは実行可能なものではなく、失敗すると私は思う。 類 feasible, possible
☐ 2920　　　　　SVL 9 **intrigue** /intríːg/ 動 (人)の興味をそそる；謀略 を巡らす	Isabella was **intrigued** by the experiment's unusual outcome. 実験の普通ではない結果にイザベラは興味をそそられた。 類 fascinate, interest

□ 2921 **keep up with** (状況・話題など)に遅れずについていく;〜と親交を保つ	What he was saying was interesting, but I couldn't **keep up with** him. 彼の言うことは興味深かったが、私は**ついていけ**なかった。 類 be neck and neck 反 fall behind
□ 2922　　　　SVL 6 **irresponsible** /ìrispɔ́nsəbl/ 形 無責任な、責任感がない、信頼できない;責任能力のない	The **irresponsible** driver was caught for speeding. その無責任なドライバーはスピード違反で捕まった。 反 responsible
□ 2923 **no less … than 〜** 〜に劣らず…で、〜と同様に…で	The crime rate in the city is **no less** serious **than** it was 10 years ago. この街の犯罪率は、10年前と同様に深刻だ。
□ 2924 **be surrounded by** 〜に囲まれている	He loved nothing more than to **be surrounded by** mountains. 彼は何よりも山々に囲まれていることが好きだった。
□ 2925 **out of stock** 在庫切れ、品切れ	Sorry, we're **out of stock**, but we'll be receiving more on Thursday. すみません、在庫切れとなっておりまして、木曜日にまた入荷予定です。
□ 2926　　　　SVL 12 **glucose** /glú:kous/ 名 ブドウ糖、グルコース	Diabetics do not respond to **glucose** favourably without insulin. 糖尿病患者はインスリンなしではブドウ糖にうまく反応できない。
□ 2927　　　　SVL 10 **refurbish** /rì:fə́:biʃ/ 動 〜を改装する、改修する;〜を刷新する	She buys old houses, **refurbishes** them and then leases them out. 彼女は古い家を買い、改装した上で貸し出している。 類 renovate, update
□ 2928 **in person** 本人自ら、自分で	Visa applications need to be done **in person**. ビザの申請は本人がしなければなりません。 類 directly, personally
□ 2929　　　　SVL 10 **forge** /fɔ́:dʒ/ 動 〜を偽造する;〜を築く、築き上げる	There is an alarming number of **forged** Vermeers in collections worldwide. 世界中の収蔵品から大変な数の偽のフェルメール作品が見つかっている。 類 counterfeit, fake
□ 2930　　　　SVL 11 **revoke** /rivóuk/ 動 〜を取り消す、撤回する、無効にする	His licence was **revoked** after he was caught driving under the influence of alcohol. 飲酒運転で捕まったことにより、彼は免許取り消しとなった。 類 abandon, cancel, scrap, call off

□ 2931 **put up with** 〜を我慢する、〜に耐える、仕方なく受け入れる	I'm no longer going to **put up with** all of this nonsense. もうこれ以上こんなばかげたことには耐えられない。 類 endure, suffer, take
□ 2932 **go with** 〜に共に進む；〜に伴う；〜と調和する；〜に付属する	You need to tune in, drop out and **go with** the flow. 波長を合わせて、道から外れて、流れに身を任せるってことさ。 類 conform (to), coordinate (with), harmonise (with)
□ 2933　　SVL 9 **thereby** /ðèəbái/ 副 それによって、その結果として	I **thereby** convict you to 20 years in prison in a maximum-security facility. 従って、被告を有罪とし最高度警備施設において20年の収監に処する。 類 by that
□ 2934 **show up** 現れる、来る、姿を見せる	Hey, you need to **show up** on time next time! 次回はちゃんと時間通りに来てくれよ！ 類 appear, turn up, unfold, come out
□ 2935　　SVL 12 **rebuttal** /ribʌ́tl/ 名 反論、反駁（はんばく）、反証	Her **rebuttal** to the argument put forward was surgical in its precision. 提示された主張に対する彼女の反論は外科手術のごとき切れ味だった。 類 counterstatement
□ 2936 **hand out** 〜配る、配布する	They always **hand out** perfume samples at those stands. 彼らはいつもあそこの露店で香水の試供品を配っている。 類 deal (out), distribute
□ 2937 **a great deal of** たくさんの〜、かなりの程度の、大量の	Her children were making **a great deal of** noise by the pool. 彼女の子どもたちはプールの脇でかなり騒がしくしていた。
□ 2938　　SVL 10 **retrieval** /ritríːvəl/ 名 回収、取り戻すこと、回復、挽回	The **retrieval** of climbers' bodies from the peak of Mount Everest is not feasible. エベレスト山頂の登山者の遺体の回収は現実的ではない。 類 reclamation, recovery
□ 2939　　SVL 9 **hormone** /hɔ́ːmoun/ 名 ホルモン	**Hormone** therapy is necessary for those who seek gender reassignment therapy. 性別適合治療を求める人にはホルモン療法が必要となる。
□ 2940　　SVL 12 **reimburse** /riːimbɔ́ːs/ 動 〜に払い戻す、返済する、弁償する	All members of staff will be **reimbursed** in the following month for any travel expenses. 移動経費は翌月スタッフ全員に払い戻される。 類 refund, repay

□ 2941 **sooner or later** 遅かれ早かれ、いつかは	He's bound to come home sooner or later, I would think. 彼は遅かれ早かれ帰ってくることになるんじゃないかと思うけど。 類 eventually
□ 2942　SVL 9 **congestion** /kəndʒéstʃən/ 名 渋滞、混雑、密集	Chronic traffic congestion can be mitigated by more people using public transport. 慢性的な交通渋滞は、より多くの人々が公共機関を利用することにより緩和できる。 類 jam, overcrowding
□ 2943　SVL 10 **obliterate** /əblítərèit/ 動 ～を消滅させる、消し去る； (感情など)を拭い去る	A sizeable comet impact would obliterate civilisation and humanity. 大きな彗星(すいせい)の衝突があれば文明と人類は消え去ってしまうだろう。 類 erase, wipe out
□ 2944 **consist in** 本質が～にある、存する	The beauty of the village consists in its quaint atmosphere. この村の美は、趣ある雰囲気に宿る。
□ 2945　SVL 12 **elucidate** /ilú:sədèit/ 動 ～を説明する、明らかにする、解明する	Mrs Brown elucidated the equations for her students to understand. ブラウン先生は生徒たちが分かるようにそれらの方程式について説明した。 類 clarify, explain, illustrate
□ 2946　SVL 10 **blackout** /blǽkàut/ 名 停電；(一時的な)意識喪失、記憶喪失	Power cuts in the Manchester area caused blackouts all around the city. マンチェスター周辺での送電停止により、市街全域で停電が発生した。 類 power cut; faint
□ 2947　SVL 9 **stun** /stʌ́n/ 動 ～をぼうぜんとさせる、驚かせる；～を気絶させる	Crowds were stunned by Argentina's victory over the All Blacks. アルゼンチンがオールブラックスを下したことに観衆は驚愕(きょうがく)した。 類 astonish, shock, startle
□ 2948　SVL 10 **preoccupied** /priːɔ́kjupàid/ 形 心を奪われた、頭がいっぱいで	Being preoccupied with his job, Jeff couldn't relax at all. 仕事のことで頭がいっぱいで、ジェフは全くくつろげなかった。 類 distracted
□ 2949　SVL 11 **legion** /líːdʒən/ 名 多数、大勢、大群；軍隊、軍団	A legion of fans followed them from city to city. 都市から都市へ、ファンの一団が彼らについて回った。 類 army, battalion
□ 2950　SVL 10 **proliferation** /prəlìfəréiʃən/ 名 増殖；激増、拡散	Bacteria proliferation happens very quickly, so you need to start taking antibiotics right now. 細菌の増殖は非常に早いので、抗生物質は今、飲んでください。 類 increase, multiplication

Part 3 熟語&チャレンジ語彙

☐ 2951　　　　　　SVL 10 **surveillance** /səvéiləns/ **名** 監視、見張り、監督	With CCTV everywhere in London, everybody is under constant **surveillance**. ロンドン中にあるCCTVカメラにより、皆が常に監視されている。 **類** inspection, supervision
☐ 2952　　　　　　SVL 10 **gadget** /gǽdʒit/ **名** 小道具、器具、装置、部品	Numerous **gadgets** were on display in the shop windows. 店のウインドーには数多くの小物が陳列されていた。 **類** contraption, gimmick, widget
☐ 2953 **all at once** 一斉に、同時に；突然、不意に	You don't have to learn these words **all at once**. これらの単語をいっぺんに覚える必要はありません。 **類** mutually, suddenly
☐ 2954 **get by** 何とかやっていく、切り抜ける；通り抜ける	He doesn't earn much money but he **gets by** fine, to be honest. 彼はそれほどお金を稼いでいないけど、実際何とかやっていけてるよね。 **類** fare, manage
☐ 2955　　　　　　SVL 9 **prone** /próun/ **形** (〜に) なりやすい、(〜し) がちな、(〜する) 傾向がある	Be careful! She is **prone** to accidents and other misfortunes. 彼女は事故とか災難に遭いやすいから、気を付けて！ **類** apt, inclined, vulnerable, in danger of
☐ 2956　　　　　　SVL 10 **faulty** /fɔ́:lti/ **形** 欠陥のある、欠点のある、不完全な	Old or **faulty** wiring, especially in older homes, can lead to house fires. 古いまたは欠陥のある配線、特に古い家に敷設されたものは、家屋火災の原因となることがある。 **類** bad, defective, flawed
☐ 2957　　　　　　SVL 10 **transcend** /trænsénd/ **動** (限界など) を超える、超越する；〜をしのぐ	Artistic beauty **transcends** the corporeal, extending the bounds of possibility. 芸術的な美しさというものは物質世界を超越し、可能性の限界を広げてくれる。 **類** exceed, surpass
☐ 2958　　　　　　SVL 9 **mimic** /mímik/ **動** 〜をまねる、まねてからかう；〜を模倣する	Chimpanzees have been shown to **mimic** human behaviour. チンパンジーは人間の行動をまねすることが示されている。 **類** copy, mock
☐ 2959　　　　　　SVL 10 **momentous** /mouméntəs, məméntəs/ **形** 重要な、重大な、由々しい	Russia's October Revolution was a **momentous** occasion that changed history. ロシアの十月革命は歴史を変えた重大な出来事だった。 **類** big, historic, major, significant
☐ 2960　　　　　　SVL 8 **adolescent** /ædəlésnt/ **名** 青年期の人、10代の若者 **形** 思春期の、青春期の	The four **adolescents** were in trouble after they were caught smoking cigarettes. たばこを吸っているのを見つかり、4人の若者はまずい状況にあった。 **類** immature, juvenile, young

2961 SVL 10 **overpopulation** /òuvəpɔpjuléiʃən/ 名 人口過剰	The threat of **overpopulation** seems to have been dispelled. 人口過剰の恐れは払いのけられたと思われる。
2962 SVL 11 **curtail** /kətéil/ 動 ～を削減する、切り詰める、～を短縮する	Taking two of these pills each day should **curtail** your migraines. この薬を毎日２錠飲むことで片頭痛が治まるはずです。 類 downsize, shorten
2963 **get along** 仲良くやる、うまくやる；何とかやっていく；立ち去る	Jim and I used to argue a lot, but now we **get along** well. ジムと私はかつてはよく言い争ったが、今はとても仲良くやっている。 類 cope, get on; get by, manage
2964 **keep an eye on** ～から目を離さない、～をじっと見守る	Please **keep an eye on** your email inbox in case he replies. 彼からの返信があるかもしれないから、Ｅメールをよく見ていてね。 類 monitor, watch
2965 **in terms of** ～の観点から、～に関して、～に換算して	However, **in terms of** the agreement, you can keep the money. しかし、契約の観点から言えばそのお金を返す必要はない。
2966 SVL 12 **sediment** /sédəmənt/ 名 堆積物、沈殿物	**Sediment** was left throughout the houses and streets after the flood. 洪水の後、家々や街路にはくまなく堆積物が残されていた。 類 deposit, dregs
2967 SVL 11 **ignite** /ignáit/ 動 ～に点火する、～を発火させる	The fire was **ignited** in the kitchen and it then spread to the living room. 火事は台所から発火し、居間へと広がった。 類 burn, kindle, light, inflame
2968 SVL 11 **antipathy** /æntípəθi/ 名 反感、嫌悪	They held a high degree of **antipathy** towards the new minister. 彼らは新大臣に対して相当な反感を持っていた。 類 hostility, grudge 反 sympathy
2969 SVL 10 **gland** /glǽnd/ 名 腺	We perspire through our sweat **glands** to cool our bodies down. 私たちは汗腺を通じて発汗することで体を冷ます。
2970 SVL 12 **allegory** /ǽligɔri/ 名 寓話（ぐうわ）、寓意（ぐうい）的な作品；寓喩（ぐうゆ）	The poem is an **allegory** of the cycle of birth, life and death. その詩は誕生、生、死の循環の寓喩である。 類 fable, symbolisation

Part 3 熟語&チャレンジ語彙

315

🔊》 303.mp3

□ 2971　　　　SVL 9 **intrinsic** /intrínsik, intrínzik/ 形 本質的な、本来備わっている；内在する、	Food, shelter and companionship are **intrinsic** to well-being. 食べ物、住まい、そして人との交わりは幸福において本質的なものである。 類 hardwired, inherent　反 extrinsic
□ 2972　　　　SVL 8 **vulnerable** /válnərəbl/ 形 弱い、もろい；(病気などに)かかりやすい、弱点がある	The mother kept a close eye on her **vulnerable** young puppies. 母犬はか弱い子犬たちをしっかりと見守った。 類 prone, sensitive, susceptible
□ 2973　　　　SVL 10 **minimal** /míniməl/ 形 最小の、極小の、最小限度の	Having had **minimal** exposure to people, the cat was aloof. 人間とはごく限られた接触しかなかったため、その猫は懐かなかった。 類 slightest, basic, negligible
□ 2974 **try on** 試着する、〜を試しに履いてみる	Could I please **try on** the white shoes with the blue soles? その青いソールの白い靴を試しに履いてみてもいいですか。 類 wear
□ 2975　　　　SVL 11 **homicide** /hóməsàid/ 名 殺人、殺人行為	**Homicide** rates have been dropping since the 1990s. 殺人事件発生率は 1990 年代以降低下している。 類 murder, slaying
□ 2976　　　　SVL 11 **cumbersome** /kÁmbəsəm/ 形 動かしにくい、扱いづらい；手がかかる、厄介な	His car was too large and **cumbersome** for the narrow medieval streets. 狭い中世の街路には彼の車は大き過ぎて扱いづらかった。 類 bulky, unwieldy, inconvenient
□ 2977 **raise funds** 資金を集める、資金を調達する、募金を集める	They're **raising funds** for orphaned Nepali children. 彼らはネパールの孤児のために募金を集めている。
□ 2978 **attribute ... to ~** …を〜に帰する、〜のせいにする、おかげだと考える	She **attributes** her high grades **to** good teachers and discipline. 彼女は自分の成績が良いのは良い先生たちと自律心のおかげだと言う。 類 ascribe
□ 2979 **allocate ... to ~** 〜に…を割り当てる、充当する	There's never enough money **allocated to** health and education. 保健衛生と教育に割り当てられる金はいつも不十分だ。 類 assign, allot
□ 2980　　　　SVL 10 **conjunction** /kəndʒÁŋkʃən/ 名 結 合；(in conjunction with)〜と連結して、併用して	Flossing is most effective when used in **conjunction** with regular brushing. フロスの使用は通常のブラッシングと併用したときに最大の効果を発揮する。 類 connection, convergence

□ 2981　　　　SVL 9 **degrade** /digréid/ 動 (質など)を下げる、落とす； ～の品位を傷つける	Long-term exposure to sun and wind will eventually degrade the paint on the buildings. 太陽と風への長期的な暴露はやがて建物の塗装を劣化させる。 類 downgrade, reduce, deteriorate
□ 2982　　　　SVL 10 **paradigm** /pǽrədàim/ 名 パラダイム、理論的枠組み； 典型、模範	Einstein's theory of relativity ushered in a paradigm shift in the sciences. アインシュタインの相対性理論は科学界におけるパラダイムシフトの到来を告げた。 類 archetype, pattern
□ 2983　　　　SVL 10 **invoke** /invóuk/ 動 ～を引き合いに出す；～を行 使する；～(感情)を呼び起こす	One ought never to invoke the Lord's name in vain. 神の名をみだりに口にしてはならない。 類 bring, prompt
□ 2984　　　　SVL 10 **multicultural** /mʌ̀ltikʌ́ltʃərəl/ 形 多文化的な、多文化の	Immigrant nations, such as Canada and the United States, are inherently multicultural. カナダやアメリカのような移民国家は本質的に多文化である。 類 global
□ 2985　　　　SVL 10 **abstain** /æbstéin/ 動 棄権する；～を控える、慎 む	Twenty-two parliamentarians chose to abstain from voting. 22人の国会議員が投票を棄権することを選んだ。 類 refrain, withhold
□ 2986　　　　SVL 11 **deflate** /difléit/ 動 ～の空気を抜く、～をしぼ ませる；(人を)へこませる	Could you please deflate the inflatable mattress and roll it up? 空気注入式マットレスから空気を抜いて丸めていただけますか？ 類 flatten, depress
□ 2987 **on business** 仕事で、商用で	Trevor is away on business at the moment. トレバーは今仕事で遠くにいる。
□ 2988　　　　SVL 10 **niche** /níːʃ/ 名 市場の隙間、ニッチ；適所	She sells luxury goods only to a niche clientele. 彼女はニッチな顧客層のみにぜいたく品を売っている。 類 alcove, slot
□ 2989　　　　SVL 10 **encompass** /inkʌ́mpəs/ 動 ～を含む、包含する；～を 取り囲む	Overnight trips encompass a visit to the night market. 宿泊付きの旅行には夜市探訪が含まれます。 類 embrace, include, involve, entail
□ 2990　　　　SVL 10 **ferocious** /fəróuʃəs/ 形 どう猛な、凶暴な；(痛みな どが)激しい、厳しい	The property is guarded by three large, ferocious dogs. その敷地は3匹の大きくてどう猛な犬に警護されている。 類 fierce, vicious

Part 3 熟語&チャレンジ語彙

□ 2991 　　　　　SVL 11 **collateral** /kəlǽtərəl/ **形** 付随する、二次的な　**名** 担保、見返り	Civilian casualties are considered **collateral** damage by the generals. 民間の犠牲者は二次的な被害であると軍司令官らに見なされている。 ‥‥‥‥‥‥‥‥‥‥‥‥‥‥‥‥‥‥‥‥‥ **類** indirect, secondary
□ 2992 　　　　　SVL 10 **modernism** /mɔ́dənìzm/ **名** 現代主義、近代主義；現代的な思想	**Modernism**'s hallmark is art's transition into the abstract and conceptual. モダニズムの顕著な特徴は抽象的・概念的芸術への変遷にある。
□ 2993 　　　　　SVL 9 **undermine** /ʌndəmáin/ **動** ～を徐々に弱らせる；（下を掘って）～の土台を崩す	Mr Buckley was **undermined** by the misbehaving children. バックリー氏の威厳は行儀の悪い子どもたちによって台無しにされた。 ‥‥‥‥‥‥‥‥‥‥‥‥‥‥‥‥‥‥‥‥‥ **類** weaken, impair
□ 2994 　　　　　SVL 10 **indigenous** /indídʒənəs/ **形** 土着の、現地の、固有の	Hokkaido's **indigenous** people, the Ainu, traded in salmon and fur. 北海道の先住民族であるアイヌはサケや毛皮を商った。 ‥‥‥‥‥‥‥‥‥‥‥‥‥‥‥‥‥‥‥‥‥ **類** aboriginal, domestic, native
□ 2995 　　　　　SVL 12 **retract** /ritrǽkt/ **動** ～を取り消す、撤回する；～を引っ込める	The president was advised to **retract** his latest social media post. 大統領は直近のソーシャルメディア投稿を取り消すよう助言された。 ‥‥‥‥‥‥‥‥‥‥‥‥‥‥‥‥‥‥‥‥‥ **類** take back, withdraw
□ 2996 **be aware of** ～を知って、認識して；～に気付いて	You need to **be aware of** the fact that dogs are not permitted. 犬は入れないということを知っておかなければならない。 ‥‥‥‥‥‥‥‥‥‥‥‥‥‥‥‥‥‥‥‥‥ **類** know
□ 2997 **in a row** 連続して、立て続けに；1列になって	To the crowd's delight, she scored three goals **in a row**. 彼女は連続して3ゴールを決め、観衆を喜ばせた。 ‥‥‥‥‥‥‥‥‥‥‥‥‥‥‥‥‥‥‥‥‥ **類** consecutive
□ 2998 　　　　　SVL 4 **distribute** /distríbju:t/ **動** ～を配布する、分け与える；～を供給する、配送する	Agnes **distributed** leaflets to shoppers for extra cash. 稼ぎを増やすため、アグネスは買い物客にチラシ広告を配った。 ‥‥‥‥‥‥‥‥‥‥‥‥‥‥‥‥‥‥‥‥‥ **類** give out, assign, divide, split, hand out
□ 2999 　　　　　SVL 10 **elude** /ilú:d/ **動** （危険など）を巧みに避ける、～からうまく逃れる	The escaped prisoners **eluded** capture for three weeks. 脱走した囚人たちは3週間にわたり捕縛を逃れた。 ‥‥‥‥‥‥‥‥‥‥‥‥‥‥‥‥‥‥‥‥‥ **類** avoid, dodge, escape
□ 3000 　　　　　SVL 11 **decipher** /disáifə/ **動** （暗号など）を解読、復号する	Early computers were devised to **decipher** German codes. 初期のコンピューターはドイツの暗号を解読するために工夫されたものだ。 ‥‥‥‥‥‥‥‥‥‥‥‥‥‥‥‥‥‥‥‥‥ **類** crack, decode, decrypt

□ 3001 **short notice** 突然の知らせ、緊急の呼び出し、急な話	I've been asked to come into work at **short notice** as Jeff's sick. ジェフが病気だということで、急に仕事に来るように頼まれた。
□ 3002 **not ~ without -ing** 〜せずに…することはない	His parents did **not** let him go camping **without** worrying about what would happen. 彼の両親は何が起きるかと心配せずに彼をキャンプに行かせることはなかった。
□ 3003 **be suitable for** 〜に適している、ふさわしい	You need to buy a suit that will **be suitable for** both weddings and funerals. 結婚式と葬式どちらにも合うようなスーツを買うべきだ。
□ 3004 SVL 10 **coexistence** /kòuigzístəns/ 名 共存、共生	The **coexistence** of animals and people needs to be prioritised. 動物と人間の共生が優先されねばならない。 類 harmony, concurrence
□ 3005 **stop by** 〜に立ち寄る	Please **stop by** the corner store and pick up some milk. お願い、角のお店に寄って牛乳を買ってきて。 類 call on, visit
□ 3006 **once in a while** たまに、時々	We go to museums only **once in a while**, to be honest. 正直に言うと、私たちはたまにしか美術館に行かない。 類 occasionally, sometimes
□ 3007 **be responsible for** 〜に責任がある、〜の責任を負うべき	I want to know who **is responsible for** this mess. この混乱の責任が誰にあるのかを知りたい。 類 take care of
□ 3008 **now and then** 時々	I go bowling **now and then** because I enjoy it and it doesn't cost too much. 楽しくてお金がそれほどかからないので、私は時々ボウリングに行く。 類 occasionally, sometimes
□ 3009 SVL 10 **converge** /kənvə́:dʒ/ 動（多方向から一点に）集まる；（複数の流れが）合流する	They **converged** upon Mecca in huge numbers for this year's hajj. 今年のメッカ巡礼のため、彼らは大群を成してメッカに集結した。 類 gather, meet
□ 3010 **a piece of cake** とても簡単であること、たやすいこと、朝飯前であること	Swimming a lap of the pool under one minute is **a piece of cake**. そのプール一往復で1分を切ることなど朝飯前だ。

☐ 3011 **as of** 〜から、〜以降;〜現在で、〜現在の	As of Saturday, the fees will increase to £60 a year. 土曜日以降、料金は年60ポンドに上がります。
☐ 3012 **take ~ into account** 〜を考慮に入れる、勘定に入れる、配慮する	If you take fuel costs into account, taking the train could be cheaper. 燃料費を計算に入れれば、電車に乗る方が安いかもしれない。
☐ 3013　　　SVL 10 **constrain** /kənstréin/ 動 〜を抑制する、規制する、拘束する	Dangerous dogs need to be constrained so they cannot harm others. 危険な犬は他者に危害を加えないよう拘束しておかなければならない。 類 control, restrain
☐ 3014　　　SVL 10 **repeal** /ripíːl/ 動 （法律など）を無効にする、撤廃する　名 廃止、取り消し	Laws allowing abortion were repealed by the Polish government. ポーランド政府により、中絶を容認する法規は撤廃された。 類 動 abandon, cancel, drop
☐ 3015 **take over** 〜を引き継ぐ;〜を支配する	They're taking over the new building from the 1st of March. 彼らは3月1日からあの新しい建物を引き継ぐ。 類 pirate, substitute, undertake
☐ 3016　　　SVL 11 **vindicate** /víndəkèit/ 動 〜の潔白を証明する;〜の正しさを立証する	After the accusations were shown to be false, Ted was vindicated. 訴えが虚偽のものだと示され、テッドの無実は証明された。 類 absolve, justify
☐ 3017　　　SVL 11 **clutter** /klʌ́tə/ 動 〜を散らかす、雑然とさせる	Their living room was always cluttered with children's toys. 居間は子どもたちのおもちゃでいつも散らかっていた。 類 litter, strew
☐ 3018 **the tip of the iceberg** 氷山の一角	What he owes you is only the tip of the iceberg when it comes to his debts. 彼の借金について言えば、君から借りている分などほんの氷山の一角だよ。
☐ 3019　　　SVL 10 **venue** /vénjuː/ 名 （イベントなどの）開催地、会場	They booked a large venue for their wedding. 彼らは結婚式のために大きな会場を予約した。 類 location, place, site
☐ 3020　　　SVL 10 **glamour** /glǽmə/ 名 魅力、魅惑、華やかさ、きらびやかさ	She gave up a life of glamour to go and live a simpler, more meaningful existence. 彼女はより簡素で意味のある人生を生きるためにきらびやかな生活を捨てた。 類 bewitchment, charm

☐ 3021 **call off** (試合など)を中止にする；～を打ち切る	Reaching a deal in the current negotiations, the strike was **called off**. 現在の交渉の中で落とし所が決まり、ストライキは取りやめとなった。 類 cancel, drop, revoke
☐ 3022 **time flies** 時間がたつのは早い	It's been a long time since we met. **Time sure flies**, doesn't it? 会ってから随分とたちましたね、時が過ぎるのは本当にあっという間というところでしょうか。
☐ 3023　　　SVL 9 **irresistible** /ìrizístəbl/ 形 あらがえない、非常に魅力的な；抵抗できない、圧倒的な	The children found the toasted marshmallows to be **irresistible**. 子どもたちはトーストされたマシュマロの魅力にはあらがえないと感じた。 類 inescapable, overwhelming
☐ 3024　　　SVL 11 **hub** /hʌb/ 名 (活動などの)中心、中核；(車輪などの)ハブ	The transport **hub** was completed just in time for the Olympics. 交通拠点はオリンピックにぎりぎり間に合って完工した。 類 axis, centre, core
☐ 3025　　　SVL 11 **hegemony** /higémən i/ 名 覇権、指導権、ヘゲモニー	Great Britain's global **hegemony** came to an end in the 20th century. 英国の世界的覇権は20世紀に終焉(しゅうえん)を迎えた。 類 dominion
☐ 3026 **in the meantime** その間に、そうしているうちに	She's looking for work, but **in the meantime**, she does volunteering. 彼女は求職中だが、合間にボランティア活動もしている。 類 meanwhile
☐ 3027　　　SVL 11 **covert** /kʌ́vət/ 形 内密の、隠された、ひそかな	The leader of the organisation was apprehended as a result of a **covert** operation by Interpol and local police. インターポールと地元警察の極秘作戦の結果、組織のリーダーは身柄を拘束された。 類 clandestine 反 overt
☐ 3028　　　SVL 11 **pseudo** /sjúːdou/ 形 疑似の、偽の、本物でない	Despite their popularity, chiropractic treatments are based on **pseudo** science. 人気があるとはいえ、カイロプラクティック療法は疑似科学に基づいている。 類 fake, false
☐ 3029　　　SVL 10 **cognitive** /kɔ́gnətiv/ 形 認識の、認知の	Antonia was checkmated by Carl despite her **cognitive** prowess. アントニアは認知能力が高いにもかかわらず、カールに王手をかけられてしまった。 類 intellectual
☐ 3030　　　SVL 10 **affiliate** 動/əfílièit/ 名/əfíliət/ 動 ～を提携させる、加盟させる　名 関連会社、支部	I want to assure you that I am not **affiliated** with that company in any way. 私はその会社には一切関わりがないということを強調したい。 類 名 branch, chapter

□ 3031
for nothing

無駄に、当てもなく；ただで、無料で

I did all this work **for nothing** because they cancelled the order.
彼らが注文をキャンセルしたので、これだけの仕事をして一銭にもならなかった。

類 free, free of charge

□ 3032
be made into

〜に作り替える、加工する、〜化される

Popular novels **are** often **made into** big Hollywood films.
人気小説はしばしば大規模なハリウッド映画となる。

□ 3033　　SVL 11
contingency
/kəntíndʒənsi/
名 不測の事態、不慮の事故；偶然性、不確実な状態

We'll bring the first aid kit as a **contingency**.
不測の事態に備えて救急箱を持っていくよ。

類 case, possibility

□ 3034
come along

一緒に来る、合流する；(計画などが)進む；やって来る

Could you please **come along** with me? I feel a little scared.
ちょっと怖いので、一緒に来てもらえませんか？

類 progress, develop

□ 3035
hand in

(書類など)を提出する、手渡す；(遺失物など)を引き渡す

She needs to **hand in** her assignment by 6 p.m. today.
彼女は今日の午後6時までに課題を提出しないといけないんだ。

類 submit

□ 3036
figure out

〜を理解する、〜が分かる；〜を解決する；〜を計算する

I simply cannot **figure out** this equation; it's too difficult!
私はこの方程式がどうやっても解けない、これは難し過ぎる！

類 answer, solve, work out

□ 3037　　SVL 9
immune
/imjúːn/
形 免疫の；免疫がある

The body's **immune** system protects us from illness.
体内の免疫系が私たちを病気から守っている。

類 invulnerable

□ 3038　　SVL 9
synthetic
/sinθétik/
形 合成の、人造の；偽りの、本物でない

Synthetic flavouring is never a good substitute for the real thing.
合成香料はどうしても本物の代わりにはならない。

類 artificial, man-made 反 genuine, natural

□ 3039
catch someone's eye

(人の)目に留まる、目を引く

She's hoping that her designs will **catch the judge's eye**.
意匠が審査員の目に留まるのではないかという希望を彼女は抱いている。

□ 3040　　SVL 12
deviate
/díːvièit/
動 (基準などから)逸脱する；(車などが)それる、外れる

You mustn't **deviate** from the task at hand.
目の前の仕事から逸脱してはならない。

類 diverge, veer

| □ 3041 **not one's cup of tea**

（人の）好みではない、タイプではない | Going for midwinter swims is usually not my cup of tea.
真冬に泳ぎに行くのは普通私の好んでやることではない。 |

| □ 3042 **take care of**

〜を引き受ける、行う；〜の世話をする、面倒を見る | OK, I will take care of it this afternoon, I promise.
分かった、じゃあ今日の午後にやっておくよ、約束する。
類 look after, support, tend, be responsible for |

| □ 3043 **after all**

結局、やはり；そうはいっても、何と言っても | They were getting low on cash, so they decided to not go to that restaurant after all.
お金がなくなってきたので、結局彼らはそのレストランに行かないことにした。
類 at the end of the day, in the end, ultimately |

| □ 3044 SVL 10 **innermost** /ínəmòust/
形 心の奥底の、深く心に秘めた、最も奥の | He knew he had to face his innermost fears.
彼は、心の奥底の恐怖と向き合わなければならないと分かっていた。
類 inmost |

| □ 3045 SVL 10 **erosion** /iróuʒən/
名 浸食、腐食；衰え、衰退 | Parked near the ocean, the cars were prone to saltwater erosion.
海の近くに駐車していたため、車は塩分による腐食を受けやすかった。
類 corrosion, undermining |

| □ 3046 SVL 11 **incite** /insáit/
動 〜を扇動する、駆り立てる；〜を誘発する | Ongoing police violence incited the recent protests and riots.
警察によるやまない暴力が最近の抗議や暴動を誘発した。
類 encourage, excite, stimulate |

| □ 3047 SVL 11 **exacerbate** /igzǽsəbèit/
動（事態など）を悪化させる、深刻にする | The problem was only exacerbated by his shoddy electrical handiwork.
彼のでたらめな電工作業により問題はさらに悪化しただけだった。
類 aggravate, complicate, worsen |

| □ 3048 SVL 9 **stereotype** /stériətàip/
名 固定観念、ステレオタイプ、紋切り型 | Negative stereotypes can cause emotional harm to vulnerable people.
負の固定観念はその標的となる人々に対し精神的な危害を加える恐れがある。
類 conception, generalisation |

| □ 3049 **be made up of**

〜で構成されている、〜から成り立っている | London's diverse population is made up of people from all over the world.
ロンドンの多様な住民は世界各地に出自を持つ人々で構成されている。
類 constitute, include, comprise, consist of |

| □ 3050 **feel under the weather**

具合が良くない、気分が優れない | I've been feeling under the weather since I caught this flu.
このインフルエンザにかかってから具合が良くない。 |

Part 3 熟語&チャレンジ語彙

323

🔊 311.mp3

3051 SVL 12
vanquish
/vǽŋkwiʃ/
動 ～を打ち破る、打ち負かす、優位に立つ

Hitler's troops were **vanquished** at the Battle of Stalingrad.
ヒトラーの軍隊はスターリングラードの戦いで打ち負かされた。

類 conquer, dominate

3052
delve into
～を掘り下げる、探求する、徹底的に調査する

You must **delve into** every aspect of the research if you want to criticise it.
批判するには、研究の細部まで掘り下げなければなりません。

類 examine, explore, investigate

3053 SVL 9
morale
/mɔrɑ́ːl/
名 士気、意気、気力

The troop's **morale** was at an all-time low.
部隊の士気はこれまでになく下がっていた。

類 confidence, mood

3054 SVL 10
invert
/invə́ːt/
動 ～を逆にする、反転させる；～をひっくり返す、逆さにする

Some dyslexic people have a tendency to **invert** letters.
失語症の人の一部は文字を反転させる傾向がある。

類 flip, reverse, turn over

3055
have difficulty -ing
～するのが困難である

Grandma **has difficulty** breathing, the poor thing.
かわいそうに、祖母は息がしにくいんだ。

3056 SVL 10
larva
/lɑ́ːvə/
名 幼虫；（複数形）larvae
/lɑ́ːviː/

The **larva** and the mature insect often inhabit very different environments.
幼虫と成熟した昆虫は全く異なる環境に生息することが多い。

3057
get on
進む、進める、急ぐ、急いでやる

Please **get on** with your homework so we can have dinner.
晩ごはんにするんだから、急いで宿題をやりなさい。

類 get along

3058 SVL 10
radiate
/réidièit/
動 ～を放射する；放射状に広がる；（感情など）を放つ

The glowing fireplace **radiated** both heat and a relaxing atmosphere.
赤々と燃える暖炉は熱とともにくつろいだ雰囲気を放っていた。

類 diffuse, emit, shine

3059
can afford to
～する余裕がある、～しても差し支えない

Ms Wilson has a small fortune, so she **can afford to** do what she wants.
ウィルソンさんは多少の財産があるので、好きなことをする余裕がある。

3060
be made from
～で作られている

The house **is made from** recycled materials, including bottles, tyres and bricks.
その家は瓶、タイヤ、れんがなどのリサイクル材料で作られている。

🔊 312.mp3

☐ 3061　　　SVL 9 **recreational** /rèkriéiʃənəl/ 形 娯楽の、気晴らしの	The **recreational** use of cannabis has been legalised in numerous states. 大麻の娯楽的使用は多くの州で合法化されてきている。
☐ 3062　　　SVL 12 **embellish** /imbéliʃ/ 動 ～を装飾する、飾り立てる、美しくする	The wedding cake was **embellished** with lots of icing and cream. ウェディングケーキはたっぷりのアイシングとクリームで飾り立てられていた。 類 decorate, exaggerate
☐ 3063　　　SVL 10 **cliché** /klíːʃei/ 名 決まり文句、常套（じょうとう）句、定型表現	The story was filled with **clichés** and unoriginal ideas. その話は紋切り型の表現や陳腐な構想に満ちていた。 類 buzzword, saying
☐ 3064　　　SVL 10 **pervasive** /pəvéisiv/ 形 隅々まで広がった、行き渡る、まん延する、普及した	The rat infestation is **pervasive** and seems to be unresolvable. ネズミの発生は広範で、解決策があるとは思えない。 類 prevalent
☐ 3065 **run into** ～に偶然会う；～に遭遇する、出くわす；～にぶつかる	I **ran into** my brother at Liverpool Street Station yesterday. 昨日リバプール・ストリート駅で弟に偶然会った。 類 encounter, stumble (on or onto)
☐ 3066　　　SVL 11 **impoverished** /impóvəriʃt/ 形 困窮（貧窮）した、不毛な	The formerly **impoverished** economies of certain European countries showed remarkable growth in the 1950s. かつて貧しかったヨーロッパ諸国の経済は、1950年代に目覚ましい成長を遂げた。 類 broke, destitute, poor
☐ 3067　　　SVL 10 **mundane** /mʌndéin, mʌ́ndein/ 形 平凡な、ありふれた、つまらない	We've all grown tired of listening to his **mundane** problems. 私たちは皆、彼の凡庸な問題について聞かされるのにうんざりしている。 類 ordinary, boring, normal
☐ 3068　　　SVL 12 **engender** /indʒéndə/ 動 ～を生じさせる、引き起こす	His comments **engendered** a robust debate throughout the chamber. 彼の発言は議場全体に激しい議論を巻き起こした。 類 breed, spawn
☐ 3069　　　SVL 10 **proponent** /prəpóunənt/ 名 擁護者、支持者	Despite her poor health, she's a strong **proponent** of the vegan diet. 健康状態が思わしくないにもかかわらず、彼女はビーガン食の熱心な支持者である。 類 advocate, supporter 反 opponent
☐ 3070　　　SVL 10 **empirical** /impírikəl/ 形 実験に基づく、経験による、経験的な	Your hypothesis needs to be supported by **empirical** data. 君の仮説には実証可能なデータの裏付けが必要だ。 類 experiential, verifiable 反 theoretical, hypothetical

🔊 313.mp3

☐ 3071 **in danger of** ~の危険があって、~の危険に さらされている	The US is in danger of losing its influence abroad. アメリカは対外的な影響力を失う恐れがある。 類 prone, subject, susceptible
☐ 3072　　　　SVL 10 **predominantly** /pridɔ́mənəntli/ 副 主に、圧倒的に、主として	This school caters predominantly to Roman Catholic students. この学校は主にカトリックの生徒を対象としている。 類 chiefly, largely, primarily, principally, substantially
☐ 3073 **in trouble** 困難な事態で、もめて、大変な ことになって、苦境に陥って	My son is always in trouble with the police. うちの息子はいつも警察ともめている。
☐ 3074　　　　SVL 11 **tremor** /trémə/ 名 微震、軽い揺れ；震え、身 震い	Tremors were felt off of the coast of Indonesia. インドネシア沖で微振動が感知された。 類 quake, shake
☐ 3075　　　　SVL 9 **lucrative** /ljú:krətiv/ 形 (商売などが)利益の上がる、 もうかる	The decisions made by the executives proved highly lucrative. 重役たちの決断は大きな利益につながった。 類 profitable
☐ 3076　　　　SVL 11 **rampant** /rǽmpənt/ 形 まん延した、はびこった、 猛威を振るう	Inner-city crime has grown rampant in recent years. 近年、都市部での犯罪がまん延している。 類 raging, uncontrolled
☐ 3077　　　　SVL 10 **stipulate** /stípjulèit/ 動 (協定などが)~を規定する、 明記する	The law clearly stipulates that the building guidelines must be adhered to. その法律は、建築要綱は順守されねばならないと明確に規定している。 類 define, state
☐ 3078　　　　SVL 12 **encroach** /inkróutʃ/ 動 侵略する、侵入する；侵害 する、侵犯する	Some fishermen were accused of encroaching into the territorial waters of a neighbouring country. 漁船員たちは、隣国の領海に侵入したとして非難された。 類 intrude
☐ 3079 **be willing to** ~しても構わない、進んで~す る、~することをいとわない	I am willing to pay 10 percent more than the asking price. 言い値より10パーセント多く払ってもいいですよ。
☐ 3080　　　　SVL 11 **subversive** /səbvə́:siv/ 形 反体制的な、破壊的な、(体 制を)転覆させる、破壊する	Books once deemed subversive would be considered tame by today's standards. かつては反体制的とされた書籍は今日の基準からするとおとなしいものだ。 類 rebellious, destructive

🔊 314.mp3

□ 3081 **all of a sudden** 突然、急、前触れもなしに、不意に	And, **all of a sudden**, he realised that he'd left his wallet back at the hotel. そして不意に彼は、財布をホテルに忘れてきたことに気付いた。 類 suddenly, abruptly, unexpectedly
□ 3082　　SVL 10 **repertoire** /répətwàː/ 名 (演奏者の)演奏曲目、上演目録、レパートリー	Mozart's full **repertoire** would take around 200 hours to listen to. モーツァルトの演目全てを聴くには約200時間かかる。 類 collection, repertory
□ 3083 **in succession** 連続して、相次いで	They've now won three championships **in succession**. 彼らはこれで連続して3回選手権を勝ち取ったことになる。 類 consecutively, successively
□ 3084 **a variety of** さまざまな〜、いろいろの	You can choose from **a variety of** white and red wines. 白や赤のワイン各種からお選びいただけます。
□ 3085 **leave out** 〜を省く、除く、除外する	Make sure that you don't **leave out** citations and a bibliography. 引用と参考文献を省かないようにすること。 類 exclude, omit
□ 3086 **be involved in** 〜に関わる、参加する、携わる；〜に熱中する	My parents always want to **be involved in** the decisions I make. 両親はいつも私の決定に関わりたがる。
□ 3087 **get around** あちこち歩き回る、動き回る；(知らせが)人々に広まる	Since he had the accident, he has been having a lot of trouble **getting around**. 事故に遭って以来、彼は動き回ることにいろいろと支障がある。 類 overcome, veer
□ 3088　　SVL 10 **embryo** /émbrìou/ 名 胎芽、胚	After eight weeks, the **embryo** becomes what is known as a foetus. 8週後に、胎芽はいわゆる胎児となる。
□ 3089　　SVL 10 **exodus** /éksədəs/ 名 集団移動、出て行くこと、大量出国	Ongoing attacks by rebel troops have led to an **exodus** of refugees. 反乱軍のやまない攻撃のため、難民の大脱出が起きた。 類 departure, evacuation
□ 3090　　SVL 12 **postulate** /póstjulèit/ 動 〜を(自明のこととして)仮定する、前提とする	Recent theories concerning the Eucharist **postulate** an older Greek origin. 聖餐(せいさん)に関する近年の理論は、より古いギリシャ起源説を前提としている。 類 assume, presume, posit

Part 3 熟語&チャレンジ語彙

327

☐ 3091 **put ~ off** ～への意欲を削ぐ、～の気を悪くさせる；～を延期する	Watching Walter eat is enough to **put** anyone **off** their food. ウォルターの食事風景は見る者の食欲をたちまちなくさせる。 類 distract
☐ 3092 **but for** ～を除けば、～を別にすれば；～がなかったら、～でなければ	It was a great weekend **but for** the rotten weather! 天気は最悪だったけど、その点以外は最高の週末だった！ 類 excluding
☐ 3093 **be apt to** ～する傾向がある、～しがちな、～しそうな	Due to her recurring injury, Jane **is apt to** miss a few games each season. けがを繰り返すため、ジェーンは毎シーズンいくつかの試合を欠場しがちだ。
☐ 3094 SVL 11 **inflame** /infléim/ 動 ～を悪化させる、難しくする；～をかき立てる、あおる	Marcus's threat of violence only **inflamed** the already tense situation. マーカスの暴力の脅しは、すでに緊迫した状況を悪化させただけだった。 類 burn, fire, ignite
☐ 3095 **fill in** 動 代わりを務める；～に詳細を知らせる	Could you please **fill in** for Andrew this evening? 今夜アンドリューの代わりを務めてくれませんか？
☐ 3096 SVL 11 **resurrection** /rèzərékʃən/ 名 復活、よみがえり、蘇生	Christ's **resurrection** is the central tenet of the Christian faith. キリストの復活はキリスト教信仰の中心となる教義である。 類 rebirth, resurgence, revival
☐ 3097 **sort out** 動 ～を整理（選別）する；～を解決する、～をまとめる	I'm trying to **sort out** all of my junk up in the attic. 屋根裏部屋のごちゃごちゃした私物を全て整頓しようとしているんだ。 類 clear up, resolve
☐ 3098 SVL 11 **waive** /wéiv/ 動 （権利の行使）を放棄する；（要求など）を差し控える	Stanley Swarbrick **waived** his right to a jury trial. スタンリー・スウォーブリックは陪審裁判の権利を放棄した。 類 abandon, give up 反 demand
☐ 3099 **call back** 動 後で電話する、電話をかけ直す；～を呼び戻す	He said that he'd **call** me **back** after he finished work. 彼は仕事が終わってから電話をかけ直すと言った。
☐ 3100 **the elephant in the room** 誰も触れたがらない重要な問題、話したくない重要な事実	John's drinking problem was **the elephant in the room**. ジョンの飲酒問題はおいそれと触れることのできない話題だった。

🔊 316.mp3

□ 3101 SVL 9 **activate** /ǽktəvèit/ 動 〜を作動させる、起動させる；〜を活性化する	Emergency procedures were **activated** immediately after the alarm was triggered. 警報が鳴るとすぐに、緊急処置が開始された。 類 actuate, run, start, turn on
□ 3102 SVL 12 **permeate** /pə́:mièit/ 動 〜に浸透する、染み渡る、充満する	Rain **permeates** the ground and makes its way towards the sea. 雨は地面に染み込み、海へと流れていく。 類 filter, infiltrate, saturate
□ 3103 **feel comfortable -ing** 〜することを心地良く感じる、〜になじんでいる	Stacey didn't **feel comfortable** going out with him again. ステイシーは彼とまたデートしたいとは思えなかった。
□ 3104 SVL 12 **terminology** /tə̀:mənɔ́lədʒi/ 名 (専門)用語、術語	Please use the correct **terminology** or you'll get marked down on your test. 正しい用語を使ってください、そうでないと試験では減点対象となります。 類 jargon, vocabulary
□ 3105 **fill out** 動 (空欄など)に必要事項を書き入れる；〜に詳細を付け足す	The tediousness of **filling out** the forms drove Sam up the walls. 書類に書き入れる単調さはサムをいらいらさせた。
□ 3106 **come up to** 〜に応える、〜に達する、〜に匹敵する	Our trip to Milan didn't **come up to** expectations. ミラノへの旅は、期待に応えるものではなかった。
□ 3107 **speak out** 動 はっきりと意見を表明する、考えを述べる	You need to **speak out** about bullying and intimidating behaviour. いじめや脅迫行為について声を上げなければならない。 類 declare, stand up for
□ 3108 **take advantage of** 〜を利用する、生かす、活用する	Make sure that you **take advantage of** the university gym. 大学の体育館を活用するようにしましょう。 類 exploit
□ 3109 **quite a few** 形 かなりの数の〜、相当な数の、とても多くの	Unfortunately, there are **quite a few** sick people. 困ったことに、病気の人がかなり多くいる。 類 many, numerous
□ 3110 SVL 11 **debilitate** /dibílətèit/ 動 (組織など)を弱体化させる；(人)を衰弱させる	Failure to raise interest rates will **debilitate** the economy. 利率を上げなければ経済が弱体化する。 類 weaken

Part 3 熟語&チャレンジ語彙

329

☐ 3111 SVL 10 **configuration** /kənfìgjuréiʃən/ 名 機器構成、設定；配置、配列	The computer's **configuration** was all wrong and needed to be fixed. コンピューターの設定は全てめちゃくちゃで、直す必要があった。 類 architecture, framework, structure, layout
☐ 3112 **at stake** 賭けられて、危険にさらされて	There is a lot **at stake** with this deal, so be careful. かなり大きなものがこの取引に懸かっているわけだから、慎重に頼むよ。
☐ 3113 SVL 12 **omnipotent** /ɔmnípətənt/ 形 全能の、無限の力を持つ	The Abrahamic god is said to be **omnipotent** and omniscient. アブラハムの神は全知全能とされている。 類 almighty
☐ 3114 SVL 10 **cellular** /séljulə/ 形 細胞の、細胞からなる；セルラー方式の	The effects happen deep down, at a **cellular** level. 効果は深奥部、細胞レベルで発生する。 類 organic, nuclear
☐ 3115 **keep one's mind on** ～に専念する、意識を集中する	You need to **keep your mind on** what you're doing. やっていることに専念しなければいけない。 類 concentrate on
☐ 3116 **hand down** （子どもなどに）～を渡す、遺す；（声明など）を公表する	My father **handed** me **down** his old leather jacket. 父は自分の古い革のジャケットを私にお下がりでくれた。 類 pass on
☐ 3117 **set up to** ～する準備が整っている	Unfortunately, we're not **set up to** cater for large groups. 残念ながら、私たちは大きな団体に対応する準備が整っていない。
☐ 3118 SVL 12 **noxious** /nɔ́kʃəs/ 形 有毒な、有害な；非常に不快な	**Noxious** fumes were emitted by the factory with impunity. その工場はとがめを受けることなく有害な排気を吐き出していた。 類 detrimental, harmful, toxic
☐ 3119 SVL 11 **remorse** /rimɔ́:s/ 名 悔恨、良心の呵責（かしゃく）、自責の念	Michael showed little **remorse** for the way he treated his family. マイケルは自身の家族に対する仕打ちについてほとんど良心の呵責を示さなかった。 類 guilt, regret
☐ 3120 **go through** 通過する；～を経験する；読む；(with)～を完了する	Do you want to **go through** with the purchase? 購入を完了させますか？ 類 accomplish, execute, experience, undergo

□ 3121 SVL 10	The new antismoking laws were **enacted** on the 1st of March.
enact	新しい禁煙法は3月1日に成立した。
/inǽkt/	
動 （法律など）を制定する、法律化する	類 legislate, ratify

□ 3122 SVL 11	I need to charge my phone; the battery is **depleted**.
deplete	電話を充電しなきゃ。バッテリーが減っている。
/diplíːt/	
動 （資源など）を激減させる、消耗させる、消費する	類 drain, exhaust, use up, run out of

□ 3123 SVL 11	Joshua took three large breaths to **inhale** the cool mountain air.
inhale	ジョシュアは大きく3回息をしてひんやりした山の空気を吸い込んだ。
/inhéil/	
動 （空気など）を吸い込む、吸入する	反 exhale

□ 3124 SVL 10	Having a criminal conviction **precludes** one from obtaining a resident's permit.
preclude	犯罪歴があると在留許可を得ることができない。
/priklúːd/	
動 〜を妨げる、妨害する、不可能にする	類 prevent

□ 3125 SVL 10	**Icebergs** were seen in the South Pacific drifting north from Antarctica.
iceberg	南極大陸から北に流れてきた氷山が南太平洋で目撃された。
/áisbəːg/	
名 氷山	

□ 3126 SVL 9	Ben's health was ravaged by his **chronic** drug abuse.
chronic	恒常的な薬物乱用がベンの健康をむしばんでいた。
/krɔ́nik/	
形 常習の、癖になった；長期にわたる；慢性の	類 lingering, persistent, recurring

□ 3127 SVL 12	Interpreting the law is the **prerogative** of the court.
prerogative	法律の解釈は、裁判所の特権だ。
/prirɔ́gətiv/	
名 特権、特典、大権	類 right, privilege

□ 3128 SVL 11	A vast **assortment** of red, white and rosé wines awaited the guests.
assortment	赤、白、ロゼワインの幅広い品ぞろえが賓客を待っていた。
/əsɔ́ːtmənt/	
名 詰め合わせ、取りそろえたもの、集まり	類 collection, mixture

□ 3129 SVL 10	The **aftermath** of 9/11 led to a lot of global uncertainty.
aftermath	9.11の余波は全世界に多大な不確実性をもたらした。
/ǽftəmæθ/	
名 （災害などの）余波、結果、後遺症、影響	類 consequence, effect, outcome

□ 3130	Uncle Albert **suffers from** dementia, so he doesn't remember me.
suffer from	アルバートおじさんは認知症を患っているので、私のことを覚えていない。
〜を患う、〜で苦しむ、悩む	類 take, incur

■)) 319.mp3

□ 3131　　　SVL 10 **scrawl** /skrɔ́:l/ 名 走り書き 動 ～を走り書きする、落書きをする	Carl signed the cheque with an illegible **scrawl**. カールは判読不能ななぐり書きで小切手に署名した。 類 scribble
□ 3132　　　SVL 10 **antibiotic** /æntibaiótik, æntaibaiótik/ 名（antibiotics）抗生物質	Improper use of **antibiotics** has led to more resistant strains of bacteria. 抗生物質の不適切な使用により、さらなる耐性株の細菌が生まれた。
□ 3133　　　SVL 11 **rapport** /ræpɔ́:/ 名 信頼関係、感情的な親密さ、協調	Being a seasoned salesman, Dave knew the importance of **rapport**. 経験豊富なセールスマンとして、デーブは人間関係の重要さを知っていた。 類 fellowship, empathy
□ 3134　　　SVL 10 **advent** /ædvent/ 名 出現、到来、登場	The **advent** of the internet revolutionised the way we do things. インターネットの登場は私たちの物事のやり方に革命を起こした。 類 appearance, arrival
□ 3135 **be likely to** たぶん～するだろう；（～するのに）適当な、有望な	He will **be likely to** ask if he can borrow some money from you. 彼はたぶん君からお金を借りられるか尋ねるだろう。
□ 3136　　　SVL 12 **fauna** /fɔ́:nə/ 名 動物相、ファウナ	The **fauna** is at risk of being displaced due to the new motorway proposal. 新しい高速道路案のため、動物たちが地域から排除される危機にひんしている。 反 flora
□ 3137　　　SVL 10 **diagnose** /dáiəgnòuz/ 動 診断する；～の原因を突き止める	Autoimmune diseases are notoriously difficult to **diagnose** in their early stages. 自己免疫性疾患は初期段階での診断が難しいことで知られている。 類 analyse, determine, pinpoint
□ 3138 **cling to** ～に固執する、執着する；張り付く；しがみつく	He **clings to** his money like a vulture to a carcass. 彼は死骸から離れようとしないハゲタカのように自分のお金に執着している。 類 adhere (to), stick (to or with)
□ 3139　　　SVL 9 **harness** /há:nis/ 動 ～を利用する、動力化する 名 馬具、引き具	**Harnessing** the power of the sun and wind will reduce carbon emissions. 太陽や風の力を活用することで二酸化炭素の排出が削減される。 類 名 belt, strap
□ 3140　　　SVL 12 **extrovert** /ékstrəvə̀:t/ 名 外向性の人、社交家 形（人が）外向的な、外向性の	Being an **extrovert**, Willis loves group activities and socialising. ウィリスは外向的な人なので、グループ活動や社交活動が大好きだ。 反 introvert

☐ 3141　　　SVL 9 **evaporate** /ivǽpərèit/ **動** (希望などが) 消える、焼失する；蒸発する	Oliver's chance of victory **evaporated** in the last lap. オリバーの勝利の可能性は最終周回で消えうせた。 **類** disappear, vanish
☐ 3142 **be determined to** ～することを決心する、～しようと決める	Arthur **was determined to** do well in his test. アーサーは試験で好成績を収めることを決意していた。
☐ 3143 **be about to** (まさに) ～しようとしている、(ちょうど) ～するところである	He **was about to** cross the road when he saw a large lorry. まさに道路を渡ろうとした時、大きなトラックが彼の目に入った。
☐ 3144　　　SVL 11 **terrain** /təréin/ **名** 地域、地形、地勢	Although the **terrain** was tough, the troops managed to travel fast. 地形は厳しかったが、部隊は何とか俊敏に移動できた。 **類** area, topography
☐ 3145 **get at** **動** ～に手が届く、達する；～を究明する；～を責め続ける	Try as he might, the cat couldn't **get at** the bird in the cage. いくら頑張っても、猫は籠の中の鳥を捕まえられなかった。 **類** reach, gain, access
☐ 3146 **a case in point** 一例、好例	Some professions of high social importance are chronically underpaid, and teachers are **a case in point**. 社会的に重要性の高い職業の中には、慢性的に賃金が低いものがあり、教師はその一例だ。 **類** a prime example
☐ 3147　　　SVL 11 **idiosyncratic** /ìdiəsiŋkrǽtik/ **形** (個人や集団などが) 特異な、独特な；奇妙な、一風変わった	Picasso's **idiosyncratic** style has been copied by countless artists. ピカソの独特なスタイルは数多くの芸術家によって模倣されてきた。 **類** peculiar, distinctive, eccentric
☐ 3148　　　SVL 9 **radioactive** /rèidiouǽktiv/ **形** 放射性の、放射性のある、放射性を持った	Experts are still uncertain of how to best dispose of **radioactive** waste. 放射性廃棄物をどう処理するのが最善であるかについては、専門家もいまだに確信を得ていない。
☐ 3149 **sum up** ～を要約する、総括する；～を合計する	The essay **sums up** the book in a really clear way. 小論にはその本の内容がとても分かりやすくまとめられている。 **類** recap, summarise
☐ 3150 **on top of** ～をきちんと管理して、制御して；～の上に	We need to stay **on top of** these orders, or we'll fall behind. これらの注文をうまくさばかなきゃ、でないとどんどん遅れてしまう。 **類** above

Part 3 熟語&チャレンジ語彙

🔊 321.mp3

□ 3151 SVL 10 **impetus** /ímpətəs/ 名 (～に対する) 推進力、起動力；勢い、刺激	Greater **impetus** must be given to improving quality rather than the bottom line. 大きな推進力は最終収益より品質の向上に置かれるべきだ。 類 incentive, motivation, stimulus
□ 3152 **as though** まるで～であるかのように	He acted **as though** he had no idea what she was talking about. 彼は、あたかも彼女が言っていることに何の心当たりもないかのように振る舞った。 類 as if, seemingly
□ 3153 SVL 12 **expedite** /ékspədàit/ 動 ～を促進させる、はかどらせる；～を手早く片付ける	Eloise **expedited** the recruitment process by looking at past candidates. エロイーズは過去の候補者を見ることで採用過程を迅速化した。 類 accelerate, facilitate
□ 3154 SVL 10 **franchise** /frǽntʃaiz/ 名 フランチャイズ店、加盟店；販売権、社名使用権、放送権	**Franchises** are fast replacing individually owned restaurants around here. この辺りではフランチャイズ店が個人店主のレストランを急速に駆逐している。 類 authority, patent
□ 3155 SVL 12 **exasperation** /igzæspəréiʃən/ 名 激憤、憤慨、憤まん	With eyes closed in **exasperation,** she flatly denied the rumours. 憤慨して目を閉じて、彼女はそのうわさをきっぱりと否定した。 類 aggravation, annoyance, frustration
□ 3156 SVL 9 **aggravate** /ǽgrəvèit/ 動 ～を悪化させる；～を怒らせる、悩ます	Yelling back at her will only **aggravate** the situation. 彼女に怒鳴り返すことは事態を悪化させるだけだ。 類 annoy, complicate, irritate, worsen, exacerbate
□ 3157 SVL 9 **evolutionary** /i:vəlú:ʃənəri/ 形 進化の、発展の、進化論の	The **evolutionary** process is one of trial and error. 進化の過程というものは試行錯誤の道のりである。 類 developmental
□ 3158 SVL 10 **figurative** /fígurətiv/ 形 比喩の、比喩的な、象徴的な	It was not meant to be taken literally, as the story is **figurative.** その話は比喩的であるから、文字通りに解釈すべきものではなかった。 類 metaphorical, pictorial 反 literal
□ 3159 **be made of** ～で作られている	A traditional baguette **is made of** flour, water, yeast and salt. 伝統的なバゲットは小麦粉、水、イースト、そして塩で作られている。 類 compose, comprise
□ 3160 SVL 10 **envision** /invíʒən/ 動 ～を思い描く、心に描く；～を想像する	I cannot **envision** growth accelerating anytime soon. 近いうちに成長が加速する様は私には想像できない。 類 imagine, picture, visualise, envisage

🔊 322.mp3

□3161 **rely on** 〜に頼る、依存する、〜を当て にする	We all need good friends we can **rely on**. 私たちには皆、頼りになる親友が必要だ。 類 depend (on)
□3162 **make a decision** 判断を下す、決断する	You need to **make a decision** before 6 p.m. on Friday. 金曜日の午後6時までに決めなければなりません。 類 agree, determine
□3163　　SVL 10 **wrench** /réntʃ/ 動 〜を捻挫する、くじく；〜 をねじる；〜をねじ曲げる	He **wrenched** his knee when skiing down a steep slope. 彼は、急斜面をスキーで滑り降りた時に、膝をひねった。 類 twist
□3164　　SVL 12 **languid** /læŋgwid/ 形 緩やかな、けだるい；物憂 げな、無気力な	Susan spent a **languid** afternoon watching movies at home. スーザンは家で映画を見ながらけだるい午後を過ごした。 類 limp
□3165 **make sure** 確かめる、確認する；(〜を)確 実にする、確保する	We need to **make sure** that you're ready for your tests. 君らに試験への備えができていることを確かめたい。 類 ascertain, confirm
□3166 **in control of** 〜を管理して、支配して、統制 して、制御して	Who exactly is **in control of** this hazardous worksite? この危険な現場を統括しているのは実際誰なんですか？
□3167　　SVL 11 **sewage** /sjúːidʒ/ 名 下水、汚水、汚物	Raw **sewage** flowed into the streets, contaminating everything. 未処理の下水がそのまま街路にあふれ出し、全てを汚染していった。 類 waste
□3168 **irreplaceable** /ìripléisəbl/ 形 取り替えられない、かけが えのない、代替不可能な	This artwork needs to be insured, even if it is **irreplaceable**. たとえ代替不可能であっても、この作品には保険をかける必要がある。
□3169　　SVL 10 **deterrent** /ditérənt/ 名 (戦争)抑止力；妨げ、妨害 物　形 抑止する、妨げる	So far, nuclear weapons have been shown to act as a strong **deterrent**. 今のところ、核兵器は強い抑止力として作用することが示されている。 類 名 hindrance, hurdle, obstruction
□3170　　SVL 9 **unprecedented** /ʌnprésədentid/ 形 前例のない、先例のない、 空前の	That well-known epic poem has been made into a movie on an **unprecedented** scale. そのよく知られた叙事詩は前例のない規模で映画化された。 類 extraordinary, novel, unheard-of

□ 3171
drop out

中退する、退学する；脱退する、
離脱する

Sure, he **dropped out** of college but he did well nonetheless.
確かに大学は中退したが、それでもなお彼は成功した。

類 quit, withdraw

□ 3172
in favour of

〜に賛成して、〜を支持して；
〜に有利になるように

I voted **in favour of** euthanasia in the referendum.
国民投票で私は安楽死に賛成票を投じた。

類 inclined, supportive

□ 3173　　　　SVL 10
entail
/intéil/
動 （必然的に）を伴う、必要と
する

Citizenship applications **entail** a lot of tedious paperwork.
市民権申請には多くの面倒な書類事務が伴う。

類 encompass, involve

□ 3174　　　　SVL 10
repetitive
/ripétətiv/

形 繰り返しの、反復的な

The **repetitive** nature of assembly line work often leads to depression.
組み立てラインの反復性はしばしば鬱（うつ）をもたらす。

類 boring, constant

□ 3175　　　　SVL 10
mentor
/méntɔː/
名 （経験豊富な良き）助言者、
指導者、師

Professor Thompson was both a **mentor** and a role model to his students.
トンプソン教授は学生たちにとって良き師であり手本であった。

類 advisor, guide, tutor

□ 3176
on behalf of

〜に代わって、〜を代表して；
〜のために

I'm calling **on behalf of** Hare & Spencer about the lawsuit.
今回の訴訟につきまして、ヘア＆スペンサーの代理としてお電話させていただいております。

□ 3177
come across

〜に偶然出くわす、〜を見つける

If you **come across** Billy, tell him that I'm looking for him.
ビリーに会うことがあったら、私が探していたと伝えてくれ。

類 encounter, hit (upon), meet, stumble (on or onto)

□ 3178　　　　SVL 11
renovate
/rénəvèit/
動 〜を改修する、改装する、
改築する

Jasper decided to **renovate** the shop while it was closed.
ジャスパーは閉店期間中に店を改装することにした。

類 fix, revamp, refurbish

□ 3179　　　　SVL 9
impair
/impéə/
動 （能力など）を減じる、低め
る、弱める

Born with **impaired** hearing, Noah was taught sign language from an early age.
聴覚障害があったため、ノアは幼少期から手話を習った。

類 cripple, damage, spoil, undermine

□ 3180　　　　SVL 10
fume
/fjúːm/

名 煙、ガス、蒸気

Paint **fumes** can cause light-headedness followed by a headache.
塗料の臭気は立ちくらみとそれに続く頭痛を引き起こすことがある。

類 smoke, steam

□ 3181 **out of the blue** 突然、予期せずに、何の前兆も なく	He was struck in the head by a rock, **out of the blue**. 何の前触れもなく彼の頭に岩がぶつかってきた。 類 unpredicted
□ 3182 **expend on** 〜に費やす	He **expended** too much effort **on** the first half of the assignment. 彼は課題の前半に力を使い過ぎた。
□ 3183　SVL 10 **simulate** /símjulèit/ 動（研究・訓練のために状況な どを）似せて作る；模倣する	The self-defence instructor **simulated** a knife attack in front of the students. 護身術の講師は生徒たちの前で刃物による攻撃を模倣した。 類 pretend, imitate, replicate
□ 3184　SVL 9 **setback** /sétbæk/ 名（進行・進展などの）妨げ、 障害、支障	Despite multiple **setbacks**, Larry chose to continue with the race. 度重なる不運にもめげず、ラリーはレースを続けることにした。 類 hindrance, slowdown
□ 3185 **next to** 〜の隣に、隣の；〜の次の、〜 に次いで；〜と比べると	The crematorium is located **next to** the hospital. その火葬場は病院の隣に位置している。 類 alongside, beside
□ 3186 **regard A as B** AをBと見なす、考える	Despite his credentials, they don't **regard** him **as** being worthy of the job. 彼の資格証明にもかかわらず、彼らは彼をその仕事にふさわしいとは見なしていない。
□ 3187　SVL 10 **disperse** /dispớːs/ 動（群衆など）を追い散らす； （種・ビラなど）をばらまく	The protesters were **dispersed** using tear gas and water cannons. 抗議者たちは催涙ガスと放水銃によって追い散らされた。 類 disassemble, dissipate, scatter
□ 3188 **along with** 〜と同様に、〜と一緒に	Just go **along with** what she says and your life will go more smoothly. とにかく彼女の言う通りにすれば、君の人生はもっとうまくいくよ。
□ 3189 **run across** 〜に偶然出会う、〜を偶然見つ ける	Jane **ran across** her old boss at the supermarket. ジェーンはスーパーで元上司にばったり会った。 類 chance (upon), encounter
□ 3190 **even though** たとえ〜でも、いくら〜とはい え	She still loved him, **even though** he had a bad temper. 彼がいくら怒りっぽくても、彼女は彼を愛していた。 類 albeit, although, nevertheless, notwithstanding

Part 3 熟語&チャレンジ語彙

🔊 325.mp3

□ 3191 **make a living** 生計を立てる	He **makes a living** as a shoemaker in Salzburg, Austria. 彼はオーストリアのザルツブルグで靴職人として生計を立てている。 類 support
□ 3192　　SVL 10 **indict** /indáit/ 動 ～を起訴する、告発する	Al Capone was eventually **indicted** on tax evasion charges. 最終的にアル・カポネは脱税容疑で起訴された。 類 accuse
□ 3193　　SVL 10 **hideous** /hídiəs/ 形 見るも恐ろしい、ぞっとする；非常に醜い	It was a **hideous** painting, but Andy smiled and pretended to like it. 醜い塗装だったが、アンディはほほ笑んで気に入ったふりをした。 類 awful, horrible, ugly
□ 3194 **pass on** (仕事など)を(人に)回す、順送りにする；(情報など)を伝える	Geoffrey **passed on** all of his responsibilities to Debra. ジェフリーは責任を全てデブラに押し付けた。
□ 3195　　SVL 10 **uprising** /ʌ́pràiziŋ/ 名 反乱、蜂起、暴動	The May '68 student **uprising** in Paris led to social change. パリで起きた'68年5月の学生蜂起は社会の変革へとつながった。 類 insurgence, mutiny, rebellion
□ 3196 **run out of** (パワーなど)を使い果たす、切らす、なくなる	If you run too fast at the start, you'll **run out of** energy later. スタートから速く走り過ぎると、後でエネルギー切れになる。 類 deplete, use up
□ 3197 **cut down on** ～の摂取量を減らす；～の量を減らす、～を削減する	We all need to **cut down on** sugar and fat if we are to be healthy. 健康になりたいなら、私たちは皆、糖分と脂肪分を控えなければならない。 類 conserve
□ 3198 **turn in** (書類など)を提出する；～を返却する	He **turned in** his assignment on time, for a change. 彼は珍しく課題を期限通りに提出した。 類 hand over, surrender
□ 3199　　SVL 10 **implicate** /ímplikèit/ 動 ～の関与を示す、～を(犯罪に)巻き込む；～を含意する	No one else was directly **implicated** in her disappearance. 彼女の失踪に直接関与した者は他にいなかった。 類 imply, involve
□ 3200　　SVL 11 **verification** /vèrəfikéiʃən/ 名 証明、立証、検証、実証	We require **verification** of your age for you to enter. 入店には年齢確認が必要となっております。 類 proof, authentication

□ 3201　　　　　SVL 11 **align** /əláin/ 動 ～を一直線に並べる；～を調節する、調整する	Newgrange's entrance is **aligned** with the winter solstice's rising sun. ニューグレンジの入り口は冬至の日の出と向きを合わせてある。 類 adjust, line up

□ 3202 **give rise to** （良くない事・予期せぬ事）を引き起こす、生じさせる	The internet **gave rise to** numerous online businesses. インターネットは無数のオンラインビジネスの誕生を引き起こした。 類 bring forth, cause, lead to

□ 3203 **be known to** ～で知られている、～に知られている	He **is known to** give good tips in restaurants. 彼はレストランでチップをはずむことで知られている。

□ 3204　　　　　SVL 10 **flare** /fléə/ 名 炎の揺らぎ；（衣服の）フレア　動 （炎が）突然燃え上がる	The Carrington solar **flare** wreaked havoc on the electrical grid. キャリントン太陽フレアは、電力系統に甚大な被害を与えた。 類 burst, flicker

□ 3205 **concentrate on** ～に集中する、全力を傾ける、専念する	Leave her alone; she's trying to **concentrate on** her homework. 彼女をそっとしておいて、宿題に集中しようとしているんだから。 類 focus (on), keep one's mind on

□ 3206　　　　　SVL 10 **elusive** /ilú:siv/ 形 巧みに逃げる；理解しにくい	Bigfoot's existence seems to be more **elusive** than conclusive. ビッグフットの存在は、はっきりしたものというよりはむしろ捉えどころのないもののようだ。 類 evasive, slippery

□ 3207 **look after** ～の世話をする、面倒を見る	Could you please **look after** my poodle for the weekend? 週末の間うちのプードルの面倒を見てくれませんか？ 類 care (for), nurse, tend, take care of

□ 3208　　　　　SVL 11 **drone** /dróun/ 名 ドローン、遠隔操縦航空機；低いうなり	**Drones** are not permitted in Sagarmatha National Park. サガルマータ国立公園ではドローンは許可されていない。 類 buzz, hum

□ 3209 **account for** 動 ～の理由を説明する；～を占める	You need to **account for** the different time zone when you call her. 彼女に電話するときは時間帯の違いを説明する必要がある。 類 explain

□ 3210 **come up with** 動 （考え・計画・解決策など）を思い付く	Someone has to **come up with** a solution to this issue. 誰かがこの問題の解決策を思い付かなくてはならない。 類 create, fabricate, invent

Part **3** 熟語&チャレンジ語彙

□ 3211　　SVL 11 **empathy** /émpəθi/ 名 共感、感情移入	No **empathy** was shown for the refugees. 難民への共感は見られなかった。 類 rapport, sympathy
□ 3212　　SVL 11 **replicate** /réplikèit/ 動 (作業など)を正確に繰り返す；〜を複製する、模写する	He spent hours trying to **replicate** the manoeuvre. 操作を再現しようと彼は何時間も奮闘した。 類 clone, copy, duplicate, simulate
□ 3213 **count on** 動 〜を頼りにする、〜を当てにする	You've got to have friends and family whom you can **count on**. 頼りにできる友達や家族がいなければならない。 類 depend on
□ 3214 **break down** (機械などが)壊れる；(分析できるように)〜を分類する	If you put the wrong petrol in it, your car will **break down**. 車に間違った燃料を入れたら壊れてしまう。 類 categorise, sort
□ 3215 **be based on** 〜に基づいて	My book will **be based on** the musical styles of the 1960s. 私の本は1960年代の音楽スタイルに基づいたものとなる。
□ 3216　　SVL 10 **defer** /difə́ː/ 動 〜を延ばす、延期する	Jane wanted to travel across Europe for several months, so she applied for **deferred** admission to university. ジェーンは数カ月のヨーロッパ横断旅行をしたかったので、大学への遅延入学を申請した。 類 delay, postpone
□ 3217 **as a whole** 全体として、ひとまとまりで、総体的に	Despite the long hours, she was very happy with her job **as a whole**. 長時間労働にもかかわらず、彼女は全体として仕事にとても満足していた。 類 altogether, all in all
□ 3218 **calm down** 鎮まる、落ち着く	OK, **calm down** or you won't get any ice cream. はいはい、静かにしないとアイスクリームはなしですよ。 類 settle (down)
□ 3219　　SVL 11 **revamp** /riːvǽmp/ 動 (見た目など)を刷新する、改良する、改訂する	**Revamping** the restaurant was overdue as it was starting to look old-fashioned. 見た目が古くさくなってきたので、レストランの改修はすぐにでもやるべきだった。 類 alter, modify, remake, rework, renovate
□ 3220　　SVL 9 **tangible** /tǽndʒəbl/ 形 現実の、実際の、具体的な；触知できる、実体を持つ	We need **tangible** solutions to the problem, not just theories. 我々に必要なのはこの問題に対する具体的な解決策であり、実体のない理屈ではない。 類 concrete　反 intangible

☐ 3221　　　　　SVL 12 **itinerary** /aitínərəri/ **名** 旅程表、旅行計画	The travel agent prepared an **itinerary** with all the relevant details. 旅行業者は重要な詳細情報を漏れなく添えた旅程表を作成した。 　　　　　　　　　　　　　　　 類 journey, route
☐ 3222　　　　　SVL 10 **deflect** /diflékt/ **動** ～を(進路などから)そらす、 ～の方向を変えさせる	Maradona scored his "hand of God" goal by **deflecting** the ball with his hand. マラドーナはボールの軌道を手でそらせたことによって「神の手」ゴールを決めた。 類 divert, veer
☐ 3223　　　　　SVL 11 **obese** /oubí:s/ **形** 肥満の、肥満体の、太り過ぎの	She did a lot of sport back in college, but she's grown idle and **obese**. 彼女はかつて学生時代には盛んにスポーツをしていたが、動かなくなって肥満になった。 類 fat, overweight
☐ 3224　　　　　SVL 11 **accrue** /əkrú:/ **動** (時間経過とともに)蓄積する、(当然の結果として)生じる	Norway's vast wealth has been **accrued** through its petroleum reserves. ノルウェーの膨大な富はその埋蔵ガスによってもたらされてきたものである。 類 amass
☐ 3225　　　　　SVL 11 **obsessive** /əbsésiv/ **形** 強迫観念となっている、強迫的な、取りつかれた	His **obsessive** behaviour is more than a little irksome. 彼の強迫観念にかられた行動にはもううんざりだ。 類 compulsive
☐ 3226　　　　　SVL 10 **inaugurate** /inɔ́:gjurèit/ **動** ～の落成(就任・就航)式を行う；(公式に)～を始動させる	The museum's grand opening was **inaugurated** by the governor general. 美術館のグランドオープニングには総督を迎えて落成式が執り行われた。 類 commence, introduce, open
☐ 3227　　　　　SVL 9 **precedent** 名/présədənt/ 形/prisí:dnt/ **名** 前例、先例、判例 **形** 先立つ、前の	Temperatures in the high 20s at this time of year are without **precedent**. この時期に20度台後半の気温というのは前例がない。 類 former, preceding, previous
☐ 3228　　　　　SVL 9 **maximise** /mǽksəmàiz/ **動** ～を最大にする、最高にする、極大にする	By shutting the Bristol plant, they **maximised** the group's profits. ブリストル工場を閉鎖したことで、彼らはグループの利益を最大化させた。 類 boost, magnify 反 minimise
☐ 3229　　　　　SVL 12 **semantic** /simǽntik/ **形** (言葉の)意味に関した、意味論の	Computers are syntax crunchers lacking in **semantic** processing. コンピューターは構文を咀嚼(そしゃく)するものであり、意味的な処理を欠いている。
☐ 3230　　　　　SVL 9 **bizarre** /bizá:/ **形** 風変わりな、奇妙な、奇怪な	Olivia's **bizarre** behaviour drew the attention of her parents. オリビアの奇怪な行動は両親の注意を引いた。 類 eccentric, odd, queer, weird

Part **3** 熟語&チャレンジ語彙

🔊 329.mp3

□ 3231　SVL 10 **geometric** /dʒìːəmétrik/ 形 幾何学の、幾何学的な	The theory of **geometric** unity has some support from different physicists. 幾何学的統一の理論は複数の物理学者から多少の支持を得ている。 類 geometrical, graphic
□ 3232　SVL 9 **overt** /ouvə́ːt, óuvəːt/ 名 公然の、明白な、あからさまな	He was speaking in a calm voice, trying to show no **overt** hostility. 彼はあからさまな敵意を見せないように、落ち着いた声で話していた。 類 apparent, evident, palpable　反 covert
□ 3233　SVL 11 **persona** /pəsóunə/ 名 (演劇などの)登場人物	It seemed like he was playing a **persona** rather than being himself. 彼はありのままの自分を出すよりも、ある種の役柄を演じているように思えた。 類 character, personality
□ 3234 **as a matter of fact** 実は、さらに言うと	**As a matter of fact**, I am also an alumnus of this university. 実は私もこの大学の卒業生なのです。 類 actually, indeed
□ 3235 **make sense** 意味を成す、道理にかなう	James Joyce's "Ulysses" **makes** absolutely no **sense** to me. ジェームズ・ジョイスの『ユリシーズ』は私には全く訳が分からない。 類 cohere, hold
□ 3236　SVL 10 **helm** /hélm/ 名 (船の)かじ、操舵(そうだ)装置	The crew grew nervous when Captain Murphy took the **helm**. マーフィー船長がかじを取ると、船員たちは不安になった。 類 rein(s)
□ 3237　SVL 10 **rift** /ríft/ 名 (人間関係の)亀裂、ひび；(雲などの)切れ目、裂け目	The **rift** in their relationship occurred when Tina sought the advice of Jenny. 人間関係のひびはティナがジェニーの助言を求めたところから発生した。 類 crack
□ 3238 **no more … than ~** ~(でないの)と同様…でない	I was **no more** nervous before I sat for the university entrance exam **than** when I tried skiing for the first time. 大学入試を受けた時は、初めてスキーをやろうとした時と同じくらいしか緊張しなかった。
□ 3239　SVL 10 **envisage** /invízidʒ/ 動 (将来・見通しなど)を思い描く、心に描く、想像する	We didn't **envisage** that we'd be charged for using the pool. プールの利用に料金がかかるとは思っていなかった。 類 conceive, imagine, envision
□ 3240 **in case of** もし~が起こったら、~の場合には、際は	**In case of** an emergency, the best thing to do is call 999. 非常の際に最善の行動は999番に電話することだ。

342

☐ 3241 　　　　SVL 10 **flawless** /flɔ́ːlis/ 形 非の打ちどころのない、完璧な；(宝石などが) 傷のない	The pianist played a **flawless** rendition of Chopin's Nocturne Op. 9, No. 2. ピアニストは非の打ちどころのない解釈でショパンの夜想曲第2番を演奏した。 類 impeccable, perfect
☐ 3242 　　　　SVL 8 **adolescence** /æ̀dəlésns/ 名 青春期、青年期、思春期	With his daughter's **adolescence** looming, he became even more protective of her. 娘の思春期の訪れに、彼は少し心配だった。 類 boyhood, juvenility
☐ 3243 **the sky is the limit** できないことは何もない、限界を知らない、可能性は無限大だ	After he signed with a Major League Baseball team, Trevor felt that **the sky was the limit**. メジャーリーグの野球チームに入団したトレバーは、可能性は無限大だと感じた。
☐ 3244 　　　　SVL 9 **opt** /ɔ́pt/ 動 (〜の方を) 選ぶ、選択する、決める	Although she had a music degree, Jane **opted** for a career in advertising. 音楽の学位を持っていたが、ジェーンは広告業界でのキャリアを選んだ。 類 choose
☐ 3245 　　　　SVL 9 **deteriorate** /ditíəriərèit/ 動 悪化する、低下する、劣化する	Her health quickly **deteriorated** after she fell in the shower. 風呂場で倒れた後、彼女の健康状態は急速に悪化した。 類 corrupt, degrade, rot, worsen
☐ 3246 **read between the lines** 行間を読む、言外の意味を読み取る	Socially awkward, Alice couldn't **read between the lines**. 人付き合いが下手なアリスは言葉の裏を読むことができなかった。
☐ 3247 　　　　SVL 10 **instability** /ìnstəbíləti/ 名 不安定、不安	Due to domestic **instability**, foreign investors are looking elsewhere. 国内情勢の不安定性のため、海外投資家はそっぽを向いている。 類 insecurity, unstableness
☐ 3248 　　　　SVL 10 **mandate** 名/mǽndeit/ 動/mændéit/ 名 (政治的) 権限、為政権；命令 動 〜を義務づける	She was elected to rule with a clear majority, giving her a solid **mandate**. 彼女は過半数の支持を得て統治者として選出されており、為政権は盤石であった。 類 名 authorisation, empowerment
☐ 3249 　　　　SVL 10 **resonance** /rézənəns/ 名 (音の) 響き、反響、余韻	The choir's **resonance** could be heard throughout the cathedral. 聖歌隊の歌声は大聖堂の隅々まで響き渡った。
☐ 3250 **get hold of** 〜に連絡を取る、(連絡を取るために)〜をつかまえる	Someone is calling for Jennifer, so could you please **get hold of** her? 電話が来ているので、ジェニファーをつかまえてもらえませんか。 類 get, reach

Part **3** 熟語&チャレンジ語彙

☐ 3251 **work on** ～に取り組む、努力する、勉強する	The company is **working on** improving energy efficiency. その会社はエネルギー効率の改善に努力している。 類 deal (with), do
☐ 3252　　　　SVL 10 **nomadic** /noumǽdik/ 形 遊牧の、遊牧民の	Mongolia's **nomadic** people depend on horses for their existence. モンゴルの遊牧民は生活の支えとして馬に頼っている。 類 peregrine, vagabond
☐ 3253 **in association with** ～と共同で	The university developed the vaccine **in association with** the drug company. 大学は製薬会社と共同でワクチンを開発した。 類 together with
☐ 3254　　　　SVL 12 **insomnia** /insɔ́mniə/ 名 不眠症、不眠	Suffering from **insomnia**, Paul needed medication to fall asleep. 不眠症に悩まされていたポールは、眠りにつくために薬が必要だった。 類 sleeplessness
☐ 3255　　　　SVL 12 **optimal** /ɔ́ptəməl/ 形 最適の、最善の	**Optimal** use of time is crucial when faced by a looming deadline. 迫りくる締め切りに直面しているときには時間の最適な利用が非常に重要である。 類 optimum, exceptional
☐ 3256　　　　SVL 7 **tolerant** /tɔ́lərənt/ 形 寛容な、寛大な；耐性がある、耐えられる	She was brought up in a **tolerant** household. 彼女は寛大な家庭で育った。 類 forgiving, receptive
☐ 3257　　　　SVL 11 **contentious** /kənténʃəs/ 形 議論を呼ぶ、論争を起こす；(人が)議論好きな	Theories that once seemed **contentious** now appear to be correct. かつて論争の火種となっていた諸理論が今では正しいものと見なされている。 類 confrontational, controversial, quarrelsome
☐ 3258　　　　SVL 11 **clientele** /klàiəntél/ 名 (商店・レストランなどの)常連、顧客	Our **clientele** consists mostly of tourists and business people. 私たちの顧客層は主に旅行客と実業家から成ります。
☐ 3259　　　　SVL 12 **dichotomy** /daikɔ́təmi/ 名 (～の間の)二分、両分；二分法、二項対立	Faced with the **dichotomy** of staying or leaving, she pondered her fate. 残るべきか去るべきかという岐路に立たされ、彼女は自分の宿命に思慮を巡らせた。 類 division, separation
☐ 3260　　　　SVL 10 **deploy** /diplɔ́i/ 動 (部隊・兵器など)を配備する、配置に就かせる	Troops were **deployed** in the Sahel to fight Islamic terrorism. イスラム系テロリズムとの戦いのため、部隊がサヘル地域に配備された。 類 expand, position

☐ 3261　　　SVL 9 **browse** /bráuz/ **動** (店など)をあれこれと見る、(本など)を拾い読みする	Ava **browsed** the supermarket aisles for Himalayan sea salt. アバはヒマラヤ海塩を求めてスーパーの通路を流し見た。 類 glance, skim
☐ 3262　　　SVL 11 **abbey** /ǽbi/ **名** (キリスト教での)大修道院	An **abbey** housing 80 monks once stood where those ruins lie. 今は残骸が横たわる場所に、かつては80人の修道僧をかかえる大修道院が建っていた。 類 church, monastery
☐ 3263　　　SVL 12 **diction** /díkʃən/ **名** 用語選択、言葉遣い	Her careful **diction** made her a fine speech writer. 細心の言葉選びのために彼女は優れた演説草稿作者となった。 類 articulation
☐ 3264 **agree to disagree** 意見の不一致を認める	After a lengthy discussion we **agreed to disagree**. 長時間の議論の後、私たちは意見の不一致を認めた。 類 agree to differ
☐ 3265　　　SVL 12 **miscellaneous** /mìsəléiniəs/ **形** (人・物などが)種々雑多な、寄せ集めの	Sheldon has a large collection of **miscellaneous** artefacts from Africa. シェルドンはアフリカの雑多な工芸品のコレクションを持っている。 類 assorted, mixed, varied
☐ 3266　　　SVL 10 **utilitarian** /juːtìlətéəriən/ **形** 実用本位な、実用的な、	Post-war architecture was more **utilitarian** in its focus. 戦後の建築は実用性により重きを置いていた。 類 practical
☐ 3267　　　SVL 10 **imminent** /ímənənt/ **形** 差し迫った、切迫した、(危険などが)今にも起こりそうな	Surely, his dismissal must be **imminent** due to his terrible behaviour. 確かに、彼の行いの悪さを考えれば解雇は秒読みだろうね。 類 approaching, impending
☐ 3268 **allow for** ~を考慮に入れる、見込んでおく	Don't forget to **allow for** the wind when you do your calculations. 計算する際には風を考慮に入れることを忘れないように。 類 consider, factor in
☐ 3269　　　SVL 10 **improvise** /ímprəvàiz/ **動** (音楽・スピーチなど)を即興で作る、演奏する、行う	To the crowd's delight, Daniel **improvised** a guitar solo. ダニエルがギターソロを即興で弾き、群衆は歓喜した。 類 ad-lib, devise
☐ 3270 **with reference to** ~に関して	A letter was sent to all employees **with reference to** the new revision. 新しい改訂に関して、全従業員に手紙が送られた。 類 about

Part **3** 熟語&チャレンジ語彙

□ 3271   SVL 9
reservoir
/rézəvwà:/

名 貯水池、ため池、貯水槽

Due to the sweltering heat, the water **reservoirs** are almost empty.
うだるような暑さのため、貯水池は空っぽに近い。

類 container, pool, supply

□ 3272
to that effect

その趣旨で、その趣旨の

They said that they couldn't do it, or words **to that effect**.
彼らはそれはできないといった趣旨のことを言っていた。

□ 3273   SVL 10
feasible
/fíːzəbl/

形 実現可能な、実行可能な

These proposals are **feasible**, but they'll be difficult to implement.
これらの提案は実現可能ではあるが、実行には困難が伴うだろう。

類 viable

□ 3274   SVL 10
derivative
/dirívətiv/

形 独創性のない、模倣した、人まねの 名 派生物

His paintings were criticised for being **derivative** and poorly executed.
彼の絵画は独創性のない完成度の低いものであると批評された。

類 名 by-product, spin-off

□ 3275
come in handy

役に立つ、重宝する

Your compass will **come in handy** if we get lost in the fog.
霧で迷うことがあったら君の方位磁針が役に立つだろう。

□ 3276
cutting edge

名 (特定の分野などの)最先端

At the time, the technology was considered to be **cutting edge**.
その当時は、その技術が最先端であると見なされていた。

類 forefront, vanguard

□ 3277
deal with

〜に対処する、〜を処理する；〜を(主題として)扱う

Matthew needs to **deal with** the new contract.
マシューは新しい契約に対応しなければならない。

類 handle, treat, work on

□ 3278   SVL 11
vibrant
/váibrənt/

形 (色が)明るい、鮮やかな；活気に満ちた、活発な

Vibrant colours will make the room look a lot livelier.
鮮やかな色を使えば部屋はずっと明るく見えるだろう。

類 colourful, brilliant, alive, dynamic, energetic

□ 3279   SVL 11
precursor
/prikə́:sə/

名 前兆、前触れ、前身、先駆者

Large offshore earthquakes are often **precursors** to tidal waves.
大規模な洋上での地震はしばしば津波の前触れとなる。

類 forerunner, harbinger

□ 3280
come out

動 出る、現れる；(真実などが)明るみに出る

Bats **come out** after nightfall and return to their shelter around dawn.
コウモリは暗くなってから外へ出て、夜明け頃にねぐらに戻る。

類 appear, show up, unfold

🔊 334.mp3

□ 3281　　　　　　SVL 12
infringe
/infríndʒ/
動 (権利など)を侵害する；(契約など)を破る、侵す

The new policy on dating fellow employees **infringes** on people's rights.
従業員同士の恋愛についての新規則は人々の権利を侵害している。
類 breach, break, violate

□ 3282　　　　　　SVL 10
rhyme
/ráim/
名 韻、韻を踏むこと　動 韻を踏む

Sometimes, the overuse of **rhyme** is a poetic crime.
時に、韻の乱用が詩的犯罪となる。

□ 3283　　　　　　SVL 10
imperative
/impérətiv/
形 必須の、急務の、不可避の；命令的な、高圧的な

It's **imperative** that you get this message to your master.
親方にこの伝言を間違いなく伝えるように。
類 compulsory, obligatory

□ 3284　　　　　　SVL 10
ventilate
/véntəlèit/
動 ～を換気する、～に風を通す

John **ventilated** the smoky room by opening the windows.
ジョンは窓を開けて煙った部屋を換気した。
類 vent

□ 3285　　　　　　SVL 12
binary
/báinəri/
形 2進法の；2つの；2元の

Morse code, like modern computers, uses a **binary** system.
モールス信号は近代のコンピューターと同様に2進法を使っている。

□ 3286　　　　　　SVL 11
gruesome
/grú:səm/
形 ぞっとする、恐ろしい、身の毛がよだつ

Although the crime was most certainly **gruesome**, intent could not be proved.
その犯罪は確かにぞっとするものだったが、動機は立証できなかった。
類 awful, frightful, horrifying, grisly

□ 3287
on time

時間通りに、定刻に、定時に

The train arrived **on time** at the station.
電車は定刻通りに駅に着いた。
類 punctually, timely

□ 3288
wrap up

動 (会議など)をまとめる、おしまいにする；～を包む

Can we **wrap up** this meeting by 1 p.m., please?
午後1時までにこの会議を終わらせたいのですが。
類 conclude, finish

□ 3289　　　　　　SVL 12
excavate
/ékskəvèit/
動 ～を発掘する、(穴など)を掘る、(土砂など)を掘り出す

Archaeologists **excavated** the Iron Age armour from a field in Surrey.
考古学者たちはサリーの現場からその鉄器時代の甲冑(かっちゅう)を発掘した。
類 dig

□ 3290　　　　　　SVL 10
livestock
/láivstɔ̀k/
名 家畜(類)

Livestock are being stolen from farms in the region.
その地方の何軒もの農家で家畜が盗まれている。
類 animals

Part **3** 熟語&チャレンジ語彙

☐ 3291　SVL 10 **allure** /əlúə/ 名 魅力、魅惑するもの　動 ～ を魅了する、引きつける	Gambling's **allure** is a mystery to those without this proclivity. 賭け事の魅力は、そうした嗜好(しこう)を持たない人には謎である。 類 動 captivate, fascinate, seduce
☐ 3292　SVL 9 **infer** /infə́:/ 動 ～を推測する、推論する; ～を暗示する、ほのめかす	It can be **inferred** from the study that the car isn't safe. その研究から、その車は安全ではないということが推論できる。 類 deduce, gather, imply, judge
☐ 3293　SVL 10 **refute** /rifjú:t/ 動 ～に反論する、～を論破する	He issued a press release **refuting** the allegations made against him. 彼は新聞発表を行い、自身に掛けられた疑惑に反論した。 類 rebut, disprove
☐ 3294　SVL 10 **consecutive** /kənsékjutiv/ 形 連続した;一貫した、筋の通った	Allan has been absent from work for three **consecutive** days. アランは3日連続で仕事を休んでいる。 類 back-to-back, successive, in a row
☐ 3295 **make matters worse** 問題をさらに深刻化させる	You're only going to **make matters worse** if you go and see him. 彼に会いに行くのは事態を悪化させるだけだ。
☐ 3296　SVL 10 **paramount** /pǽrəmàunt/ 形 最も重要な、主要な、最高の	It is **paramount** that you visit your daughter this weekend. 今週末に娘さんに会いに行くことが最も重要だ。 類 cardinal, principal, supreme
☐ 3297 **ahead of** ～より前に、～の前方に;～の以前に、先に;～より進んで	You'll need to book your tickets **ahead of** time, as they will sell out fast. チケットはすぐに売り切れてしまうので、前もって予約しないといけない。 類 before, prior to
☐ 3298　SVL 10 **counteract** /kàuntərǽkt/ 動 ～に対抗する;～を和らげる、中和する	The country's authorities **counteracted** the trade restrictions by imposing sanctions of their own. 国家当局は独自の制裁を課すことで貿易制限に対抗した。 類 cancel (out), neutralise, offset, counter
☐ 3299　SVL 9 **allergy** /ǽlədʒi/ 名 アレルギー	Food **allergies** have seen a dramatic increase in the 21st century. 食物アレルギーは、21世紀に入ってから急増している。
☐ 3300　SVL 9 **renewable** /rinjú:əbl/ 形 再生可能な;更新可能な、延長できる	Great emphasis is placed on the adoption of **renewable** energy. 再生可能エネルギーの採用が特に重要視されている。 類 sustainable

☐ 3301　　　　　SVL 11 **courtship** /kɔ́ːtʃip/ 名 (動物の)求愛行動；(結婚前の)交際期間	Peafowl **courtship** is initiated by the peacock and judged by the peahen. クジャクの求愛行動は雄によって行われ、それを雌が判定する。 類 dating
☐ 3302 **get over** 動 〜を乗り越える、立ち直る	Jake is finding it difficult to **get over** the death of his father. ジェイクは父の死から立ち直れずいる。 類 overcome
☐ 3303 **in a position to** 〜できる立場で	I'm sorry, but I'm really not **in a position to** help you. 申し訳ありませんが、私は全くお手伝いできる立場にございません。
☐ 3304　　　　　SVL 10 **catastrophic** /kæ̀təstrɔ́fik/ 形 壊滅的な、悲惨な、大惨事の	His **catastrophic** performance at the Olympics is difficult to explain. オリンピックでの彼の悲惨なパフォーマンスは説明がつきにくい。 類 disastrous, fatal
☐ 3305 **once in a blue moon** ごくまれに、めったに〜ない	They come to visit me only **once in a blue moon**. 彼らはめったに私に会いに来ない。 類 rarely
☐ 3306 **for the purpose of** 〜の目的で、〜のために	I need this **for the purpose of** enrolling at university. 大学入学のために私にはこれが必要だ。
☐ 3307 **fall out of** 〜から外へ出る、〜から落ちる	Leon Trotsky soon **fell out of** favour with Joseph Stalin. レフ・トロツキーは間もなくヨシフ・スターリンに嫌われてしまった。
☐ 3308　　　　　SVL 11 **susceptible** /səséptəbl/ 形 (to) 〜に影響されやすい、感染しやすい	Having a weakened immune system, Eileen was **susceptible** to pneumonia. 免疫系が弱っていたため、アイリーンは肺炎にかかりやすかった。 類 sensitive, impressionable, vulnerable, allergic, in danger of
☐ 3309　　　　　SVL 11 **catalyst** /kǽtəlist/ 名 触発するもの、きっかけ；(化学)触媒	The candidate ran on an ambitious platform, promising to be a **catalyst** for economic reforms. 候補者は、経済改革の起爆剤となることを約束し、野心的なプラットホームを掲げた。 類 incentive, driver, inspiration, stimulus, trigger
☐ 3310 **turn around** 回転する、方向転換する；好転する、流れが変わる	You've gone the wrong way; you'll need to **turn around** over there. 間違った方向に進んでいます。この先で方向転換する必要があります。 類 reverse

Part **3** 熟語&チャレンジ語彙

" 多読、精読とマイ単語帳 "

　英語指導の現場でいろいろなアプローチを試してきて感じるのは、「どのような手法にも効果はあるが、効き目やスピードには個人差がある」ことです。そうした中で、圧倒的に多くの人に効き、しかも英語力が持続的に伸びる練習法として推したいのが多読です。これまで取り入れた中で、効果が明らかに高かった多読の方法をご紹介します。

　多読とは、好きな分野や興味ある分野の文章を辞書なしで大量に読むことを指します。辞書なしで読めるとは、見慣れた単語が95％以上を占めている、ご自身のレベルよりほんのちょっと上の文章を意味します。初級者ほど選択肢が狭くなり、基本的にGraded Readerと呼ばれる簡単な英語で書き直された小説を読むことになります。ここでおすすめしたいのは、多読と精読を組み合わせることです。

　多読と精読は同じコインの裏表です。精読では、「難しい」と感じる文章を、辞書で丹念に単語を調べながら読みます。遅い代わりに、じっくり学びながら読むことができます。精読でどんどん「新しい」単語を仕入れると同時に、楽に読める文章で多読を行うことで単語と複数回出会う状況を作っていきます。理想的な比率は、精読1に対して多読5です。例えば、週に3回500語程度の精読を行うとして、2500語の多読も3回行うというイメージです。結果、週に9,000語（月に36,000語）のリーディングをしていく計算となります。IELTSの過去問は精読に、Graded Reader は多読にぴったりです。次第にGraded Reader の難易度を上げていきましょう。これを数カ月（4〜6カ月）繰り返していくと、IELTSの過去問を読むスピードと理解度が格段に上がって、スコアアップにつながります。普段、IELTSのスコアアップを目指す学習者におすすめする読解の量は月に3万〜5万語です。その20％を精読で行い、少しずつ多読の難易度を上げていくと、かなり高い確率でスコアアップが図れます。最初は大変ですが、慣れると皆さん楽しそうに続けています。

　多読と精読の組み合わせは、「マイ単語帳」を作るとさらに威力を発揮します。専用のノートに日付を入れ、単語・語義・派生語・類義語・反意語・コロケーションを清書します。ただし、自分にとって「新しい」単語のみに限定します。そして毎週、前の週に書き込んだ単語を復習し、毎月、前の月の単語を復習しましょう。マイ単語帳は復習の材料になるのに加え、学びの日誌の役割も果たします。

　多読と精読をセットで行い、「新しい」単語をマイ単語帳に書き込むというアプローチは皆さまのスコアアップに必ず寄与しますので、ぜひ実践してみてください。

このパートではスピーキングやライ
ティングで使える語彙を学びます。フ
レーズも丸ごと覚えて、試験ですぐに
使えるように繰り返し練習しましょう。

☐ 3311　　SVL 4 **upward** /ʌ́pwəd/	Downward movements in the stock market are much more abrupt than **upward** ones. 株式市場では下落の動きの方が上昇よりもはるかに唐突である。
形 上方への、上向きの　副 上方に、上方を、上向きに	類 副 higher, skyward, uphill　反 形 副 downward
☐ 3312　　SVL 6 **diagram** /dáiəgræm/	There is a **diagram** of the building layout on Page 30. 30ページにこの建物のレイアウト略図があります。
名 図、図表、略図	類 figure, illustration
☐ 3313　　SVL 2 **compare** /kəmpéə/	If you **compare** the two cars, it is clear that the older one is better. その2台を比べれば、古い方の車が良いことは明白だ。
動 ～を比較する、比べる	類 contrast, equate
☐ 3314　　SVL 4 **minority** /mainɔ́rəti, minɔ́rəti/	In Britain, a small **minority** of households do not own a car. イギリスでは、車を持たない家庭はごく少数派だ。
名 （多数に対する）少数、少数派	反 majority
☐ 3315 **skyrocket** /skáirɑ̀kit/	During a heat wave, temperatures can **skyrocket** to 39 degrees Celsius. 熱波襲来中は気温がセ氏39度まで急激に上がることもある。
動 （価格などが）急激に上昇する、短期間で大幅に上昇する	類 escalate, soar, shoot up
☐ 3316　　SVL 4 **meanwhile** /míːnhwài, miːnwáil/	The income of female employees in this company remains stagnant. **Meanwhile**, male employees have seen their earnings increase. この会社では女性従業員の収入の伸びが滞っている。一方、男性従業員は稼ぎが増えている。
副 その一方では、同時に；その間に、そうしているうちに	類 meantime
☐ 3317 **steeply** /stíːpli/	The price of cigarettes rose **steeply**, from £5 a packet to £8. たばこの値段は1箱5ポンドから8ポンドへと急激に上がった。
副 急傾斜で、急こう配で、急角度で、急速に	類 acutely, sharply
☐ 3318　　SVL 3 **totally** /tóutəli/	We didn't see him for weeks because he had **totally** consumed himself in his latest project. 彼は直近のプロジェクトにすっかり没入してしまって、私たちは何週間も彼の姿を見なかった。
副 全く、完全に、すっかり	類 completely, entirely, thoroughly, wholly

🔊 338.mp3

□ 3319　　　　　　　SVL 1
fall
/fɔ́ːl/

動 落ちる、落下する、(雨・雪が)降る　名 落下、降下

It is rare to see snow **fall** in the spring.
春に雪が降るのは珍しい。

類 動 drop, descend, plunge　名 drop, plunge, descent

□ 3320
call it a day

(仕事などを)切り上げる、終わりにする

After working 16 hours straight on the project, they decided to **call it a day**.
プロジェクトにかかりきりで16時間もたったところで、彼らは切り上げることにした。

類 close, conclude, stop

□ 3321　　　　　　　SVL 2
cause
/kɔ́ːz/

動 〜の原因となる、〜を引き起こす　名 原因；大義

Heavy drinking can **cause** serious liver damage.
深酒は重篤な肝障害を引き起こすことがある。

類 動 give rise to, lead to　名 reason, origin

□ 3322　　　　　　　SVL 5
ascend
/əsénd/

動 〜を上がって行く、登って行く；上昇する、上がっていく

The climbers planned to **ascend** the north face of the mountain to the peak at first light.
登山者たちは、夜明けとともに出発して北斜面を山頂まで登る計画を立てた。

類 aspire, climb, rise, soar　反 descend

□ 3323
apart from

〜を別とすれば、〜を除いて、〜はさておき

Apart from the salary, everything else about the position was great.
給料を別にすれば、その求人は全てにおいて好条件だった。

類 besides, except for, excluding

□ 3324　　　　　　　SVL 6
hence
/héns/

副 それ故に、そういうわけで、従って

The proposal would attract new business and, **hence**, create new jobs.
その提案は企業の新規参入を促すことになり、従って新たな求人を生み出すだろう。

類 consequently, so, therefore, thus

□ 3325
myriad
/míriəd/

形 無数の　名 無数

The festival provides **myriad** options for music lovers.
その祭りは音楽好きに無数の選択肢を提供する。

類 形 countless, innumerable, untold

□ 3326　　　　　　　SVL 5
massive
/mǽsiv/

形 大量の、大規模な；巨大な、大きくて重い

There has been **massive** coverage of the Olympics across all social media platforms.
あらゆるソーシャル・メディア・プラットホーム上でオリンピックの大規模な報道がなされている。

類 huge, monstrous; heavy

Part 4 アウトプット系語彙

353

□ 3327 **a similar trend** 同様の傾向	The London Stock Exchange dropped 10 percent, following a similar trend seen in other major cities. 他の主要都市で見られた類似の傾向を受けて、ロンドン取引市場は10パーセントの下落となった。
□ 3328　SVL 4 **disadvantage** /dìsədvá:ntidʒ/ 名 不利（な点）、不都合、悪条件、短所	One disadvantage of living in this area is that there is no public transportation nearby. この地域に住むことの欠点として、近くに公共交通機関が無いということがある。 類 downside, drawback, handicap
□ 3329　SVL 3 **sharply** /ʃá:pli/ 副 急激に、大幅に、鋭く	The stock market dropped sharply after hearing the news of Lehman Brothers' bankruptcy. リーマン・ブラザーズ破綻の一報により、株価は大幅に下落した。 類 steeply
□ 3330　SVL 8 **alternatively** /ɔːltɔ́:nətivli/ 副 その代わりに、あるいは	The meat could be baked in an oven for 10 minutes or, alternatively, pan-fried for 20. 肉はオーブンで10分、あるいはフライパンで20分調理します。 類 instead, otherwise
□ 3331　SVL 7 **respectively** /rispéktivli/ 副 それぞれ、めいめい、おのおの	The registration deadlines for the English and Greek courses are Monday and Wednesday, respectively. 英語とギリシャ語の受講登録期限はそれぞれ月曜日と水曜日です。 類 individually, separately
□ 3332 **to what extent** どの程度まで	An investigation will show us to what extent the damage was caused by an accident. 調査は、事故による損傷がどの程度だったかを明らかにする。
□ 3333　SVL 6 **spectacular** /spektǽkjulə/ 形 壮観な、目を見張る；突然の、予想以上に大きい	The closing ceremony ended with a spectacular fireworks display. 閉会式は壮観な花火によって幕を閉じた。 類 impressive, astounding, marvellous, remarkable
□ 3334 **advantageous** /ædvəntéidʒəs/ 形 有利な、有益な、都合の良い	Lifelong learning programmes can be extremely advantageous for adults looking for new career opportunities. 新たなキャリアの機会を探る大人にとって、生涯学習は極めて有益である。 類 beneficial, profitable　反 disadvantageous, unfavourable

🔊 340.mp3

☐ 3335　　　SVL 4 **manufacture** /mǽnjufǽktʃə/	Sand is used in the manufacture of glass. ガラスの製造には砂が使われる。
名（大規模な）製造、製作 動 ～を製造する、製作する	類 動 fabricate, make, produce
☐ 3336　　　SVL 4 **emphasise** /émfəsàiz/	Use bold lettering or underline titles to emphasise them in an essay. 小論では太字や下線を使って表題を強調すること。
動 ～を強調する、力説する	類 accentuate, stress, underline
☐ 3337 **pie chart**	On the final page, there are pie charts and other graphs to show the results more clearly. 最終ページには、円グラフその他で結果をより見やすく示してあります。
円グラフ	類 circle graph
☐ 3338 **due to**	The rise in the crime rate is due to an increase in the number of drug users. 犯罪率の上昇は薬物使用者の増加が原因である。
～が原因で、～のせいで、～の おかげで；～のために	類 by virtue of, owing to, because of
☐ 3339　　　SVL 3 **majority** /mədʒɔ́rəti/	The majority of small shops in this area have abandoned their businesses in the past decade. この辺の小さな商店の大多数がこの10年の間に商売をやめてしまった。
名 大多数、ほとんど、大部分、 過半数	類 bulk, most
☐ 3340 **to conclude**	To conclude, I firmly believe that there is no connection between video games and violent behaviour. 結論として、私はビデオゲームと暴力行為には関係がないと断固として信じている。
（文頭において）結論として、終 えるにあたり	類 lastly, last, in conclusion
☐ 3341　　　SVL 8 **proportional** /prəpɔ́:ʃənl/	The cost of maintenance is somewhat proportional to the age of the vehicle. メンテナンスの費用は、車の年数にある程度比例する。
形 比例した、釣り合った	類 commensurate, symmetrical, correlative
☐ 3342 **give way**	The supports of the bridge will give way in an earthquake. その橋の支柱は地震が来れば崩れてしまうだろう。
崩れる、壊れる；譲歩する、屈 する；道を譲る	類 buckle, yield, collapse

Part 4 アウトプット系語彙

355

□ 3343 SVL 12 **fluctuate** /flʌ́ktʃuèit/	The price of Bitcoin **fluctuates** wildly, sometimes as much as 20 percent within 24 hours. ビットコインの価格は激しく上下し、時には24時間のうちに20パーセントも変動する。
動 （物価などが）変化する、（絶えず）変動する、上下する	類 change, shift, vary
□ 3344 **because of**	The CEO was replaced **because of** poor performance. 実績が振るわなかったせいで、CEOは更迭された。
〜のため、〜のせいで、〜の理由で	類 due to, owing to
□ 3345 SVL 2 **instead** /instéd/	She used a spoon to eat the bowl of rice **instead** of chopsticks. 彼女は箸の代わりにスプーンを使ってご飯を食べた。
副 その代わりに、そうではなくて	類 rather, alternatively
□ 3346 **pros and cons**	Before making any important decisions, all the **pros and cons** of each choice should be discussed. 重要な決定を下す前に、各選択肢の全ての長所と短所について話し合うべきです。
賛否両論、長所と短所	
□ 3347 SVL 2 **own** /óun/	The vast extent of land is **owned** by my uncle. その広大な土地は私の叔父が所有している。
動 〜を持っている、所有する 形 自分自身の、それ自身の	類 動 have, possess, occupy
□ 3348 SVL 2 **describe** /diskráib/	His book attempts to **describe** his experiences of war. 彼は本で自身の戦争体験を描き出そうと試みている。
動 〜を（言葉で）描写する、〜の特徴を述べる	類 depict, portray
□ 3349 SVL 5 **soar** /sɔ́ː/	The company's upper management usually receive yearly bonuses of £20,000, but that can **soar** to £90,000. その会社の上級管理職は通常年間2万ポンドのボーナスを得ているが、9万ポンドまでの急上昇もあり得る。
動 （物価などが）急に上がる、急騰する、（〜まで）急上昇する	類 ascend, aspire, uprise, skyrocket, shoot up
□ 3350 **retrospectively** /rètrəspéktivli/	Thinking **retrospectively**, I realised I had made a big mistake. 振り返って考えてみたら、私は大きな間違いを犯したことに気付いた。
副 過去にさかのぼって、振り返って、今から思うと	

🔊 342.mp3

□ 3351 **by contrast** 一方、それと対照的に、それに比べて	The rate of older women giving birth has increased. **By contrast**, teenage births have declined. 高齢出産率は上昇している。一方、10代での出産は減少している。
□ 3352　SVL 7 **reckon** /rékən/ 動 ～と評価する、考える、見なす；～と思う、推測する	The police **reckon** that the murderer was a family member. 殺人事件の犯人は家族の一員だと警察は見ている。 類 calculate, consider, suppose
□ 3353 **pull down** (建物など)を取り壊す、～を引き下ろす	There is a plan to **pull down** the old library to make the road wider. 道路拡幅のために古い図書館を取り壊す計画がある。 類 destroy, knock over, demolish
□ 3354　SVL 8 **substantially** /səbstǽnʃəli/ 副 大いに、かなり、相当に	During this economic crisis, unemployment increased **substantially**. この経済危機の最中、失業率は大幅に上昇した。 類 mostly, predominantly, significantly
□ 3355 **off topic** 主題から外れて	Your essay is good but it goes **off topic** in Paragraph 3. あなたのエッセーは良くできているが、第3段落において主題から外れている。 類 irrelevant
□ 3356 **significantly** /signífikəntli/ 副 かなり、相当、著しく、はっきりと	A Ferrari is **significantly** faster than a Ford Escort. フェラーリはフォード・エスコートよりはるかに速い。 類 considerably, substantially, noticeably
□ 3357　SVL 6 **considerably** /kənsídərəbli/ 副 かなり、ひどく、ずいぶん	Mobile phone technology has advanced **considerably** in the last 15 years. 携帯電話技術は過去15年間で大幅に前進した。 類 extensively, tremendously, vastly, significantly
□ 3358　SVL 5 **overwhelming** /òuvəwélmiŋ/ 形 圧倒的な、抵抗できないほどの、ものすごい	The project is not so **overwhelming** once it is organised into small stages. 細かな段階に整理してしまえば、このプロジェクトは太刀打ちできないほどのものではない。 類 irresistible, overpowering

Part 4 アウトプット系語彙

357

□ 3359 **line graph** 折れ線グラフ	The **line graph** above shows the company profits from the previous five years. 上の折れ線グラフは過去5年間の会社の利益を表しています。

| □ 3360　SVL 5 **consequently**
/kɔ́nsikwəntli/

副 その結果、従って、それ故 | Many seniors have little experience using computers. **Consequently**, their skills are limited.
年配者の多くはコンピューターを使った経験が乏しい。そのため、彼らのスキルは限られている。

類 hence, so, therefore |

| □ 3361　SVL 3 **possess**
/pəzés/

動 ～を所有している、持っている；(感情などが)～を捉える | This famous couple **possesses** houses all over the world.
この有名人夫妻は世界中に家を持っている。

類 have, own, retain, hold |

| □ 3362 **take place**

(予定されていた事が)行われる；起こる、生じる | The next election will **take place** sometime in October.
次の選挙は10月のどこかで行われる。

類 happen, occur |

| □ 3363 **bar graph**

棒グラフ | The results can be seen more clearly in the **bar graph** below.
以下の棒グラフに、結果がより見やすく示されている。

類 bar chart, histogram |

| □ 3364 **at a glance**

一目見て、すぐに | This simple repayment table shows **at a glance** how much of your loan is outstanding.
この簡単な返済表なら一目見ただけであなたのローン残高が分かります。 |

| □ 3365　SVL 4 **purchase**
/pə́:tʃəs/

動 ～を購入する、買う 名 購入、購入品 | It was decided that the library should **purchase** five new computers.
図書館では新たにコンピューターを5台購入することが決まった。

類 buy |

| □ 3366　SVL 5 **downward**
/dáunwəd/

形 下向きの、下方への 副 下の方へ、下向きに | Company sales were on a **downward** trend, resulting in low profits for the year.
企業の売り上げは下落傾向にあり、低い年度利益へとつながった。

類 descending, lowered |

🔊)) 344.mp3

□ 3367　SVL 2 **generally** /dʒénərəli/　副 一般に、概して	It is **generally** cold in winter. 冬というのは一般に寒いものだ。 類 typically, usually, on the whole, in general
□ 3368 **be inclined to** ～の傾向がある、～しがちである	When managers are given more responsibility, they may **be inclined to** delegate more tasks. 管理職に与えられる責任が大きくなると、彼らはより多くの仕事を下に割り振る傾向にあるようだ。 類 wanting to, be willing to
□ 3369　SVL 10 **demolish** /dimɔ́liʃ/　動 （建物など）を取り壊す、破壊する	There are plans to **demolish** the council estate and build a new shopping centre. 公営団地を取り壊して新たにショッピングセンターを作る計画がある。 類 destroy, shatter, tear down, pull down
□ 3370　SVL 4 **thoroughly** /θΛ́rəli/　副 徹底的に、完全に	Chicken should be cooked **thoroughly** before eating. 鶏肉は食べる前に完全に火を通さなければいけない。 類 completely, fully, totally
□ 3371 **spring up** 突然現れる、急に出現する	With the development of artificial intelligence, many new robotics companies have **sprung up**. 人工知能の発展に伴って、多数のロボティクス企業が生まれた。 類 arise, emerge, surface
□ 3372　SVL 3 **moreover** /mɔːróuvə/　副 さらに、加えて、その上	The results of the experiment were poorly presented. **Moreover**, they were incorrect. 実験結果の提示は稚拙だった。加えて、不正確だった。 類 additionally, besides, furthermore
□ 3373 **turn into** 動 ～になる、変わる	The annual conference may **turn into** a disaster because of poor organisation. 年次大会は仕切りが至らないため、悲惨なことになるかもしれない。 類 become
□ 3374　SVL 4 **regarding** /rigáːdiŋ/　前 ～に関して、～について	If you require more information **regarding** the job, please email us. この仕事についてもっと情報が必要であれば、Eメールでお問い合わせください。 類 concerning

Part 4 アウトプット系語彙

359

🔊 345.mp3

| □ 3375　SVL 6 **diminish** /dimíniʃ/ | As people reach their senior years, their energy tends to **diminish**. 老年に差し掛かるにつれ、人の活動力は減退する傾向にある。 |
| **動** 減る、減少する、衰える、小さくなる | **類** decrease, lessen, reduce, weaken, cut down |

| □ 3376 **lead to** | Exercising too often can **lead to** the accumulation of scar tissue in the muscles. あまりに頻繁な運動は、筋肉内瘢痕(はんこん)組織の蓄積につながることがある。 |
| (事が)〜につながる、〜をもたらす、〜に至る | **類** result in, bring about, cause, induce, give rise to |

| □ 3377　SVL 2 **be similar to** | The neighbour's house **is similar to** ours, but theirs has a bigger garden. 隣家は私たちの家と似ているが、庭がもっと広い。 |
| 〜と似ている、〜と同じようである | |

| □ 3378　SVL 3 **gently** /dʒéntli/ | Simmer the sauce **gently** to prevent it from burning. ソースを焦がさないよう静かに煮込みます。 |
| **副** 静かに、慎重に | **類** softly, weakly |

| □ 3379　SVL 8 **spacious** /spéiʃəs/ | The living room was **spacious**, with plenty of room for a dining table. 居間は食卓を置くのに十分な広々としたものだった。 |
| **形** (部屋などが)広々とした、ゆったりとした、広い | **類** ample, roomy |

| □ 3380 **in conclusion** | **In conclusion,** more testing is required before the vaccine is made available to the public. 結論としては、そのワクチンが公衆に提供される前にさらなる治験が必要である。 |
| 結論として、要するに | **類** finally, to conclude, to sum up |

| □ 3381　SVL 2 **share** /ʃéə/ | In return, he wants a **share** in the sales commission. 見返りとして、彼は販売手数料の分け前を要求している。 |
| **名** 分け前、取り分、占有率 **動** 〜を共同使用(共有)する | **類 名** allotment, slice, portion, proportion |

| □ 3382　SVL 4 **descend** /disénd/ | The plane began to **descend** for landing 30 minutes ahead of schedule. 飛行機は予定より30分早く着陸に向けて降下を開始した。 |
| **動** 下る、降りる；低下する | **類** drop, fall, sink |

🔊 346.mp3

□ 3383
peak at

(〜の値で)頂点に達する

The summer heat in London **peaked at** 40 degrees Celsius last year.
昨年のロンドンは、夏の暑さが最高でセ氏40度に達した。

□ 3384　　SVL 1
rise
/ráiz/

動 上昇する、(数量が)増す
名 (数などの)増加：昇給

The number of spectators has **risen** dramatically since he joined the team.
彼がそのチームに加わってから、観客数が劇的に上がっている。

類 動 get up, grow, ascend

□ 3385
reach a high ~

高い〜に達する

Oxford University students are required to **reach a high** standard of education.
オックスフォード大学の学生には高い教育水準に到達することが要求される。

□ 3386　　SVL 4
consequence
/kɔ́nsikwəns/

名 結果、成り行き、影響

Many people lost their jobs as a **consequence** of the recession.
景気後退の結果として多くの人が職を失った。

類 conclusion, effect, outcome, result, aftermath

□ 3387　　SVL 4
namely
/néimli/

副 すなわち、つまり、言い換えると、具体的には

The commercial set out to target a specific audience, **namely** men in their 30s.
その宣伝は特定の層、具体的には30代男性を対象としていた。

類 especially, specifically, in other words

□ 3388　　SVL 5
steadily
/stédili/

副 しっかりと、着実に、着々と、安定して

Profits have **steadily** increased at a rate of approximately 2 percent year after year.
利益は毎年約2パーセントの割合で着実に増加してきた。

類 firmly

□ 3389　　SVL 4
comparison
/kəmpǽrisn/

名 比べること、比較すること、比較、対照

Without more results, it is difficult to make an adequate **comparison** between the two methods.
もっと多くの結果がないと、この2つの手法をきちんと比較することは難しい。

類 contrasting, analogy

□ 3390
chop down

(おの・なたなどで)切り落とす、たたき切る

The rainforests are to be **chopped down** to provide land for farming.
熱帯雨林は農地を作り出すために伐採されてしまう。

Part 4 アウトプット系語彙

361

□ 3391　SVL 4 **outstanding** /àutstǽndiŋ/ 形 傑出した、卓越した、ずば抜けた	The actor was celebrated for his **outstanding** performance. 傑出した演技により、その俳優は称賛された。 類 distinguished, eminent, notable, noteworthy
□ 3392 **downside** /dáunsàid/ 名 (物事の)否定的な面、弱点、マイナス面	The **downside** of living by a motorway is the constant noise of cars. 高速道路沿いに住むことの欠点はひっきりなしの車の騒音だ。 類 disadvantage, drawback
□ 3393 **dramatically** /drəmǽtikli/ 副 劇的に、印象的に	Viewing figures dropped **dramatically** following the change in presenters. 司会者が代わって以降、視聴率は著しく下がった。 類 effectively
□ 3394　SVL 4 **overall** /òuvərɔ́:l/ 形 全体の、全てを含んだ、全般的な 副 全部で	The **overall** essay is good, but there are a few points that could be improved. 小論の全体としては良いが、細かいところではいくつか改善の余地がある。 類 形 complete, comprehensive, on the whole
□ 3395 **better late than never** 〔ことわざ〕遅れても何もしないよりはまし	She handed in her thesis four days past the deadline, but **better late than never**. 彼女は論文を締め切りから4日遅れで提出したが、遅れても出さないよりはましだ。
□ 3396　SVL 4 **disagree** /dìsəgrí:/ 動 意見が食い違う、意見が一致しない、考えが合わない	I strongly **disagree** that abortion should be illegal. 中絶は違法とすべきという考えに私は全く賛同できない。 類 differ, object, oppose
□ 3397　SVL 3 **thus** /ðʌs/ 副 従って、そういう訳で、だから	We do not own the house. **Thus**, we cannot add an extension to it. 私たちは家の所有者ではない。だから、増築することはできない。 類 accordingly, so, therefore, hence
□ 3398 **reach a peak of** ~の最高潮に達する、頂点に達する	Visitors to the conference **reached a peak of** 1,000 people on Saturday afternoon. その会議の参加者は、土曜の午後に1000人のピークに達した。

☐ 3399 SVL 2 **remain** /riméin/	Please **remain** seated with your seat belt fastened until the plane comes to a complete stop. 機体が完全に停止するまでシートベルトを締め着席したままお待ちください。
動 依然（変わらず）〜のままである；とどまる、残る	**類** last, linger, stay
☐ 3400 **by comparison**	The first half of the show was entertaining **by comparison** with the second. 演目の前半は後半と比べれば楽しめるものだった。
〜と比べて；比較すると、それとは対照的に	
☐ 3401 SVL 2 **pattern** /pǽtən/	The streets in New York are arranged in a grid **pattern**. ニューヨークの街路は格子模様に作られている。
名 模様、図案；（行動などの）型、様式	**類** design, motif, routine, paradigm
☐ 3402 SVL 4 **contrast** 名/kɔ́ntrɑːst/ 動/kəntrɑ́ːst/	There is a clear **contrast** between Eastern and Western cultures. 東洋と西洋の文化には明白な対比がある。
名 対比、対照 **動** 〜を比較対照させる、対比させる	**類** **名** difference, discrepancy, distinction **動** compare
☐ 3403 **to begin with**	The course was interesting **to begin with**, but now it's boring. 最初は興味をそそられる授業だったが、今では退屈だ。
最初は、最初に、最初から、第一に	**類** initially
☐ 3404 **keep at the same level**	The yearly bonus payouts should be **kept at the same level** for all employees. 年間のボーナス支払いは全従業員に対して同じ水準に保たれるべきだ。
同じ水準を維持する	
☐ 3405 SVL 10 **upside** /ʌ́psàid/	The **upside** to the new system was a higher salary and more time off. 新しいシステムの良い面は、給料が高くなることと休みが増えることだった。
名 上側、上部、上方；明るい側面	**反** downside
☐ 3406 **on the whole**	**On the whole**, the film was very entertaining. 全体としては、その映画はとても面白かった。
概して、全体的に見ると、あらゆる点を考えると	**類** altogether, basically, generally, overall

□ 3407 **reach a low** 最低値（最低水準、最安値）に至る	The FTSE 100 Index **reached a low** of 6,000 points last year. FTSE100種総合株価指数は昨年、最低点6000ポイントまで下がった。

□ 3408　SVL 6 **whereas** /wèəræz/ 接 ～であるのに（対して）、～に反して、一方で～	The previous procedure was confusing **whereas** the new one is simple. 以前の手順は難解だったが、今度のものは簡明である。 類 notwithstanding, though, while

□ 3409 **in addition** さらに、その上、それに加えて	My bicycle helps me commute to work every day. **In addition**, it is a great way to work out. 自転車は毎日の通勤に役立っている。さらに、体を鍛えるのにも最適な方法だ。 類 also, further

□ 3410　SVL 1 **drop** /drɔ́p/ 動 落ちる、降下する　名 1 滴；落下、下落	In winter, the temperature in this area can often **drop** below zero. 冬にはこの辺りの気温はよく氷点下まで下がる。 類 動 dump, shoot, descend, decrease, repeal

□ 3411　SVL 3 **growth** /gróuθ/ 名 (人などの)成長、発育	Plenty of water and sunlight contribute to the **growth** of plants. 植物の成長にはたくさんの水と太陽光が寄与する。 類 development, expansion, progression

□ 3412 **in order to** ～するために、～する目的で	More data is needed **in order to** produce better results. より良い結果を出すためにはもっと多くのデータが必要だ。 類 so

□ 3413　SVL 8 **negligible** /néglidʒəbl/ 形 取るに足りない、つまらない	At just 1 percent of overall expenses, the cost of maintaining the system is **negligible**. システムの維持費用は全体費用の1パーセントと取るに足らない額である。 類 insignificant, minute, minimal

□ 3414　SVL 7 **summarise** /sʌ́məràiz/ 動 ～を要約する、かいつまんで述べる	The final paragraph will **summarise** the main points of the argument. 最終章は議論の要点のまとめとなる。 類 digest, outline, sum up

🔊》 350.mp3

□ 3415 SVL 8	The main **drawback** of living by a railway line is the noise of trains going by.
drawback	線路沿いに住むことの最大の難点は通過する列車の騒音だ。
/dró:bæk/	
名 欠点、短所、問題	類 disadvantage, downside, handicap, negative

□ 3416 SVL 6	The advertisement was **partially** successful and sales slightly increased for the month.
partially	その広告は部分的に成功を収め、月内の売り上げはわずかに向上した。
/pá:ʃəli/	
副 部分的に、不完全に、不十分に	類 halfway, incompletely, partly

□ 3417	What most leaders have **in common** is ambition.
in common	大多数の指導者に共通するのは野心である。
共通に、同様に	類 shared

□ 3418	After the election, many said the economy would improve, but most believed it would **stay the same**.
stay the same	選挙後、経済は改善すると言う人は多かったが、大多数は変わらないだろうと思っていた。
変わらないままでいる、以前と同じ状態を保つ	

□ 3419 SVL 4	The **proportion** of the British population speaking a second language is relatively small.
proportion	イギリスの人口のうち第2言語を話す者の割合は比較的低い。
/prəpó:ʃən/	
名 比率、割合；一部、部分	類 balance, ratio, share

□ 3420	**In general**, women live longer than men.
in general	一般に、女性は男性よりも長生きである。
一般的に、普通は、大体は；全体として	類 basically, generally, overall, primarily

□ 3421	**On the one hand**, accepting the promotion would give me a higher salary. **On the other hand**, I would have a lot more work.
On the one hand ~. On the other hand	一方では、昇進を受け入れれば高い給料を得られる。他方では、さらに多く仕事をすることになるだろう。
一方で~。他方では…。	

□ 3422 SVL 6	The **descent** from the summit was easy and pleasant.
descent	頂上からの下りは楽で気持ちよかった。
/disént/	
名 降下、下りること	類 dip, drop, fall

Part **4** アウトプット系語彙

□3423 **an example of** ～の一例、典型例	This poster is **an example of** an advertisement informing the public of the new product. このポスターは新製品について公衆に知らせる広告の一例である。
□3424 **in short** 要するに、手短に言えば	The movie was slow, long and not much happened. **In short**, it was boring. その映画は間延びしていて長く、大したことも起きなかった。要するに、退屈だった。 類 briefly, concisely
□3425 **notwithstanding** /nɔ̀twiθstǽndiŋ/ 前 ～にもかかわらず、それでも	**Notwithstanding** the inclement weather, we had a great time on our ski trip. 悪天候にもかかわらず、私たちは素晴らしいスキー旅行を楽しむことができた。 類 despite, in spite of
□3426 **knock down** ～を大幅に値下げする、～を減らす；(壁など)を取り壊す	Sales were poor forcing the shop owner to **knock down** her prices. 売り上げが思わしくなく、店主は仕方なしに値段を大幅に下げた。 類 abolish, conquer, crush
□3427 **age bracket** (一定の範囲の)年齢層	These holiday packages are most popular with the 18-20 **age bracket**. これらの休暇パッケージは18～20歳の年齢層に最も人気があります。
□3428 **for example** 例えば	Cigarette prices can vary greatly. **For example**, in Japan they are half of those in Britain. たばこの価格には大きな開きがある。例えば、日本ではイギリスの半額である。 類 e.g., for instance
□3429　　SVL 7 **contradict** /kɔ̀ntrədíkt/ 動 ～と矛盾する；～に反対する、～を否定する	The essay seems to **contradict** itself, supporting a theory and then arguing against it. ある理論を支持したり反論したりと、その小論は自己矛盾をはらんでいるように見受けられる。 類 counter, deny, differ
□3430 **to sum up** 要約すると、かいつまんで言えば	**To sum up**, regular exercise and a healthy diet will increase life expectancy. かいつまんで言うと、日々の運動と健康な食生活が寿命を延ばすのである。 類 in conclusion

366

☐ 3431　　　　SVL 5 **remarkably** /rimáːkəbli/	Despite being over 20 years old, the bicycle was in **remarkably** good condition. 20年以上前のものであるにもかかわらず、その自転車は驚くほど状態が良かった。
副 目立って、驚くほど、際立って	類 notably, exceptionally
☐ 3432　　　　SVL 2 **however** /hauévə/	We played our best in the final. **However**, we lost. 決勝では最善を尽くすことができた。しかしながら負けてしまった。
副 しかしながら、けれども；どれほど～でも	類 nevertheless, still, nonetheless
☐ 3433　　　　SVL 5 **shrink** /ʃríŋk/	If you stop working out regularly, your muscles will **shrink**. 定期的な運動をやめると、筋肉は**しぼむ**。
動 （量などが）縮小する、減る	類 contract, lessen
☐ 3434　　　　SVL 4 **reverse** /rivə́ːs/	Many hoped a new referendum would **reverse** the UK's decision to leave the EU. 新たな国民投票によりイギリスのEU離脱という決定が**覆される**のではないかという希望を多くの人が抱いていた。
動 （決定など）を覆す、（方針など）転換する；～を逆にする	類 invert, switch, turn around
☐ 3435　　　　SVL 5 **illustrate** /íləstrèit/	The following diagram will **illustrate** the sequence of procedures. 以下の図表で一連の手順を**説明**します。
動 （例などを挙げて）～を説明する；（本など）に挿絵を入れる	類 demonstrate, exemplify, explain, elucidate
☐ 3436 **over the period**	Sales increased tremendously **over the period**. その期間中、売り上げが著しく増加した。
その期間にわたって、期間を経て、その期間で	
☐ 3437　　　　SVL 2 **provide** /prəváid/	Governments should **provide** adequate housing for the poor. 政府は貧しい人々に十分な住まいを提供するべきだ。
動 （必要な物など）を供給する、与える、用意する	類 deliver, give, supply
☐ 3438　　　　SVL 3 **advantage** /ədvάːntidʒ/	Winning their previous match gave them a psychological **advantage** over their opponents. 前回の試合での勝利が、対戦相手に対する心理的な優位を彼らに与えていた。
名 優位、優位性、有利な点、強み	類 benefit, favour, interest

Part **4** アウトプット系語彙

367

☐ 3439　　　　SVL 8 **depict** /dipíkt/	The drawings **depict** life in 18th century Birmingham. それらの絵には18世紀のバーミンガムでの生活が描かれています。
動 (絵などで) 〜を描く、表す、描写する	類 describe, portray, render
☐ 3440 **shoot up**	Buying property is a good investment unless mortgage rates **shoot up**. 住宅ローン利率が急上昇しない限り、不動産購入は良い投資だ。
急に上がる、急上昇する、急に成長する	類 skyrocket, soar
☐ 3441 **in contrast**	The company made a profit of £10 million this year, **in contrast** to a £5 million loss the previous year. その会社は、前年の500万ポンドの損失とは対照的に、当年利益1000万ポンドを上げた。
一方、それと対照的に、それに比べて	
☐ 3442 **to some extent**	This argument is true **to some extent**, but there are some important differences. この主張はある程度正しいが、重要な違いがいくつかある。
ある程度	類 somewhat, to some degree
☐ 3443 **no pain, no gain**	Medical students sometimes study 16 hours a day to become a doctor, but **no pain, no gain**. 医学部生は医者になるために時には1日16時間も勉強するが、痛みなくして得るものなしだ。
痛みなくして得るものなし	
☐ 3444　　　　SVL 6 **nonetheless** /nʌnðəlés/	The movie was too long. **Nonetheless**, it was entertaining. その映画は長過ぎた。それでもなお、楽しめるものだった。
副 それにもかかわらず、それでもなお、とはいえ	類 however, nevertheless, notwithstanding
☐ 3445　　　　SVL 8 **stabilise** /stéibəlàiz/	In China, the "one child per family" policy was introduced to **stabilise** the population. 中国では人口を安定させるために「一人っ子政策」が導入された。
動 〜を安定させる、固定させる	類 balance, maintain
☐ 3446 **in other words**	The new tax law affects those who earn £250,000 a year. **In other words**, it affects rich people. 新しい税法の影響を受けるのは年間25万ポンド稼ぐ人々、つまりお金持ちだ。
言い換えれば、つまり、要するに	類 namely

□ 3447
redevelop
/rìːdivéləp/

動 ～を再開発する

Gosport Council is planning to **redevelop** the marina for high rise flats.
ゴスポートの地方議会はマリーナを高層集合住宅群として再開発する計画である。

類 rebuild, reconstruct

□ 3448   SVL 4
contrary
/kɔ́ntrəri/

形 反対の、相いれない、反する 名 正反対、逆

Contrary to popular belief, mice don't eat cheese.
ちまたの俗説に反して、ネズミはチーズを食べない。

類 contradictory, opposite

□ 3449   SVL 3
although
/ɔːlðóu/

接 ～だけれども、～にもかかわらず、～だが

Although it was snowing, it wasn't cold outside.
雪が降っていたにもかかわらず、外は寒くなかった。

類 albeit, notwithstanding, though, even though

□ 3450   SVL 3
gradually
/grǽdʒuəli/

副 徐々に、だんだんと、次第に

Stretching 10 minutes every day **gradually** made him more flexible.
毎日10分間のストレッチで彼の体はだんだんと柔らかくなった。

類 progressively, slowly

□ 3451   SVL 1
while
/wáil/

接 ～する一方、～に対し；～する間に 名 しばらくの間

While many supermarkets were in distress, his store increased its sales.
多くのスーパーが苦境にある一方で、彼の店は売り上げを伸ばした。

類 接 when, whereas

□ 3452
noticeably
/nóutisəbli/

副 目立って、顕著に

The accents in the north and west of England are **noticeably** different.
イングランドの北と西では明らかにアクセントが異なる。

類 appreciably, significantly

□ 3453
look back on

～を回顧する、回想する、振り返る

Many adults **look back on** their childhood as the happiest time of their lives.
大人の多くは人生で最も幸せだった日々として子ども時代を振り返る。

類 recall, revisit, reflect on

□ 3454
for the reason

理由によって

For the reason given above, we should make changes to the current system.
上記の理由により、我々は現行のシステムを改変するべきである。

Part 4 アウトプット系語彙

□ 3455

in spite of

~にもかかわらず

The stock market was at an all-time high **in spite of** the recession.
景気後退にもかかわらず、株式市場は史上最高値を付けていた。

類 despite, notwithstanding, regardless of

□ 3456   SVL 5

noticeable

/nóutisəbl/

形 目立つ、顕著な、目立った、著しい

It is **noticeable** that men possess more muscle mass than women.
男性の筋肉量が女性より多いことは見て分かる。

類 eye-catching, prominent, remarkable

□ 3457   SVL 3

decrease

名/díːkriːs/ 動/dikríːs/

名 減少、低下 動 (数量などが)減少する、低下する

After a month of dieting, there was a large **decrease** in his weight.
ダイエットに取り組んでひと月、彼の体重は大きく減少した。

類 動 drop, lessen, lower, reduce, diminish

□ 3458

for instance

例えば

The new management faces many challenges, **for instance**, hiring new staff.
新しい経営陣は、例えば人員の新規雇用といった、多くの難題に直面している。

類 for example

□ 3459

as a result

その結果、結果として

Innocent civilians died **as a result** of the drone strike.
無人機での空襲の結果、無辜(むこ)の市民が死亡した。

類 accordingly, subsequently

□ 3460

go down

記憶される、名を残す;降りる、(温度などが)下がる

Steve Jobs has **gone down** in history as a pioneer in mobile phones.
スティーブ・ジョブズは携帯電話界の先駆者として歴史に名を残している。

□ 3461   SVL 5

similarly

/símələli/

副 同様に、同じように

My new smartphone is of much better quality, compared to **similarly** priced devices.
同じような価格のデバイスに比べて、私の新しいスマートフォンはより良い品質である。

類 alike, likewise

□ 3462

so that

~するために、~するように

Soldiers go to war **so that** citizens can live safely.
市民が安全に暮らせるために兵士は戦争に行く。

類 in order that

□ 3463 **be widely known** 広く知られている、周知されている	It **is widely known** that the Secret Service controls the schedule of the US president. 合衆国大統領のスケジュールはシークレットサービスが管理しているのはよく知られていることだ。
□ 3464 **as a consequence** 結果として	Many people lost their jobs **as a consequence** of the factory closing down. 工場閉鎖の結果として多くの人が失業した。 類 accordingly, subsequently
□ 3465 **fluctuation** /flʌ́ktʃuéiʃən/ 名 (物価などの) 変動、揺れ動き	The unstable economy is a direct cause of the wild **fluctuation** in the stock market. 不安定な経済は株式市場に激しい変動を起こす直接的要因の1つである。 類 change, oscillation
□ 3466 SVL 3 **rapidly** /rǽpidli/ 副 速く、素早く、迅速に	Viruses spread **rapidly** during the winter season. 冬季にはウイルスが急速に広まる。 類 fast, quickly, swiftly
□ 3467 **cut down** ~の量を減らす、~を切り詰める、削減する	The recruitment of new graduates is to be **cut down** due to the recession. 景気後退を受け、新卒採用は削減される見通しだ。 類 reduce, diminish
□ 3468 SVL 6 **ratio** /réiʃiòu/ 名 比率、割合	The **ratio** of female students to male students on this nursing course is 6 to 1. この看護課程における男女比は1対6である。 類 proportion, rate, percentage
□ 3469 SVL 2 **solve** /sɔ́lv/ 動 (計算問題など) を解く、(犯罪など) を解き明かす	He needed help from the teacher to **solve** a complicated maths problem. 複雑な数学の問題を解くのに、彼は教師の助けを必要とした。 類 answer, figure out, resolve, work out
□ 3470 SVL 3 **occupy** /ɔ́kjupài/ 動 (建物など) に住む、~を使用する；(空間) を占める、取る	Only world leaders can **occupy** the penthouse suites in this hotel. このホテルの最上階スイートルームを利用できるのは世界的指導者の面々のみである。 類 hold, own, take up

Part 4 アウトプット系語彙

■)) 357.mp3

| □ 3471 SVL 2 **prefer** /prifə́:/ | It seems that the British **prefer** tea to coffee over every age group.
全ての年齢層でイギリス人はコーヒーより紅茶を好むようだ。 |
| 動 (むしろ) 〜の方を好む、選ぶ | 類 favour, like |

| □ 3472 SVL 4 **tendency** /téndənsi/ | There is a growing **tendency** for couples to remain together unmarried.
カップルが未婚のままでいる傾向が加速している。 |
| 名 傾向、風潮；性向、性質 | 類 aptness, proneness |

| □ 3473 **generally speaking** | **Generally speaking**, the human body is constantly trying to achieve homeostasis.
一般的に言えば、人体は常に恒常性を獲得しようとしている。 |
| 概して言えば、一般的に言えば | 類 overall |

| □ 3474 SVL 2 **agree** /əgríː/ | Most doctors **agree** that smoking is bad for your health.
喫煙が健康に悪いということにはほとんどの医者が同意する。 |
| 動 意見が一致する、同意見である、賛成する | 類 comply, consent, harmonise |

| □ 3475 SVL 3 **represent** /rèprizént/ | The map **represents** the town in the 19th century.
その地図は19世紀のこの街を描写している。 |
| 動 〜を表す、描く；〜を代表する | 類 characterise, portray, symbolise |

| □ 3476 SVL 5 **approximately** /əpróksəmətli/ | In a calendar year, there are **approximately** 30 days per month.
暦上では1カ月はおよそ30日である。 |
| 副 (数量について) およそ、ほぼ、約 | 類 about, around, roughly, some |

| □ 3477 SVL 3 **increase** 動/inkríːs/ 名/ínkriːs/ | Getting this special qualification will **increase** my salary.
この特別な資格を取れば私の給料は増える。 |
| 動 〜を増やす、増大させる 名 増加、増大 | 類 動 enlarge, expand, multiply 名 proliferation 反 動 decrease |

| □ 3478 SVL 3 **percentage** /pəséntidʒ/ | The **percentage** of graduates who find jobs is very high at this university.
この大学では卒業生の就職率がとても高い。 |
| 名 百分率、パーセンテージ | 類 portion, ratio |

□ 3479　　SVL 5 **plunge** /plʌndʒ/	News of the company's poor profitability caused a sudden **plunge** in technology stocks. その会社の利益低下のニュースはテクノロジー株の急落を引き起こした。
名 降下、急落；突入　動 （価値などが）急落する；突っ込む	類 dive, drop, fall, plummet

□ 3480　　SVL 3 **otherwise** /ʌðəwàiz/	Close the window, **otherwise** the room will get cold. 窓を閉めてください、そうでないと部屋が寒くなってしまいます。
副 さもなければ、もしそうでないと	類 alternatively, differently, or else

□ 3481 **on the contrary**	The risk from infection is not over. **On the contrary**, it has greatly increased. 感染によるリスクは去っていない。むしろ、大きく増加した。
それどころか、まるで反対で	類 conversely

□ 3482　　SVL 9 **plummet** /plʌmit/	A rise in unemployment and crime has seen the quality of life **plummet** in this area. 失業率と犯罪率の上昇により、この地域における生活の質はがた落ちした。
動 真っすぐに落ちる、急降下する、急落する	類 dive, drop, plunge, tumble

□ 3483 **remain the same**	Domestic products will **remain the same**, but labelling will need to be changed for export. 国内向け製品は変わらないが、輸出向けはラベル表示を変更する必要がある。
同じままでいる、変更がないまである	

□ 3484 **first of all**	In this paper, **first of all**, we will briefly describe the background of the experiment, followed by an outline of our methodology. この論文では、まず、実験の背景を簡単に説明し、続いて方法論の概要を説明する。
まず、第一に、最初に	類 first off, principally

□ 3485 **take for example**	There are many animals that are intelligent. **Take for example**, the dolphin. 知能の高い動物は多い。例としてイルカが挙げられる。
～を例にとる	

□ 3486 **flowchart** /flóutʃɑ̀:t/	The new production process was explained using a **flowchart**. 新しい生産工程がフローチャートを使って解説された。
名 フローチャート、流れ図	類 sequential diagram

Part **4** アウトプット系語彙

☐ 3487 **a low of** 〜の低い水準（数字）	The pound fell to **a low of** $1.054 against the US dollar in 1985. 1985年には米ドルに対し1ポンドが1.054ドルの安値まで下落した。
☐ 3488　　　　SVL 3 **slightly** /sláitli/ 副 （程度などが）少し、わずかに、いささか、かすかに	She won **slightly** fewer than 50 percent of all the votes. 彼女は投票総数の50パーセント弱を獲得した。 類 a little, kind of, somewhat
☐ 3489 **in comparison** 比べて、比較して	In general, houses in the UK are small **in comparison** to those in the United States. 一般的に、イギリスの家屋はアメリカと比較すると小さい。
☐ 3490 **try out** （性能など）を試してみる、テストする	It is important to **try out** a new car before you buy it. 新車を買う前に試乗することが大事だ。 類 sample, test
☐ 3491　　　　SVL 4 **nevertheless** /nèvəðəlés/ 副 それにもかかわらず、それでも	The exam was difficult, but **nevertheless** I gave it my best effort. 試験は難しかったが、それでも私は全力を尽くした。 類 however, nonetheless, still, even though
☐ 3492　　　　SVL 6 **furthermore** /fə̀ːðəmɔ́ː/ 副 さらに、その上、おまけに、なお	The essay had no original ideas. **Furthermore**, there was no structure to the points made. その小論には独自の着想がなかった。さらに、論点に至る筋道もできていなかった。 類 further, more, moreover
☐ 3493 **keep pace** （進歩などに）遅れずについていく、（〜と）同じ速さを保つ	Traditional farmers are finding it difficult to **keep pace** with developments in machinery. 伝統的な農家は機械設備の発展についていくことを困難に感じている。 類 keep up, hold on
☐ 3494　　　　SVL 3 **steady** /stédi/ 形 安定した、一定の、変わらない、着実な	The drummer played a **steady** beat to the march. 鼓手は行進曲に揺るぎなく拍子を刻んだ。 類 constant, stable, unchanging

| □ 3495　　　　SVL 3 **therefore** /ðέəfɔ̀ː/ | She is only 17 and **therefore** not allowed to drink alcohol. 彼女はまだ17歳である故に、飲酒は許されていない。 |
| **副 それ故に、それによって、従って** | 類 consequently, hence, so, thus |

| □ 3496 **go up** | The news states that the price of Bitcoin is to **go up** soon. ニュースでは、ビットコインの価格は間もなく上がるだろうと言っている。 |
| （価格などが）上がる、上昇する | 類 escalate, rise |

| □ 3497 **so as to** | University tuition fees should be lowered **so as to** attract applicants from low-income families. 低所得家庭からの志望者を集めるために大学の授業料を下げるべきだ。 |
| ～するように、～するために | |

| □ 3498　　　　SVL 4 **conclude** /kənklúːd/ | After months of meetings and discussions, we were ready to **conclude** the deal. 何カ月にもわたる会議と討論を経て、我々は契約締結に向け準備万端であった。 |
| **動（条約・協定など）を結ぶ、締結する；～の結論を下す** | 類 close, complete, finish, wrap up |

| □ 3499 **make way for** | The forest was cleared to **make way for** a new hotel. 新しいホテルを建てる場所を空けるため、森は切り開かれた。 |
| 道を空ける、道を譲る、場所を空ける | |

| □ 3500　　　　SVL 3 **refer** /rifɔ́ː/ | When you don't know the meaning of a word, **refer** to a dictionary. 意味の分からない単語があったら、辞書を参照すること。 |
| **動 参照する、参考にする；言及する、引用する** | 類 mention, direct |

Part 4 アウトプット系語彙

INDEX

convince	41	crisp	120	deal with	346
cooperate	26	criterion	221	debate	221
cope	87	critic	175	debilitate	329
cope with	308	critical	48	debris	307
copyright	141	criticise	186	debt	77
core	200	criticism	37	decade	76
corporate	47	crop	237	decay	188
corporation	31	crowd	22	decease	229
corpse	230	crucial	85	deceive	148
correlate	82	crude	198	decent	284
correspond	164	cruel	126	decipher	318
corridor	112	cruise	282	decision	63
corrupt	262	crusade	65	declaration	188
corruption	120	crush	114	declare	39
cosmic	245	cue	209	decline	212
cosmopolitan	106	cuisine	163	decode	251
cottage	190	culmination	307	decompose	72
cough	224	cultivate	234	deconstruct	250
council	296	culture	112	decorate	183
count on	340	cumbersome	316	decrease	370
counter	171	cure	229	dedicate	80
counteract	348	curiosity	202	dedication	26
counterpart	138	curious	213	deduction	88
countless	51	currency	280	defeat	17
countryside	292	current	169	defect	182
couple	194	current affairs	294	defend	129
court	290	curriculum	222	defensive	148
courtesy	169	curse	142	defer	340
courtship	349	curtail	315	define	123
coverage	254	custom	43	definite	119
covert	321	customer	60	definition	192
coworker	258	cut down	371	deflate	317
craft	181	cut down on	338	deflect	341
create	53	cutting edge	346	deforestation	232
creation	135	cyber	245	deform	201
creative	83	cycle	36	defuse	13
creativity	269			defy	186
creature	237	**D**		degradation	29
credibility	167			degrade	317
credit	162	damage	153	degree	40
crime	294	data	119	delay	59
criminal	147	deadline	221	delegate	134
crisis	189	deal	117	deliberate	153

inevitable	202	innovative	245	interaction	31
inevitably	109	inquire	105	interactive	132
infancy	83	insane	76	interface	256
infant	285	insect	233	interfere	170
infect	225	insert	131	interference	12
infection	230	insight	35	interior	33
infectious	18	insist	85	intermediate	87
infer	348	insist on	153	intermission	197
inferior	252	insomnia	344	internal	85
inferiority	183	inspect	166	internship	267
infinite	49	inspection	155	interpret	176
inflame	328	inspiration	11	interpretation	20
influence	169	inspire	90	interrogate	196
influential	155	instability	343	interrupt	50
inform	137	instance	48	intersection	174
informative	202	instant	41	intervene	27
infrastructure	291	instead	356	intervention	52
infringe	347	instinct	207	interview	263
infuse	139	institute	67	intimate	201
ingenious	125	institution	221	intricate	145
ingredient	89	institutional	207	intrigue	310
inhabit	289	institutionalise	67	intrinsic	316
inhabitant	290	instruct	120	introduce	141
inhale	331	instruction	256	introvert	286
inherent	308	insult	284	introverted	287
inherently	189	insurance	290	intrude	54
inherit	159	intact	196	intuition	138
inhibit	251	intake	30	intuitive	166
initial	104	integral	187	invade	274
initially	91	integrate	136	invalid	111
initiate	89	integrity	212	invasion	151
initiative	81	intellectual	195	invent	53
inject	230	intellectual property		invention	144
injection	226		250	inventory	74
injure	230	intelligence	128	inverse	213
injury	228	intelligible	125	invert	324
injustice	10	intend	119	invest	15
inner	141	intense	208	investigate	203
innermost	323	intensity	200	investigation	147
innocence	197	intensive	61	investment	264
innocent	174	intent	65	invigorate	151
innovate	247	intention	68	invitation	57
innovation	190	interact	163	invoke	317

lord	97	marketing	264	mere	142
loss	204	marriage	283	merge	77
lucrative	326	marvellous	65	merger	263
luggage	281	massacre	274	metaphor	270
luminous	119	massive	353	meteoric	244
lung	227	master	132	method	207
luxury	151	masterpiece	273	methodical	120
		material	246	methodological	271
M		materialise	96	metropolitan	25
		materialism	138	microbe	247
machinery	115	maternal	197	microwave	255
magnetic	248	mating	185	migrate	299
magnificent	128	matter	114	migration	289
magnify	170	mature	287	milestone	150
main	49	maximise	341	millennium	63
mainland	40	mayor	293	mimetic	163
mainstream	95	meadow	125	mimic	314
maintain	150	meaningful	18	mind	197
majestic	21	meantime	58	mineral	249
major	11	meanwhile	352	mingle	207
majority	355	measure	71	minimal	316
make a decision	335	measurement	249	minimise	207
make a living	338	mechanic	254	minimum	63
make matters worse		mechanical	246	minister	296
	348	mechanics	250	ministry	297
make sense	342	mechanism	246	minority	352
make sure	335	media	123	miscellaneous	345
make way for	375	mediate	104	mischief	113
mammal	277	medical	179	miserable	68
manage	114	medication	228	mist	234
management	263	medieval	213	mixture	32
mandate	343	medium	79	mobile	279
mandatory	148	melt	93	mobilise	95
manifest	142	membership	156	mobility	280
manipulate	164	memoir	274	mode	73
manoeuvre	119	menace	103	moderate	118
manual	94	mend	39	modern	204
manually	255	mental	225	modernise	295
manufacture	355	mention	206	modernism	318
marble	235	mentor	336	modernity	117
marginal	146	merchandise	268	modest	287
marine	105	merchant	260	modify	74
mark	158	mercy	17	module	216

S

somewhat	184	staff	261	structure	89
sooner or later	313	stage	10	struggle	49
sophisticate	60	stain	79	stubborn	286
sophisticated	84	stale	155	stun	313
sophistication	157	stand out	308	style	129
sorrow	84	standard	77	subject	216
sort	153	standardise	14	subjective	203
sort out	328	starvation	140	submerge	167
source	50	starve	26	submit	219
souvenir	63	state	70	subordinate	96
sovereign	300	static	251	subscribe	63
spacecraft	251	statistics	249	subsequent	164
spacious	360	statue	271	subsequently	60
spatial	201	status	152	subsidiary	113
speak out	329	statute	87	substance	90
specialise	145	stay the same	365	substantial	143
species	242	stay up	308	substantially	357
specific	44	steadily	361	substitute	167
specifically	37	steady	374	subtle	118
specify	206	steel	148	subtract	92
specimen	68	steeply	352	suburb	302
spectacle	179	stem	233	subversive	326
spectacular	354	stereotype	323	succeed	199
spectrum	192	stick	99	successful	29
speculate	102	stimulate	207	successive	277
speculation	73	stimulus	184	sue	59
sphere	34	stipulate	326	suffer	226
spiral	86	stop by	319	suffer from	331
splendid	31	storage	35	sufficient	145
split	57	store	162	suggest	111
spoil	212	storey	292	suit	15
sponsor	259	straightforward	28	suitable	167
spontaneous	31	strain	172	sum	106
spontaneously	99	strategy	263	sum up	333
spot	107	stream	115	summarise	364
spouse	287	strengthen	112	summit	162
sprawl	122	stress	181	superb	147
spread	23	strew	310	superficial	181
spring up	359	strict	104	superior	169
squad	133	striking	50	superstition	111
stabilise	368	strip	209	supervise	200
stability	103	strive	46	supervisor	62
stable	182	stroke	185	supplement	105

U

V

著者プロフィール

コチェフ・アレクサンダー (Alexander Kotchev)

株式会社オレンジバード執行役員COO。北海道大学法学部を卒業後、広告会社に勤めながらフリーランス翻訳者として活動。2009年から現職に。大学生や社会人の留学準備、TOEFL iBTやIELTSの指導、オンライン独習システムの開発など、同社の教育事業を担当。興味ある分野は、第二言語習得全般、多読多聴、語彙全般。モットーは、Your success is my mission. (あなたの成功は私のミッション)。著書『完全攻略！ TOEFL iBTテスト スピーキング ライティング』『完全攻略！ TOEFL iBT リーディング リスニング』(いずれもアルク)

株式会社オレンジバード

2009年札幌市で創業。翻訳と校閲、言語研修、教材制作という3つの事業を営む。教育分野では、「脱娯楽英会話」を掲げ、実際に通用する英語スキル養成を重視。教材分野では、TOEIC、TOEFL iBT、TOEFL ITP、IELTS、英検を含め、四技能テストやアカデミック英語の習得を支援する書籍ならびデジタル教材の開発を得意としている。代表取締役CEO 飯田了子。http://orangebird.jp/

完全攻略！
IELTS 英単語 3500

発行日 2021年6月18日(初版)

著者：コチェフ・アレクサンダー
編集：株式会社アルク文教編集部
英文執筆・翻訳協力：
Philip Clark、Benjamin Cheng、Thomas Malone、草原正樹、石﨑彩子、飯田了子
英文校正：Peter Branscombe、Margaret Stalker
表紙・本文デザイン：大村麻紀子
ナレーション：Michael Rhys、Emma Howard
録音：東京オーディオミュージックレコード株式会社
編集：柳原義光(株式会社ルーキー)
DTP：株式会社秀文社
印刷・製本：シナノ印刷株式会社
発行者：天野智之
発行所：株式会社アルク
〒102-0073 東京都千代田区九段北4-2-6 市ヶ谷ビル
Website：https://www.alc.co.jp/